KSCBS
口述出版史

一个“出版官”的自述：

出版是我一生的事业

宋木文 著

中国书籍出版社
China Book Press

图书在版编目（C I P）数据

一个“出版官”的自述：出版是我一生的事业／宋木文著
—北京：中国书籍出版社，2015.8
（口述出版史）
ISBN 978-7-5068-5039-1

Ⅰ.①一…　Ⅱ.①宋…　Ⅲ.①出版事业—文化史—中国
—现代　Ⅳ.①G239.97

中国版本图书馆CIP数据核字(2015)第165063号

一个“出版官”的自述：出版是我一生的事业

宋木文　著

特约编审　郝振省
责任编辑　庞　元
责任印制　孙马飞　马　芝
装帧设计　宁成春　胡长跃
出版发行　中国书籍出版社
地　　址　北京市丰台区三路居路97号（邮编：100073）
电　　话　(010)52257143(总编室)　(010)52257153(发行部)
电子邮箱　chinabp@vip.sina.com
经　　销　全国新华书店
印　　刷　三河市顺兴印务有限公司
开　　本　787毫米×1092毫米　1/16
印　　张　37
字　　数　420千字
版　　次　2015年8月第1版　2015年8月第1次印刷
书　　号　ISBN 978-7-5068-5039-1
定　　价　86.00元

90 年代

1961 年

1950 年

1961 年

1958 年，文化部教育司干部在河北农村劳动锻炼

七十岁生日，孙儿帆帆为爷爷系上红领巾，又说悄悄话

2009 年，八十寿辰

2012 年

2012 年

2015 年

2015 年

2015 年

2015 年

2015 年

2015 年照片均为朱朝晖摄影

收集鲜活史料 知古鉴今资政

——“口述出版史丛书”总序

党的十八大以来，以习近平同志为总书记的党中央高度重视对党的历史的总结和运用。习近平总书记曾强调指出，历史是最好的教科书。学习党史、国史，是坚持和发展中国特色社会主义、把党和国家各项事业继续推向前进的必修课。这门功课不仅必修，而且必须修好。这一重要论断，为我们进一步学习和研究党史国史，继承和发扬党的优良传统和工作作风，坚定中国特色社会主义道路自信、理论自信、制度自信，推动各方面工作健康发展，指明了前进方向，提供了基本遵循。

从某种意义上说，中国共产党领导下的当代出版史是党史、国史的一个缩影。出版史与一个国家的社会发展史有着深厚的渊源，这一判断至少包含如下三层意思：作为一种实践活动，出版活动本身是人类社会活动的重要组成部分；作为一种传播载体，出版行为具有记录历史、传承文明的功能与作用；作为文化领域的重要分支，伴随着人类社会历史车轮的缓缓前行，出版业也在创造和书写着自身的行业发展史。

孔子曾称赞其弟子子贡为“告诸往而知来者”，意思是告诉你以前的事，你就能够举一反三、知道未来。这说明反思历史是未来发展的必要借鉴。没有历史的未来，亦犹无源之水、无本之木，是不可思议的。因此，我国出版业要在新的历史起点上继续繁荣发展，恐怕也需要对一个时期以来的出版史进行返观自省，梳理过往的发展轨迹，剖析发展节点上的是非曲折，总结疏导事业发展的经验教训，等等。一个行业，倘若没有深厚的历史作为积淀，是注定走不远的。

研究历史，就需要有丰富的相关史料。史料包括文献史料，有史书、档案文书、学术著作等文字史料，也包括当事人或亲历者提供的口述史料等。尽管我国史学有秉笔直书的理念倡导和传统，但毋庸讳言，那种“为尊者讳”“为当权者隐”的流弊却也屡见不鲜。因此，历史过程的亲历者、历史事件的当事人或目击者所提供的口述史料，就有着非同寻常、非常鲜活、非常珍贵的特殊价值。

几年前，北京电视台推出了一档集人文、历史和军事等题材在内的揭秘性纪实栏目——《档案》，颇受观众青睐。2011 年，我看了一期《档案》节目后受到启发，觉得在我们出版界把那些当代的、珍贵的资料用音像的形式收集、记录和保存下来，很有必要、很有价值。我想，我们可以像《档案》栏目那样，去采访出版界的老领导、老职工，把当时他们对一些重大问题的决策经过、重大事件的亲身经历和处理过程，用口述的形式记录下来，保存起来。按我当时的想法，采访要原汁原味，遵守保密协议，记录者不得随意外传，受访者有什么谈什么，有不同看法，甚至涉及高层领导的意见，都可以谈，要尽可能地保持历史原貌，为后人研究我们当下的出版史，保存一批珍贵的第一手史料。

我把上述感想写信告诉了中国新闻出版研究院的领导，这封信受到了研究院领导班子的重视。他们专门抽调科研力量成立组织机构，并进行摸底研究，制订了采访规划，于是，“口述出版史”这个项目就应运而生了。现在回过头来看，与其说“口述出版史”的诞生，是由于我偶然间的一封信，倒不如说我的提议正好契合了研究院长期以来所关注出版基础理论的科研旨趣，更进一步讲，它也正好契合了国内各行业如火如荼的口述史理论探讨与实践探索。这大概就是唯物辩证法所讲的“偶然性事件中有必然性因子，而必然性往往通过偶然性来为自己开辟道路”吧。

我个人认为，以往中国近当代史的研究是以群体抽象为基础的“宏大叙事”模式。口述史的开展，可以在“宏大叙事”模式之外，多了一个“私人叙事”的视角，并由此收集、保存一批带有鲜活个性的、珍贵的当代史史料。这既是一种非常强烈的现实需要，同时从某种意义上说，也是一种史学研究的创新。

之所以这样说，不仅是因为口述史作为一种现代史学研究方法，对操作规程有着严格要求（它要求采访人要有跨学科的研究视角、严谨的史学素养、扎实的实务功底、严格的保密规程，等等），更是因为它所涉及的受访人大多是行业内重要政策出台的起草者、参与者、见证者，他们阅历丰富、见识高深，不少受访的老同志在退居二线前身居高位，如何与这样高层次的受访对象展开对话与交流，采访并收集到文件上所看不到的“重要事件的处理始末、重要政策的起草与出台经过”，这是一项极具挑战性的科研尝试。

然而，科学研究是不能畏首畏尾、止步不前的，而要有一种开拓创新、探寻真理的精神。我欣喜地看到，中国新闻出版研究院正在着力推动这项科研工作。随着时间的推移，它所抢救、收集到的出版业口述史料，会日益彰显其珍贵的价值。为了能早日把“口述出版史”项目所采集到的史料奉献给业界，研究院决定出版一套“口述出版史丛书”。我认为，其立意是高远的，这对于夯实当代出版史研究、弘扬出版文化、推动出版业的健康发展，都具有重要的现实意义和历史意义。因此，我欣然应允，为之作序。

日月如梭，时移世迁。当代出版史研究也需要随着时间和实践的发展而不断深化。从“三亲”（亲历、亲见、亲闻）切入，聚焦“两重”（重大事件的处理始末、重要政策的起草出台），是该丛书的基本定位。鉴于不同访谈者在不同历史事件中的参与程度不同，该丛书将以出版人物的个人访谈、出版事件的集体记忆等形式陆续推出，形式不同，但相同的是对历史真实的尊重，其学术价值颇值得期待。

常言道，众人拾柴火焰高。“口述出版史”项目的全面铺开，离不开全行业各个环节、各个方面同仁们的关注、关心甚至参与。我衷心希望借“口述出版史丛书”这样一个内容十分丰富的命题，引起业界对出版史研究的兴趣，把当代出版业放到历史的坐标系中去考察，收集更多珍贵史料，尽可能还原历史真相，最终达到抢救历史记忆、温故知新、知古鉴今的目的，为在新的历史时期继续推进我国出版业的改革发展，提供更好更多的借鉴。

石　峰

2015 年 7 月

自　序

我这个“出版官”当得用心又费心

经过两年多的思考与书写，这部定名为《一个“出版官”的自述：出版是我一生的事业》（以下简称《自述》），终于定稿了。

《自述》是中国新闻出版研究院两年前立项的“口述出版史”的一部分。我为这部《自述》确也曾一拼，集中一切时间连续做此事，但如果没有郝振省、魏玉山先后两任院长的推动和支持，以及“口述出版史”小组、责任编辑和其他有关人员的尽职尽责，是难以做成的。

我今年86岁了，是“半路出家”搞出版，但我热爱出版，自我定位为出版人。进入耄耋之年，有人称我为“出版家”，有时还加上一个“老”字，或者“著名”什么的，我都认为是不够格的，还是称出版人为好。

“出版官”是我在特定情况下的一种自称。

这种自称，过去好像只有两次。

一次是在中央宣传小组会议上说的。1993年3月，第八届全国人大全体会议对《中华人民共和国宪法》（1982年版）作出修改后，全国人大办公厅主办的一家出版社自行出版了这部宪法，新闻出版署图书司向这家出版社提出，宪法是国家重要文献，按中央规定，应由人民出版社统一出版，你们自行安排出版是违规行为。没几天，全国人大常委会一位领导同志为此事打电话对我进行指责。我坚持了中央有关规定，交谈中有几句不够冷静的话。在随后举行的中央宣传思想工作领导小组会议上，我汇报了有关情况，说着说着没有控制好情绪，冒出了一句“只要我还在这个出版官的岗位上，就要坚持这项管理规定”，引起与会者注意。主持会议的丁关根表示，“坚持管理，注意方法”。会后，新闻出版署党组向全国人大常委会党组呈送专题报告，陈述了经中央批准的有关规定，全国人大这位领导同志在事后同我接触时，仍然表示了他的大度和热情。

一次是我思念老朋友戴文葆时说的。2012 年我著文思念资深编辑家戴文葆，在回顾我同他的交往时说：“我视他是亦师亦友，而他对我则是亦官亦友，有时官在友上。作为‘政府出版官’，能同这位编辑大家为友，乃平生之幸事!”我写简历时曾说，我是“三无干部”：无大学毕业文凭、无高级专业职称、无政府特殊津贴。主要靠自学和实践习文做事。所以我对真才实学者格外尊敬。戴文葆是我敬佩的编辑大家之一。

如此说来，使用“出版官”的概念，主要是想表明一种责任担当，欲做一个爱岗敬业的出版管理者。这样，尽管“官位在身”，我仍然是以“出版人”为“安身立命”之本的。我视出版是我为之献身的一项事业：在职时，力求在实践中把个人追求与职责担当结合起来；离职后，离开岗位了，但事业还牵挂着。这也成为我的这本《自述》的主题。

我的《自述》曾被院方采访者拟名为《宋木文口述出版史》，经认真思考，我觉得不合适。我的《自述》主要是讲我的出版经历，从政府“出版官”的角度对若干大事和重要问题讲述自己的一些看法、提供一些资料，可以作为新闻出版研究院“口述出版史”的一部分，供研究者和史论作者参考，而不是全面系统地讲述当代中国出版史。

这本《自述》共十章：第一、二、三、四章："我的家庭出身与成长路径""我的'文革'遭遇与感悟""出版工作的拨乱反正""为出版站岗护业无二心不懈怠"，是按时间先后讲述我的成长与任职的历程；第五、六、七章："在完成党的政治任务中为出版谋篇布局""出版热点问题检验出版管理""出版改革与发展的探索"，是按专题讲述我是如何为出版事业服务的；第八、九两章，是我对版权法、新闻法、出版法起草与制定工作的回顾；第十章，是讲述我退居二线及离休之后所做的几件主要事情。

出版离不开政治，做好管好出版离不开党和国家的大形势。我过去任职所从事的和现在回顾的，正是十一届三中全会以来新时期的出版管理，面临着由计划经济向市场经济的转变，面临着由长期封闭向大步开放的转变，面临着由思想理论文化的一元向以一元为指导多元并存的转变，面临着由传统出版向传统出版与新兴出版融合发展的转变。为应对这种变革、转折、发展给出版带来的挑战，遵循中央指示精神，我曾提出建立适应市场经济的社会主义出版体制，发展中国特色社会主义出版事业，但在实际工作中并不都是自觉的，常常是处于由不自觉向较为自觉的转变之中。这实际上也是一种探索，而这种探索，现在也不能说就可以止步了。在《自述》的回顾中，为保留此种历史痕迹，提供历史借鉴，我对所讲大事均引用现今已成为历史资料的当年档案和文件，连带引出的思考，也以史料为据，不空发议论。这也是遵循修史重在实录①的好传统。

---

① 实录犹信史，谓翔实可靠的记载。《汉书·司马迁传赞》："其文直，其事核，不虚美，不隐恶，故谓之实录。"见《辞海》第六版综合本 2010 年版，第 1709 页。

为给《自述》增添一点历史感，我配文选用了少量文稿手迹和历史资料照片，其中也有反映我延续至今的情理观的。

这本《自述》，开头按事先商定的预案，采用问答式，我按采访人提问回答，由采访人按录音、录像进行文字整理，而我审看文字整理稿时，又常有新的思考，改写较多，甚至多次改动，使采访者徒增劳动消耗，如第一章和其他个别章节，即是如此。后来，我干脆先写出来，送采访者加入提问，再约定时间进行访谈并录音录像，即或如此，我又常有修改或增补，真是积习难改，自我耗时费力，又多有拖累他人。对第三、四、八、九、十章，则全按我的手稿排印（无提问），虽也多有反复修改，却不再像从前那样拖累他人；有问答的几章，有的专题，亦是按自述手稿或发表稿排印的，只要阅过，便知其详。

对院方参与各位，从口述史小组到出版社，我原想全都写到，而写出一看，很难面面俱到，便下决心简化，只在开头一提。这样也能把原有与新加的较为重要的几段文字突显出来。

新闻出版总署原副署长石峰、新闻出版研究院原院长郝振省，应我的请求，审看了全部文稿的初稿，给我以鼓励和支持，他们提出的意见推动我对文稿作了进一步修改。振省还应约担任本书的特约编审，帮助我和出版社完善书稿，指导责任编辑以及其他相关工作。

对所有给我以帮助和支持的人们，我在此真诚地表示感谢！

宋木文

2014 年 12 月初稿

2015 年 3 月修改完成

受访人简介

宋木文，男，汉族，1929 年 5 月生，吉林榆树人，1947 年 12 月参加革命工作，1948 年 10 月加入中国共产党，曾就读于东北大学政治经济系。1950 年至 1966 年，主要做艺术教育工作，历任东北人民政府文化部戏曲改进处秘书、东北戏曲学校副校长、中国戏曲学校教务主任、文化部教育司组长等。1972 年起从事出版工作，历任国家出版局研究室副主任、办公室主任。1982 年起历任文化部出版局副局长、代局长，文化部副部长、党组成员，国家出版局局长、党组书记。1987 年 3 月任新闻出版署副署长、党组副书记兼国家版权局局长。1989 年 6 月至 1993 年 10 月任新闻出版署署长、党组书记。

曾任中国出版工作者协会第一届秘书长、第二届副主席、第三届主席，中国版权研究会第一届、第二届理事长，是中国共产党第十三、十四次代表大会代表，第八届、第九届全国人大代表，全国人大教育科学文化卫生委员会委员。

著有《宋木文出版文集》、《中国的出版改革》（日文版）、《亲历出版 30 年——新时期出版纪事与思考》（上下）、《八十后出版文存》、《思念与思考》，主持编纂《毛泽东评点二十四史》（线装本）、《续修四库全书》、《文津阁四库全书》（影印）和《中国图书大辞典》等国家重点图书。

荣获“新中国六十年百名优秀出版人物”称号和“中国版权事业终生成就者”奖。

采　　访：冯建辉

摄　　像：尚　烨

访谈地点：北京宋木文家中

访谈时间：2012 年 8 月 9 日—2013 年 11 月 22 日

累计时长：1800 分钟

访谈录音整理：冯建辉

目　录

引　子

冯建辉：宋老您好！我们是中国新闻出版研究院“口述出版史”小组的成员。希望能通过访谈，记录您所亲历的出版历史，为以后研究中国的出版史提供一些宝贵的史料，也希望由此来丰富当前的出版史研究。首先，需要向您汇报的是，对于这个项目，我们承诺：凡是您声明不宜公开的资料或观点，我们将为您保密。

宋木文：欢迎你们这个采访小组到我家里来。我理解你们工作的意义，也愿意配合你们的工作，愿意回答你们提出的问题。

冯建辉：非常感谢您对我们项目的支持和帮助！

第一章

我的家庭出身与成长路径

一、我的成长背景与人生道路选择

冯建辉：我们先按时间顺序，从您的童年和学生时代开始谈起。在做采访功课时，我就觉得您这个名字比较特殊，请问您的“木文”这个名字的由来？

宋木文：其实，这个名字是很普通的，并没有什么很深奥的含义在里面。遵照祖传家谱的习俗，（在我这一大家子里）我这一辈人（的名字）都属“木”字辈：我是木文，我家二弟叫“木生”、三弟叫“木仁”、四弟叫“木权”、五弟叫“木梁”、六弟叫“木铎”、小妹叫“木玲”，这很普通，但是你的提问，我倒觉得也有点意思。因为“木文”这个名字是父亲给起的，我父亲是私塾的教书先生，在农村里面算是有文化的，所以给他的大儿子起名“木文”，而不叫别的，那就是希望我成为一个有文化的人，也只有有文化才能有出息，我想这是他老人家给我起这个名字的含义，也是对我的一种期望吧。

冯建辉：您小时候学习情况怎么样？上过哪个私塾？读过哪些书？

宋木文：我念书算是比较用功的。我家在吉林省榆树县育民乡全民村前五号屯，是比较偏僻的乡村。我开头就跟父亲在他创办的私塾学习，也在同屯的一位老先生，叫王治恒（王子元）老先生所开的私塾里学习。念私塾，不是咱们现代意义上的学校，而是教书先生在那里教孩子们识字念书，主要是念“蒙学”，其中包括《三字经》《千字文》《弟子规》《治家格言》《百家姓》等，我还读过“四书”，就是《大学》《中庸》《论语》《孟子》，当时有的还能背诵下来，但并不完全真正理解它的含义。尽管不懂，但这对我后来的学习和成长都是有帮助的。我的老朋友范敬宜[①]为我的《亲历出版 30 年》[②] 做过一首诗，里面说“绵绵长白势莽莽，耕读家声育栋梁”[③]，是写我的童年少年在家乡东北长白大地一面干农活，一面念私塾，父亲教我学文化，想让我长大了成才。说到干农活，我放猪、放马、种地、间苗、铲地、拔草、割地、打场、碾米等庄稼活都干过。但这“育栋梁”也是老朋友诗化了的鼓励。其实我的学习所得主要还是在以后。在家里、私塾，我接受的仅仅是初步的启蒙。

冯建辉：在您的《亲历出版 30 年》中，您提到过，您幼年教育是“受父亲的影响，深得母亲支持”[④]，不知道这该怎么理解？能不能介绍一下您父母亲当时的情况？

宋木文：我是说，学习上的影响主要来自父亲。我父亲名宋荣，字耀轩，自办学堂（私塾），免费为乡民子弟讲授“四书”（前面已经说过了）、“五经”（《易》《书》《诗》《礼》《春秋》五种儒家经典），其中包括“五常”（仁义礼智信）、“八德”

① 范敬宜（1931—2010），江苏苏州人，1993 年起任人民日报社总编辑。

② 指《亲历出版 30 年——新时期出版纪事与思考》，此书系宋木文先生对我国“文革”结束后出版工作的回忆和思考，由商务印书馆在 2007 年出版。

③ 宋木文：《亲历出版 30 年——新时期出版纪事与思考》，商务印书馆 2007 年版，第 1109 页。

④ 宋木文：《亲历出版 30 年——新时期出版纪事与思考》，商务印书馆 2007 年版，第 1111 页。

（孝悌忠信、礼义廉耻）等中国传统文化经典，被乡亲尊称为“宋大先生”。父亲对我要求比较严格，希望我学有所成。我家当时还有一点藏书，都是线装书，有时候我也翻一翻，有些收获，学习上的影响主要是父亲。

生活上的影响主要是母亲。我母亲名叫郑桂苹，虽然是大户人家出身，但很勤劳、贤惠、心灵、手巧，对她长子①的期望很高。我们是六兄弟、一个妹妹，一共七人，现在都健在。我们的成长，在家里来说，生活上主要是靠母亲，包括所有的衣服都是母亲亲手做的，管吃管穿，更管如何做人，兄弟妹幼小时的待人处事乃至生活习惯深受母亲的影响。后来我到北京，“文革”以后，把她老人家接来，一直在我这里住，1990 年去世，也算我对老母亲的一种尽孝。她的针线活做得特别好。我们家这么多孩子，衣服都是她做的。后来到北京以后，她还给我做丝棉袄。我现在还保留一个椅垫子，就是我母亲拿用剩的布块，有好几种颜色，再缝拼的，可能还可以找到，我给你找找看（访谈至此，在向采访人示意后，宋老起身去取实物）。找到了！这是我特意留下的，老母亲给做的。这是 80 年代老人家在北京的时候做的。

冯建辉：多难得啊！“慈母手中线，游子身上衣”啊！那您读小学的时候是多大年纪？您后来是在哪里上的中学？

宋木文：六七岁的样子。先是到离我家五里多地的西六号屯读小学，以后又到离我家 40 多里地远的大岭村高小②去上学。在那里住校，又学习了几年。

---

① 指宋木文先生本人。

② 一般指五六年级的小学，即高年级小学。

读完高小后，我考到榆树县城“国民高等学校”，相当于中学了。榆树县城离我家90多里路。说到这儿，又要和我这个名字联系起来了。刚才不是说，父亲希望我有文化吗？我大概是本村私塾也好、小学也好、高小也好、中学也好，学习成绩都是比较好的，名次都在前三名，多数都是第一名，各科学习成绩都是不错的。因此，老师和同学给我起了一个绰号，叫“宋代表”，意思是说，我是各科学习好成绩的代表。但是文史知识，因为当时伪满洲国是日本人统治，文史知识的根基没有打好。

冯建辉：那您在县中学的时候，学习科目都有哪些？

宋木文：物理、化学、数学，都有。

冯建辉：那文科方面呢？

宋木文：国文课有汉语，并列的是日语。数学、物理、化学课都上。在中学，体现日本人的要求，必须有日语。我们那个中学的校长是中国人，副校长是日本人，但一切都是副校长说了算。

冯建辉：那个副校长对学生怎么样？

宋木文：副校长主宰学校的一切，校长要听副校长的。当时伪满洲国的教育，后来我们把它叫奴化教育，不像关内的中学，学得那么全面，中国语文知识讲学讲得那么好。“伪满”的学校很突出日本的政治，进行的是奴化教育。但我读中学的时候，人生已经有政治态度了，对日本人是非常反感的，逐渐形成了“反满抗日”的思想。

冯建辉：我看到，在网络上，一些新闻报道提到日寇的“奴化教育”。有一些老人回忆说，当时有的老师是把自己的名字改成日本姓名，还有一些是把日语当成母语来学的，还有的要在拜完溥仪后拜日本皇室。[1] 不知道您当时经历了什么样的状况？

宋木文：你这么一说，我也就想起来了，我进中学的时候确实有这些东西。一个是奏伪满洲国的“国歌”，一个是奏日本的国歌，我们当时都会唱的。早晨有个仪式，那个仪式要朝着日本的方向朝拜，就是向东南方向鞠躬。这些都是奴化教育里面很重要的一部分，目的就是要教育你效忠于日本帝国。国文课程都要歌颂伪满洲国，歌颂日本的“大东亚共荣圈”[2] 那些东西。但是，我毕竟是中国人，我爷爷他们都讲我们是中国人，要给中国干事情，我从来没有忘记我是中国人。

后来随着年龄的增长，中国人的意识越来越强。不管你再怎么搞奴化教育，中国人的意识没有被奴化征服，而是逐渐地更加觉醒了。我还记得我们当时有一个口头禅，叫做“日本话不用学（xiáo），再过三年用不着”，这个在同学之间是广为流传的。所以在日本投降前，我们多少就听到一点风声了，知道日本快要投降了，大家都非常高兴。

冯建辉：日本人那时对东北地区的舆论、报纸宣传，包括图书文化这块有没有控制？文化氛围是什么样的？

---

① 参见雷县鸿采写的《日寇奴化教育的亲历者》，《西安晚报》2005－07－12。
② “大东亚共荣圈”是第二次世界大战期间日本军国主义政府妄图在亚洲、澳洲和西南太平洋地区建立殖民大帝国的侵略计划。

宋木文：控制很严，阻止不利于日伪的信息的传播。那个时候看的书报很少。

冯建辉：您是说当时社会上能够看到的书很少，是吗？

宋木文：很少。只能看课本，文艺作品也几乎看不到什么，再说我们那个小县城比较偏僻，信息闭塞。

冯建辉：当时有广播吗？

宋木文：广播也很少。学校有时候会放广播，但那都是被日本人掌握的。我们也就是在私下朋友之间、同学之间传播中国人反满抗日的事。我们也注意“太平洋战争”[①] 的进展状况，看来日本越来越不行，节节败退。后来苏联也从北满打过来。我们当年还听到过“抗联”[②] 的故事，听说我们村子里还有“抗联”的人。日本人的统治是很严密、很残酷的，对日本统治如要有点异端思想，那时叫“思想犯”[③]，日本人发明的一种犯罪，你脑子里想的东西也犯罪，“思想犯”被日伪抓住以后，如果是中国人就坐牢，甚至枪毙，所以统治非常严。日本人投降的消息一传来，我们学校师生就自发地集会庆祝。记得一位姓肖的老教师上台，说他是地下国民党，从事反满抗日；那位正职的赵校长也上

① 太平洋战争是日本法西斯发动的侵略战争，是第二次世界大战主战场之一。它以日本偷袭美国珍珠港为先导，以日本投降而结束，参战国家多达 37 个，历时三年多，伤亡和损失难以统计。

② 即东北抗日联军。“九·一八”日本侵占中国东北后，由农民暴动武装，义勇军、原东北军一小部分官兵等组成东北抗日联军，在中国共产党的领导下，同日本侵略者进行了英勇艰苦的斗争。

③ 西方资产阶级夺取政权后，确立了“无行为则无犯罪亦无刑罚”的原则。“思想”不负刑事责任，这是现代刑法的基本理念。但日伪为维护其统治，设立了“思想犯”这一特殊罪名。

台标榜自己受日本人的气，但被同学们轰下台去。我们学校离榆树火车站很近，学生们就跑到火车站，我也去了，去搞日本人的设施，甚至把日本人的仓库也搞开了，那里有很多豆油，把一桶一桶的油都弄到学校里，大家改善伙食。

冯建辉： 听您这样一讲，我们以前在课本上学过的历史知识就非常生动地浮现出来了，真正的历史确实很丰富啊！那您一直是在榆树县长大吗？

宋木文： 后来就离开了榆树，我们家搬到了双城[①]，黑龙江省南部的一个县城。

冯建辉： 这大概是哪一年搬迁的？

宋木文： 是 1946 年，那里是解放区。我所经历的都是解放区。日本投降以后，国民党没有到过我们榆树县。八路军[②]先于国民党军接收沈阳、长春，国民党军随后由南往北进攻，我们的部队就逐渐地撤退，撤退到松花江以北，再也没有往后撤退。以一个有名战役——“三下江南”（1946 年年底到 1947 年年初）为标志，国民党三次发动进攻，我军三次打过江南，稳固了江北，形成国共两党在东北的隔江而治，松花江以南的部分地区是国民党，以北是共产党，我家在松花江以北。不过，这个“隔江而治”是短暂的。同“三下江南”同时进行的，还有“四保临江”，击退了国民党对临江的进攻。随着 1947 年的夏季攻势，我军很快就控制了江南广大地区。当时中共中央东北局设在哈尔

① 即今双城市（县级市），隶属于黑龙江省哈尔滨市，是黑龙江省的南大门。

② 到东北来的，叫东北民主联军，后改称东北人民解放军、东北野战军，是中国人民解放军第四野战军的基础。

滨，林彪的指挥部一度设在我所居住的双城[1]，所以国民党军队没有打到我的家乡。

冯建辉：您家为什么从榆树迁到双城了？这个是因为家里人还是因为当时的政策环境？

宋木文：家庭出身和政策环境双重因素都有。我们老家原在河北省迁安县，后来逃荒“闯关东”到东北吉林省榆树县了。从能够查到到榆树县落户算起，到我这辈是第七代了。家里原来是非常穷苦的农民，后来，经过垦荒、经营和其他机遇让我家成为当地比较富裕的农家，曾经有过32垧[2]土地，29口人，20间草房，一辆铁车，五匹牲口，雇一两位长工，还有短工。我爷爷兄弟四人，是“兆”字辈，家里人也参加劳动，“土改”[3] 的时候我家被定为“富农”。所谓富农就是剥削阶级家庭。

冯建辉：您那边搞“土改”是1946年的事？

宋木文：“土改”是1946、1947年。“土改”前我们家就分家了，分家前是爷爷辈当家，所以定富农的代表者就是我爷爷，而不是我父亲，二弟木生对此提供了较为具体的情况。按当时的“土改”政策，是富农，只要平分土地后交出多余的就可以了，但执行过程中一般都严一点，所以我们全家从原来的大院搬出，叫“净身出户”，另外给你房子，就是很差的房子。好房子、好院子都让出来给贫雇农了。

---

① 即莫德惠的府邸。

② 旧时地积单位，各地不同。在东北地区，1垧一般合15亩。

③ 指共产党领导下在解放区开展的土地制度改革斗争，没收地主阶级的土地归农民所有。解放战争过程中，东北、华北等老的和新的解放区已经实行了土地改革。新中国成立后，也在新解放区进行了土改。

冯建辉：就是说因为“土改”，您家搬到了双城？

宋木文：有这个因素。是大家分成小家后搬走的，是在第一次“土改”之后，主要还是为方便子女上学。不过，后来还是搬回去了，但那时我已离家参加革命了。

冯建辉：那您在双城有多久？

宋木文：我在那里不到一年。就是上另外一个学校，叫松江省①双城兆麟中学。李兆麟②是抗联的一位领袖，这个学校是用他的名字命名的。

冯建辉：学了一年？

宋木文：不到一年，继续接受革命教育。实际上在老家的时候，我就参加了一些工作。日本投降后，时局不稳定，学校停课，我就回家了。回家之后八路军就过来了。我接触的八路军是从关内过来的。1946 年家乡第一次搞“土改”，那时候不叫“土改”，叫“平分土地”。县里派来工作队，主要是从军政大学抽调的。我还参加了“土改”工作队的工作，就是分地、抄“地照”③，办手续之类的。我接触的八路军，给我留下了很好的印象，对转变思想起了重要作用。1947 年到双城兆麟中学学习是继续接受革命教育。这个学校不是一般中学，它带有培养干部的性质。校长黄藻辛、教务长康猛，

---

① 1945 年东北光复，国民政府拟拆分老吉林省。同年 10 月 1 日，在苏军的控制下，成立滨江省。1946 年 1 月 12 日，国民党政府接收滨江省政权，并将滨江省正式改为松江省。

② 李兆麟（1910—1946），辽宁辽阳人，原中共北满省委主要领导人之一、东北抗日联军创建人、著名抗日将领，1946 年 3 月 9 日，被国民党反动派特务杀害。

③ 由政府颁发的证明对土地有所有权的执照。

都是抗战老干部。这个学校对学生着重进行政治思想教育，联系解放战争的形势发展，帮助学生树立革命人生观。1947年，解放军主动撤出延安后，还引导学生统一认识，这是暂时放弃，延安必将重新夺回来，帮助学生坚定革命必胜的信心。在六七月间，还组织学生到双城县各区搞“土改”，我被分到第四区（区委书记名叫齐云，是位女干部，后来听说她到北京工作了），跟着工作队参加了一些工作。我记得，还按文件要求，向农民讲解过怎样对待中农。从农村“土改”返校后，按培训干部的需要，学校把学生分成两个队，集中进行一段政治教育后，即分配工作，有参军的，有到地方工作的。我是报名参军的，却被学校选中，同一位名叫谭光友的同学，到东北大学继续深造培养。这个时候，我已经选定了要跟着共产党走革命的道路。再补充几句，十多年前，我曾收到在长春市公安局离休的兆麟中学老同学郭琛诚（后称郭航）的来信，并在北京见面，又经他联络同参军后转战南北最后落户陕西省西安市的兆麟中学老同学徐来凤（女）通了电话又通信，还知道我至今仍留有印象的兆中老同学李莉蘅（女）已在战役之间行军途中牺牲了。这使我想到，如果我当年不去东大，我可能另赴征途，也参军去了。

我还保存着我与两位老同学之间的多次通信。

我同郭琛诚第一次见面是1998年11月25日，在北京我的家里，他于12月10日给我写了第一封信，说：“1947年，是我们人生旅途中的一个重要的里程碑和转折点——由家门、校门走向革命征途。我始终没有忘记您那质朴、富有灵气、善于学习、接受新事物快、能跟上时代的步伐及认准了革命道理后即义无返顾地追求、全心地投入等特点，这也许是您以后成为生活的强者和事业有成的起码条件。”

很遗憾，我同郭琛诚只见了一面，而同徐来凤则仍然未得一见，但从我们之间的通信中，却体现着对兆麟中学同学时期纯真友情的珍视。年老了，回忆一些青年时代富有革命激情和朝气的生活，也是有益的。

冯建辉：可您去了东北大学，那时候是在佳木斯？

宋木文：是啊。东北大学是张学良在沈阳办的，后来作为共产党领导下的学校，张学良的一个弟弟，叫张学思[①]，他是我们海军的一位将军。党要培养干部，就把张学思请来当学校的校长，所以共产党领导下的东北大学第一任校长是张学良的弟弟张学思。东北大学在本溪创建后，先是撤退到长春，后来又撤退到佳木斯。佳木斯算是比较巩固的后方了。佳木斯属当时的合江省[②]，省委书记是张平之，即张闻天[③]，就是洛甫。这样我就到了设在佳木斯的东北大学，1947 年年底去的。

冯建辉：是不是经过干部培训以后，组织上觉得对您可以作进一步培养了？

---

① 张学思（1916—1970），又名张昉，字述卿，原籍辽宁海城县，生于奉天（今沈阳），系张作霖之子，张学良之弟。曾任辽宁省政府主席、辽宁军区司令员，1955 年被授予少将军衔，任海军参谋长，“文革”中，被迫害致死。张学思将军于 1946 年 2 月至 1948 年 6 月任东北大学校长（此东北大学是共产党于 1946 年在本溪创建的，1950 年改名为东北师范大学）。

② 抗战胜利后，1945 年 11 月 7 日，中共三江地区行政专员公署在佳木斯市成立，后成立合江省人民政府，撤销三江专员公署。1948 年 7 月，牡丹江省撤销后又将其所辖林口等县并入，合计 1 市 19 县。1949 年 4 月 21 日，中共东北行政委员会发布“建民字第 15 号”令，撤销合江省建制，全境划归松江省。

③ 张闻天（1900—1976），江苏南汇人，原名应皋（也作荫皋），曾化名洛甫，字闻天，是杰出的无产阶级革命家和理论家、中国共产党早期的重要领导人。

宋木文：我到佳木斯的时候，已经比较坚决地认定要跟着共产党走革命道路，其实，这种选择是我在双城的时候就做出了。到佳木斯是进一步学习巩固，巩固自己的革命人生观、世界观。1948 年上半年，就有入党的要求了。我在佳木斯东北大学先在三班，后又到五班学习。

冯建辉：当时一个班有多少人？

宋木文：大概也就五六十人。学校有很多班，我们这一期是从一班到五班。当时，我提出入党的要求，是在 1948 年上半年。党组织那时没有公开，不知道谁是党员。党组织也觉得我这个青年是可以吸收的，派人跟我联系。这个人是朝鲜族，叫吴任松，后来在吉林化学工业公司工作。我是 1948 年 10 月 1 日经五班班

1987 年 7 月 22 日，在北京看望东北大学五班班主任、我的入党介绍人陈日新（从中国国画院离休，右 4）时，我（左 4）同部分在京老同学相聚留念

主任吕潼、陈日新二人介绍入党，1948 年 11 月入团，是先入党后入团。因为当时党组织没有公开，学校建立团组织（叫新民主主义青年团）时，我已经入党了。入党是秘密的，入团是公开的。党组织决定，学生中的党员也要像其他青年一样申请入团，接受群众评议，所以入党后又入了团。1949 年秋，东大公开党组织，宣布党员名单时，有几位同学还对我说，“我想你一定是党员”。这也算是经受了一次群众性评议的考验。

冯建辉：从那时候就开始过党的组织生活？

宋木文：就是小组活动，交流思想，开展批评与自我批评。党组织公开前，没有开过支部大会或党员大会。东北大学跟随革命形势发展，数次搬迁，吉林解放后，从佳木斯搬到吉林市；长春解放以后，又进了长春。到长春后，开始按正规化要求，设置院系，有社会科学院和文学院，还有自然科学院，我被分到社会科学院的政治经济系。

那时变化多，在这里学习一年多，又被调出，参加工作。事情是这样的：大约是在 1948 年春夏，国民党军队在东北战场节节败退，困守长春、沈阳、锦州几座孤城，此时国民党政府以政府拨款、聘请著名教授组建临时大学为诱饵，将长春、沈阳一些大学的部分学生骗到北平，而实际上无一兑现。北平解放后，在长春东北大学设政治学院，培训从北平返回的大学生，我因此中断学习，参加培训工作。

北平地下党老同志张大中写了一本回忆北平地下党的书[1]，在 2009 年《北京青年报》连载，在 6 月 30 日这一期，就讲了这件事。张大中说，长春、沈阳的一些大学生受国民党欺骗到了北

① 指张大中所著的《我经历的北平地下党》，由中共党史出版社在 2009 年出版。

平，原以为可以享受优惠的待遇，并得以向名教授学习，还成立临时大学和临时附中，但是实际上不是这么回事，这些学生觉得受到欺骗就发动了游行示威，抗议国民党。张大中的回忆录较为详细地记述了这些青年是怎么样和国民党斗争的。

北平解放后，这批大学生被有组织地返回到长春，接受短期培训。我就干这个事，在东北大学政治学院二班，做教育干事。

冯建辉：是做教育干事吗？

宋木文：对，当时分几个队，我是一个队的队长，有四五个教育干事，组织学员学习，做政治考察，几个月以后就分配工作。就这样我中断了东北大学政治经济系的专业学习，做从北平返回来的这些人的工作，经短期培训后就分配了。

冯建辉：哦，是这样啊！那政治学院结束以后呢？

宋木文：这以后又出现了新情况。1950 年，中央决定，各大区也要加强对马克思主义理论干部、宣传干部、理论教员的培养工作，在沈阳设立中共中央马列学院东北分院，于是，我们在政治学院做教育干事的一批人，就全部搬到沈阳。

冯建辉：分院是设在沈阳？

宋木文：对，设在中共中央东北局党校。于是我们这些做教育干事的人全都进入沈阳。

冯建辉：去那里是工作还是学习？

宋木文：是学习，要进一步学习理论。这个马列分院后来没有办成，改叫东北局党校高级部。我们当时有四十多个人，都住在沈阳比较好的一个旅馆（东北旅社），准备学习一两个月就到党校去，但这中间又把我调出来了。我也不知道是怎么回事，就选我给中共中央东北局宣传部副部长兼东北文化部部长刘芝明[①]当秘书。这样，东北局党校高级部也没去成。

冯建辉：那可不可以这样理解：可能是和您在东北大学政治学院当教育干事，跟那段时间的表现好是有关系的？

宋木文：可能被认为是表现好的。组织上选，学校推荐，这样我又工作了。刘部长和我谈话，说让我先到政策研究室熟悉情况。可是，后来组织上找我谈话，说："东北文化部办的《东北戏曲新报》人员复杂，需要有政治可靠的人去负责，决定你到那里去。"我感到突然，也不愿意去。

冯建辉：您当时也不知道是什么原因？

宋木文：对这次突然的变化，我当时以及其后长时期都不明就里，只是讲组织服从，就去了。后来才知道，其实是受家庭的影响。约在十多年前，从沈阳来北京工作的老同志聚会时，张僖同志（抗战时期入党的老党员，东北文化部办公室主任、党总支书记，50年代来京后，在中国作家协会任秘书长、党组副书记）把实情告诉我。他说是因为"审查你家庭出身是富农，你父亲又受过管制，认为你不适合给部长当秘书。但你表现也不错，正好

① 刘芝明（1905—1968），奉天盖平（今辽宁盖州）人，是中国戏曲改革运动领导者之一。早年留学日本。回国后在上海参加革命工作。抗日战争爆发后赴延安，在中共中央党校任职。1950年3月至1954年任中共中央东北局宣传部副部长。1950年4月至1953年1月任东北人民政府文化教育委员会副主任、文化部部长。1953年9月至1957年任文化部副部长。后任中国文联党组书记、副主席。"文化大革命"中被关押，1968年3月6日被迫害致死。1979年获平反。

《东北戏曲新报》人员情况复杂，就决定你到那里，做行政负责人”。今天，就借作口述史的机会把这个事情说明白，以前我自己不明白，也从未说明白。关于父亲被管制一事，也是一种误判，下面讲到我“过三关”时，会有详细说明。这次调动，做自己不熟悉也没有兴趣的工作，思想有波动，但要服从组织安排，所以在1950年整风时，我还做过检查，做过大会发言，批判自己从兴趣出发，有个人主义。

冯建辉：哦，这样啊！当时《东北戏曲新报》人多吗？

宋木文：《东北戏曲新报》是由十几个人办的半月刊，我去的时候由戏曲改进处处长李纶兼任主编，业务负责人是徐汲平（笔名古丁）。徐原是伪满文人，1945年后，在我军向北撤退时投身革命。他负责报社编辑业务，但无正式职务。后来又考虑要进一步用我，又把我调到戏曲改进处当秘书，并兼管报社行政、思想工作。

冯建辉：当时戏曲改进处大概有几个人？

宋木文：有十几个人，下面有好几个科。大约在1951年9月，东北文化部决定成立东北戏曲研究院，李纶改任院长，又调我去做研究院的秘书。1952年，开展“三反”运动[①]，就是枪毙刘青山、张子善的那个运动。东北戏曲学校校长仇戴天和教务处

---

① 新中国成立后，由于有关制度的不完善，在党政军机关、人民团体和经济部门中滋长着贪污、浪费、官僚主义的现象。1951年12月1日，中共中央作出《关于实行精兵简政、增产节约、反对贪污、反对浪费和反对官僚主义的决定》，把反贪污、反浪费、反官僚主义作为贯彻精兵简政、增产节约这一中心任务的重大措施，要求普遍地检查贪污、浪费和官僚主义问题。12月8日，中共中央又发出《关于反贪污斗争必须大张旗鼓地去进行的指示》。此后，一个全国规模的“三反”运动普遍地开展起来。

主任崔碧云他们两口子都是抗战时期的老干部，被揭发有贪污受贿等问题，把他们撤职后，决定我带一个工作组去戏校，搞“三反”，是由东北文化部副部长罗烽（30 年代老作家）找我谈话（李纶在场），他先宣布对仇戴天、崔碧云撤职决定，又说东北戏曲学校是东北文化部“三反”运动重点单位，要求我一定要把运动开展起来，我也感到责任重大。搞完“三反”运动后，又决定我留在戏校工作。

冯建辉：当时您是担任校长还是副校长？

宋木文：一开始就是主持工作组，“三反”运动后做协理员兼教导主任，以后又做了副校长。后来检查回顾，对仇、崔二人的结论和处理都是不当的。仇被开除党籍、劳动教养，崔被撤职、留党察看。

冯建辉：当时他俩也因为是有贪污受贿的事吗？

宋木文：有些错误。现在看，都不严重。虽然我去之前他们就已经被撤职了，但对他们二人的处理我是参与的。1980 年“文革”以后落实政策，纠正冤假错案，这两个人的所在单位哈尔滨话剧院根据本人申诉和反复调查，提出当年的结论有些失实，处置有些不当。在找我调查时，我仔细地看了调查人员提供的材料，认真地反思了当时运动的状况，给他们写了《关于纠正仇戴天和崔碧云错案的证明材料》，用事实说明，当时仇崔一案重要情节失实、不当，属于冤假错案，应予平反。在这个材料里，我回顾了几个失实的问题，并且说：“对仇、崔问题的定性，主要是根据戏校师生在运动气氛中的揭发材料，有些问题未认真核实，有些问题缺少具体分析，有些问题无限上纲。这必然把问题搞错。根据有错必纠的原则，我完全同意对仇、崔的问题重新进行审查，使错案得到纠正。”我还检查了造成这一错案所负有的责任。后来，我又觉得此事涉及东北戏校一段历史情况，还将此材料送中国戏曲学院（东北戏校并入单位）和中国京剧院的有关同志阅知备用。到后来，仇、崔二人都得到平反，恢复党籍，并改善了生活待遇。

访谈京中讲到此事。此件供立深、建梓同志参阅。

宋木文

2001.12.8

关于纠正仇戴天和崔碧云错案的证明材料

笔者2007年8月23日注：根据党的十一届三中全会精神，哈尔滨话剧院党组织报请上级党委批准，对发生在1952年“三反”运动中的仇戴天、崔碧云错案作了纠正。运动前，仇、崔分任东北戏曲学校校长和校务主任，对创建东北戏曲学校做出了重要贡献。在东北文化部决定撤销他们二人的职务后，决定由我带领一个工作组去东北戏校主持“三反”运动。写于1980年2月1日的这份证明材料，即是同来京调查人员谈话后整理而成的。仇、崔所在单位哈尔滨话剧院为平反这一错案做了大量工作，我更有责任予以协助和支持。因此事涉及东北戏校的一段历史情况，特提供有关同志研究参考。

补写注释，写此注是想起要把此材料提供有关同志。

一九五二年三反时，东北戏校是东北文化部运动重点单位之一。由部党委直接抓。在东北文化部决定撤销仇戴天、崔碧云同志东北戏曲学校的校长和校务主任职务后，组织上派我和其他几个同志到戏校搞运动。现在回忆起来，许多具体情况都记不清了，但总的感觉是，对仇、崔问题的定性，主要是根据戏校师生在运动气氛中的揭发材料，有些问题未认真核实，有些问题缺少具体分析，有些问题无限上纲。这样必然把问题搞错。根据有错必纠的原则，我完全同意对仇、崔的问题重新进行审查，使错案得到纠正。

现在，根据我的回忆，对仇、崔在东北戏校工作期间的几个问题冯建辉：这件事是不是也给您留下了很深的印象？

宋木文：为仇戴天、崔碧云错案写的这个证明材料，我清楚地记得是写在十一届三中全会后，是1980年2月1日写的。我在“文革”中受冲击，亲眼目睹了许多老革命被打成“走资派”“三反分子”，也亲身经历过建国后历次越搞越“左”的政治运动，深刻感受到应当从仇、崔错案吸取教训。我想，我在担任领导工作以后，能够做到执行政策比较稳妥，更注意对人的处理切忌匆忙、简单、过分，是同我认真反思仇、崔错案和历次政治运动“左”的教训不无关系的。

人的一生特别是到了我这个年龄段的人，在反思过去时，做得对的应该肯定，更要反思自己哪些事做得不对，或者哪些事情更应当吸取经验教训，特别是对人的问题。所以，我在文化部出版局、国家出版局、新闻出版署担任领导职务以后，在对人的处理问题上，尤其是某种特殊政治形势下，更注意稳妥、留有余地，力争别搞成新的冤假错案。

冯建辉：据我掌握的资料，好像东北戏曲学校由沈阳迁到北京，同中国戏曲学校合并了？

宋木文：那是1954、1955年的时候，是“三反”以后了。从沈阳到北京，在戏曲学校工作，也使我比较熟悉和喜欢戏曲和京剧。到现在我也喜欢看京剧，更常看中央电视台11频道的京剧演出转播，为晚年生活增添了一点乐趣。

二、过“三关”和正确处理个人与组织的关系

宋木文：上次，你们的那个采访预案说，想通过回忆个人经

历，能从历史中提炼出一些有意义的东西来，我想了想，还是和你谈谈过“三关”的情况，这也许更能符合你们的要求吧。

冯建辉：哦？过“三关”？

宋木文：我记得当年周总理经常以自己的经历对干部进行教育，他曾经说他过过“五关”[①]，联想总理的教导，我想，从我参加革命到成长起来，可以说过了“三关”。而这“三关”又都是和我成长的时代和环境紧密地联系在一起的。

哪“三关”呢？总的说，就是“盲目正统关”“家庭关”和“文史关”。“盲目正统关”是由于我青少年时在东北受日本统治下伪满的教育，与祖国隔离，对国共两党不了解；过“家庭关”，是因为我的家庭出身不好，是富农，对我有相当的影响；过“文史关”，是因为受成长环境影响，文史知识薄弱，与我承担的职责不适应，需要自觉补课。这些就决定了我参加革命以后要过“三关”，让自己能够适应客观的要求。

冯建辉：哦，三个“关”、三个背景。

宋木文：对。先说过“盲目正统关”。之前我说了，我自幼受日伪的奴化教育，那时候叫“满洲人”，但是我从家庭、从各个方面，都知道所谓“满洲”是中国的一部分，我不是“满洲人”，我是中国人。开头对日本的统治是恐惧的，见到日本兵，心里有一种恐惧的心理，但逐渐地就产生了反对的情绪，由反感

① 1963年5月29日，周恩来在中共中央和国务院直属机关干部会议上作了《过好“五关”》的讲话，他提出，党员领导干部要过好“五关”，以此作为自觉进行党性修养的基本要求。周恩来提出的“过五关”就是指过“思想关”“政治关”“社会关”“亲属关”和“生活关”。

到反对，盼望自己能够堂堂正正地做一个中国人。

1945 年，日本战败投降了，中国抗战胜利了。但东北青少年大都不了解关内发生的情况。这就在我们东北的青年里面产生一个问题：要从伪满洲的奴化教育中解脱出来做堂堂正正的中国人，谁能代表中国？是谁把日本帝国主义打败的？谁是真正抗战的？是国民党还是共产党？是中央军还是八路军？是蒋介石还是毛泽东？这个问题是尖锐而又明确地摆在我们东北青年面前。因为受奴化教育蒙蔽，对中国发生的事情是不清楚的，因为各种宣传，在我们当时的头脑里面就是国民党蒋介石、中央军是正统的，所以盲目地相信国民党、中央军、蒋介石。这就是当时“盲目正统关”的由来。

冯建辉：*原来“盲目正统关”是这样来的啊！*

宋木文：1947 年在双城兆麟中学学习时，学校领导就如何扭转东北青年“盲目正统关”的问题进行宣传教育。如果当时这个问题不正确解决，我们人生道路的起点，也就是回到祖国的怀抱以后走哪条路，就定不下来，甚至有可能走上错误道路。当年，我们的思想斗争和转变，主要是围绕这个问题而展开，而革命斗争的形势也有利于这个问题的解决。

我的家乡所在地区，国民党的军队没有占领过。我家乡属于松花江以北，国民党的统治就到松花江以南。我有机会接触八路军，看到的八路军不像听说的样子，那是非常亲民的部队，是很容易接近青年的部队。这样的事实教育了我。再加上传闻当中有些国民党的地方接收大员是非常腐败的，有一些甚至是由汉奸摇身一变而来的。你想，我们这些在东北受过日伪欺压，有反满抗日思想的青年，一听说汉奸也成了国民党的接收大员，能不气愤吗?！这样的话，耳闻目见，又经过兆麟中学的正面教育，这一反映东北青年思想状况的“盲目正统关”就破除了，这一关也就过去了。

我参加革命，入党，也是客观环境使然。我的这个转变发生在1947年，当时，我们党领导的革命斗争形势发生了重大转折，由防御转向进攻，这不仅是东北战场，还有山东战场、中原战场、西北战场、华北战场，都由战略防御转向战略进攻。我的老朋友金冲及赠我一本他写的书——《转折年代：中国的1947年》[①]，就是讲1947年前后中国共产党领导的革命斗争，这个时候发生了伟大的转变，转变了形势，也转变了东北青年的思想与走向，要走革命的道路，走党指引的道路。我在前面讲郭琛诚老同学给我来信中，也说到1947年是我们这一群青年人的一个转折点。所以，我这一转变，过这一关，有主观努力，也是客观因素使然。

冯建辉：这是过“盲目正统关”。

宋木文：对。当时不了解真相，所以叫“盲目正统关”。现在看来，这一关是过得好的，是很重要的。当年正是国共两党及其领导的军队进行激烈战斗的年代。谁抗战，谁不抗战，现在回顾历史就要讲得全面一些，不能笼统地说国民党不抗战，但是国民党“先安内后攘外”的政策是错误的，后果也不好。党所领导的八路军、新四军坚持抗战第一线，对抗战胜利起了很重要的作用。不过，对国民党，也要有实事求是的评价，特别是他们在正面战场所起的重要作用，也不可低估。但我必须说，这样的认识也不能降低更不能否定我们东北青年在特定历史条件下克服“盲目正统关”的必要性及其实际意义。

① 金冲及：《转折年代：中国的1947年》，生活·读书·新知三联书店2002年版。

冯建辉：这是第一“关”，那么，第二“关”是什么呢？

宋木文：第二“关”就是“家庭关”。我当年也听过周总理的报告，他讲他怎样过“家庭关”。他家比我家更有钱有势。我家在农村，家庭成分是富农。所谓“家庭关”就是参加革命以后要正确对待家庭问题，要在政治上和家庭划清界线。你以前听过这种事吗？

冯建辉：我们只能通过书本上的介绍了解到一点。

宋木文：现在没有我们那个时候的要求了。过去，谁的家庭不好，谁在海外有关系，就会当成包袱，现在不但不是问题，有时候还成为有利条件。

冯建辉：“家庭关”可能是那代人家庭出身有点情况的时候，要面临这样的问题。

宋木文：这在那个年代，是带有普遍性的重要问题。在党的干部队伍中，有不少人上过中学和大学，家庭出身不好。所以强调家庭出身不能选择，走什么道路是可以选择的。但有些时候更注意家庭出身。我入党前隐瞒了我的家庭成分，我填表填的是中农。中农不是剥削阶级，而是团结对象，那时富农就作为打击的对象，所以我填的是中农，就怕报富农出身，党不会接受我，会对我的革命前途受影响。但入党就要对党忠诚，你隐瞒自己的家庭出身，就是对党两条心，所以我就向党组织如实交代了，向党表示忠诚。当时我在东北大学，组织上既批评了我又肯定了我，后来很快就入党了。入党以后，要同家庭在政治上划清界线。我当时追求革命心切，也由于那种政治环境，有一段时间和家里没有来往了。后来组织上跟我说，和家庭划清政治界限，不是断绝一切联系。后来尽管有过通信联系，也非常谨慎，生怕在这个问题上出了偏差。你们可能不能理解那时的我们，确实就是这样的。

冯建辉：当时跟家庭通信的时候，书信会不会受到组织上检查，还是说我们有觉悟主动让组织检查？

宋木文：那倒没有。你自己讲清楚了，组织上更信任你了。不过，自己特别谨慎，能不联系就不联系，怕有人“无事生非”。事实上，家庭的问题、父亲的问题，对我还是有影响的，甚至在重要的环节、重要的时段上有影响。前面我说到了，1950 年我被从东北马列学院预备班调出，组织上决定让我去给东北局宣传部副部长、东北人民政府文化部部长刘芝明当秘书，去了以后很快又改变了，就是因为组织上从什么途径了解到我的家庭出身不好，我的父亲还被管制过。

冯建辉：真的被管制过？

宋木文：后来证明这是一种误判。1946 年夏，我军北进，到达西六号屯[①]时，遭遇当地地主武装的抵抗，发生激烈战斗。平息后对反动头目和参与者作了处理。当天，我父亲和家里人正在家里干农活，前五号屯的一些人也是知情的。我父亲确确实实未参与其事，也未受到处理。后来有人听信误传并检举，尚未查实，便决定管制，后又经政府查证，“确实没有参加”，又提前撤销管制，并参加了初级社，成了社员，还有公民权。误判传出了就成了事实。可能（因为至今我也说不准，此事今日确也没有什么现实重要性了）就因为这件事，使我不能继续给部长当秘书，让我到戏曲新报、戏曲改进

① 即现育民乡所在地。

处工作，后来又到戏曲学校，干戏曲这一行了。就是家庭这个因素影响了我后来的工作走向，由本来进入马列学院学习后做宣传干部，或者在党校当教师，却在后来跑到文化部门、跑到戏曲部门了。这是一个很大的反差。

人的一生有很多偶然性，常常是这种偶然性会决定你一生的走向，但是在偶然性发生后，你能不能适应这个环境、工作、业务，在陌生的环境里仍然能有所作为，这里面就有必然性的东西在起作用。在一定意义上，可以说，偶然性决定你的命运走向，必然性决定你的成就。偶然中有必然，偶然转化为必然，必然有时要通过偶然来呈现。这也是符合马克思主义唯物辩证法的吧。回过头来看，确实是家庭和父亲的因素，更有特定的时代因素，改变了我原来的发展方向，让我的工作乃至人生变成了另外一种走向。

我父亲因误判而被管制，但他在这前后是遵纪守法的，对党和政府还是愿意靠近的，拥护的，服从接受领导的。比如，1945年“八·一五”东北光复之后，1946年，经村民推举，党领导的榆树县滨河区（现为育民乡）政府也认为我父亲有些文化，是当地的开明人士，指派他担任前五号屯、马家沟屯、小八号屯三屯的大屯长，履职尽责，为政府和农民催送公粮、办理民政、动员参军、支援前线、登记土地、核查人口，代政府处理公务，为农民无偿服务，受到政府和村民的称道。再比如，1946年夏，当地地主武装抵抗八路军北进时，我父亲正在家里西院干活，屯中许多人都知情，而且是本屯唯一没有参加武装抵抗的大户出身的人。1946年冬至1947年春第一次“土改”时，我父亲还劝说几位爷爷主动交出家里的地契、土地、房产、铁车、牲畜、粮仓、浮财等资产，得到工作队、屯干部、贫农雇农的好评。从那时起，我父亲一直顺应历史潮流，接受服从党和政府的领导。这同他的几个儿子都是党员、党的干部不无关系。他有文化，也想让他的子女有文化、有出息、有前途。他支持他的子女参加革命，做党员。1946 年由榆树乡下迁到双城县城，1958 年由老家农村迁到吉林市区，主要都是为方便子女上学。如果没有这两次迁往城市，我不可能在这里同你们几位同志做“口述出版史”，我的二弟就不可能成为党校的党员教授，三弟不可能成为党员、记者，四弟不可能成为党员、总农艺师，六弟不可能做出版社的党员、总编辑、社长。如果不是克服困难，冒着风险两次搬迁，为保证儿女上学打下文化基础，后来的一切都是难以想象的。这使我们做儿女的更加感激父母的爱心与远见。父亲在 1948 年从双城迁回榆树乡村因错判而被管制，“文革”中又被红卫兵从吉林市遣返榆树农村而受红卫兵管制，他都能忍受折磨而无甚怨言。他在 1969 年 7 月 21 日给他的四子木权的信中说：“我由吉林回来时，白山红卫兵给咱大队一介绍信，说我是逃亡富农四类分子，咱大队根据这介绍信，以我为四类分子看待。最近白山大队革委会又给咱大队来一介绍信，证明一下不是四类分子，咱大队以这份介绍信为有效，原红卫兵的介绍信无效，解除四类分子帽子。我们应该感谢共产党和毛主席。”我幼年时同村的长辈田树新（我妹妹宋木铃的丈夫田志勋之父，称我父亲为大哥），1969 年给我母亲的亲笔信中也说：“再有大哥四类分子的事，由白山公社给咱公社和大队来的信，说明不是四类分子，没有不法的行为，由上几天咱大队肖主任和王公安到咱小队开会公布，四类帽子去掉了。”[①]

冯建辉：这两封信有很深的时代烙印，保存到现在也是有意义的。

宋木文：这两封信就保存在我这里，是因四弟木权为让我准确了解父亲情况而转交我的。对前引的信，我只加了几个标点，其他未作任何改动。今日重读，仍能感受到父亲对党和毛主席的亲近心态，也反映了他在特定意义上对儿女在政治上的关切。父亲对当了党员干部的几个儿子，特别是对我，从无过分要求，而且尽量避免因自己行为不当而产生不良影响。我参加革命以后，按照党组织的要求，同剥削阶级家庭在政治上划清界限，是必要的。但在情况不甚明了，又有一种特定环境下自我保护的心态，在向组织汇报父亲情况时，也曾有言之过头之处，则是应当反思的。对父亲、母亲，对在成长中的弟弟妹妹，有些应该做的也没有做到，因而常有愧疚之痛。我自 1947 年参加革命后的十多年，极少同家里联系。大约是 1959 年夏天，我随当时的文化部徐光霄副部长去东北三省视察，到吉林市后，我考虑再三，以试探性口吻，向同行的文化部教育司司长王子成透露，我父母和弟弟妹妹住在市郊白山公社，多年没见了。王司长体察下属心意，允许

---

① 宋木文按：我在这里补充一个情况，我应邀在“口述出版史”谈了父亲和家庭出身等情况，口述文字整理出来以后，曾就此征求家人的意见。二弟宋木生看了相关材料后，对我叙述不准、不清之处作了修改，我大都赞成。木生先后于 2013 年 7 月 29 日和 8 月 25 日两次给我写信，就家乡“土改”和父亲的情况包括没有参加地主武装的情况作了说明。木生对家乡历史情况，比我更了解。他在来信中所讲的情况，我也认为是经得起历史检验的。我在审阅访谈文字整理稿时作了吸收，也有木生改在稿上的。木生两次来信说得更具体和准确，现附送“口述出版史”访谈组阅存。对前面提到我父亲生前给四弟木权和田树新给我母亲说明历史清白的两封信，亦交“口述出版史”访谈组阅存。

我回家探视。我步行到了白山后，经询问，知道母亲正在集体菜地里劳动。这时，有人告诉母亲有人找她，母亲走到田头的小路面对我问道：“你找谁呀?”此时，我认出是多年不曾见面的母亲，便靠近说：“妈，我是木文啊!”母亲惊讶地说：“哎呀，你看，我怎么都认不出你来了!”说着顿时泪下。我在父母的农村小屋住了一宿，第二天一早，便同正在市里上学的六弟木铎一起匆匆赶回市内住地，继续陪同领导视察。鉴于当时出身不好更要夹着尾巴做人，我对这次探视父母一直不再对别人提起，关心我的王司长知道此事的敏感，也不多说什么。尽管亲情受压有些不正常，但那时就是如此。应当说，直到“文革”以后，才算真正卸下了家庭这个沉重的包袱，真正解除了剥削阶级家庭出身这个紧箍咒。不过，“文革”期间，也是很厉害的。

我给你讲一个例子。我逝去的老伴汪应模，她家在上海，上海戏剧学院毕业后被分配到北京，在文化部教育司工作，入了党，一直表现很好。她父亲是资本家，在上海和北京都有工厂。在北京的工厂，公私合营以后，按赎买政策，由国家每年给予一定的利息返还，称定息。她父亲母亲在上海，北京工厂的定息由她代取，被组织上即文化部教育司知道了，就查她为资本家剥削效力，说你是做共产党党员还是做资本家的孝子贤孙?非常尖锐。然后就几次写检查，并放弃代领，才算过关。那时就“左”道盛行，执行符合党和国家政策的事都不许你去做。我也经历过类似的事。那是1964年，我家住在吉林市郊区，原是租房住，因房主要收房子，不得不买房子，以保证弟弟妹妹上学，我事先全不知情，房子买下后缺钱，来信后我才寄去百十元，这事我无心在办公室里讲了，却被“有心人”汇报上去，教育司副司长兼支部书记找我查问此事。我因态度不冷静，顶撞了几句，受到批判；他要我检查、交代清楚。以后经送家中来信和买房证件，并附送“人民公社 60 条”[①] 允许买房的有关规定，又检查我对支书态度不好，才算过去。可见家庭出身不好的包袱是很重的。“文革”的时候更厉害，解除这种紧箍咒是在“文革”以后了。

1974 年，父亲去世了，我和老伴汪应模就把母亲接到北京，一直养老到送终，对母亲算是尽了一点孝道。后来我对弟弟妹妹也更加关心，做了力所能及又符合原则的事。按照亲情、乡情的要求，能够做的，尽可能去做。

1988 年春节，我与应模和向东、宇谷在北京东大桥家中同母亲合影

① 此处提到的“人民公社 60 条”，系指 1961 年 3 月 22 日中央工作会议通过的《农村人民公社工作条例（草案）》，文件共 10 章 60 条。

2009 年 5 月 2 日，一大家三代人从各地来京团聚时，兄、弟、妹七人的合影。此照为妹木玲提供，并在背面注明："2009 年，哥哥过 80 岁生日，北京"

2013 年 6 月 11 日，兄妹七人回家乡时在父母遗物榆木小炕桌（兄妹幼年用过）旁合影留念

冯建辉：就是说，您在过“家庭关”的过程中，您觉得对家里是有亏欠，所以时过境迁后反省，去做一些弥补。

宋木文：是这样的。过“家庭关”，对我来说，就是注意在政治上同剥削阶级家庭划清界限，而当客观上受到“某种不公”时又能正确对待。这两点，我算是做到了。所谓“某种不公”，也是受到极“左”思潮的影响，而在拨乱反正之后，不但没有发生过，而且给予我充分信任，能为党和国家做一些力所能及之事。说到现在，对家庭问题，不会有我那时的要求了。但是，作为一个党员干部特别是领导干部来讲，怎么样处理家庭问题子女问题，这仍然是一个现实的问题，当然不会重复也不应该重复我经历的那些问题，而是在新的形势下应当有新的要求。我想，这样的认识是应该有的。这就是我过“家庭关”的一些情况。

冯建辉：过“三关”，刚才介绍了两“关”，一个是“盲目正统关”，一个是“家庭关”。这两个“关”，都和当时的政治环境有关系。那么，第三“关”呢？

宋木文：第三“关”是过“文史关”。所谓过“文史关”，就是因为我从小接受日伪教育，后来很快参加了革命，参加了工作，中国文史修养基础都比较薄弱。不管是做理论工作、文化工作，做艺术教育工作，还是做出版工作，都要求我在文史方面要有比较广泛的扎实的基础。我在这方面先天不足。当时我就想，“先天不足”总不能让它发展成“后天失调”吧。如果说过前面两个关是客观条件使然，那么，要过“文史关”，就更需要多一点自觉性，多一点自我设计的因素，多一点主观能动性，就是要更加自觉地补上文史修养的课。否则，对我的成长和工作都会产生不利的甚至是基础性的不利影响。所以，我从青年时代起就比较自觉地注意学习，注意补课，学习文史，学习理论，补上文史的基础、理论的基础，补上马克思主义理论的基础，不是上学读书，而是在工作中自学。

冯建辉：那您当时都自学哪些方面的知识？

宋木文：像马克思主义理论方面，应当说，马恩选集、列宁选集、毛泽东选集和后来出版的毛泽东著作、斯大林的著作，都反复地读过；对中外著名学者的一些著作，包括中国的、苏联的、日本学者的哲学、经济学著作，比如普列汉诺夫、尤金、列昂节夫以及河上肇的著作。我都非常认真地读过了。文史方面不像马克思主义理论那样有系统地读，但也注意补课，包括中国通史、中国四大名著、《古文观止》，以及文艺理论、文学史、艺术史，也有选择地阅读了。比如俄罗斯的“三个斯基”即车尔尼雪夫斯基、别林斯基、杜波罗留勃夫的代表性著作，也读过了。还有结合工作，比如，我在做艺术教育、戏曲教育工作时，就注意读相关的史论著作，像《中国古典戏曲论著集成》（包括李渔的《闲情偶寄》），甚至包括斯坦尼斯拉夫斯基表演体系、《梅兰芳舞台生活四十年》这些书，都结合工作的需要，阅读了一些。不是系统地研究，而是为增长知识，广泛阅读。也坚持阅读报刊，像《人民日报》《光明日报》的文史哲专版也注意阅读。

我这一生，如果可以做一点自我肯定的话，那就是比较认真学习，直到后来我离休了也还注意读书、读报，这已经养成习惯了，成为生活需要了。所以，我认为，这对我适应不断加重的工作负担，由一般干部到领导干部，适应这个局面，都是必要的和有益的；特别是对我在工作中的理性思维和方法论的运用更是有益的。但是，认真检查起来，文史的不足，先天的不足，仍然是我不断加重工作负担的一个薄弱环节。这就是为什么我在《亲历出版30年》这本书"编后自记"里面讲："我的思想理论和专业知识水平同我所担负的工作有明显差距。我少年和青年早期生活于日本占领的东北地区，抗战胜利后投身革命，文史和理科基础薄弱，虽然曾奋力补课，但仍影响对有些问题的深入表述和特定对象的思想交流。"[①] 什么意思呢？讲个问题，写篇文章，你的文史知识理论知识不足，就影响内容的深入与丰富，深入达不到，浅出也困难。工作需要你接触专家学者，搞出版，搞艺术教育，你接触的大都是高级知识分子，人家说什么你都听不懂，交流不起来，就会很隔阂；如果你这方面修养好一点，你就可以交流得好一点，效果更好。我说的就是这个意思。"文史关"是过了一辈子，现在还在过，也过不完，要活到老，学到老。

冯建辉：听您讲怎么样过"文史关"，我想，这对我们年轻人也特别有启发。您刚才讲，过"文史关"的时候，主要看了有两大块的书：马克思主义基本理论，还有文史。那么，这些书单是您自己列出的，还是别人推荐的？

宋木文：主要是自己选，但是也和当时的提倡有关系。比如读马克思主义理论方面，《干部必读》丛书，那是建国前由解放社编的[②]，是党中央提倡的。还有，看毛主席的书，听毛主

---

① 宋木文：《亲历出版30年——新时期出版纪事与思考》，商务印书馆2007年版，第1113页。

② 应指1949年7月解放社出版的《干部必读》。延安时期，解放社出过一套《干部必读》，是配合整风学习的。因为主要为"整顿三风"，所以内容大致都是马列主义的经典著作。这套书在出版印刷条件十分困难时期，对干部的学习起了很大的推动作用，直到建国初期，仍然广为流传。新参加工作的人，得到几本，视若瑰宝。后来，围绕着一次一次运动或配合一定时期的政治需要，又印过不少干部学习材料。

席讲话的传达，也常常顺其所引，查阅有关文史书。

冯建辉：您一般是在什么时候学习？在下班时候吗？

宋木文：主要是在下班以后。只要有时间就学，挤时间学。这些学习，虽然内容不一定都记得清楚，但是对你的思维能力的缔造，会起到看不见摸不着、潜移默化的作用。你不一定直接运用那些理论知识，但是经过这些知识武装之后，你的思想境界更开阔，综合表达能力也提高了。现在的干部特别是领导干部一般都是从什么学校毕业，大学毕业还不够，还要研究生，没读过研究生的还要想办法补上一个在职研究生。那名片上都是什么教授、客座教授、研究员、特邀研究员。我是“三无”干部，自我定位是“三无”：一无大学毕业文凭，因为工作需要没有读完；二无高级专业职称，我尽管是出版编辑专业高评委的主任，但是我没有专业职称头衔，人教司曾经提议给我和刘杲（时任副署长）评编审职称，我俩都拒绝了，我们不够格，而且行政岗位不必非搞一个编审、教授、研究员的职称；三无特殊津贴，我们给在机关工作的王益、王子野等老出版家申办了特殊津贴，人教司也说，我和刘杲也是有专业和学问的，也应有这个津贴，我说我的学问都是一知半解，又不符合文件规定，也都拒绝了。这样也好，能够激励自己学习上进，又避免了许多闲话。

冯建辉：真是高风亮节啊！

宋木文：那也不敢当，只是求真务实，不图虚名。我觉得今天的干部也要注意，干一行要研究一行，学习和积累这一行的专业知识和相关修养，而且应当比我们那个时候要求更高些。现在有些干部文史与理论等方面专业知识不足，再加上党风、文风方面的问题，好讲官话套话，好像只考虑领导怎么满意，而不考虑是不是反映了当前那些问题的实际，对工作有没有真正的指导意义。陈毅元帅讲过一个观点，说：政治要以专业为基础。你不以专业为基础，你的这个政治就一定是空头政治！你讲那些是空洞的、官场应时的，不是深入分析工作中的问题，不是理论联系实际的，也就对工作没有实际的真正的指导意义。

冯建辉：是啊，加强学习、夯实专业、不讲空话、切中问题，这很重要！

宋木文：刚才我讲的过“三关”，是带有我们那个时代特色的东西。在一路走过来的人中会有共鸣的，但对现在的中青年就难说了。

除了过这“三关”之外，我想，还有一个问题是反映了我们那个时代几乎每个干部都面临的问题，就是如何处理个人和组织的关系，说大一点就是个人和党的关系。我青少年时有过做“人上人”的想法。参加革命后，经过学习和思想改造，由做“人上人”转变为做“螺丝钉”，就是做革命事业里面的一个“螺丝钉”。这是一个很深刻的人生观念转变，而其中的关节点就是处理好个人和组织的关系。

按当时的要求就是一切听从党的安排，党让你做什么你就做什么。刘少奇有一本书《论共产党员的修养》讲的就是这个观点，我们都是接受的。而且在思想不通的时候只能自我检讨，尽量使自己做到无怨无悔。

南方有一句话，叫“草鞋没样，越打越像”，我觉得这句话很实用。我年轻时的一位朋友，名颜长珂，中国艺术研究院研究员，《中国大百科全书》第二版戏曲学科主编，他也是在一个偶然的机会被安排到戏曲单位，为完成任务而研究戏曲史论，成就突出，论著甚丰，我为他的一本书《戏曲文学论稿》写序，就定题为《任务打造专门家》。“草鞋没样，越打越像”，就是从他的书中引出的。我觉得这句话很实用。说得宽一点，就是：要取得好的结果，达到好的境界，就要勇于实践，坚持不懈。结果是从实践中来的，境界是在实干中拓展的。当然也有例外，这草鞋怎么打也没有样儿，你这一生就糊里糊涂地过去了。所以，成不成样儿，第一要靠“打”，第二还要看你怎么去“打”。我在这里只是借用朋友的话做一点发挥，我自己从任务中也没有打出什么样儿，只是说干一行、爱一行，钻研下去，是会有体会、有收获的，否则就会自己没干好，还怨天尤人。

冯建辉：您说得太好了！

宋木文：你那个提纲问我“怎么到戏曲部门的”？我想告诉你的是，这不是我个人的选择，而是组织的决定。在这里，顺便讲一件事。时任辽东省委副书记的刘子载同志（1926 年入党的老革命），曾直接领导仇戴天接管咏风社科班（东北戏校前身）的工作，我到戏校搞“三反”后，去安东（今丹东）向他了解有关情况。1952 年，刘子载调任东北局党校副校长主持工作后，找我要看戏校学生演出，使我有机会在演出前后见到从东北大学来党校学习的那些老同学，当他们得知我不再给刘部长当秘书，而是到了陌生的戏曲学校都深感意外和不解，交谈之中我也深感不快，便想借机向刘子载提出回到党校学习，只因刚刚检查为工作闹个人主义而未能开口说出。以后到文化部做艺术教育工作，到出版部门做出版工作，都不是个人的选择，而是组织的决定。回忆我的一生，大部分时光不是学什么做什么，而是做什么学什么。要做党的马克思主义理论教育工作者，就要学马克思主义理论；到了戏曲和艺术教育单位，就得学习戏曲以及其他艺术知识；到了出版部门，就要了解学习钻研出版。这就是做什么学什么，出版干得长些，学习、积累也多一些。

我想，学什么与做什么、个人与组织关系这类问题，在今天来讲，不可能按照过去的要求来要求了。但是，在当代，在以人为本的时代，在更注意个人自由发展的时代，我认为，仍然有一个如何处理学与用、个人与组织关系的问题。要求不同了，内容不同了，个人发展的天地更宽了，但作为党员总不能把个人摆在组织之上，摆在党之上，总不能违反党的纪律吧？特别是党的高级干部仍然有一个如何处理个人和党的关系问题，有人在政治上出了问题，我看也是在这个问题上没有摆正关系。

冯建辉：讲得真深刻啊！您刚才谈到戏曲，能否请您谈谈对戏曲教育的体会？

宋木文：对戏曲教育，虽然我这个“草鞋”没打出什么样儿，却是有所体会的。我这个人呐，知识不全面，也不扎实，但脑子好想问题，每做一个阶段的工作，都喜欢做一点归纳，谈一点体会。比如我在戏曲学校工作过，又在文化部教育司管过戏曲教育，现在的中国戏曲学院，为纪念建校60周年来采访我，让我回顾一下我在戏曲学校工作的经历，有什么体会，有什么经验？我就同他们谈了戏曲表演专业教学的四个结合，这就是：全面发展与因材施教相结合；口传心授与启发式教育相结合；学戏与基本训练相结合；课堂教学与舞台实践相结合。这是在继承富连成科班训练方法的基础上不断进行改革和创新而逐步形成的比较科学和行之有效的戏曲表演专业训练体系的带基础性要点。中国戏曲学院的老同志看了这个访谈后认为，这种归纳，基本符合当年的教学实际。这不是我的创见，是对当年实际做法的归纳。顺便举出，只是想说明干什么就要学什么研究什么，就要有总结归纳，对自己提高有好处，对做好工作也有好处。以后做出版，时间更长、体会也更多些，反映在《亲历出版30年》等书中。

2005年6月29日，我在家中接受中国戏曲学院研究生董昕采访

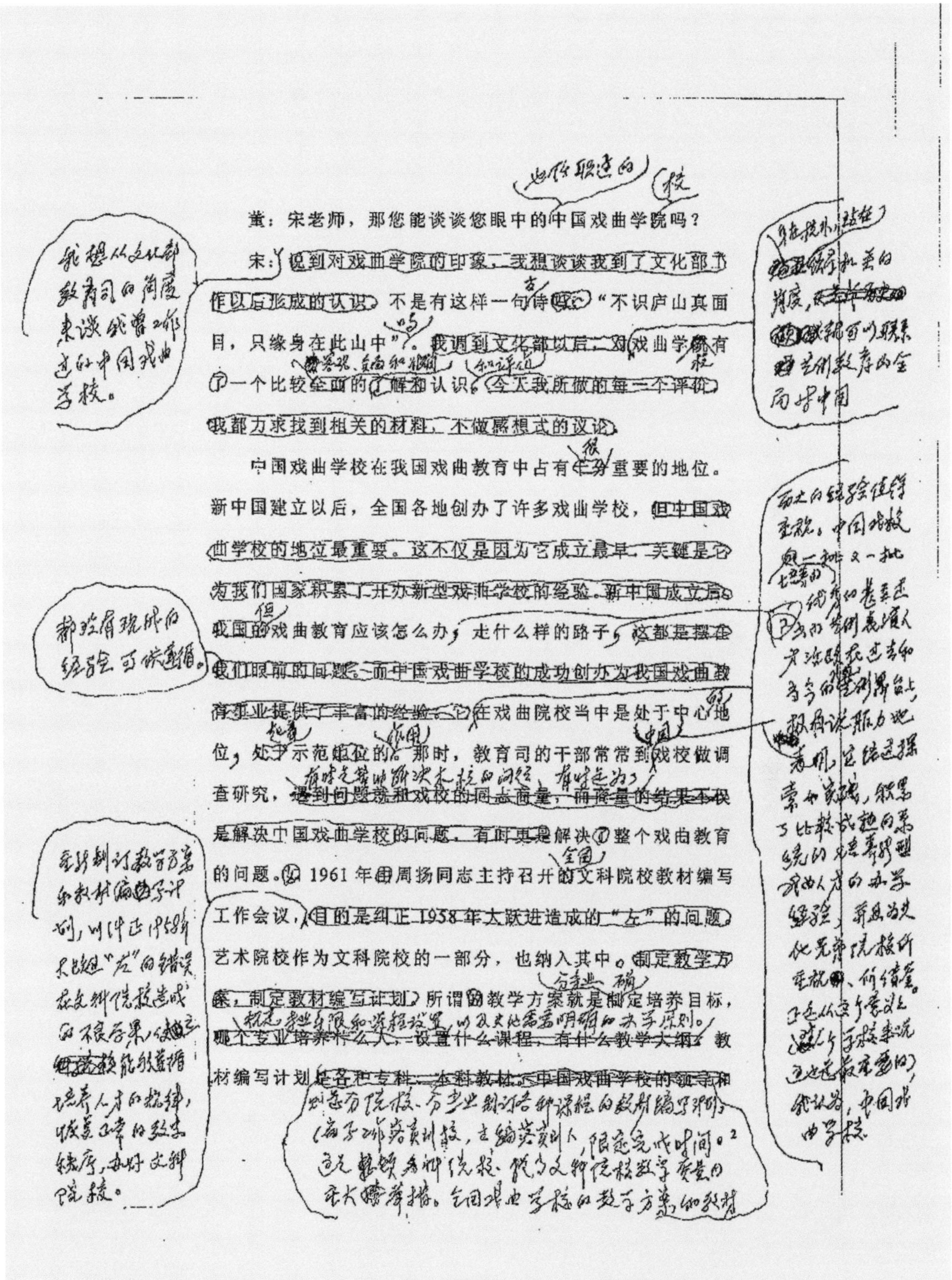

董：宋老师，那您能谈谈您眼中的中国戏曲学院吗？

宋：说到对戏曲学院的印象，我想谈谈我到了文化部工作以后形成的认识。不是有这样一句诗吗："不识庐山真面目，只缘身在此山中"。我调到文化部以后，对戏曲学院有了一个比较全面的了解和认识。今天我所做的每一个评价我都力求找到相关的材料，不做感想式的议论。

中国戏曲学校在我国戏曲教育中占有十分重要的地位。新中国建立以后，全国各地创办了许多戏曲学校，但中国戏曲学校的地位最重要。这不仅是因为它成立最早，关键是它为我们国家积累了开办新型戏曲学校的经验。新中国成立后，我国的戏曲教育应该怎么办，走什么样的路子，这都是摆在我们眼前的问题。而中国戏曲学校的成功创办为我国戏曲教育事业提供了丰富的经验。它在戏曲院校当中是处于中心地位，处于示范地位的。那时，教育司的干部常常到戏校做调查研究，遇到问题就和戏校的同志商量，而商量的结果不仅是解决中国戏曲学校的问题，有时甚至是解决了整个戏曲教育的问题。如1961年由周扬同志主持召开的文科院校教材编写工作会议，目的是纠正1958年大跃进造成的"左"的问题。艺术院校作为文科院校的一部分，也纳入其中。制定教学方案，制定教材编写计划。所谓的教学方案就是制定培养目标，哪个专业培养什么人，设置什么课程，有什么教学大纲。教材编写计划是各种专科、本科教材。中国戏曲学校的

2005 年 8 月 1 日，在董昕访谈文稿上批语："按此改稿排字，我阅后再印"

第二章

我的『文革』遭遇与感悟

一、毛主席“两个批示”后的文化部机关

冯建辉：宋老您好！上次我们讲到“文革”，但是因为时间的关系，没有能过多地展开，我想，您能不能介绍一下您对“文革”有什么样的记忆？

宋木文：记忆是深刻的、难忘的。如果只谈个人遭遇的话，我觉得没有多大意思；如果从大一点的环境来谈，我又觉得力不从心。你的提问使我想起了老出版家王仿子同志给我的来信以及我的回复。

这封信是这样的：

木文老友：

你我相识在“文革”前的文化部，所以把你当作老朋友，不管你曾经是署领导。你同意吗？

我觉得现在在职的出版人，对解放初期，甚至对“文革”以前的事都是弄不清楚的了。这件事从最近一年来发表的为纪念（建国）六十年而写的文章中可以看到。为了保存一点真切的历史，我希望有人把当年的事记录下来。

例如：文化部。在“文革”前，在毛主席的几个批示时就开始乱起来了。整风开的头，从上海、湖北和军队调来三位副部长，接着又来了个肖望东。此人要犁庭扫院，一边在大厅作报告，说得亲亲热热，暗底里编黑名单，把文化部干部分为三类：一、可用，二、控制用，三、清除下放劳动（这个黑名单，不会

让我们知道，“文革”中范用打扫厕所，在一堆废纸中发现）。再以后，连肖望东也躲起来了。石西民、李琦指定常萍、王栋、王仿子轮流接待造反派，在电影院留宿，一人一毯子；沈竹的夫人（指高茵，“文革”后任文化部教育司司长——宋注）躲在电梯里发放回程的火车票，食堂日夜开伙，等等。文化部真的被砸烂了。

文化部这十几年的历史，值得当一个真迹让后人看看。可惜，我是写不了的，我希望由你把它写下来。此信的目的在此。

王仿子

2010. 7. 7

冯建辉：仿子老是想让您来回忆和记录文化部“文革”的历史。那您是怎样回复的呢？

宋木文：接到仿子同志的信以后，我认真地想了想，最后给他回了一封信。信是这样写的：

仿子同志：

惠书已悉。承蒙厚意，称我为老友，荣幸之至也！不过，我仍称您为仿子同志较为亲切，否则就该称仿子我师了。

我同您有同感：现在的出版人对解放后“文革”前的事有些弄不清楚。比如出版社，在建国后即定为出版企业，王益同志、您和我都曾写文章论证过，而现今仍被有些文章说成是“事业”甚至“纯事业”，也不能总为这类事打笔墨官司，只好存异在案，待机说之了。关于毛主席六十年代两个批示后文化部的那些事，您要我“把它写下来”，而且说您“写此信的目的在此”，我更是无能为力，让您失望了。

致以同志式的问候！

宋木文

2010年7月19日

等于是把他婉拒了。

仿子同志的这个来信是向我提了一个问题，他说文化部在“文革”前，就是在毛主席的两个批示时就开始烂起来了。“文革”前，出版归文化部管，后来国家出版局机关的干部也主要来自文化部，这些人“文革”岁月的开头几年都是在文化部度过的。

仿子同志是文化部的老人，他在“文革”后期就离开了文化部，但出于历史责任感，出于现实与历史的联系，他还想着文化部，想着文化部的“文革”。

“文革”是以文化破题，文化部首当其冲，文化部的“文革”比起其他部门，序幕拉开更早，过程更曲折、更惨烈、更引人注目，也更有独特性。现在这样一想，我似乎明白了仿子同志给我“写此信的目的在此”（留下文化部“文革”史的真迹）的深意了。不过，我信中说的“无能为力”也是真实的。那就借口述史这个平台，做一些力所能及的回顾吧！

冯建辉：仿子老在信中说文化部在“文革”前就开始乱起来了，这是怎么回事呢？

宋木文：我所说的文化部“文革”的序幕早就拉开了，就是指遵照毛主席“两个批示”，早在1964年就进行的文化部整风运动。

毛主席关于文艺工作的两个批示，一个是1963年12月12日做出的：

各种艺术形式——戏剧、曲艺、音乐、美术、舞蹈、电影、诗和文学等等，问题不少，人数很多，社会主义改造在许多部门中，至今收效甚微。许多部门至今还是死人统治着。许多共产党人热心提倡封建主义和资本主义的艺术，却不热心提倡社会主义的艺术，岂非咄咄怪事。[①]

第二个批示是1964年6月27日做出的：

这些协会和他们所掌握的刊物的大多数（据说有少数几个好的），十五年来，基本上（不是一切人）不执行党的政策，做官当老爷，不去接近工农兵，不去反映社会主义的革命和建设，最近几年，竟然跌到了修正主义的边缘。如不认真改造，势必在将来的某一天，要变成像匈牙利裴多菲俱乐部那样的团体。[②]

毛主席还批评文化部是帝王将相部、才子佳人部、外国死人部。来自毛泽东的这些批评像晴天霹雳，震惊了整个文艺界。为此，在中国文联、中国作协集中进行“整风”，文化部党组连续进行检查之后，周扬亲率工作组督战，从1964年10月到1965年4月，在文化部开展整风运动，以部党组为重点（部党组又以齐燕铭、夏衍为重点）从部领导到各司局负责人，都要检查过关。整风的结果是文化部的一次大改组。齐燕铭（党组书记、副部长）、夏衍（副部长）被免职。建国后即由沈雁冰担任的文化部长改由陆定一兼任；调南京军区政委肖望东任文化部党组书记、第一副部长，另从上海调石西民、从湖北调赵辛初、从解放军总政治部

① 《建国以来毛泽东文稿》，中央文献出版社1987年版，第10册第436页。

② 《建国以来毛泽东文稿》，中央文献出版社1987年版，第11册第91—93页。

调来颜金声任副部长，时称以两位将军、两位书记来为文化部“换血”；副部长还有原兼任的林默涵和新兼任的刘白羽，以及经检查后留任的徐光霄、徐平羽和整风前才调来的李琦。又以从南京军区调来44位军官（少数安排在机关业务司局和直属单位），组成机关政治部，由颜金声兼任政治部主任，成为新文化部的主要组成部分。此次改组中，司局长也有调整的，如出版局由陈翰伯担任局长，王益改任副局长。改组后新文化部采取的重大措施，就是组织部机关及直属单位3357人下农村参加社会主义教育运动（即“四清”①），有的直属单位则以文化工作队下乡为农民服务。各路下乡队伍约在1966年6月返回北京。出版局及直属出版单位由王益带队，到河南省安阳、林县参加“四清”。

冯建辉：*那您当时也参加“四清”了吧？*

宋木文：对。我所在的教育司和部分直属文艺单位，由徐平羽带队，到江苏省邛江县参加“四清”。同刘建菴②副司长一起下来的教育司干部和来自江苏的地方干部近50人，由我担任工作队队长，集中在扬州市以南的汤汪公社崔庄大队，开展“四清”，历时约十个月。“四清”的重点是整走资本主义道路的当权派，在一个大队就是整党支部书记。此次江苏邛江“四清”，已经颁布了新

---

① 1963年2月，中共中央在北京召开工作会议，重点讨论开展社会主义教育的问题。在这次会上，毛泽东指出：“现在有的人三斤猪肉，几包纸烟，就被收买。只有开展社会主义教育，才可以防止修正主义。”会后全国范围内逐渐开展社会主义教育运动，内容包括在城市开展的“反贪污、反浪费、反官僚主义”的增产节约“三反”运动和农村开展的“清账目、清仓库、清工分、清财物”，后来统称为四清运动。

② “菴”字为宋老提供，按：《现代汉语词典》中称“庵”与“菴”同。但据宋老从同事处查知，刘自写其名为“菴”，然百度百科将刘名收作“刘建庵”，立此存照。

的“二十三条”，前期“四清”更“左”的做法有了一些改正。被重点整的大队书记王元广，忠厚老诚，是农家里手，又未查出有“四不清”，运动后期又结合了，继续留任大队书记。2012 年 9 月 16 日，我在扬州出席《四库全书》（文津阁本）原样出版专家评审会后，在扬州日报社社长王根宝陪同下，我去崔庄大队，想借此回顾历史，更想见一见当年被整又留任的大队书记王元广。然而，时隔 47 年，汤汪公社已改成了汤汪乡，所辖崔庄大队原址已建成扬州市民聚居的花园小区。我想要拜会的老书记王元广几年前就已辞世，而他的儿孙们也远走他乡，另谋职业了。我此行并未寻得原崔庄的准确位置。2015 年 5 月 17 日，我专程赴扬州察看文津阁《四库全书》原样印制与展出，王根宝又陪我（翟丽凤和卢仁龙同行）去参观一家名为玉龙花苑的当代私家园林，观赏友人题赠园主的书画作品和园主自养的多种木科盆景，小坐叙谈时，园主介绍说，园林占地十亩，1999 年始建，原是扬州汤汪的崔庄，接着又按我的提议，去看当年工作队提水的那条小河，我激动地表示，你这园林新址正是建在 50 年前的四清工作队住过的原汤汪公社崔庄大队队部所在之地，在座各位均对此次意外发现顿生感叹，而接待我们的这位原崔庄的新主人朱玉龙竟是一位 1956 年出生、靠经营花木发财、多方交友、身为扬州政协委员的富商。抚今追昔，这 50 年的变化真可谓巨大而深刻。这也使我由激动而转向冷静的思考与反思。

冯建辉：文化部“四清”工作队是什么时候返京的呢？

宋木文：1966 年五六月，文化部各路下乡“四清”队伍返回北京时，“文革”已经开始了。文化部的“文革”，是在肖望东任书记的新党组领导下进行的。其指导思想反映在给中央的报告（即“6·20报告”）中，称“文化部十几年来，一直被一条以周扬为首的又长、又粗、又深、又黑的反党反社会主义反毛泽东思想的黑线专了政”，“使文化部成为为资产阶级政治服务、为地富反坏右服务、为复辟资本主义准备精神条件的工具”。报告提出，在文化部及所属单位800名左右的领导干部中，只有三分之一可以继续担任领导职务，清洗或调离的约占三分之一，撤销领导职务、改做其他工作的约占三分之一，干部中的“黑线人物”约占干部的百分之二、三、四、五。据此，肖望东扬言要“犁庭扫院”，要“犁地三尺”“深挖五遍”，要纯洁重组队伍，并在暗中编制“黑名单”，在干部中造成紧张气氛。“文革”初期，文化部机关出现两派，不能不说是与肖望东对文化部干部这种过左估计有密切关系，或者说是最初的起因。但后来情况发生了许多变化，也更为复杂，就不能这样说了。不过，肖望东的这些极“左”言行，从根本上说也是执行上面的总调子，不能完全由他个人负责，但却伤害了文化部大多数干部，也未能求得自保，很快他也被打倒了。当然，也像其他老红军老革命一样，最终得以落实政策。周扬领导的1964—1965年文化部整风被批为“假整风”，在这次整风后组建的以肖望东为标志的新党组、新文化部也变成旧文化部、旧党组，被认为是建国以来甚至上溯到30年代以来一脉相承的一条又长又粗又深又黑的“文艺黑线”，遭到冲击和砸烂。文化部机关干部无公可办了。如仿子信中所讲，只有少数干部“轮流接待造反派”。这是指1966年年底开始的红卫兵大串连。所以说，到最后，文化部机关大楼全被腾出，成为各地文艺单位来京串连的造反派的住所，如仿子所说，“文化部真的被砸烂了”。

二、从文化部机关到“五七干校”

冯建辉：您能介绍一下十年“文革”是怎样过来的？

宋木文：我的“文革”十年大概分三段：一段是在文化部机关，三年；一段是到干校，三年；另外四年是在国务院出版口，这么三段，总体上是“跟着走”的，跟着走就是跟着批判“文艺黑线”，但同时又是挨整的，因为定我“走资派”[①]不够格，就定我为“黑线”[②]人物，就是为“黑线”服务写东西啊什么的，所以挨整。但有一点自己觉得还可以说，就是跟着走而没有乱说，跟着上纲上线，所讲尽可能符合事实，在挨整的过程当中没有完全屈服，在基本事实上没有说假话。不管是揭发别人还是检查自己，都坚守这一条底线：不能说假话。总体上没有觉悟，盲目跟着走，在有的问题上有所保留，说得好一点就是在具体问题上有一点抵制。按发展过程来说，对“文革”的态度，逐渐从不理解到怀疑到反感，到最后持否定态度。在整个过程中是消极的，也有积极的时候，比如说批林（林彪）批陈（陈伯达）是积极的，因为“批林批陈”都是批极“左”。所以粉碎“四人帮”，我是非常高兴的，是同大家一起欢呼的，是积极参加批判的。

---

① 即“文化大革命”时期对走资本主义道路的当权派领导干部的简称。首次出现于1965年1月毛泽东主持制定的中共中央文件《农村社会主义教育运动中目前提出的一些问题》。

② “文艺黑线专政论”出自1966年4月10日以中共中央的名义向全党批转的《林彪同志委托江青同志召开的部队文艺工作座谈会纪要》。这个《纪要》是2月2日至20日，由江青在上海邀集解放军的四个人，就部队文艺工作问题进行座谈之后写成的。《纪要》称建国以来文艺界“被一条与毛泽东思想相对立的反党反社会主义的黑线专了我们的政”，“要坚决进行一场文化战线上的社会主义大革命，彻底搞掉这条黑线”。

冯建辉：您刚才说“文革”是分三段度过的，能不能分段说一说？

宋木文：那就先说在机关这一段吧。

“文革”开始后，就有工作队进驻文化部，协助部党组领导运动。我从江苏扬州返京后，就被借到文化部政策研究室，同沈竹、金冲及等一道参与编写文化部大事记等工作（为开展“文革”提供资料）。这时，文化部的司局长被安排在（中央）社会主义学院办的集训班进行教育和审查。我在教育司无正式职务，因经常起草文件而作为司务会议成员参与一些重要问题的讨论，“文革”一来，就成为积极执行文艺黑线的“黑秀才”“黑线人物”。在当时的气氛下，怎么会容忍我这个“黑秀才”“黑线人物”去做只有“左”派才能做的工作呢？这样我就被从政研室叫回教育司。驻司工作队两次主持全司干部会，对我执行“文艺黑线”进行批评帮助，要我端正态度，交代、揭发问题。我一回来，就看到大楼六层教育司办公室墙上贴满向我施压的大字报。说我在教育司是司长王子成[①]一人之下众人之上，居然成为“第二号人物”了；又说运动一开始同王子成接头“订攻守同盟”，唱“二人转”，必须交代是怎样密谋的。在1964—1965年文化部整风时，在教育司就有人追查我是王子成“班底”的主要成员，这次势头更猛了。加上连续两次开我的会，运动整人的气氛十足，我确实有些紧张了。接着就宣布对我进行隔离审查，要我集中精力交代揭发问题，每天都要写思想汇报，个人行动也受到限

---

① 王子成（1923— ），生于上海，是抗战时期入党的老干部。解放前在上海圣约翰大学任教和从事地下工作。“文革”后重新担任文化部教育司司长，后到我驻美使馆任公使衔文化参赞，回国后改任中国国际友谊促进会副会长兼秘书长，协助刘复之和林默涵两任会长主持会务。

制。这期间，文化部在西城中苏友谊馆开大会批判林默涵。教育司革委会指定刘建菴（副司长）、肖凡（处长）和我参加大会，接受教育。在会议进行过程中，主席台上有人宣布说会场混入了坏人，应当清除出去。教育司革委会主任就把我们三人带出会场。到门口时，身带红卫兵袖章的人问刘建菴"是什么人？"刘说："是被审查的。"又问我时，没等我回答，刘说是和他一起受审查的。肖凡见势不妙，就自己躲开了，而我与刘建菴却被另一红卫兵带走，遭到训斥、体罚、挨皮带打、捡垃圾，我还被剪了两绺头发。我不是走资派，又没有领导职务，只不过是工作上努力，受到领导信任，就遭此"厚爱"。我心有不平，但为自保，表面上还要顺从。这样的日子一直持续了月余。

在"文革"初期，对工作队执行"资反路线"的批判[①]由北京扩展全国，教育司吴双莲等同志贴出大字报，也在会上讲，说隔离审查宋木文是执行"资反路线"，要求给予平反。我就在这时被宣布结束审查，司革委会还把我写的每日思想汇报（其实都是毫无思想的时令言辞堆砌）退还给我。

工作队撤出后，文化部机关就明确地分为两派，打起派仗了。我和肖凡（前已提到，由于个人的机智，在批判林默涵大会上，免遭红卫兵惩处的那位处长）合伙以"经风雨"名义贴出几张"牢牢掌握大方向"的大字报，因心有余悸，尽量避免陷入两派之争再遭厄运。后来有所倾向，也主要是参与写"批刘"及其"文艺黑线"的文章。我在教育司受批判、被隔离时，曾想到白纸黑字容易被抓到辫子，决心不再写东西了，但没多久，受形势影响，经朋友规劝，又改变了看法，认为不在于写不写东西，

---

① 指1966年开展的"批判资产阶级反动路线"运动。

而在于写什么，在于你所写的是否符合毛主席的革命路线，是否符合革命大方向。这样，在检查了自己的“文化工作危险论”后，我又参与撰写指向刘少奇及其“文艺黑线”的大批判文章。那时，我对中央的斗争，不可能了解，毛主席指向刘少奇的那张“炮打司令部”的大字报，后来以党中央全会的名义给刘少奇戴上“叛徒、内奸、工贼”三顶帽子，我也不可能不相信。所以，我当时认为，批刘及其“文艺黑线”是符合毛主席革命路线的大方向，又积极起来。但问题就出在这里。随着“文革”被否定和刘案的平反，当时这种两派都争着做的“符合大方向”的大批判，也从根本上走错了方向。这是我要认真总结和反思的历史教训。“文革”中顺风跟着做的事都难有正确可言。这就是这个特殊历史阶段最需要总结的、最根本的历史教训，离开这个前提去回顾“文革”就没有意义了。

冯建辉：您谈的这段经历，现在的青年人是很难理解了，却很有意思。文化部形成两派以后，是不是全部机关人员都下干校了？

宋木文：还不是。两派闹机关还持续了一段时间，什么“夺权与反夺权”、两派大辩论（中央文革文艺组派《欧阳海之歌》作者金敬迈来机关主持）都很热闹。这时比较重要的一件事，是上面（大概是中央文革小组吧）派出军宣队和工宣队进驻文化部来领导运动。军宣队是从65军选派出的，工宣队由首钢工人组成，而实际上是以军宣队为主，组织机关干部搞军训，搞大联合与斗批改。我这时的处境稍好些，居然派我与陈师傅（陈加海，工宣队成员）外出调查教育司司长王子成和新四军老干部纪培陵的“历史问题”。

先说对王子成问题的调查。

“文革”那时候，靠逼供信抓叛徒、特务、假党员成风。在地下入党的被怀疑是“假党员”；曾遭国民党当局逮捕过的，会被怀疑是“叛徒”甚至“特务”。此时，从北京外交学院转来一敌特分子在运动中的“交代材料”，称该单位一女党员在圣约翰大学读书时同这个敌特分子有过“恋爱关系”，曾向他说起王子成是圣约翰的“CP 分子”（共产党员）和学生运动领导人。而这个女党员现在态度不老实，矢口否认，希望同王子成所在单位联合攻破此案。这个事引起驻教育司宣传队和司服务班（由司内人员组成）的重视，派我和工宣队陈师傅外出调查。按行前商定，重点查阅敌特档案和提审在押敌特分子，以查明王子成在从事地下工作时是否曾引起敌特（分子）注意并被捕过。

这种调查，真像是“在大海中捞针”。我当时比较冷静，不像有的同志那样相信那个“外来材料”，曾表示怀疑这个敌特分子的交代中“有某些不真实的地方”，这个女党员又矢口否认此事，但在那种怀疑一切之风盛行的情况下，我也表示同意“无有力证据予以排除”的看法。这事涉及一位老干部的政治生命，我怎敢懈怠，不去全力以赴！

冯建辉：对王子成、纪培陵的调查，都去了哪些地方？

宋木文：我们两人从 5 月 28 日到 8 月 3 日，历时 68 天，先后到上海、南京、无锡、沙州、杭州，以及安徽的合肥、横港、兹湖等地，调查王子成的问题；又赴江西上饶、铅山、新建和浙江东阳等地，调查纪培陵的问题。有时翻山涉水，昼夜兼程，去查阅可能查到的敌特档案，提审可能找到的在押犯人，找尽可能找到的知情人员。

近来翻阅“文革”时期保存的资料时，发现留有当年调查王子成、纪培陵的两份资料。一份是7月17日，以工宣队陈加海和执笔人宋木文写给教育司宣传队和服务班的13页调查工作汇报信，其中还提到“粮票不够用了，我们争取在上海借用”。一份是8月15日（返京后）写的《关于王子成、纪培陵的调查汇报》。那个时候要毛主席语录本随身带，随时用。外地寄回的长信，开头抄了一段“最高指示”：“按照实际情况决定工作方针，这是一个共产党员所必须牢牢记住的最基本的工作方法。”返京后写有调查结果的工作汇报，在开头选录了两条“最高指示”：“清理阶级队伍，一是要抓紧，二是要注意政策。”“调查就是解决问题。”很明显，语录的选用，反映了活学活用的时代特色，也留下了汇报人此时此刻的所思所求。

冯建辉：调查的结果如何呢？

宋木文：关于王子成问题，调查报告（底稿）说：“这次查档是比较广泛的，但在这些档案中均未发现王子成被捕过，也没有发现王子成上过敌特的情报和黑名单。”又说：“通过提审这些敌特分子，查阅他们的档案，也没有发现王子成曾经被捕和上过黑名单。”调查报告根据查阅有关档案和在押犯人提供的情况说，圣约翰大学是亲美、亲教会的，敌特机关未像对同济、复旦和交大等共产党活跃的院校那样注意；据曾潜伏圣约翰的敌特人员供词，“未向上报过王子成情报，也不知道王子成是地下党员”，上海解放后听说王子成是地下党员还“感到突然”。调查报告综合以上情况，得出结论：“关于王子成是否被捕的问题，经反复调查都未发现什么问题，因此可以排除。”这个调查报告交出后，对那份“外来材料”特别热心的人也不再说什么了。所谓王子成可能被敌特注意并被捕的问题也就排除了。

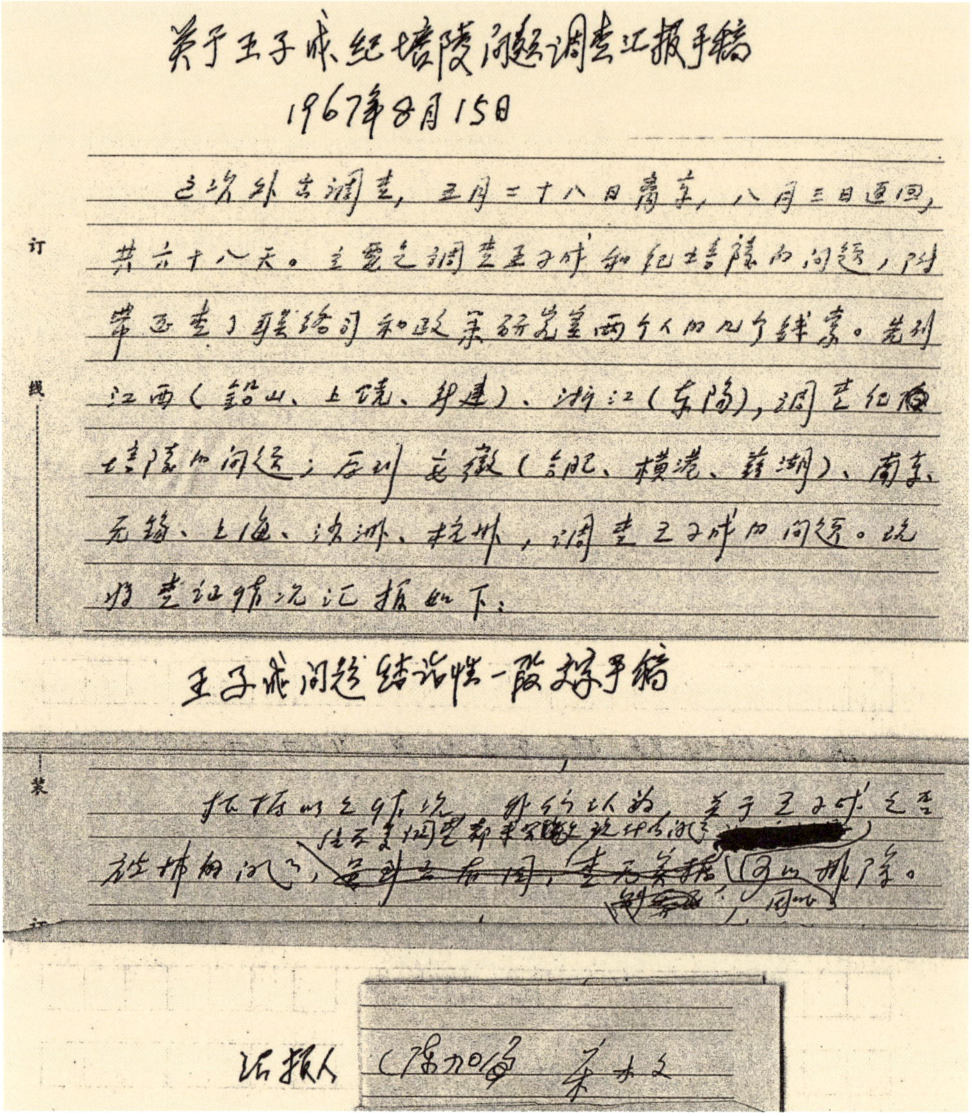
关于王子成纪培陵问题调查汇报手稿

1967年8月15日

这次外出调查，五月二十八日离京，八月三日返回，共六十八天。主要是调查王子成和纪培陵的问题，附带还查了联络司和政策研究室两个人的几个线索。先到江西（铅山、上饶、新建）、浙江（东阳），调查纪培陵的问题；后到安徽（合肥、横港、芜湖）、南京、无锡、上海、苏州、杭州，调查王子成的问题。现将查证情况汇报如下：

王子成问题结论性一段原手稿

根据以上情况，我们认为，关于王子成之变节的问题，[redacted]可以排除。

汇报人（陈加何 宋木文

在“文革”中，我曾被一些人认为是王子成的“亲信”，所以，在调查过程中，我很注意同一起工作的工宣队陈师傅沟通并取得他的支持，他也同意我的看法，认同这个调查结论和由我们二人送交的调查报告。这算是在“文革”中用逼供信制造冤假错案成风的情况下，做了一件符合实事求是原则的事。

再说对新四军老同志纪培陵问题的调查。

纪培陵，女，1922 年出生，1938 年入党，1942 年皖南事变后被国民党关押在上饶集中营，多次转移关押地点，后经与其同时被捕者李锦（女）之父营救出狱，继续从事革命活动。1961年重新入党。因其出狱时曾办过“自首”（承认自己是共产党员，但无出卖组织的内容）手续被组织审查，“文革”中被扣上“叛变”帽子遭受批斗。对纪培陵的问题，调查报告虽明显留有只要办过“自首”手续而不论有无出卖组织即视之为“叛徒”的“文革”痕迹，但因写明了没有发现调查前所怀疑的她被国民党控制期间向敌特告密等“重大问题”，则为其后实事求是地做出历史结论提供了依据。1979年，经文化部教育司对纪培陵问题的重新审查，纠正了以前的错误结论和不实之词，并以其一生跟随革命的一贯积极表现，确认其党龄从1938年入党时算起。

我同这位在建国后屡遭审查的老同志一直保持着同志和朋友的关系。她已于2009年逝世，想起她一生的曲折遭遇和在平静中度过晚年，使我和她的朋友们都深深地怀念着她。

冯建辉：您是什么时候去“五七干校”的？

宋木文：文化部机关和直属单位干部几千人下放到湖北咸宁文化部“五七干校”，被认为是“斗批改”① 的成果，也是“斗批改”的继续。这是1968年决定并实施的。我是1969年去干校的，在第一大队（文化部机关）的二连。“五七干校”地处湖北，管理干校的军宣队，后来也改由湖北军区选派。

---

① “斗批改”是斗争、批判、改革的简称，这是毛泽东在“文革”早期对“文革”理想目标的初步设计，即对“文革”应解决的问题和步骤的整体概括，也是为了强调“文革”是一个有目的、有计划、有理性的政治运动的草图式工程说明。1966年7月29日，周恩来在北京市大专院校和中专院校“文化大革命”积极分子代表大会上传达了毛泽东提出的“文革”三项任务：一斗、二批、三改。

冯建辉：您能谈一谈您的干校生活吗？

宋木文：说起干校，我一共在那里三年。我一家四口都去了干校。两个孩子原来是留在京城托朋友照顾。后来有一天，我接到传话，说汪应模或王永芳（电影局干部）的两个孩子来了，一时弄不清，所以，我和王永芳都去了咸宁火车站，一见面才知道是汪稔（随母姓）带着他六岁的弟弟向东。后来听说是执行林彪的“一号令”[①]。那时处理干部的子女也这样“军事化”。

我在干校（时期的经历），一是当“常委”，二是挨整。

冯建辉：“常委”是一个戏称吧？

宋木文：对,“常委”就是经常出工。一方面是“常委”，当得很称职，干活肯出力；一方面是挨整，有点不服气。

冯建辉：当时，挨整是个什么情况？听说除了审查历史问题和清查走资派，还搞深挖“五・一六”[②]，都有什么情况？

宋木文：主要是军宣队领导一些群众整人。整人的高潮是抓反革命秘密组织“五・一六”。后来，听说全国都在抓“五・一六”，搞成全国性的逼供信运动。在江青的“不许翻案，不许手软”指令下，一时间，干校也抓了不少“五・一六”，大都在晚

---

① 1969 年，中苏关系紧张。10 月 17 日，林彪前往苏州。总参谋长黄永胜指示前指机关秘密进入京郊战备工事。10 月 18 日下午 5 时，林彪口授了四条指示。经阎仲川整理之后，林彪“紧急指示”一共六条，是为一号令。“号令”的主要内容是，为防备苏联以谈判为掩护，向中国发动突然袭击，命令全军立即进入紧急战备状态。“9・13”事件后，这个号令被说成是林彪“背着毛主席、党中央，借口‘加强战备，防止敌人突然袭击’，擅自发布”的，“实际上是一次篡党夺权的预演”。

② “文革”初期曾经有一个“五・一六”造反组织，反对某些中央领导，这个组织被捣毁后，在全国范围内开展了一场深挖“五・一六”分子的政治运动。

上搞“深挖”，有人还听到威逼打压和痛苦呼叫的声音。汪应模也被打成“五·一六”。隔离老汪前，先把我调开，到咸宁火车站当搬运工。稍后，被打成招的人纷纷翻供，无一例外，也许上面也来了什么精神，干校的“深挖”运动也就收场了。留下的只是久难平息的后遗症。

近日，我偶然看到吴德的一本口述史，回顾了清查“五·一六”运动的始末。吴德在书里提道，1968 年章含之给毛主席写信，告北京市谢富治的状，说他支持的北京外国语学院“五·一六”兵团是反周总理的，毛主席在信中批示：“‘五·一六’从极“左”跳到极右，北京市不抓‘五·一六’”。江青、谢富治召开市革委会部门大会，动员抓“五·一六”分子，1970 年 3 月 27 日，又以中央名义发出《关于清查“五·一六”反革命阴谋集团的通知》。中央指定吴德任抓“五·一六”办公小组的组长。

吴德在回顾中讲了一个情况：有一段时间，下边报上来的数字天天往上涨，如果是反革命组织怎么能弄到这么多的人呢？北京市抓“五·一六”负责人有怀疑，吴德也提出“恐怕是逼供信的产物”，“‘五·一六’定性的扩大，使‘五·一六’大无边际，成了全国性问题。‘五·一六’问题愈是严重扩大，所谓‘五·一六’的反革命组织问题愈是被搞得玄而又玄。最后不仅在北京抓‘五·一六’分子，而且在全国抓‘五·一六’分子。……特别是当对立的两派在互抓对方的所谓‘五·一六’问题时，造成的扩大化就更可怕了”。

吴德的口述最后说，后来毛主席又在一匿名告状信上批示：“‘五·一六’是极少数，早抓起来了，是不是没有注意政策。”“毛主席一批就没有‘五·一六’了，所有市里抓的‘五·一六’，主要是工厂的，统统把‘五·一六’分子的帽子都摘了，这样就没有‘五·一六’分子了。一场声势很大的抓‘五·一六’的运动就此结束，但留下的后遗症却不是一下子就能消除的，在一段时间里，人们要轮流地吃它的苦果。”①

我读后感到，这场波及全国的深挖运动，原来是有来头，无实据，全靠刑讯逼供，经40余天的日夜鏖战，竟没有查出真正的“五·一六”分子，却使数以万计的无辜干部和群众受到伤害，最后不得不草率收场。为什么会发生这样的事？难道不值得深思再深思吗？当然，这笔账应该一并算在“文革”上，从总结和吸取“文革”的教训中找出答案，以利于今后不再出现类似“文革”时期那种冤假错案。

刚才说过，我家老汪被整成“五·一六”分子，我虽然没有遭受被隔离逼供之苦，但气有不顺。从火车站当搬运工回连队后，有人让我写揭发大字报，我就说笔生锈了，没有写，就找我谈话施压，还用大字报批：“你在‘黑线’的时候怎么笔不生锈，现在是‘红线’了，怎么笔就生锈了？”我当时心里不痛快，有时就发泄一下。我不怕干活多么累、多么苦，就是受不了政治上被压制，而且是无端端的，被强加的。我讲这些，不是指向谁，那是“史无前例”运动的产物，让今人知道一些也有好处。不过，当干活“常委”，我还是很努力的，也会干，因为小时候在家里就干过农活。后来让我在田管班当班长，那对我就不错了。当班长就住向阳湖临时搭的工棚里，那是又热又冷，夏天非常热，冬天特别冷。

冯建辉：那您冬天怎么取暖呢？

---

① 参见《吴德口述：十年风雨纪事——我在北京工作的一些经历》（朱元石采访、整理）第四章“北京市抓‘五·一六’的情况”，当代中国出版社2004年版，第62—79页。

宋木文：什么取暖啊？没有！工棚里头，夏天是蚊虫咬，冬天是透骨寒，但寒冷炎热的考验不算什么，关键是在精神上受到压抑。在政治上、在思想上受到打击、压制，这个东西更遭罪。当然，也受到了某种磨练。

关于干校的生活，（中共）咸宁市委李城外①奋斗了16年，从采访干校文化人做起，最终编了一套书，叫“向阳湖文化丛书”，五种七册②，我写的总序，2010年由武汉出版社出版。这套书对文化部咸宁“五七干校”作了详尽介绍。还有两位有心人用诗写向阳湖文化人，各出一本诗集，都把我写了进去，翻翻也觉得怪有意思的。王尚芳③的《百咏向阳名贤》中有咏我的诗：“四口之家迁向阳，百人集体住通房。寒风刺骨泥糊腿，烈日当头汗湿裳。入库肩扛粮满囤，下坡路滑轱翻桩。一条纽带牵情远，往事回眸引兴长。”“下坡路滑轱翻桩”，是说我在雨中窄路拉车，人、车从桥上翻到河沟险些出事。韩志（诗人，湖北省作家协会会员，湖北向阳湖文化研究会理事）的《诗意向阳湖》，分人篇、事篇、物篇，被称为“鄂南诗人写下的富有才情的诗篇”，他写我的诗较长，不方便全引，可诗中提到我“举家南迁”，在湖中“搭起草棚，管水管秧田”，早春时在水中整田，喝上几口“108”白酒以战冷寒，在泥泞的路上驾辕时车翻了，被人戏称“宋公子挑滑车”，却是道出了实情。这首诗的最后写我躺在向阳湖野草地上仰望星空，梦想多出好书以开启人的心灵，同我后来将做出版当作

① 李城外（1961— ）原名李成军，湖北通山人，曾任湖北省咸宁市新闻出版局局长，咸宁市作协执行主席，向阳湖文化研究会会长。

② 五种七册分别为：《城外的向阳湖》（2册）、《向阳湖纪事》（2册）、《向阳湖诗草》、《话说向阳湖：京城文化名人访谈录》、《向阳湖文化研究》。

③ 王尚芳，1951年参军，从部队退役后在地方工作，1993年退休，现任湖北省咸宁市潜山诗社常务副社长兼秘书长。

一生的事业联系起来吟咏，更使我感受到诗人的好意与深情。

冯建辉：媒体上有一些人是这样讲的，说什么“永久牌”“飞鸽牌”，似乎当时的军宣队有好多做法不近人情，他们说自己是“飞鸽牌”。①

宋木文：有些说法、做法，带有“文革”特色，那也不能全怪他们。

冯建辉：等于是说您下去之后就永久在这里呆着了？

宋木文：当时在干校建了一个档案馆，在452高地，就是要给这些下去的人保存档案，就是准备让这些人在这里安家养老了，就是一辈子让你这样过了。但是我不相信，我不相信党培养这么多的干部，这么多的文化人，就在这里终此一生?！很多（干部）都是出生入死，都是革命老干部、业务骨干、文化名人啊！我真不相信。不相信的也不是我一个人，很多人都不相信，总有一天会改变的。

在1971年前后，干校进行整党，党员重新登记。我所在的组织，按上面的意图，我的检查总也通不过，这也不深刻，那也不深刻，我的表现也不算好，不积极参加运动，以笔生锈了，拒不写运动中整人的大字报，有时还跟人家吵架，就给挂在那儿了（这是当时一种恫吓语言和做法）。那么，什么时候才通过，允许你党员登记呢？是1972年12月份，北京的调令来了，调我回北京工作，这才给我通过，还说我的这次检查深刻。我参加劳动没问题，主要是政治表现不能令人满意，不过，一有机会还是愿意有所

---

① 李城外：《“向阳湖”成为干校的“文化名片”》，《中华儿女》2008年第6期。

表现的。比如批林批陈（批“左”），我还是很积极的，做过好几次发言，有大队的，有全校的，使人们觉得宋木文这支笔又不生锈了。

你的提纲中问我，和李琦[1]是什么关系？他是文化部副部长，我是小干部，相互并不熟悉。但他知道，我常写一点东西。他有心脏病，我同情他，有时候连里让他到田管班去劳动，我是班长，想办法使他减少劳动。批林批陈时，部一级的领导也可以发言，他年纪偏大了，让他系统地准备自己发言有点困难，就由我配合金冲及[2]，还有沈竹[3]，我们三个人帮他写批陈的发言稿。对这种自由组合，当时还有人议论说，“这三个人怎么这么帮李琦？”在那种特殊环境下，人们的警惕性很高，时刻注意所谓的“阶级斗争的新动向”。1972 年初，干校建了一批平房，允许夫妻都在干校的一家人住一个单间，我和汪应模、沈竹与高茵[4]、包同之[5]与杨晶旭[6]三家成为邻居，被个别人视为“三家村”，竟有人在监听，注意有什么“新动向”。所以，我们对李琦的尊敬和帮助，也引起政治敏感者的注意。

---

① 李琦（1918—2001），河北磁县人。1936 年参加中华民族解放先锋队。同年加入中国共产党。建国后，历任总理办公室副主任，中共太原市委第一书记，山西省委宣传部部长，文化部、教育部副部长，中共中央毛泽东著作编辑出版委员会办公室第一副主任，中共中央文献研究室主任。

② 金冲及（1930—　），上海人。著名的辛亥革命史和二十世纪中国史研究专家，1948 年加入中国共产党。1951 年毕业于复旦大学历史系。曾任中央文献研究室常务副主任、研究员，中国史学会会长，孙中山研究会会长；俄罗斯科学院外籍院士。

③ 沈竹（1930—2015），国家文物局原副局长。中共党员，原在上海市委宣传部从事理论宣传工作，1964 年来文化部，在政策研究室任处长，1972 年从干校返京，从事文物管理工作。

④ 高茵（1932—　），“文革”后任文化部教育司司长。

⑤ 包同之（1931—　），“文革”后任文化部电影局副局长。

⑥ 杨晶旭（1932—　），“文革”后任中国国际友谊促进会办公厅主任。

三、从“五七干校”到国务院出版口

冯建辉：那您是怎样结束干校生活，回到北京的？

宋木文：从干校调干部回北京，这是大形势、大举动。1971年周总理亲自抓教育、抓出版，恢复教育和出版工作。总理点名叫李琦回教育部，当时叫教育组；点名叫徐光霄[①]到出版口。总理还亲自抓文物工作，由王冶秋负责。

冯建辉：组和口是一个级别吗？

宋木文：一个级别。都是部级。是“文革”那种特殊条件下的产物。怎样调人，我不清楚。李琦、徐光霄、王冶秋原来都在文化部工作，现在又同在周总理领导下抓恢复工作，从干校调人到出版口、图博口，他们之间肯定会相互沟通商量的。先调回来的，基本上都是被整的、业务上比较强的，文笔上比较好的，政治上是可靠的。是陆续往回调。有时还开欢送宴或答谢宴，热闹兼改善一番。和我同时调回的是刘杲。我们1972年12月同到出版口报到，金冲及和沈竹同到图博口，后来沈竹当国家文物局副局长，金冲及任文物出版社总编辑。李琦后来离开教育部，到中央文献研究室任第一副主任、主任。我和李琦一直保持着很好的关系。有时年节一起吃饭，还写信交流。他把我的儿子称“同学”（同在向阳湖）。说起从干校调干部，最先离开的是被认为

① 徐光霄（1915—1989），笔名戈茅，出生于山东莘县，1932年参加进步学生运动，1934年加入中国共产党。建国后，历任国家情报总署办公厅主任、中央军委联络部办公厅主任，出版总署办公厅副主任、党委书记，文化部办公厅主任、部长助理、副部长，国家出版事业管理局领导小组组长，文化部顾问等职。

表现好的“左”派，有分到安徽的，有到陕西的，有到南京的，而我们这些人及其他一些领导干部和业务骨干却先行一步回到北京。这事还引起了一些议论，什么“左”派不如右派。再往后就全部返京，也不分什么派，干校也停办了。

冯建辉：那段历史对每个人，或者每个家庭都充满了变数，人生轨迹可能发生了很大的改变。

宋木文：我到国务院出版口，不再搞艺术教育了。我原来是准备搞一辈子艺术教育的，是“文革”改变了我人生的专业走向，是徐光霄等关心我的人安排我做了出版工作，是出版使我在事业上有所作为。

冯建辉：您对“文革”中的两派是怎么看的？

宋木文：“文革”中几乎每个单位都分成两派。文化部有两派，出版系统也有两派，人民出版社也有两派，打来打去争是非。就运动的全局、全过程来说，其实两派都错了。既然“文革”本身就是被否定的，再争“文革”两派的是非，就没有什么意义了。既然两派在根本上无是非可言，那就应该大家共同总结经验教训，共同提高，不要去算旧账。只有极少数的“三种人”① 是必须清查的，绝大多数人都是总结提高的问题。由于

① 1982年12月30日，中共中央发出《关于清理领导班子中“三种人”问题的通知》。《通知》指出：在中央提出对追随林彪、江青反革命集团造反起家的人、帮派思想严重的人、打砸抢分子这“三种人”不可重用以后，对“三种人”进行了初步清理。但由于多方面的原因，在少数地方和部门，仍有一些“三种人”留在领导班子中或要害岗位上，继续受到重用，有的还被作为接班人已经提拔或准备提拔。这些人为数不多，活动能力很强，活动范围很广，是一种不安定因素和不可忽视的潜在危险。必须坚决把他们从领导班子中清理出去，调离要害部门和要害岗位。对清理出领导班子的“三种人”，应加强对他们的思想教育工作，给以改正错误、弃旧图新的机会。

“文革”走向极端，祸国殃民，必须彻底否定，但“文革”也在客观上最终导致了改革开放。我是说在客观上。如果“文革”十年不是搞得那么绝对，那么极“左”，那么不得人心，那么巨大破坏，后来的“拨乱反正”就有可能不会出现，就有可能不会那么快地出现，就有可能不会那么波澜壮阔地进行，而多年来的“左”的错误指导思想和政策也就不太可能得到那么全面、那么彻底的纠正，并且顺理成章地导致改革开放。拨乱反正以真理标准大讨论为先导，以纠正冤假错案为突破点，以确立经济建设作为全党工作的中心，以改革开放为基本国策，就大顺民意，深得民心，把我们国家推向一个新的时代。

拨乱反正深入下去，就不仅是对“文革”的拨乱反正，也是对建国以后各种“左”的思想理论政策的拨乱反正，包括对毛泽东本人错误的纠正。从这个意义上来讲，充分而又正确地使用“文革”这个反面教材，也大有益处。

按照马克思主义的观点，要学习、进步，最宝贵最有效最实际的，是从自己的错误当中去学习，去总结，去提高，走出一个新的局面。在党中央正确领导下，对十年“文革”的拨乱反正，就起到了这个作用。在我们新闻出版署里面，在我们出版系统里面，原来也都是两派。我是比较注意这个事的，绝不以两派划线，绝不以过去的派别来衡量、考察使用干部。我敢说，这一点在我们机关是做到了，这样才算是接受了、总结了“文革”的教训。由此，我想到我原来工作的文化部教育司的两派。教育司不到 20 人。在干校时，实际上，仍然存在着两派，不过一派当权的人多，一派挨整的人多。我也不是严格意义上的哪一派，只是有我的倾向。我也不是当权派，只是受当权派的牵连。后来，这两派的人都回到北京了，干校也撤掉了，我也担任了一定的领导职务。我想我能做些什么呢？那时候我家已经搬到这兴华公寓来了。我把原来两派的同志都请到我家里。

冯建辉：您那时候已经主持新闻出版署的工作了吧？

宋木文：是的。请原教育司的同志吃团圆饭，我早就有此想，但直到 1990 年才安排，可能是因为凑齐了也不容易。本来，在“文革”时，我不是“走资派”，只是被“走资派”信任，成了“黑线人物”。我可以不去想如何缓解那时候发生的问题。但“文革”以后，我成为领导干部了，就有责任想一想，该怎么对待这些问题，该怎样让当时分歧很厉害、互相整来整去的人，达成个共识，形成个新的关系？所以，我就把原教育司的同志请到家里来，包括整过我的人，到我家里来吃团圆饭（暂停数秒，似乎是陷入回忆中），饭菜都自家做，那时候不兴到外面吃，所以在家吃团圆饭，效果很好。一位整过我、当过连队指导员的同志，一进门就检查自己，说她自己是犯了路线错误。我就按我在前面反思过的那些思想和那种态度说：“你算不了什么路线错误，要说执行错误路线，大家都执行了。只不过在整人与被整这点上有些区别，各自总结教训就是了。”从交谈中得来的印象看，这位同志的检查和表态是真诚的，对自己在“文革”中的过失是作了反思的。从这以后，每到春节我们都相互打电话问候。在深受干校挖“五·一六”迫害的老汪逝世后，这位主持二连运动的指导员、我们教育司的老同事，同她的老伴一道，带着女儿（小时候，我曾叫着她的小名，抱过、背过、哄着吃饭，现已是自立门庭了）亲自来八宝山向老汪遗体告别，表示哀悼，让我在悲痛中感受到一种难得的真情。看来，我请原教育司同事来我家吃团圆饭这件事是做对了，使原来有分歧、有隔阂的同志，在新的思想基础上建立了新的关系。

我与汪应模相识于 1958 年文化部教育司，曾经作为文化部干部一同下放河北省丰润县，在杨英庄劳动锻炼一年。我俩共同生活了近半个世纪，共同抚养子孙并为汪、宋两家老人和后人尽心尽力，共同渡过了较为艰难的岁月，共同赶上了改革开放后的好时代。“文革”结束重返文化部教育司，是她在工作上最舒心也较有成果的时段，对文化部指定母校上海戏剧学院举办西藏班更是全力以赴，常向我谈起她操办胡耀邦总书记热情接见西藏班的盛况。她退休后又为文艺界庆祝老领导周巍峙八十大寿编辑出版《众口说老周》文集跑前跑后。她逝世后，我们的子侄和我的六个弟弟、一个妹妹，向她作了最后告别。我以她的名义，在她逝世的时刻，写信给她生前党支部：“亲爱的党，我走了。谨以这一千元作为我最后一次党费。祝愿我们党的伟大事业兴旺发达，长治久安。”

1958 年文化部下放干部在丰润县王兰庄集训时教育司 9 人集体合影。后排左起为汪应模、李保德、孙幼兰、廖家高；前排左起为王郑、杨克诚、宋木文、彭综奇、郭乃安

1981年5月，胡耀邦总书记接见西藏班。陪同鼓掌者为上海戏剧学院党委书记、院长苏堃（左3），跟随者为汪应模（左1）

为《众口说老周》编书者（前排左起）：赵琦、靳静、汪应模，右1为周巍峙

四、在国务院出版口经历的恢复与反复

冯建辉： 接下来请您谈一谈从“五七干校”返京后那几年的工作吧？

宋木文： 我从“五七干校”返京后，在国务院出版口、国家出版局度过了“文革”的最后几年。先在办公室做秘书性质的工作，主要是做徐光霄等领导同志交办事项；后到出版部，主要做文学出版管理方面的工作。1975 年，石西民任局长后，决定成立研究室，做领导的参谋助手，起草文件之类的事，由时任领导小组（党组）秘书刘杲兼任主任，我当专职副主任，成员有谢宏、包遵信、李炳银。这三个人后来都是有点名声的。谢宏后来当了新闻出版署副署长、人民日报社副总编辑，是一位有影响力的评论家。李炳银后来随在出版局分管报刊的张光年到中国作家协会去了，不断发表文章，成为知名的散文作家和文学评论家。包遵信后来离开出版局，到中国社科院去了，在文史研究方面是有成就的，可他在 1989 年北京政治风波中，走了另外一条路。我们这几个人组成的研究室成立后，石西民也曾让我们像中科院那样搞一个向中央的汇报提纲，但“批邓、反击右倾翻案风”来得太快，未能做成。不过，粉碎“四人帮”之后，这个精干的“五人小班子”在拨乱反正中还是发挥了积极作用。我是说，在批判“四人帮”对出版工作的干扰破坏，清理出版领域的极“左”思潮和路线是非，撰写批判“四人帮”文章和起草指导工作文件等方面，都做了一些被写入这段出版史的事，这在个人或集体的史著中都可以查得到。值得一提的是，经王匡决定，由我具体负责，刘杲时有指导，谢、包、李编辑撰文，办了一个小型刊物《出版工作》（后改为《中国出版》），紧密联系实际，文风朴实，在当时（特别是在出版拨乱反正中）起到了交流信息、指导工作的作用。离开研究室后，我到了办公室当主任，也主要是协助局领导核心做参谋咨询和起草文件的工作。

冯建辉：再回到粉碎“四人帮”之前，当时的出版情况是个什么样子？

宋木文：从1973年到1976年，这几年是出版领域恢复与反复激烈斗争的几年。情况是这样的：1966—1970，五年共出书2729种，除毛泽东著作和少量马列著作外，这五年“两报一刊”社论和所谓大批判小册子竟占总印数的75.8%，文化教育类图书五年中只出了5种。这是多么可怜可悲的惨状啊！而且大批中外优秀著作都被当作封资修毒草加以封存，不能发行，不能重印。文化禁锢造成全国严重书荒。为扭转这个局面，周总理于1971年主持召开全国出版工作座谈会，会后报请毛主席批准，以中共中央名义发出了会议报告，即1971年第43号文件。这个文件，反映了毛主席、周总理有关恢复出版工作的重要指示，对“文革”后期恢复出版工作起了重要作用。但也不可能从总体上改变严重书荒、文化禁锢的局面。

冯建辉：这一阶段出版业面临的政策环境比较复杂吧？

宋木文：回顾从1971年全国出版工作座谈会到1976年粉碎“四人帮”这五年，总的讲，仍然是毛泽东发动“文革”的错误路线占统治地位，宣传舆论阵地仍然被“四人帮”所控制，但要求纠正“文革”严重后果的呼声越来越高，正确与错误两种力量的斗争越来越尖锐。反复是这一时期的突出特点。在出版领域就呈现这种状态。由于周总理亲自过问，出版工作开始恢复，又由于“四人帮”的干扰，开始恢复的出版工作又遭受挫折；随着邓小平的复出，出版工作开始出现转机，又由于“批邓，反击右倾翻案风”凶猛刮起，出版工作又被“四人帮”所控制。这一时期，国务院出版口——国家出版局，先由军代表王济生主持，接着由徐光霄、石西民先后主持。我是1972年末来到国务院出版口的，目睹了徐光霄、石西民为恢复出版工作而做出的努力，也感受到他们每向前迈出一步（哪怕是很小的一步）所遭遇的困难。

徐光霄1971年由湖北咸宁文化部“五七干校”返京后，根据周总理的指示，恢复了人民出版社、文学出版社、美术出版社、中华书局、商务印书馆等出版机构，重新启用一批“文革”中被打倒的领导干部，采取一些具体措施恢复出版业务，但在1974年“反黑线回潮”中被批判为出版黑线回潮的“源头”，再难有作为。

石西民1975年任国家出版局局长后，主要按照邓小平复出后抓整顿的工作思路，在“反黑线回潮”后，为进一步恢复出版工作做了多方面努力，例如借助毛主席、邓小平对中华书局编辑周妙中上书的批示，力图恢复学术出版；借助邓小平的批示，恢复《人民文学》《诗刊》的出版；借助毛主席对周海婴信的批示，制订《鲁迅著作注释出版规划》等，都使受压制的出版界为之一振。但在他上任不久，“四人帮”就在全国猛烈刮起“批邓，反击右倾翻案风”，他失去了支持的力量，“四人帮”又加紧了控制，他前进的脚步停了下来，他想做的事也难以有始有终。

冯建辉：1971年恢复出版工作，你们从干校返京到出版口工作，都是在周总理亲切关怀与指导下进行的。1976年周总理逝世后，“四人帮”极力阻挠广大干部和群众的悼念活动，您能不能谈谈国家出版局当时的一些情况？

宋木文：那时，整个国家出版局机关都处于深度悲痛与思念之中。

情况是这样的：1976年1月，敬爱的周总理逝世后，由于“四人帮”多方阻挠悼念活动，广大人民群众普遍感到压抑和不平，民愤与日俱增。清明节（4 月 4 日）前后，以北京天安门广场为中心，数以百万计首都市民参加的震惊中外的“天安门事件”，使大规模群众性悼念和抗议活动达到高潮，被称为“四·五”人民运动。我所在的国家出版局机关，也深深地卷入了这场斗争，许多人都以不同的方式参加悼念和抗议活动。我 12 岁上小学的儿子宋向东，受到学校和家人的影响，不顾感冒发烧，步行从左家庄到王府井新华书店买来周总理标准像，悬挂在家中，供家人瞻仰，而他却高烧不退被送到北京儿童医院住院治疗。我对“四人帮”篡党夺权的阴谋虽然知之不深，却对他们的倒行逆施看在眼里，恨在心中。我时任局研究室副主任，是局党组秘书班子骨干成员，但由于有政治部承担前沿政工任务，没有直接参与那些奉命控制局势的活动，这样也方便我“自行其事”，到天安门广场参加悼念活动。我看到，在镌刻周总理手书的人民英雄纪念碑周围摆放着大量花圈、花篮、条幅、挽联和祭文。我还看到，人们举行规模不等的宣誓、默哀仪式，朗诵诗文或悼词，表达对周总理的怀念，对“四人帮”的声讨。“人民的总理人民爱，人民的总理爱人民，总理和人民同甘苦，人民和总理心连心”“欲悲闻鬼叫，我哭豺狼笑，洒血祭雄杰，扬眉剑出鞘”“红心已结胜利果，碧血再开革命花，倘若魔怪喷毒火，自有擒妖打鬼人”……这些诗词，真切地反映了广大群众的心声。我还抄下了若干首，国家出版局出版部龙文善抄得更多。待到清查时，没有人承认去过天安门广场和传抄过诗词，也没有人跟风检举揭发。我为防止意外，把所抄诗词都烧掉了，而龙文善好像还保留着。我也很幸运。4 月 5 日下午下班后，我骑着自行车再一次去了天安门广场，一到天安门前，即听到高音喇叭广播北京市委书记吴德的奉命讲话，动员广场群众迅速离开。我感到要采取清场行动，便从大会堂东门往南再往西急速行驶，并看见像是待命民兵武装模样的人群在把守路口，见此状况，更加速离开，从六部口往北急驶，回到左家庄（新源里）家中，免遭晚九时半进行的清场围困、殴打甚至被捕。不过这一次的“冒险”行动，却更有助于我对“四·五”人民运动留下深刻记忆。我至今还保留着1977年2月非正式出版的天安门《革命诗抄》一、二两集。

五、对江青追查“小简报”事件的回忆

冯建辉：上次“预访”时，您曾提到有个“小简报”事件，能不能介绍一下这方面的情况？

宋木文：哦，我那是说，在“文革”期间，江青追查1964年京剧现代戏观摩演出大会编印的一期“小简报”，使周巍峙等多人受到迫害，我自己也险遭厄运。这事我在《亲历出版30年》（第920—929页）有过初步的回忆。这是我在“文革”中遭遇的一次险情，出版界鲜为人知，今天补充一些情况，说一说也好。

1964年举行京剧现代戏观摩演出大会时，周巍峙[①]向教育司提出借我到大会负责简报编选工作。这次现代戏会演，规模大、影响广，引起各方面注意。为了交流情况和下情上达，分编两种会演简报：一种简称“大简报”，分送各演出团、观摩团，一种简称“小简报”（正式名称为《情况汇报》），选登不便广为散发的重要

① 周巍峙（1916—2014），男，江苏东台人。汉族。1934年参加上海左翼歌咏运动。1938年赴延安，同年加入中国共产党。建国后，历任中央歌舞团团长，中央实验歌剧院院长，文化部艺术局局长、文化部党组书记、副部长、代部长、第一副部长。1996年后连任中国文学艺术界联合会第六、七届全委会主席。

情况，以绝密件编号报送中央和中央宣传部有关领导同志参阅。

在现代戏会演期间，周总理和彭真、陆定一同志曾向大会做报告。有的领导同志讲 1958 年曾演出戏曲现代戏，后来出现反复，要注意总结经验教训。在各代表团、观摩团的讨论中，有些情况不便在“大简报”中刊登，就在6 月 28 日第8 期“小简报”上，以“对现代戏为什么有反复的几种看法”为题，编发了浙江观摩团在讨论中的一些议论。有说反复主要来自上面，也有说反复主要是我们自己的问题。

冯建辉：您能不能介绍一下这期“小简报”的具体内容?

宋木文：这期“小简报”有关这个问题是这样讲的：

浙江绍剧团演员包金火等人认为，现代戏所以有反复，是因为小看大，下看上，杭州看上海、看北京。他们说：上面来的“风”，容易把人吹得晕头转向。如《戏剧报》肯定了机关布景、连台本戏；上海大演《七侠五义》《宏碧缘》，我们也演了《济公大闹秦相府》；有的文化部门的领导同志还写文章推荐《香罗帕》；还有的领导同志说“两个老婆的戏也可以演”，“要承认古人的局限性”，“要相信群众的觉悟程度”等等；有时招待内宾，甚至叫我们演出《五花洞》《活捉张三郎》，而现代戏却不能登大雅之堂，这就使我们方向模糊了。

有人认为这主要是我们自己的问题，不能怪上面，怪领导。有的领导看某些坏戏，是为了调查研究，所以只是内部观摩演出，这和对外公演，要有区分。只要我们真正按毛主席的文艺思想办事，把戏剧作为战斗武器，就可以顶住来自各方面的歪风。

应该说，这完全是一种正常的、向上反映有关讨论情况和提出的意见。“文革”后，为回忆这件事的细节，我将从文化部档案室复印的，也就是刚才所说的“小简报”内容送巍峙同志看。他告诉我其中那句“有时招待内宾，甚至叫我们演出《五花洞》《活捉张三郎》”，原稿为“中央领导同志”，是他审稿时改为“内宾”的，因为毛主席也常去杭州，以避免引起误解，或搞错了指向。

冯建辉：“小简报”报送后，引起关注了吧？

宋木文：这期“小简报”（指1964年6月28日第8期）送出后，陆定一在中宣部的会议上提出，对“小简报”反映的事要逐一查清。江青的身份特殊，又有个京剧现代戏观摩演出大会领导小组顾问的头衔，每期“小简报”都要送她。当得知陆定一调查“小简报”的情况后，她就说她根本就没有在杭州看那几出戏，“小简报”是在造她的谣，攻击她。她要求林默涵（时任中宣部副部长）、袁水拍（时任中宣部文艺处处长）调查这个事，他们找到周巍峙，周表示，此事是正常反映情况，没有具体指向。

据浙江提供的材料，点戏者正是江青。1962年6月下旬，江青住在杭州汪庄，多次点戏，由负责警卫工作的浙江公安部门通过文化部门安排杭州京剧团演出。被她点的就有当时禁演的《五花洞》《四郎探母》等。因这些戏早已不演，都是重排后演出的。

为这位“首长”开脱，浙江方面奉命送报告时，只说演出过这几出戏，未提是给谁看的，更未讲是这位“首长”亲点的。江青看了这个报告仍不满意，要把报告退回重写，直至又送报告说，那个时期浙江根本没演过这类剧目，这才算“善罢甘休”。

“文革”一来，江青又旧事重查，从中宣部、文化部到浙江省的有关领导和人员，都被立案审查，惨遭迫害。1968年3月，江青在北京接见浙江美术学院造反派头目张永生等时恶狠狠地说，“浙江的公检法很坏，对我搞特务活动，要彻底砸烂”，“你们那个文化局，造了我好多谣，那都是造谣，要彻底砸烂”。从此，浙江成立了“揪斗炮打无产阶级司令部的反革命”专案组，对曾经热情周到接待江青并为江青点看旧戏进行过解脱的文化、公安、宣传部门直至省委负责人进行审查批斗。他们被扣上“反革命”的帽子，有的身心受到严重摧残，含冤而死。对巍峙同志的审查批斗，从北京到湖北咸宁“五七干校”，持续了八年之久。甚至将在杭州看戏的“中央领导同志”改为“内宾”也成了大阴谋，据说这“内宾”是指“内人”，是指“主席夫人”，是蓄意恶毒攻击江青的“铁证”。

冯建辉：您当时在简报组，是不是也受到了冲击？

宋木文：江青追查“小简报”事件，也牵连着我，使我震惊和恐惧。文化部艺术局的人两次找我调查，让我交代周巍峙在“小简报”中是怎样阴谋策划陷害江青的。我如实地告诉调查者，“小简报”是按正常程序由简报组编选后送巍峙同志审阅，或由巍峙同志和简报组同志一起商定发稿的，他没有对某一期的内容有过特别的策划。这引起调查者的不满，对我进行威吓。那时，我所在的单位文化部教育司也对我执行“文艺黑线”进行审查，处境也不好，但教育司的同志对我的交代比较理解，未在“小简报”上深加追究。更由于处境更为困难的巍峙同志从未往下推卸责任，把我这个简报组长牵扯进去，使我幸运地在“小简报”事件中免遭厄运。

1997 年，我写《周巍峙在“小简报”事件上的高风亮节》这篇文章，也为了把与我有关的“小简报”事件写清楚，我就请曾在文化部教育司同我共事、“文革”期间调到浙江省文化厅所属戏曲研究所工作的吴双莲同志，帮助调查并提供江青在杭州点戏和“文革”迫害省文化、公安有关干部的情况。双莲对我委托之事极为认真，寄来《关于“文革”前江青在杭州点看传统京戏以及“文革”中“炮打”等情况的调查记录》，又来信作了说明，为我回忆“小简报”事件提供了可靠史料。

双莲于 1997 年 5 月 9 日的来信说：“想不到这么一点事，费那么大的劲。主要是要找哪些人了解，开始不清楚。先找俞德丰、肖闵、赵麟童三个当事人，知俞德丰已去世，找到肖闵，已病危，不会说话。赵麟童只记得几个演出剧目，其他说不清、想不起。省文化局当时分管戏剧的副局长李碧岩已去世，当时省文化局副局长史行说了一些情况，但江青看戏时间、演出剧目，也记不清。找当时杭州市文化局戏剧科科长，也已去世。找当时杭州市文化局局长孙晓泉，又不在家。幸好，过了几天后，他回来了，脑子也较好，提供的情况比任何人都多。”双莲信中又说：“如尚有不清楚之处，可问一下王芳同志（住在你同一大楼）。”双莲提到的王芳同志，是指当年负责接待江青的浙江省公安局局长，1990 年代曾任国务委员兼公安部长。

吴双莲调查记录（摘要）

1961 年春，江青陪毛主席在杭州休养，住在汪庄。后来，毛主席回北京了，江青仍留在杭州。她通过当时省公安局长王芳等同志，通过杭州市文化局，想看看京戏。江青点看的戏，绝大部分是杭州京剧团能演、平时也演出的剧目，因为演出剧目（折子戏）较多，现在已记不全了，只有她点的当时禁演的《五花洞》《虹霓关》《四郎探母》三个戏，因平时不演出，她点看以后要重排，所以，印象较深，其他平时常演的戏，只记得还有《战太平》。

1964年秋冬在北京举行全国京剧现代戏观摩演出大会，我省（市）没有剧目参加演出，只派了一个观摩团赴京观摩。浙江观摩代表团有俞德丰、肖闵、赵麟童、六龄童、包金火等七人，由省文联副书记俞德丰任领队，杭州市文化局副局长肖闵任副领队，赵麟童是杭州市京剧团著名麒派演员，六龄童、包金火是浙江绍剧团演员。其他两人是温州、宁波等地京剧团演员，名字已记不清了。

在这次观摩大会上，江青有个讲话，大意是，你们吃农民种的粮食，住工人盖的房子，不为工农兵服务，演帝王将相戏、坏戏，艺术家的良心何在？听了报告以后，大家进行座谈、讨论，赵麟童等人在发言中说，我们过去也演革命现代戏，也演比较好的传统戏，也演新编历史剧，三并举。但是，过去有的中央首长，来杭州，就要我们给她演传统戏，有的还是不大健康的禁戏，如江青同志就点看过《五花洞》《虹霓关》等戏。当时，我们给她演了，但是很不理解。现在，听了江青同志的报告，明白了，她是搞调查研究点看这些戏的（大意）。这些发言被当时参加浙江观摩代表团听发言的袁水拍（音）同志写成简报（宋木文注："小简报"之由来前已交代清楚，此处所讲系误传），反映到中央首长康生、陆定一、江青等那里，江青就很恼火，说要查这件事，她否认在浙江点看过这些戏。不过，江青发火要查的情况，当时（指1964年秋冬）我们不知道。直到1965年中央派人来调查，要我们写材料时我才知道。中央派人来调查有好几次，材料也写了好几次。记得头一次是夏征农等人来调查的，后来还有袁水拍，其他人记不清了，具体时间也记不清，但肯定是在1965年。来调查的人，问我们，江青同志有没有在杭州点看过《五花洞》等戏，这些戏是你们演给她看的，还是她点了让你们演的？他们明确告诉我们，江青同志否认点看过这些戏，是因你们对外演出时，江青要了一些戏票来看的（事实上，江青看戏时，没有送戏票，是我们接到通知后为她演出，留出三排位置给他们坐的）。当时，我们口头上和书面汇报材料上都说，我们当时也不知道是不是江青点的，是通过省公安局王芳（省公安局长）、王家楣（省公安局干部或处长）转告我们的。这样，所以，几次材料江青都不满意。后来怎么了结的，我也记不清了。我（当时杭州市文化局局长孙晓泉）记得，当时我曾几次遇到过王芳同志，向他讲了“江青点看了一些京戏，现在不承认，几次派人来调查，要我们写材料证明江青没有点看，我们很为难”等话。王芳很惊诧，呆了一会，说：“实在不行，就由我们来承担，由我们来证明是我们要你们演给江青看的。”后来，省公安局有没有写过材料，就不清楚了。

“文革”中，1968 年 3 月 18 日江青、陈伯达等人在北京接见浙江造反派头目张永生等人，江青就说：浙江的公检法很坏，对她搞“特务活动”，“要彻底砸烂”；“你们那个文化局造了我好多谣，那都是造谣，我看要彻底砸烂”。从此以后，张永生就成立了揪“炮打无产阶级司令部”的“反革命”专案组，许多人被多次批斗、挨打、受审查。被批斗的人有：

俞德丰（“文革”前省文联党组副书记、观摩团领队）（已去世）

肖　闵（“文革”前杭州市文化局副局长、观摩团副领队）（已病危）

赵麟童（杭州京剧团著名麒派演员，观摩团成员）

孙晓泉（“文革”前杭州市文化局局长）

王　芳（“文革”前浙江省公安局局长）（已调北京）

王　雪（“文革”前杭州市京剧团支部副书记）

李碧岩（“文革”前浙江省文化局副局长）（已去世）

丁　九（“文革”前浙江省文化局局长）（已去世）

商景才（“文革”前浙江省委宣传部副部长）

王顾明（“文革”前浙江省文化局副局长）（已调走）

胡景瑊（“文革”前杭州市委宣传部部长）（已去世）

林乎加（“文革”前浙江省委副书记）（已调走）

为这件事，被批斗的主要人员是俞德丰、肖闵、赵麟童三人，他们都被打成炮打江青的“反革命”。尤其是俞德丰、肖闵，是当权派、走资派、领队。其他人则都是陪斗。因为“当权派”，早就揪出来被审查。只是这些事，他们都有牵连，都有责任，所以，拉来一起批斗。

批斗时，这三个人都被说成“反革命”，但是，后来也没有做过处理决定（造反派无此权）。据史行同志（当时省文化局副局长）说，直到 1971 年以后，在斗批改干校，成立临时支部（史行是支部委员）以后，曾对俞德丰作过处理，没有搞成反革命，只给予“党内警告”处分。俞德丰被批斗得最厉害，身心受到严重摧残，以后即长期患病（以后查出为胃癌），到 1976 年粉碎“四人帮”以前因病去世。说为这件事迫害致死，不妥。但粉碎“四人帮”后为他彻底平反时，他早已去世，他是含冤而死的。据孙晓泉说，肖闵同志也批斗得很厉害，但在“文革”后期有没有作处理结论，有否受处分已记不清。粉碎“四人帮”以后，自然都彻底平反了。

以上情况，主要由当时杭州市文化局局长孙晓泉同志提供，并综合史行（当时省文化局副局长）、赵麟童同志所说情况追记而成。

吴双莲

97.5.9

浙江省艺术研究所

关于"文革"前江青在杭州点看传统京戏以及
"文革"中"炮打"等情况的调查记录

一九六一年春，江青陪毛主席在杭州休养，住在汪庄。当时，有一些歌舞、戏曲演员（每周二、三次）晚上陪毛主席跳舞。跳舞间隙，跳个"采茶舞"、戏曲清唱、歌曲之类作为穿插。后来，毛主席回北京了，江青仍留在杭州。她通过当时省公安局长王芳等同志，通知杭州市文化局，想看看京戏。首长（指江青）为了减少去汪庄演出的麻烦，剧团（当时只有杭州京剧团，由市文化局主管）可以在剧场演出，对外可以卖票、登报，只要留一部分戏票就行，首长到剧场去看戏。因首长是在杭州休息的，所以，既不上台接见演员，更要绝对保密，不得外传和议论。首长什么时候去看戏，看什么戏，头一、二天通知我们（指文化局、剧团）商量定（实际上都是首长点了以后通过省公安局通知市文化局）。后来，江青大约来杭州东坡剧院看过三、四次（场）戏，剧目都是江青点的（除了我们不会演的戏，才告诉省公安局，请他们转告首长改戏）。江青点看的戏，绝大部分是杭州京剧团能演、平时也演出的剧目，因为演出剧目（折子戏）较多，现在已记不全了，只有她点的三个当时禁演的《王花洞》、《虹霓关》、《四郎探母》三个戏，因平时不演出，她点看以后要重排，所以，印象较深。（其他平时常演的戏，只记得还有《战太平》。）（吴按：根据孙晓泉提供的以上情况，我查阅了1962年的《杭州日报》演出广告，查到1962年3月25日夜演出的有《虹霓关》、《武松打店》、《萧何月下追韩信》三个剧目；3月30日夜演出的有《牧虎关》、《一箭仇》、《王花洞》、《战太平》四个剧目。《四郎探母》一剧，大概不便登报，所以没有查到。以上剧目，都是江青点看的戏）

时间 剧目

1

30

吴双莲调查记录部分手稿

吴双莲同志已于2005年逝世。将他的调查报告附在这里，既是保存这件历史资料，也是对老友的一个纪念。

六、对于“文革”选题图书的出版管理与进言

我应约在访谈中，对如何管理“文革”选题图书问题作了回顾之后，又觉得此事较为重要，便加以修改补充，形成专题文章，在2014年8月15日的《文汇读书周报》发表，并以此文代替原来的访谈录。

“文革”结束后，在全党进行了拨乱反正，中央作出了《关于建国以来若干历史问题的决议》，人们对“文革”的研究也逐步深入，在许多重大历史与现实问题上，取得了全党的共识，这些重大成果在当时的出版物中都有比较充分的反映，这是必须肯定的。但也出现了一些值得重视的问题。一些捕风捉影、肆意虚构的“文革”“轶事”“秘闻”“野史”“内幕”之类的作品纷纷出笼，招徕读者，在社会上造成不良的影响。有些作品甚至彼此指责，互揭伤疤，还涉及高层，影响团结，损害大局。这些都引起中央领导同志的注意，要求出版管理部门根据中央“团结一致向前看，历史问题宜粗不宜细”的一贯精神，对“文革”图书加强管理。主持中央宣传小组工作的胡启立等中央领导同志也多次讲过这个问题，要求出版部门认真对待。

（一）

根据中央指示精神，中宣部和新闻出版署先后发过几次文件，加强对“文革”图书出版的管理，1988年12月还发出专门文件，要求全国出版社从严掌握“文革”选题，并且对需要报批的项目分别作出具体规定。

1989年4月，我去河南调研，在省新闻出版局干部大会上讲

到当时出现的"'文革'热"。我是这样说的：

"'文革'热"，包括"传"和"史"。不是说"文革"不能研究，而是说要从政治稳定、社会稳定的大局来考虑问题。报刊上发表有关"文革"的文章，包括那种纪实作品、报告文学、传记等，比较多。从1989年的选题看，这类作品也偏多。比较热衷于写林彪、"四人帮"反党集团的作品，包括王洪文传、张春桥传、康生传，正传以外还有外传，以及他们身边人员的回忆录。这些东西仍有相当的数量。这里有事实准确不准确的问题，有目前适宜不适宜发表的问题，也有一些作品把一场严肃的政治斗争庸俗化，用这个来吸引读者。还有的涉及重大的事件和人物，而这些人物现在还在世，常常引起纠纷。前不久，上海《联合时报》发表的一篇《王力病中答客问》，反响很大。有许多老同志发表文章，说你限制写"文革"，不让我们写"文革"，不让我们研究"文革"，而王力（原中央"文革"小组成员）却能出来发表谈话，难道我们这些受迫害者就不能出来说话吗？有的同志甚至有误解，说又有一个新的禁区，"文革"不能研究，不能写。怎样从政治上来说明这个问题呢？前不久新闻出版署负责人就"文革"研究和著作出版问题答新华社记者问。这是经胡启立同志审定后发表的。首先要澄清，"文革"不是不能研究，对"文革"的研究从来就没有中断过，同时也正式表态，上海这家报纸发表王力谈话是不慎重的，也是不对的。另外一条是说研究"文革"的著作，如能严肃而又深刻总结"文革"的历史经验，或者能够引导人们正确总结历史经验，符合《关于建国以来党的若干历史问题的决议》的原则精神是需要的，是可以发表和出版的。我们讲偏多，偏乱，不是指这种严肃研究的著作，这一点也不要引起误解。第三，由于写"文革"涉及问题比较复杂，直接和当前社会政治稳定有关，所以写这些东西要持慎重态度，要按有关规定履行必要的审批程序。对写“文革”，要多从政治角度，稳定社会大局来考虑，特别是不要热衷于搞这个人的传，那个人的野史，现在光王洪文的传就有好几本。有一个作者，同样材料变来变去，就出了三四本书，很难说是严肃的。①

应当说，前引的这段话，是我对中央加强管理“文革”图书指示的解读，是对出版社出版“文革”类图书提出的要求。实际上，我也是严格按中央的指示执行的，我至今仍然肯定当时执行中央指示的重要性和必要性，及其所发挥的积极作用。

（二）

但是，现在反思，也不是没有值得注意和改进的。我在东北大学的老同学、中央党校教授金春明找我，希望他写的“‘文革’史”能够顺利出版。这是一部经深入研究、反复修改的“‘文革’史”，又经层层报批，才得以出版，后来想按需重印，却未获批准。实际主持《辞海》编辑工作的编辑大家巢峰的《“文革”辞典》则转移香港出版，靠进口转内销，来满足一些研究者的需要。我在任上，也对这类事关注不够，做得不到位。离开署领导岗位后，我无权了，却超脱了，因出版涉及“文革”图书受阻而求助于我时，对于有学术和文化价值的，我都尽力疏通与进言，促其得以出版。

举几个例子。

第一，支持刘秀荣出版《我的艺术人生》。

2006年，著名京剧演员刘秀荣《我的艺术人生》，因涉及“文革”内容，出版受阻，向我求助，我请新闻出版总署图书司

---

① 宋木文：《宋木文出版文集》，中国书籍出版社1996年版，第253—254页。

给予关注，免除了因涉及“文革”个别事例而层层审批的程序，直接安排出版。后又因“文革”中江青迫害刘秀荣的若干情节是否按当时记述写入书中（包括申述信件，如对江青是否按原貌称“江青同志”，还是改称为“旗手”或“领导”等），以及分别同周总理、邓颖超、李先念的三张合影照是否收入书中，刘秀荣与出版社意见不同，延误书稿付印。我看了有关书稿和照片，写出阅稿意见支持刘秀荣的要求，按原貌保留“文革”中对人与事的记述，收入刘秀荣非常珍视的有历史纪念意义的三张照片，得到总署图书司和中国文联出版社的认同和重视，使这部总结艺术人生之路文图并茂的长篇专著终于得以顺利出版。

第二，支持日本学者竹内实在中国出版《文化大革命观察》。

日本学者竹内实，1923 年出生于中国山东张店，在战后日本的中国研究领域处于开创者和泰斗的地位，在中国学术界也有重要影响。我的一本文集，经竹内实翻译，在日本出版。中国社会科学院文学研究所研究员程麻将竹内实研究中国问题的著作译成中文，拟按十卷在中国出版《竹内实文集》，其中第六卷《文化大革命解析》在报送选题时被搁置。经我疏通，这个第六卷得以进入专题报批程序。

我还阅读了约二十万字的“解析”清样稿，写出了阅稿意见，于 2003 年 9 月 12 日送新闻出版总署图书司、中央党史研究室，肯定此书在中国出版的意义，并同我的老朋友金冲及商量后，建议将原名《文化大革命解析》改为《文化大革命观察》。我的审读意见得到阎晓宏和图书司有关同志的支持。

我在阅稿意见中说：“此卷所收文章都是对‘文革’进程中发生的人和事的观察，发表在那个年代的日本报刊上，中文编译者也是按发表的时间编排的。总的印象，写作态度是严肃的，客观的，既没有像日本有些人士跟着‘文革’的调子推波助澜，也没有像有的人借‘文革’的混乱对中国党和政府进行攻击，而是对一些人物和事件以一个研究者和朋友的身份进行观察和分析，有些分析是深刻的，有洞察力的。”例如1966年10月10日在《日本读卖新闻》发表的《关于“燕山夜话”》，竹内实认为姚文元的《评“三家村”》是“举着鲁迅的旗子否定鲁迅”“所谓‘文化大革命’，可以称得上是怀有强烈否定一切情绪的人们的一种游戏”。1967年12月17日在《朝日周刊》发表的《周恩来的作用》，竹内实认为，把周恩来的几次讲话与林彪加以比较，“会觉察出周的立场，并非与当时毛、林的路线那么吻合。给人难以磨灭的印象是，似乎周恩来是被毛泽东或林彪推上了‘文革’的实验台”。1978年2月28日在《东方学报》发表的《现代中国的历史印记》，竹内实指出，从前主张同中外一切传统“彻底决裂”，而后来又“学习儒法斗争史”，对吕后、武则天顶礼膜拜，“这意味着，提出后面这种主张的人，不过是前面那种主张的政治翻版，他们在肉体上并没有变化，又一次成了‘文革派’而已”。

我的审稿意见认为：“这些分析，同‘文革’进行中中国党内外坚持正确意见的人的观点相一致，这对一个外国研究者来说更是难得的、可贵的，也是令人钦佩的。”

我也指出：“文集中对有的问题的分析，未必能与当前中国学术界主流意见相一致，甚至有可能引起读者误解，但是作为探究发生‘文革’这个特殊历史现象原因的一种观点，必要时加一点注解，对‘文革’的研究毕竟没有什么坏处。”

《文化大革命观察》，经中央党史研究室审读，总署图书出版管理司批准，于2005年12月4日由中国文联出版社出版。2006年10月20日，为竹内实文集十卷本全部出齐，在北京举行有中国和日本学者共同参加的学术研讨会，竹内实作《中国与我》的主题演讲，我和刘德有都前去祝贺。

第三，支持李城外出版“向阳湖文化丛书”。

1968 年至 1974 年，作为文化部“文化大革命”“斗批改”的一项重大举措，文化部及其直属单位六千余人（含部分干部家属）被下放到湖北咸宁“五七干校”，围湖造田、劳动锻炼。其中包括部领导徐光霄、李琦、赵辛初，文化名人冰心、冯雪峰、张光年、周巍峙、臧克家、萧乾、李季、郭小川、冯牧、严文井、韦君宜等。中共咸宁地委青年干部李城外以敏锐的目光和坚强的毅力，捕捉并书写了这一本来不该发生却深含特定历史意义的事件和人物群体，花费十六年时光成就了“向阳湖文化丛书”。这套丛书含《话说向阳湖》、《向阳湖纪事》（上下）、《向阳湖诗草》、《向阳湖文化研究》、《城外的向阳湖》（上下）五种七册，由武汉出版社 2010 年 10 月出版，为今人和后人留下了“文革”时期这一独特的历史记录。我支持李城外十几年的采访和写作，更支持这套丛书的出版，并以《抢救向阳湖文化的特定历史意义》为题写了总序。

怎样看待四十年前文化部大批干部下放“五七干校”这件事？我在总序中指出两点：一是不应该发生的，就像“文化大革命”不应该发生一样，要像否定“文革”那样否定“文革式”的“五七干校”。二是苦难的历程可以磨炼干部，可以出好作品。这些文化人可以写日记，可以作诗、绘画，还可以写文章著书，这是与别的“五七干校”有区别的，要通过挖掘向阳湖文化，深入反思“文革”，以警示今人和后人。

2011 年 1 月 11 日，为武汉出版社出版这套丛书，在北京举行有当年的“向阳湖人”和他们后代“向阳花”参加的出版座谈会，我和金冲及等与会者的发言，都对这套书的出版作了积极的评价。

这里需要一提的还有，反映这段“文革”历史的“向阳湖文化名人旧址”，已于2013年5月由国务院颁发为“第七批全国重点文物保护单位”。在地方党政部门和向阳湖文化研究会筹划和推动下，昔日的向阳湖必将成为名副其实的揭示“文革”历史的“五七干校”博物馆。

第四，关注谢辰生两部文物论著中致康生信的不同处理。

1922年出生的谢辰生，是我国著名文物专家，曾主持起草1982年《中华人民共和国文物保护法》、撰写《中国大百科全书·文物卷》前言，对文物保护事业作出了重大贡献，晚年身患重病，仍坚持奋战在文物保护第一线。2010年，他的两部文物论著出版时，对他1964年致康生信却做了不同处理：一种因人废文，隐去康生姓名；一种按历史保留书信原貌。对此，我在两书出版座谈会上发言时作了如下评论。

大约在2010年初，辰生打来电话，说文物出版社正安排出版他的文集，对其中的1964年12月9日他致康生的信，出版社只同意收信不同意出现康生的名字。我说这是历史，写给谁的信应该如实反映出来才有意义。随后我还向辰生介绍中央文献研究室编选、人民出版社出版的《毛泽东书信集》，内有毛泽东1959、1964年致康生的两封信，均按原信保留“康生同志”其名；我还介绍了邓力群、程中原主持编选、人民出版社出版的《胡乔木书信集》，内有胡乔木1964年致陈毅（信中称陈总）、康生（信中称康老）信，以及《建国以来毛泽东文稿》《邓小平年谱》等处理此类人和事均保留历史原貌，以作为辰生向出版社争取的依据。我还说如不能如愿，则争取以加注方式注明此信何时写给何人。稍后，辰生给我写信说，经出版社请示仍不同意出现康生名字。这样，在文物出版社版的《谢辰生文博文集》中致康生信就成为《致中央文教小组负责人》了。

我翻阅了李经国编撰、国家图书馆出版社出版的《谢辰生先生往来书札》。我注意到，书中所收谢辰生1964年致康生信，像《胡乔木书信集》中胡乔木致康生信那样，仍按原貌称“康老”；我还看到，1956年辰生力保朝阳门古建筑不被拆除给康生信和康生复信，均保留了原貌。康生复信称：“尊函已读，所见甚是，昨已面交彭真同志。此复。”

我在出版座谈会上表示赞成国图社对辰生与康生来往信件的自主处理。这是对历史的尊重。提供研究资料，是出版的一项功能。如果一个人，当然是指有影响的历史人物，因其后来的变化，就将其历史作为以及其后的影响在书中全部删除，使后人无从知晓和考证，不利于学术的传承和发展。

第五，编选“文革”出版史料，应保留历史原貌。

2009年11月18日，出版史家方厚枢将《中华人民共和国出版史料（1966年5月至1976年10月）》即“‘文革’卷”样稿送我，我阅后给方厚枢的信和在书稿上批注的意见，都集中在一点上，即编选供今人和后人研究的“文革”出版史料要保留历史原貌。

我在审读中发现“一正一反”两个例子。

所谓“一正”，是指经邓小平报毛主席批准的《胡乔木同志关于处理主席著作注释中林彪名字问题的信》（1975年8月29日致庆彤同志[①]并请转光霄同志）。胡乔木认为：“《在中国共产

① 即吴庆彤，时任国务院办公室主任，时常协助周总理处理出版方面的工作。——宋注

党第七届中央委员会第二次全体会议上的报告》注释2中林彪的名字仍予保留，因注中引的是中央文件，不宜也不必改动。”在此信旁，我请出版史料编者注意：“此处可作为不删改文件中的人名的依据。可依此先例用来说服不同意见者。此种处理在中央文献研究室编辑的《邓小平年谱》中也出现过。”

所谓“一反”，是指对在恩格斯著《费尔巴哈与德国古典哲学的终结》一书（1957年10月第三版）中加入普列汉诺夫的序言和注释，被陈伯达严厉批评后，国务院出版口向周总理的请示报告，其附件称：“这种明目张胆的反革命伎俩，正如陈伯达同志所严厉指出的：‘是不可容忍的’”。请示报告还附上正在湖北咸宁文化部“五七干校”劳动的王子野《关于〈费尔巴哈与德国古典哲学的终结〉一书出版问题》的交代。王子野在交代中说：“这是我出的主意。我当时是这么想的：普列汉诺夫的这两篇东西都是他早期作品，对宣传马克思主义有一定的影响，而且列宁曾予以肯定的评价。因此我向张仲实建议，请他把这两篇东西翻译出来，附在恩格斯的原著后面出版，俾供读者参考。张表示同意，后来他就转请编译局的一位年青同志翻译普的这两篇东西。从那时起，我社就出版这个版本。这件事是我批准的，没有经过‘阎王殿’。”①

我认为，保留这些史料的历史原貌，人们会更加敬佩王子野在逆境中（身在干校劳动，受审查，因陈伯达的严厉批判，又遭到多次批斗）敢于坚持实事求是、敢于承担责任的思想品格。我看后批注：“此处保留王子野的‘反革命伎俩’，并附上王子野

① 指中宣部。毛泽东有“打倒阎王，解放小鬼”一说。江青等人即以“阎王殿”诬陷之，成为“文革”时期的代用语。——宋注

1970 年 3 月 31 日所写的‘说明’，使今人读后所能得出的结论只能是正面的。”

这部“文革”出版史料，经四年层层审批，迟至 2013 年年底才得以按内部与公开两种安排出版。

（三）

我举出经我疏通与进言得以出版的几个实例，主要是说明，由于管理者开明，认同我这个“老面孔”；也反映了现行的管理办法有调整和改进的空间，否则，我也不会厚着脸皮去疏通和进言了。

这项管理办法，在提法上，1988 年提“出版‘文化大革命’图书”，1997 年调整为“涉及‘文化大革命’的选题”，看似报批面更宽、管控度更严，而实际上，一则凡“涉及者”未必都属“重大”，使本不“重大”者也要去报批；二则凡涉及者又有许多未曾报批而出版的，此种情形，图书出版有之，报刊与音像出版就更为普遍。这使人感到，“文革”选题报批管理的实际意义，比起当初，已经有所变化，调整与改进的条件是具备的。

多年来，学术界、出版界常有人对“文革”出版物选题管理办法提出疑义，甚至认为是设防限制“文革”研究。老党员和资深编辑家戴文葆（已故）2000 年 5 月在《“怅望向阳湖”文化部“五七干校”》的文章中说：“‘文革’被否定了，否定‘文革’的《历史决议》做出了”，然而，“否定‘文革’，并不是冷藏‘文革’”。我曾著文说，戴文葆对党和国家的一些大事常有深入、冷静的观察与思考，这是向他跟随一生的党做出的真诚和恳切的进言。[①] 王蒙在《中国天机》一书中对“文革”从政治上

① 宋木文：《八十后出版文存》，商务印书馆 2013 年版，第 428 页。

学理上作了初步分析后指出，“问题在于，至今没有谁深刻地分析过这个绝非无意义的大课题”，并且高调呼吁要重视对“文革”的研究，说这是中国党、中国学者应尽的“历史与国际责任”。我曾著文称王蒙对“文革”的研究与建议，是“作为执政党的一员、中国的一位学者，在履行自己的一份责任”。我读抗日战争时期入党的老党员曾彦修研究苏联问题的专著，他对斯大林专制的深刻剖析，使我感受到以史为鉴的要义与真情。近日读他的《平生六记》，我写信给他，表示我的敬仰之情。信中说：“您终于赶上了一个好时代，想说的话能说出来，想做的事有可能去做。此乃您之、我之、他之大幸！”“文革”使亿万人民特别是忠诚于党的事业的广大干部和知识分子受到伤害，而历史与现实更证明，受伤害最深的则是执政党自身。曾彦修、王蒙和戴文葆的进言，是他们对自身不幸遭遇的感悟，但从根本上说，则是出自为社会主义事业长治久安的深谋远虑。这是令我这个跟着走了近七十年仍想跟上时代步伐的老党员深为敬佩的。我更期盼我们的新闻出版部门对高质量的“文革”研究著作在出版与评论上给予更有力的支持。

现在，我国的政治、思想、文化的形势同“文革”后的若干年大不相同了，又面临着信息网络的发达与普及的挑战。为了更有利于党和国家的长治久安，在新的形势下，有必要也有可能对“文革”选题管理做出适当调整，就是说，今后“文革”选题能否出版，是否也像其他选题一样，按照党和政府的出版方针和法规，由出版单位自主做出决定，并负全责，而其中涉及民族、宗教、国家安全、党和国家主要领导人等关乎政治稳定重大问题的（不以执政党犯错误的“文革”同前述各项并列为专题报批；这是有人特别关注的一个角度），则仍应按有关专题报批规定执行。

这样做，有可能使事涉重大者继续保持专题报批，又可以使只涉及而不重大者免去专题报批，并且使深入研究者不因事前报批而受到某种束缚，或因“一般不要安排”而被搁置。从总体上看，现在探索并做出此项适当调整，在政治上和学术上都是有利的。据我观察，若干年来，管理部门也有为难之处，管与不管，管宽与管严，都有可能遭到指责或非议，适时做出调整，这也是管理机关改善管理并取得管理主动权之所需。

（附注：为什么要写《对于“文革”选题图书的出版管理与进言》一文，我于2014年8月20日写信给刘杲同志，向老同事老朋友坦诚交心。在这里刊出，会有助于读者了解我做出此举的诸多思考。

写给刘杲的信

一、这是我从实践与反思中加深认识的一种必然。我是坚决拥护与执行中央管理“文革”选题指示的。但在我退下来后，从我尽力疏通与进言得以出版的那几套书的过程中，也产生了对这项管理需要适当调整的想法。读过戴文葆、王蒙和曾彦修的相关意见，又撰文与之相呼应后，使我的初步想法得以明确下来，并从个案进言发展到总体进言，在“口述出版史”访谈中讲了出来，经多次修改后，最终成文于本文的第三部分。

二、我深知这不是单纯的出版问题，我也知道此事的处理与解决不能单靠主管者总局。但我提出问题、分析情况，又不能离开总局的管理实践。这包括此事现在与当初提法的变化，“重大”与“非重大”、不同媒体不平衡等调整空间的分析，以表明调整存在可能性一面。还在最后特别讲了主管机关的“为难之处”，适当调整是“取得管理主动权之所需”。这都是为总局提供参考，也希望能引起上面的注意。不过，我在此文中，只限于“文革”

选题是否专题报批的调整，远未涉及整个党史研究的全局。我想，如操作得当，这两者是能够分得开的；而调整方式也可以有多种选择。当然，最终也许不作调整。所以，我对第三部分作了反复修改与斟酌，生怕说得不明确、不得体。

三、我最用心考虑的是关于政治与形势的判断，以及提出此项进言的出发点。我强调曾彦修、王蒙和戴文葆的进言“从根本上说，则是出自为社会主义事业长治久安的深谋远虑”。我也是这样考虑的。我在文中说曾彦修“您终于赶上了一个好时代，想说的话能说出来，想做的事有可能去做。此乃您之、我之、他之大幸！”我这样表态，也是想表明，要在政治上同另有他谋者划清界限。关于当前政治形势的判断，我强调了与“文革”后若干年大不相同，“又面临着信息网络的发达与普及的挑战”“从总体上看，现在探索并做出此项适当调整，在政治上和学术上都是有利的”。我远离久离一线，我的判断未必适当，在这种问题上，我们这些离退休之人，也是要同中央保持一致的。

四、我跟着党走了将近七十年，现在仍想在党的指引下走下去。我提出调整“文革”选题专题报批的进言，我认为是一个老党员应尽的政治责任。所以，我写了这个题目，把我想说的话说出来，只要尽心了，出与不出什么效果，我都可以安心度日了。）

第三章

出版工作的拨乱反正

这一章是研究院“口述出版史”小组建议补写的。他们提出，出版界的拨乱反正，在整个文化领域是率先进行的，对后来本行业改革与发展有铺路奠基作用，是回顾新时期出版史不可不写的。我接受了他们的建议，利用原有资料简明地补写了这一章。

粉碎“四人帮”之后，在国家出版局进行的拨乱反正，是由王匡与陈翰伯先后主持的。

1977 年 5 月，中央派王匡、王子野主持国家出版局清查“四人帮”及其影响的工作，随后被分别任命为党组书记、局长，党组副书记、副局长。同时被任命为副局长的还有陈瀚伯、许力以、王益。1978 年王匡调到香港，任中共港澳工委书记，由陈翰伯任代局长，主持国家出版局工作。

在王匡主持国家出版局工作期间，即十一届三中全会之前，“两个凡是”（“凡是毛主席做出的决策，我们都要坚决拥护；凡是毛主席的指示，我们都始终不渝地遵循”）还束缚着广大干部，全党拨乱反正的大气候尚未形成，被搞乱和颠倒了的思想理论路线是非还未清理，一大批出版业务骨干还没有从各种有形或无形的政治帽子和枷锁中解脱出来，大多数建国以来出版的图书还被封存着。

一、以批判“两个估计”为开端

出版界的拨乱反正从批判“两个估计”开始，逐步走向深入。

王匡到任后即决定成立出版工作调研小组，由陈原主持，由我协助，以国家出版局研究室为工作班子。这时的研究室主任由局党组秘书刘杲兼任，我为专职副主任，成员还有谢宏、包遵信、李炳银，另调李侃、张惠卿、倪子明、谢永旺等同志参加。调研小组主要清理"左"的指导思想在出版工作中的表现，弄清路线是非。经过三个多月的调研，形成了清理出版工作路线是非若干问题的意见。在王匡亲自指导下，从调研小组到局党组，取得了共识：要纠正出版工作"左"的影响，分清路线是非，扭转出版工作窒息、萧条局面，一定要批判、推倒强加于出版界的"两个估计"。这在当时，是非常难能可贵的。

"两个估计"，出自1971年周总理主持召开的全国出版工作座谈会给中央的报告，并经毛主席批示同意颁发的中央文件。其内容是：建国以来出版界是"反革命黑线专政，资产阶级知识分子占统治地位"。这个文件对恢复处于停顿状态的出版工作起了积极作用，但其中的"两个估计"却成为正确评价新中国成立以来出版工作、解禁一大批被封存图书和解放整个出版队伍的严重障碍。在粉碎"四人帮"后的那段徘徊时期，"两个凡是"影响很大，由一个业务部门去纠正与毛泽东有关的决策是很困难的。恰逢此时，邓小平提出要纠正对科学和教育领域的"两个估计"① 经调研小组查阅有关材料，1971年中发43号文件同44号文件的"两个估计"一样，也是经姚文元修改、张春桥定稿的。在讨论文件的一次会议上，周总理曾提出文件中要"讲红线的作

① 出自1971年8月中央44号文件，同出版领域的43号文件几乎同时发出，内容同样是"黑线专政"，资产阶级知识分子占统治地位。

用”，还说对出版队伍“要作分析，不作分析不行”。但张春桥立即说：“先肯定专政，然后再分析”“从领导权来说，是专了我们的政”；从队伍的世界观状况来说，“也是资产阶级专了我们的政”。会议文件的修改稿和定稿都按这个调子敲定了文字。

以上述查证的资料为依据，经过充分准备，国家出版局党组决定在1977年12月召开的全国出版工作座谈会上从揭批“四人帮”入手，着重批判“两个估计”。这是粉碎“四人帮”后，经党中央、国务院批准召开的第一次全国性的出版工作会议。王匡在大会工作报告中指出：这“两个估计”从此成了“四人帮”打击革命干部、打击知识分子、颠倒敌我、颠倒是非的“两根大棒”，是“镇压广大出版工作者的紧箍咒”，一直影响到现在，必须彻底批判，把“长期压得抬不起头来的广大出版工作者解放出来”。与会代表普遍认为：“‘两个估计’就像两座大山，压在我们的头上，使我们透不过气来。对‘两个估计’的批判，是一次思想解放，是我们这次会议的一个重要收获。”这次会议对“两个估计”的批判，限于历史条件，没有同毛泽东发动“文革”的极“左”路线紧密联系起来，但还是在全国出版界甚至在文艺界（当时文艺界尚未批判“文艺黑线专政论”）产生了广泛的影响。

正像会前预计的那样，会上也有不同的意见，说这样做是否批了毛主席？是否批了主持出版座谈会的周总理？会后有人把这种意见向中央报告了。当时中央分管文化出版工作的吴德曾过问此事。王匡找我商量，我建议写一专题材料，以《出版工作情况反映》（增刊）的形式向中央和中央有关部门的领导同志汇报。此期“增刊”，除着重汇报了“四人帮”如何对抗周总理指示精神把“两个估计”写入会议文件外，还引用王子野在会议总结中说的在“会议一开始，我们就明确地表示过，集中批判‘四人帮’塞进文件中的‘两个估计’，而不涉及整个文件”。这样，这次批判产生的余波才得以平息。

会后，国家出版局向国务院报送了《关于加强和改进出版工作的报告》，谈到“这次会议着重批判了林彪、‘四人帮’炮制的‘黑线专政’论”。国务院于1978年7月18日以141号文件批准并转发了这个报告。这就表明，发生在十一届三中全会以前的这次对“两个估计”的批判得到了国务院的确认和批准。

二、缓解“书荒”的重要举措

为缓解当时的严重书荒，初步满足广大读者如饥似渴的需求，王匡主持的国家出版局做出了一项有重要影响的决策，就是调动全国出版、印刷力量，集中重印建国以来出版的35种中外文学著作。主要是：五四以来现代文学10种，有郭沫若、茅盾、巴金、曹禺的代表作，以及《红旗谱》《铁道游击队》等；中国古典文学9种，有《唐诗选》《宋词选》《古文观止》《东周列国志》《儒林外史》《官场现形记》等；外国古典文学16种，有《悲惨世界》《高老头》《欧也妮·葛朗台》《安娜·卡列尼娜》《牛虻》《一千零一夜》，以及契诃夫、莫泊桑、莎士比亚、易卜生等大家的作品选集等。在此之前，也曾重印《红岩》《青春之歌》《暴风骤雨》《林海雪原》等少数几种，但那都是报请中央政治局分管出版的领导同志批准的。所有这些在“文革”中惨遭厄运的中外古今文学名著能够重见天日，无疑是对“四人帮”推行文化专制主义和文化禁锢政策的否定，而广大读者在各大城市（只能先供应北京、上海、广州等大城市）新华书店门外通宵达旦排队和在店堂内摩肩接踵抢着购书的前所未见的景象，则表明国家出版领导机关拨乱反正落实党的文化政策的举措是深得人心的。

陈翰伯对王匡落实出书的政策、缓解“书荒”给予有力的支持。他首先着力进行的，是打破在少儿读物出版上的禁区，使中国未来的主人有书可读，健康成长。书荒严重，少儿读物更是一片荒芜。由于“文化大革命”极“左”思潮的影响，粉碎“四人帮”后出版界对出书仍心有余悸。对安徒生的童话《皇帝的新衣》，怕寓意“影射”而不敢印。《龟兔赛跑》怕被批判为宣扬“爬行主义”仍在仓库封存。连出版老革命家故事的书也有顾虑，怕被说成“为老家伙树碑立传”。对少儿书要讲“儿童特点”，也怕被说成搞“资产阶级趣味”。不打破种种精神枷锁，不突破各种禁锢，儿童读物“书荒”局面就难以改变。当时我国有阅读能力的少年儿童近2亿，而1977年全国出版的少儿读物只有192种。陈翰伯决定1978年10月在江西庐山召开全国少年儿童出版工作座谈会，作了题为《解放思想，勇闯禁区，迎接少儿读物繁花似锦的春天》的报告，号召出版界解放思想，敢闯禁区。这次会议制订了三年重点少儿读物出版规划，会后国务院又批准了《关于加强少年儿童读物出版工作的报告》，极大地推动了少儿出版事业的发展。应当说，我国现今出版少儿读物品种繁多，内容丰富多彩，质量不断提高，是始于1978年的庐山少儿读物会议，而这次会议对整个出版工作的全局也有着积极的影响，接着带来的则是因被诬称为“封资修毒草”而被封存十余年的一大批建国以来出版的好的和比较好的图书的大解放。

当时主要是缺书，但缓解“书荒”也是把提高质量放在第一位。1979年3月国家出版局党组扩大会议讨论了切实提高图书质量的问题，指出：过去我们常说，要多出书，快出书，出好书。这当然是不错的。但是，当前要把提高出版物的质量放在第一位。现在，主要是书少，供不应求，同时也出现了一些重复浪费现象。

这就是大家所说的缺和滥。为了解决“缺”的问题，需要增加品种和印数，但是，如果品种和印数增加了，而质量不高，或者重复浪费，粗制滥造，读者买不到他们所需要的书，缺的问题仍然解决不了。所以，关键还是要提高出版物的质量，如果能做到又多又好，那当然很好；如果多而不好，那就宁可少些，但要好些。要在保证质量的前提下，来考虑增加品种和印数。同时采取坚决的措施，削减可出可不出的书，反对、杜绝重复浪费和粗制滥造，把有限的纸张和印刷力用到出版真正需要的有较高质量的图书上。从此也可以看出，国家出版管理机关领导人对图书出版的指导一直以提高质量为主要要求，不会离开提高质量的要求去追求出书的品种数量。就是缓解“书荒”的特殊年代，也是以高质量的图书去填补空白的。[①]

三、调整以阶级斗争为纲的出版方针

为贯彻十一届三中全会精神，由陈翰伯主持，国家出版局党组于1979年3—5月间连续召开十多次扩大会议，讨论调整出版方针问题，纠正在出版与政治关系上造成的混乱，要求在出版方针任务问题上进行拨乱反正。我出席了这次会议，并参与会议主要文件的起草工作。会议的结果集中地反映在陈翰伯1979年5月9日在直属单位领导干部会议的重要讲话中。

陈翰伯指出：“我们确定出版工作的任务，要根据党在一个历史时期的总任务，同时也要考虑出版工作的特点和规律。否则，各行各业就没有区别了。出版是生产精神产品的，而书籍这种精神产品又与其他精神产品如报刊、新闻、戏剧等有所不同，

---

① 宋木文：《宋木文出版文集》，中国书籍出版社1996年版，第56页。

没有报刊文章来得这么快。书，又有多种门类，有宣传党的路线、政策、方针的，有提供比较稳定的知识的，有作为文化积累的，有作为工具查阅的，有作为科学研究用的，有为了丰富文化生活的，也有为了提供反面材料的。办出版社与办报刊不同。有的书要努力配合党的当前政治任务，但要注意讲究实效，避免重复浪费，更不能随意把报刊文章剪贴拼凑成书。由于书有各种门类，要求和作用不同，不能都像报刊那样去直接配合当前政治任务。政治宣传可以舆论一律，学术理论著作则要百家争鸣，而不能舆论一律。多年来，由于忽视或违背书籍的特点，在出版与政治的关系上造成了混乱。这种现象再也不能继续下去了。”

这次党组扩大会议为克服出版工作“左”的指导思想，调整出版工作方针起了重要作用，也为向党中央和国务院提出调整出版工作指导方针建议作了准备。1983 年中共中央、国务院《关于加强出版工作的决定》明确规定：出版工作“必须坚持为人民服务、为社会主义服务的根本方针，宣传马克思列宁主义、毛泽东思想，宣传一切有益于经济和社会发展的科学技术和文化知识，丰富人民的精神文化生活”。

我认为，以“为人民服务，为社会主义服务”为出版工作的根本方针，不再提“为政治服务”，既是对全党工作历史经验的总结，又是适应新时期全党工作中心转移的需要；从出版工作来讲，这个根本方针的确定，既纠正了长期以来对政治的狭隘理解，一切都要“跟着当前政治转”，又可以避免为某种需要把与现实政治无关的出版物都贴上政治标签的那种错误做法，从而使我们更为明确和正确地把握出版工作的根本目的和根本目标，为出版工作开辟更为宽广的领域和更为远大的目标，更好地为新时期党和国家的总任务服务，也就是为建设物质文明和精神文明服务，为改善人民的物质生活和文化生活服务。

四、地方出版社出书立足本省面向全国

1979 年 12 月召开的全国出版工作座谈会（后来人们简称为“长沙会议”）是一次有重要意义和深远影响的会议。我作为这次会议的秘书长参与了会议的有关工作，至今还清楚地记得，当时是把提高书籍质量作为这次会议的中心议题，并围绕这个中心将有关文件提交会议讨论。但会议讨论最热烈并产生深远影响的却是关于地方出版社工作方针问题，即是否要以“立足本省（后来改为立足本地）、面向全国”的方针代替实行多年的“地方化、群众化、通俗化”三化方针问题，这就表明客观形势已经达到这样一个水平，不仅敢于突破“四人帮”设置的禁区，而且也敢于突破十七年中形成的妨碍出版事业发展的条条框框，包括实行多年的方针政策。

为开好“长沙会议”，国家出版局做了充分准备。1979 年 4 月 5 日—9 日，陈翰伯在北京亲自主持召开有辽宁、吉林、黑龙江、河北、天津等省（市）局（社）长参加的座谈会。会上，地方出版社工作方针问题成为重要议题之一。从国家出版局出版部编发的会议简报看，充分发挥地方出版社的积极性，成为与会者发言的主调。出版部还派人分赴湖南、安徽、江西、福建等省调研，有的回来后写的调查报告题目就是《立足本省、面向全国——地方出版社发展的必由之路》。调整地方出版社的工作方针，是各省出版局、各地方出版社的普遍要求。其中，湖南、四川两省在突破“三化”限制，出书面向全国，均走在前列，且已收到明显成效，两省局负责人为在长沙会议确立“立足本省、面向全国”方针都做出了突出贡献。因此，这次地方出版社出书方针的

重大调整是有着深厚的实践基础的。

然而，长沙会议上存在两种不同的意见。地方出版社出书执行“地方化、群众化、通俗化”方针是五十年代中央有关领导部门决定的。1958 年和 1963 年的两次全国出版工作会议又重申过这个方针。主张调整地方出版工作方针的同志，也肯定在过去历史条件下执行“三化”方针的必要性，但强调在改革开放的新时期再念“三化”这本“经”，就是画地为牢、“画省为牢”，束缚地方出版社的积极性。他们主张解放地方出版生产力，同京沪两地出版社展开竞争，这才有利于增强整个出版界的活力，多出好书，满足读者需要。反对调整这个方针的同志则强调地方出版社今天出书也需要贯彻“三化”的精神，并且指出原来京沪两地出版社出书面向全国还经常发生矛盾，如果地方出版社都面向全国就会“天下大乱”。陈翰伯根据会前的调查和会上的讨论，坚持解放思想，顺应历史发展，实践了他自己所说的，不要怕人家说“长官意志”就变成了“无意志长官”，敢于领导，敢于负责，坚决支持调整地方出版社的工作方针。他说：“地方出版社的同志要求立足本省、面向全国或兼顾全国，可以试行。地方出版社出书不受‘三化’限制。当然，首先要满足本省读者的需要，发挥本省写作力量的积极性。”“要充分发挥中央与地方出版社两个积极性，目前要特别注意发挥地方出版社的积极性，同时要树立全国一盘棋的思想。”

“立足本省、面向全国”主要是就地方出版社同全国的关系所作的规定，也反映了我国社会条件和党的路线方针的深刻变化。“三化”的历史局限性，是与以阶级斗争为纲紧密相联系的。几十年来，地方出版社所出图书许多都是密切配合当前政治、跟着当前运动转的小册子，有特色、高质量的本版书很少。停止执行“三化”方针同废除以阶级斗争为纲联系起来，重视图书出版工作的特点和规律，这对全国各个出版社特别是地方出版社在出书上都是一大解放。

调整地方出版工作方针，绝不是可以忽视地方特色，不重视为本地区人民群众特别是广大农民群众所需要的通俗读物，关键在于提高质量，高质量的通俗读物，也能够适应全国的需要。

“长沙会议”确定的地方出版工作方针，后来写入了中共中央、国务院《关于加强出版工作的决定》。这就表明，1979 年以来地方出版事业迅速兴起，对全国出版事业的大发展起了重大的推动作用，成为新时期出版改革开放的良好开端。

此外，对鲁迅著作的编选，对中外语文工具书的编纂，也进行了拨乱反正，收到良好的成效。

五、确认三联书店员工的革命历史地位

平反冤假错案，落实党的干部政策和知识分子政策，是从组织路线上进行拨乱反正。可以这样说，粉碎“四人帮”特别是党的十一届三中全会以后，按照党中央的部署，出版界（从国家出版局直属单位到全国出版系统）纠正冤假错案、落实党的干部政策和知识分子政策，是抓得早，落实得好的。这是 20 世纪 70 年代末 80 年代初，出版事业恢复和发展比较快的重要保证。

批判“四人帮”在“文革”中炮制的“三十年代黑店论”，为三联书店平反，落实一大批三联书店职工革命工龄问题，是出版领域在组织路线上拨乱反正的一个突出事例。这里是指生活书店、读书出版社、新知书店三店，以及其后合并成立的生活·读书·新知三联书店，但对书店及其后的联合体，未像对新华书店那样，入店即是参加革命工作，计算革命工龄。对此，三联老同

志徐伯昕、张仲实、胡绳、黄洛峰、钱俊瑞、华应申、邵公文等上书中共中央书记处，但由于当时类似积案甚多，又有攀比，需要逐个审查和统筹，未能及时解决。我是从参与出版界拨乱反正工作，在批判“三十年代黑店论”过程中，较为系统地了解到三联书店的光辉历史及其与党中央、与中央南方局和北方局有组织关系，并在同三联老同志接触中深得教益，视黄洛峰、徐伯昕、陈原等三联老同志为“出版导师”，所以由衷地愿为三联书店做一些力所能及之事。1983 年 3 月 15 日，我到中组部按三联老同志的要求再作争取。听取我汇报的是中组部部务委员、老干部局局长郑伯克。他是 1928 年参加革命，30 年代在上海曾与胡乔木、周扬有党的工作关系，同左翼文化人有交往，知道生活书店许多情况，对我们的争取和三联老人的要求作了热情支持的表态。1983 年 5 月 26 日中组部发出《关于确定党的秘密外围组织、进步团体及三联书店成员参加革命工作时间的通知》，明确规定：“凡是三家书店的正式工作人员，拥护党的主张，服从组织安排（需经当时分店以上负责人证明），一直坚持革命工作的，1937 年 8 月以前进店的，其参加革命工作时间从 1937 年 8 月三家书店受党直接领导时算起；1937 年 8 月以后进店的，从进店之日算起。”这样，三店及其后的三联书店分布在全国约 1600 余人中的大多数，都满意地解决了革命工龄问题，离职后都享受了离休干部的待遇。这对三联书店和整个出版界都是一件大事，一件实事求是地处理历史问题的大事，一件有广泛影响的拨乱反正的大事。为解决三联人普遍关心的这件大事，我们有关工作人员出了一些力，但起决定作用的是送到中组部决策会议上的两个重要文件：一个是中共中央 1949 年 7 月 18 日《关于三联书店今后工作方针的指示》，肯定“三联书店过去在国民党统治区及香港起过巨大的革命出版事业主要负责者的作用”；一个是1982年在纪念三家书店五十周年纪念大会上邓颖超、王震、邓力群、周扬的贺信和讲话，肯定三家书店“在民族民主革命的暴风雨中，把马克思列宁主义的火种传播得更广泛、更深入”。可以这样说，确认老三联人的革命工龄，就是在新时期对三联书店革命历史地位的肯定。

六、支持我驻港出版机构转型复兴

以香港三联书店、中华书局和商务印书馆为代表的我驻香港出版机构，长期以来，主要发行内地出版的图书，自身的编辑出版业务薄弱。“文革”中，受极“左”思潮和内地出版停顿的影响，香港的中文图书市场，几乎被台湾图书占领。据杨奇（时任广东省出版局长，后在我港澳工委任秘书长）和蓝真（时任我香港“三中商”总管理处总经理）回顾，1977年12月，来京出席王匡局长主持以拨乱反正为主题的全国出版工作会议时，廖承志（时任国务院港澳办主任）找他俩谈话，强调我香港出版工作也要拨乱反正，“不能只发内地书刊”“不要照搬内地模式”“不要单一红色”“要搞高、中、低大合唱”，“只要铲除‘左’的一套，朋友就会愈来愈多”。在廖承志过问和指导下，我驻港出版机构着力进行纠‘左’，在拨乱反正中，恢复和重振编辑出版业务。国家出版局也有责任帮助我驻港出版机构实现以编辑出版为主的转型复兴。1980年12月下旬，国家出版局指定许力以（时任副局长）和宋木文（时任办公室主任）到广州同蓝真（还有黄士芬）进行专题磋商，达成两地相互支持的十项合作协议。

据参加此次广州磋商的龙文善（专职经办对港出版机构联系工作）提供的资料，此次商谈的主要成果有：

1. 编辑出版方面：内地派专家学者到香港，帮助培训编辑人才；

内地选派编辑骨干，充实香港的编辑队伍；内地提供样书，供香港翻印出版；当前要组织出版和重印一批优秀书稿，特别是园林、山水画册和工具书，以满足香港的急需；两地出版社相互合作，编辑出版图书。内地提供样书，供香港翻印出版。当时敲定了人民文学出版社与香港三联书店合作出版“五四文库”。这套文库出版时更名为“中国近现代作家选集”。内地与香港合作出版的《中国古代服饰研究》《国宝荟萃》《紫禁城》等，产生了轰动效应。后来又有《故宫全集》60卷、《敦煌全集》26卷等大型精品图书。

编辑出版合作协议，30年来，成效明显。董秀玉、陈昕、李昕等编辑名家赴港工作，对培训青年编辑人员、加强编辑工作、扩大内地书稿直至实现工作转型，起了积极作用。

2. 印刷合作方面：香港协助内地培训印刷技工。培训期限1年，每年1批，每批15人。创造条件，香港总管理处在内地建立独资或合资印刷厂。后来联合出版集团独资在北京建立的华联印务公司即是此项合作协议的落实。

3. 人员互访方面：国家出版局组织编印发骨干访问香港，相互学习交流；香港总管理处组织员工团（多为总管理处属下出版社员工）和朋友团（多为香港出版界知名人士）访问内地，考察改革开放后的新变化。此项合作多年坚持，成为两地人员增进了解、加强合作的一个平台。

蓝真多次同我谈起此次广州商谈合作协议所起的作用。2003年9月3日，他给我写信，谈到香港出版学会推荐他为2001年“香港出版印刷设计杰出人士”，谈到他已写出思念廖公的文章，也谈到还要写一篇国家出版局支持我香港出版机构的文章，拟题为《春雨楼头》，可能在本年11月发表，但我未能看到，近日补写此文时也未查到。

我在港出版事业，在拨乱反正之后，主要靠遵循正确方针和自身努力，较为快速地发展起来。

1993 年 9 月 1 日，在联合出版集团成立 5 周年之际，我专程前去祝贺，并宣读了祝辞：

香港联合出版集团是在原三联书店、中华书局、商务印书馆香港总管理处的基础上发展起来的，从总管理处各单位发展到联合出版集团，经历了一个巨大的历史性变化。10 多年来，从主要发行国内图书发展成了一个编、印、发成龙配套，使用现代化装备和工艺，颇具实力的大型出版集团；从单一出版图书发展成为主营图书，兼营报纸、期刊、音像制品、电子出版物的综合性多功能的传媒实体；从主要在香港一地设置出版发行机构，发展到以香港为主要基地并在东南亚、北美等地区都有分支及联营机构的国际性出版集团。今天，联合出版集团已在海内外出版业中占有重要的地位。联合出版集团的发展历程为正在由适应计划经济体制向适应市场经济体制转轨的内地出版业提供了宝贵的经验。

联合出版集团多年来，以弘扬中华文化，促进中外文化交流为己任，既努力加强与内地出版界的交流与合作，又积极地将中文出版物推向世界。通过联合出版集团主办或协办的各种中文书展，已成为中文图书走向世界的重要窗口之一。联合出版大厦的落成像一座里程碑，标志着联合出版集团的事业进入了一个新的发展时期。

10 多年来，我有幸目睹了联合出版集团所发生的重要变化。作为一个多年来关注集团发展，与集团许多同仁结下深厚情谊的老朋友，我衷心地祝愿联合出版集团继续朝着业务多元化、市场国际化、设备现代化、管理科学化的方向奋进，为中华民族的中兴，为中华民族文化的光大，作出更大的贡献。

访港时，同（三联书店老一辈领导人）蓝真在一起。右1为香港联合出版集团副总王逊

我在港出版机构和事业的创建与发展，是几代班子和员工前赴后继拼搏实现的。1978年以来，从我的实际接触看，蓝真和李祖泽是这个联合体的杰出代表，有先后，又有交叉，蓝真的奠基前行有祖泽的参与合作，祖泽的建设与发展，也有蓝真的协助与贡献。他们二位顺畅的合作与接替，也增添了我对他们的敬重。2002年6月18日，新闻出版总署领导为李祖泽隆重举行从事出版工作50年纪念活动，媒体作了突出报道，我应邀出席表示祝贺。2003年9月，我访问印度后转道香港出席联合出版集团成立十五周年庆祝活动期间，我在港的几位老朋友同我谈起，祖泽对联合出版集团的建设发展确实作出了重大贡献，但他的业绩是在以蓝真为主要代表的“三·中·商”老出版（祖泽也在其中）奠定坚实基础上发展起来的，总署为联合出版集团领导成员举行这类活动应当考虑此种历史情况。我觉得他们讲得有理，曾建议

做一点补救，由总署出面邀请蓝真夫妇来京访问，请宗源同志出面会见并宴请，评价蓝真的历史贡献，并由新闻出版报发一消息。我还谈到，如有需要，我愿意做蓝真此行的陪同工作人员。对我的建议，宗源同志表示同意，但不知什么原因（可能是前后不接），未能落实。我也曾委婉地向蓝真兄提起，而他全不在意，让我别再提起此事。近日，我从悼念蓝兄特刊上看到，祖泽对蓝兄更有深情的思念。我思念蓝真兄，也敬重祖泽。

近几年，我多次在北京同蓝真兄见面，蓝兄的风采一如既往。想不到，2014 年 11 月下旬，突然得到时年 90 岁高龄的蓝真兄病逝噩耗，我在悲痛中疾书悼文：

香港联合出版集团董事长文宏武先生：

惊悉蓝真先生病逝，深感悲痛。蓝真兄是我香港出版事业早期建设者，香港联合出版机构主要创建人，为香港出版事业的起步与发展做出了杰出的贡献，更为加强香港与内地出版机构的合作多方谋划、坚持不懈、竭尽心力，作出了无可替代的贡献。我香港出版事业今日的辉煌，是同蓝真及其同事们的开辟与创建分不开的。蓝真兄一路走好，蓝真精神常在。请转达我对李蕙大姐的问候和敬意，恭请她节哀保重，健康长寿！

宋木文

2014 年 11 月 28 日

当日，我收到文宏武董事长的回电：

尊敬的宋署长您好！

十分感谢您对蓝老家属的慰问，感谢您对蓝老的中肯评价和深切悼念，我一定将您的慰问及时转达到蓝老家人。蓝老病逝，我和联合出版集团同事都很悲痛。近日我们正在加班加点安排蓝老的后事和公祭活动，届时我们代您送一个花圈好吗？再次向您表示衷心感谢！

蓝真兄的公祭及追思会于2014年12月20日在香港举行。稍后，我收到纪念特刊，我的悼文也收在其中。蓝真兄，我敬重您，思念您！

七、我的一点思考

出版领域的拨乱反正是全国各个领域在“文革”后进行的拨乱反正的一部分。我在第二章“我的“文革”遭遇与感悟”中谈道，由于“文革”走向极端，物极必反，必须彻底否定，也在客观上导致了改革开放，把我们国家推向一个新的时代。历史已经表明，在邓小平领导和支持下进行的实践是检验真理的唯一标准的讨论，特别是党的十一届三中全会在邓小平倡导下重新确立的解放思想、实事求是的思想路线，使这场具有深远影响的拨乱反正深入地开展起来，并取得了伟大的胜利。出版领域的拨乱反正也是以解放思想为先导，并且在突破了“两个凡是”才取得胜利的。关于出版界的“两个估计”，确是“四人帮”炮制的，但它毕竟是写在由毛泽东签发的中央1971年43号文件中，是毛泽东发动“文革”的“左”的错误路线的产物。因此，如果不彻底否定“左”的错误路线及“43号”文件中的“两个估计”，不全面清理这条“左”的错误路线在出版工作中的各种影响，出版领域的拨乱反正就难以进行和坚持下去。这个时候，人们所说的解放思想、突破禁锢，主要不是“四人帮”的影响，而是“两个凡是”对人们思想的禁锢。“两个凡是”否定了，就不必避开毛泽东签发的中央文件去批判“两个估计”，而是连这个中央文件贯穿的“左”的指导思想也否定了。这当然只有在十一届三中全会之后才能做到的。

出版领域的拨乱反正深入发展的结果，是彻底否定以阶级斗争为纲的“左”的出版工作方针和任务，确定适应全党工作转向以经济建设为中心的新时期的出版工作方针和任务。其核心内容是不再提“为无产阶级政治服务”，而以“为人民服务、为社会主义服务”为出版工作的根本方针。这是对出版工作方针的重大调整，具有决定性的意义。出版领域各个方面的拨乱反正，无一不与调整这个根本方针相联系。就是说，不改变“以阶级斗争为纲”，其他各项拨乱反正工作，都难以进行，即或进行了，也难以坚持下去。回顾这段历史，完全可以这样说，为人民服务、为社会主义服务根本方针的确立与实行，既为新时期出版工作指明了正确方向，又为新时期出版事业繁荣发展开辟了宽广的道路。

出版领域的拨乱反正在20世纪80年代初期即已基本完成，但它的影响是深远的，对以后进行的出版改革和发展有着重大的推动作用，而指导这场拨乱反正的解放思想、实事求是的思想路线更有着强大的持久的生命力，每当出版改革和发展出现新情况、新问题时，就是靠着这条马克思主义思想路线的指导才达到认识的深化、思想的统一、问题的解决而前进的。

第四章

为出版站岗护业无二心不懈怠

1972年我从文化部“五七干校”返京，在国务院出版口、国家出版局、新闻出版署任职，前后共21年，其中前十年处于中层，做领导的参谋助手，后11年在领导岗位任职，此间又增加部分新闻管理工作，也可以说是“在国家新闻出版机关担任领导职务的历程”。按我的任职经历，前三年在“五合一”后的文化部出版局任副局长、代局长，被我称为“在部属局任职的三年”；中间的四年，几经变动，有提升，任文化部副部长，有平调，任国家出版局局长，也有低配，任新闻出版署副署长，被我称为“多变的四年”；后四年，被人说是“临危受命”，在1989年夏出任新闻出版署署长，我觉得可以说是“敢于担责的四年”；最后我回顾了我是怎样从署党组书记和署长职位上退下来的，这就是写在最后的“站好最后一班岗”。我这样叙述我的任职经历，未完全按机构变化划分，却更能反映我的任职变化和心路历程。

一、在部属局任职的三年

1982年，对出版管理机关来讲，是一次大变动。这一年，国家机关机构改革中，把对外文委、国家出版局、国家文物局、外文出版事业局同文化部合并，称为“五合一”。

将国务院直属局改为部属局，无论说得怎么必要和合理，都将面临两个实实在在的问题。一个是机构的降格，必将削弱出版管理，后来又不得不恢复了。一个是干部安排出现困难，甚至出现“高职低配”。主要涉及许力以、我和刘杲的任职安排。为在

“口述史”中妥善处理此事，我与刘杲有过几次书信沟通，既讲清了当年的相关情况，也反映了我俩今日对处理此事的考虑。

刘杲同志：

在为“口述出版史”做准备过程中，我查阅了过去存留的个人资料，又想起你为祝贺王益从事出版工作60年回忆王益对你关怀的一件事，并查阅了你在《出版论稿》中有关文稿，而按我的看法和客观实际，这是1982年“五合一”后你所遭遇的一次“冷遇”，一次副局长任处长的“高职低配”，你经受了这突来的考验，你的优异表现也深得机关同志的同情和敬佩。

1982年政府机构改革时，将国家出版局改为部属局后的干部安排，可不像后来新闻出版署升格为“总署”时那样可以“水涨船高”，而是面临“高职低配”。对出版局班子配备，最先定下来的是，由中宣部出版局局长边春光改任文化部出版局长，同时又任文化部党组成员，分管出版工作（部党组无其他人分管出版）。副局长的配备因牵扯中宣部出版局、文化部办公厅干部安排，几经变化，颇费周折，才逐步配齐。有些三十年以前的事已记不清了，幸好我留有1982年给在上海出差的老伴汪应模的两封书信（1982年4月20日、4月27日），写有副局长配备情况。一是许力以（“五合一”前任国家出版局副局长）是留在文化部低配任出版局副局长，还是回中宣部平调任出版局局长，尚未决定。二是我按原级别任出版局副局长，还是改在文化部办公厅任职，也未定下来。周巍峙和时任文化部干部司司长王敏，曾征求我的意见，他们二位都倾向我到文化部办公厅（将研究室并入，机关总务工作划出，成立为部党组服务的秘书班子和政策研究班子）当主任。我表示考虑对出版工作已比较熟悉，也喜欢做业务工作，仍想留在出版局，但也服从组织决定。稍后，周巍峙又对我讲，由于中宣部决定许力以回中宣部任出版局局长，“出版局班子配备有困难，所以就让步了”。这样，才决定我留出版局任副局长。宣布时，出版局班子是一正一副，“二缺一”。我当时也不知道实情。

我给老汪4月20日的信，讲了一句话：“刘杲的安排，还难说。”你此前当过国家出版局研究室主任和出版部主任，又到中宣部做办公室（厅）副主任，早就是副局级了。“五合一”后，在文化部出版局副局长“二缺一”的情况下，怎么会成了“还难说”呢？

当时我只是听到点滴传闻，后经进一步了解，才知道是中宣部和原国家出版局有的老同志对你有不同意见，反映上去了。经我同边春光商量，一方面，向周巍峙和王敏争取，说刘杲各方面都很好，出版局班子又“二缺一”，刘杲是最合适的人选，建议不要增补他人；另一方面，抓紧时间写出材料，澄清是非。由我起草，经边春光、王益（时任出版局分管实际工作的顾问）审阅的《有关刘杲同志的几个情况》，于1982年8月23日报送文化部党组，主要就两个原则性是非问题作了澄清。

一、徐光霄同志在一九七六年夏季的“运动”中写信给汪东兴并报党中央，反映李先念、华国锋同志同他的一次谈话（内容主要是传达毛主席关于《创业》的讲话，批评江青）。一九七七年徐在会上检查这个错误时说，写这封信是接受了他的秘书刘杲的建议。刘杲当场表示，他没有向徐提过这个建议，徐也没有同他谈过要写这封信，他只是代徐发过一封徐亲自封好了的给汪东兴的信。徐也承认这封信是他亲自写的，自己封好后交刘杲发的，刘杲没有看过这封信。参加会议的同志对徐光霄同志把自己的错误诿过于秘书提出了严肃的批评。主持会议的王匡同志也批评了徐光霄同志，并指出情况已经清楚，刘杲同志在这个问题上没有责任。

二、刘杲一九七七年十二月至一九七九年四月在中宣部任办公室副主任，分管秘书处和调研处的工作，并担任部务会议记录。当时主持中宣部工作的张平化同志对真理标准问题的讨论不表态并加以抵制，刘杲作为列席部务会议的记录人员，对中宣部领导成员中的问题不应负有什么责任，并且也没有发现他有抵制这场讨论的言行。回出版局工作后，他对三中全会以来的路线、方针、政策的贯彻也是积极的。

一九七九年中宣部领导班子调整后，办公室改为办公厅，刘杲未留任原职，曾考虑让他去中央党校学习。据廖井丹同志最近讲，刘杲留下来是可以的，主要是办公厅支部有人反对（据了解，是指×××同志）。在这种情况下，刘杲不愿意继续在中宣部工作，也不愿意去党校学习。国家出版局得知这些情况后，经党组几位负责同志研究，并由翰伯同志亲自同井丹同志联系请求中宣部同意刘杲回局工作（后经报中央批准任国家出版局出版部主任）。刘杲去中宣部工作，又从中宣部回出版局工作，均属正常的工作调动。

此后，你被任命为文化部出版局副局长，添补了“二缺一”，成为由边春光任书记的出版局分党组分管出版和版权管理工作的重要领导成员。

1995年12月2日在庆祝王益从事出版工作60年座谈会会上，我听了潘国彦代你宣读的祝贺信后，曾考虑是否把当时有关情况向你讲清楚，又考虑时过境迁，就没有对你提起那些容易引起不愉快的往事。（详见信后附注）但在为“口述出版史”再次翻阅有关历史资料时，我觉得有必要在我与你两个“八十后”老人之间做一次无保留的沟通，免得留下“不知情”的遗憾。我还想到，当年对这两件事虽然也曾有过某种澄清，但未见留有任何组织结论性质的文件，此次找出的这件被文化部党组认同的历史资料，实际上是当年所做的历史结论。

在“口述出版史”的一章，我以《为出版站岗护业无二心不懈怠》为题，回顾了从1982—1993年在部属局、直属局（署）任职的历程，其中“在部属局任职的三年”，当回顾文化部出版局领导班子组成时，对曾经的“二缺一”，是“虚写”还是“直述”，我想听听你的意见后再定。现在可以向你沟通的是，我将强调以边春光为班长的出版局领导班子，是一个团结的、实干的、有作为的工作集体；文化部党组也创造条件让出版局班子放手工作，出版管理的文件，只要有边春光或宋木文或刘杲签署，即可由办公厅加盖部章发出。在这一章的“多变的四年”“敢于担当的四年”和“站好最后一班岗”中，我回顾了你我合作共事、相互支持的情况，还说：“我和刘杲是同年同月同日来国务院出版口报到的，除去他在中宣部工作的一段，二十一年以来，我们一直是一起共事的。”

你有什么意见，盼告。

宋木文

2014年5月13日

（附注：1995年12月12日，中国出版协会为王益从事出版工作60年举行纪念座谈会，我作为中国版协主席主持会议，刘杲特请潘国彦代读祝贺信，在回忆王益对他亲切关怀诸事时举例说："那是在国家出版局改为文化部出版局的前夕，我和王益同志在上海参加一个会议，同住一间房。休息的时候，王益同志问我：并到文化部以后，你对自己的安排有什么想法？我原先没有考虑，经王益同志一问，我倒想了想。我说：听从组织安排，做什么都可以。王益同志马上亲切地说：你这个态度很好。将来文化部出版局不可能安排那么多副局长。现在机关有的同志想调走。你的想法是对的。王益同志以委婉的方式，提醒我在机构变动时需要正确对待的问题，这是对我的关心和爱护。当时跟我谈这个问题的，只有王益同志一人，所以我的印象很深。后来的情况表明，王益同志的提醒是很有道理的。"①)

次日，我即收到刘杲的复信：

木文同志：

意外收到你派人送来的信和附件。仔细阅读之后，深受感动。你对历史研究的尊重事实和严格要求，令我非常钦佩。你对我一贯的关心和爱护，使我心中充满了感激之情。

文章怎么写，本来就不用征求我的意见。这只能由你根据行文的需要，自己决定。无论你怎么写，我都会愉快接受。我投给你的信任票，长期有效。

这三十多年前的故事，算我人生的一个小插曲吧。

请代问丽凤同志好。

恭祝

健康、长寿、快乐！

刘杲拜上

2014 年 5 月 14 日

---

① 刘杲：《出版论集》，湖北人民出版社 1998 年版，第 561—562 页。

收到刘杲充满真诚与友情的复信，我于 5 月 15 日又写信给他：

读了你 5 月 14 日信，我有几句话要说：

30 年前，文化部出版局班子增补“二缺一”之事，是必须做的，更应当由我来做。不做，于理于情都说不过去。

30 年后，在你我两个“八十后”之间做一次沟通，免得留下“不知情的遗憾”，这也是必须做的。

至此，30 年前这个“小插曲”就可以画上句号了。至于是否在“口述出版史”中写出，如何写，倒不是必须马上决定的，放放再说吧！

现在，我想好了，以我与刘杲往来信件说明这段三十年前的历史情况，更符合“口述史”的要求。

为体现集体领导，在出版局设分党组，由边春光任书记，成员有我、刘杲、卢玉忆、陆本瑞，并有所分工。

文化部出版局（1985 年后改称国家出版局）在边春光领导下，是一个团结的、实干的、有作为的工作集体。在这个集体里，我曾代理边春光的工作，并由文化部党组颁发了任职通知。《出版工作》1984 年第 5 期“出版纪事”栏第 62 页曾有记载：“3 月 7 日，文化部党组决定，鉴于边春光同志目前身体健康状况，需要一个时期的治疗和修养，在这期间，由宋木文同志代理出版局局长职务，主持全面工作。”在这以后，凡主要工作和重要情况，我都主动向边春光汇报和沟通；我同分党组刘杲、卢玉忆、陆本瑞以及其他同志也都很协调，共同商处工作。文化部党组也创造条件让出版局班子放手工作，出版管理的文件，只要有边、宋、刘某一人签署，即可由办公厅加盖部章发出。

1985 年 5 月，因成立国家版权局，将文化部出版局改称国家出版局，两局为一个机构（一个领导班子）两块牌子，同属文化部领导。

二、多变的四年

这里主要讲我任文化部副部长、国家出版局局长和新闻出版署副署长的一些情况。

1986 年 3 月，中央决定成立以王蒙为党组书记和部长的文化部新领导班子，我被任命为党组成员、副部长，分管出版、艺术教育、图书馆、群众文化、计划财务和机关事务等方面工作。新华社《瞭望》周刊第 32 期（1986 年 8 月 11 日）以《文化部的新部长们》（记者殷金娣）报道了新班子组成情况。在讲到我的时候，特别提道："在前年文化部的一次民意测验中，他就被大家推选为部领导候选人之一"。此次在文化部机关和各直属单位处以上干部举行的民意测验，无候选提名，被称为"海选"。据当时公布的统计数字，我得票排名在前。这可能使殷金娣觉得要写上这一笔。不过，同其他几位新部长相比，我是没有专业成就的，记者如此写，也许是以此来充实我的简历内容。我的民意选票，主要来自出版系统，对此我是铭记在心的。

对文化部新班子，中央很重视，胡耀邦总书记在中南海同新班子见面，寄予厚望。文化部内部，也盼着王蒙诸人有新表现新作为。王蒙同几位副部长第一次见面，是在他的办公室里，从此新班子就正式运作起来了。王蒙说了什么，我已记不清了，我印象最深的是要多做实事，少唱高调。接触一段时间后，我就想：论基本政治观点、思想理论水平和组织领导能力，王蒙这位大作家是能够当好文化部长的。

就任后，按分工我先后去过中国戏曲学院、北京舞蹈学院、中央音乐学院、中国音乐学院、中央美术学院等直属艺术院校，同院校领导交谈，开小型座谈会，看了教室、图书馆、学生宿舍以及其他教学设施。这些院校有的要求调整与加强领导班子，普遍要求改善校舍条件，增加办学经费。我对这些名牌艺术院校办学条件（主要是业务用房）之差深表同情，表示尽快把北京舞蹈学院和中国音乐学院的新校舍建好，其他院校列入规划，逐个解决；对办学经费，尽最大可能做了追加。对有的院校领导班子做了调整，如中国戏曲学院，我听取老领导老专家张庚、郭汉诚意见，经党组决定由俞琳（艺术局副局长，戏曲理论研究专家）出任院长，我到学院干部大会上宣布。近日，翻出文化部教育局主编的《艺术教育》专刊（1986 年第 4 期），有一篇对我的专访《艺术事业的继往开来靠教育》，详细记录了我谈艺术教育战略地位和当前工作，又特别讲到王蒙等新部长们多次深入艺术院校视察工作，说“新的部领导并没有把艺术教育的战略地位停留在口头上，而首先在考虑如何解决发展艺术教育事业面临的实际问题。艺术院校的师生对新的部领导班子寄予厚望”。现在，这些名牌艺术院校都在新址建了新舍，办学条件极大改善，是文化部和北京市几届班子多年共商共建才取得的。

以王蒙为部长的新班子，在 1986 年，还根据中央书记处的决定，为全国各艺术表演单位的“尖子”演员破格晋级。党组决定，由我分管这项工作。并由我在 7 月召开的全国文化厅（局）长会议上作一专题报告。我在会上传达了中央决定、文化部党组的工作部署，并以中外艺术人才成长规律和杰出艺术人才常常起着一个带动一批、一批标志一个时代的特殊作用，论述了此次为“尖子”演员破格晋级的必要性和重要性。这项工作是党组全员出动，部执行部门（计划财务司和艺术局）全力以赴来做的。首先在直属院团开始，然后推向全国。第一批破格晋级“尖子”演员 90 多人，是党组反复讨论、反复征求意见才决定下来的。我以被破格晋级的“尖子”演员大多数都出自艺术院校为由，建议将艺术院校专业教师列入其中，获得党组同意，各直属艺术院校都有优秀专业教师得以破格晋级。

这一年，我在几个重点文化建设工程上花费时间比较多。其一是北京图书馆（现今国家图书馆）新馆建设。这是周总理生前决定，由万里（时任国务院副总理）监管。进入后期，工程概算缺口较大，文化部与国家计委意见不一，我和有关同志向万里做了汇报，他明确表示，工程是周总理交办的，缺钱给钱，缺物给物。我们请他亲临北图施工现场，他的说服力很强，国家计委同意增加投资。另外，还为北图新馆安装电子计算机设备，增加了一笔投资。

以荣宝斋为主的琉璃厂一条街建设，是由副总理谷牧亲自抓的重点文化工程。这项工程头绪复杂。我为此事，向谷牧汇报，陪谷牧视察工程现场，跑北京（白介夫负责）商谈有关事项，联系荣宝斋等在建单位，直到我离开文化部也进展缓慢。后来因荣宝斋由文化部划归新闻出版署，归口协调之事也转了过来，归副署长于永湛分管，直到完成了一条街建设。这项工程因荣宝斋改建而起，却把荣宝斋拖到最后，我再找谷牧，在他的支持下，荣宝斋工程才得以完成，没有留下遗憾。

我在文化部也参与一些外事活动，例如代表中方同朝鲜、波兰签署两国文化合作协定，陪同外国国家元首、政府首脑观摩文艺演出等。这一年的 10 月，我还率中国政府文化代表团出访加拿大、墨西哥、哥伦比亚和智利。都受对方外交部邀请并负责接待。

我请中央美术学院第一副院长、著名美术家侯一民（《刘少奇与安源矿工》《毛主席与安源矿工》历史画作者）一同出访，他在需要时即兴甩上几笔，确有增添轻松气氛、增进友好的奇效。在加拿大，我国大使余湛是一位老资格外交家，他的文化修养和对文化工作的熟悉与关注，都出乎我的意料，也是在他提议下，我在温哥华结识了华人舞蹈家梁漱华一家，至今还保持友好联系。在墨西哥和哥伦比亚都代表中国政府签署了双边文化合作协定。对中哥文化合作协定，我仅是出面签字，参加一些礼仪活动。对中墨文化合作协定，因文本有些内容不够严谨，只好在签字前，同我文化参赞共商了多处修改，并在会谈时同墨方代表就共同关心的问题进行商榷，有时甚至形成辩论，当然是在友好气氛下进行的。墨方代表自诩博学，使用了不少哲学术语，我也以我略有所得的唯物史观作了回应。这是我翻阅《宋木文出版文集》所收签署中哥、中墨文化合作协定照片时才想起的一些往事细节。此次出访智利，还有一个背景。本来原由我外交部长出访智利，因许多国家对智利皮诺切特军政府多有微词，此时由外交部长出访多有不便，便改由政府文化代表团成行。我代表团抵达后，智利外交部出面的多是将军级官员，重规格、讲排场，为我之少见。皮诺切特总统的接见，也给我留下深刻印象。抵达总统官邸，进入三层办公室，门前和各层均戒备森严，且多处为女兵把守。总统身着军装，保持威武的同时更着力显现其友善。会见是礼仪性的，双方都是出于外交需要。我走出官邸出入口，只见十多位记者蜂拥而至，采访话筒挡住我的脚步。“您对皮诺切特将军有何评价?”我稍加思索，不多评论，只说：“总统先生对中国政府和人民表达了友好感情。”智方媒体作了报道，大使对我的回答表示满意。我感到此次智利之行，是承载了一次外交使命。

我对我的“出身地”和分管的出版局，费时用心不多。这是因为我在文化部被杂事缠身，无能为力，更因为有边春光和刘杲两位强手坐阵，无需我多顾，但对出版事业“生命攸关”的机构存废升降问题，我则是时刻关心的。

“五合一”后，在事实上削弱了出版管理，不利于事业发展，出版局的同志一直在争取从文化部划出，恢复直属国务院的国家出版局建制。1986 年 3 月，由出版界老领导、老专家组成的国家出版委员会（“五合一”后，根据胡耀邦的指示，由老领导、老专家组成的咨询组织）主任王子野等 15 人联名上书中央：“1954 年撤销出版总署，出版工作改由文化部的一个局来管理”“1982 年又将国家出版局划归文化部”“不是加强了而是削弱了出版工作的管理”“建议将现在的隶属于文化部的国家出版局恢复为国务院的直属局”。胡耀邦作了批示：“这么多同志的呼声，看来也值得重视。”此事得到胡启立、田纪云、胡乔木、习仲勋等中央领导同志的赞成和支持，并得以落实。

我知道并赞成出版局同志为恢复直属局建制向中央和国务院所作的一系列争取工作，并在条件成熟时，同王蒙和高占祥（党组副书记、常务副部长）作了沟通，并得到理解。按国务院办公厅通知，此事在国务院正式决定前，需由文化部向国务院写出请示报告。我请出版局代部草拟报告。边春光在代拟报告稿（石峰拟稿，刘杲七月七日审核）上批写：“木文同志：代拟稿送上，请审定。七月七日。”我写：“请王蒙、占祥同志审批。七月七日。”王蒙表示已知并同意此事，高占祥也于七月七日批示：“同意。”对代拟稿我加了一句话：“将出版局改为国务院直属局，既有利于加强对出版工作的领导和管理，也有利于文化部重点抓好艺术和对外文化交流工作。”当然，这也是写于 7 月 7 日。

1986年10月6日，国务院下达《关于恢复国家出版局为国务院直属局建制的通知》。

改为直属局建制后，由谁来担任局长一职？在中组部、中宣部考察时，我和出版局的一些同志都推荐边春光。我认为，老边政治上强，作风正派，既有丰富的编辑工作经验，又有对出版事业宏观管理的能力，更对此次国家出版局改制精心谋划、积极争取，做了大量工作。老边当时也有不利条件，时年61岁，几年前曾突发心脏病，有人担心能否坚持一线工作。我特别请求组织放宽年龄界限（从实例看当时不很严格），并提供从医院开出的健康状况不影响正常工作的证明（面交两部考察同志），以作争取。但这些争取和努力终未如愿。1986年11月29日，中共中央发出通知，任命我为国家出版局党组书记和局长，并免去文化部副部长和党组成员。我不知情，也没有思想准备。

我接到在国家出版局任职的通知后，文化部党组开了欢送会，王蒙个人“掏腰包”请我吃了一顿饭后，我还没有来得及把在文化部分管的工作交接完，便于12月中旬赶赴南宁主持召开早已定好的全国出版局（社）长会议，按照党的十二届六中全会关于加强社会主义精神文明建设的要求，讨论如何加强和改进出版工作。我匆忙赴任，作不了主题报告。我请刘杲来作。他在12月14日会议开始时作了《提高质量，搞活经营，更好地为社会主义现代化建设服务》的主题报告。然而形势多变。12月19日，正当我作此次会议结束的讲话时，刘杲接到从北京来的电话，说中央决定撤销国家出版局，重新组建国家新闻出版局。国家出版局刚刚恢复国务院直属局建制尚未组成领导班子（只任命局长一人）就完结了。因不甚明了缘由，会上没有宣布这突然发生的变化。回京后，我看到国务院办公厅12月

19日的电话通知，提到新闻管理很乱，出版问题也不少，12月18日下午中央书记处会议决定撤销国家出版局，组建国家新闻出版局，统管新闻出版工作，要我提出新机构的组建方案和国务院决定的代拟稿。我还看到中办秘书局发出的18日中央书记处会议决定事项的通知，说组建新闻出版局负责对新闻出版工作的管理、审批和检查。我又求见中宣部部长朱厚泽，他说，中央书记处讨论当前形势和学潮问题时，提出政府要加强对新闻工作的管理，为不增加新的机构，决定把国家出版局扩建为国家新闻出版局，主要负责对新闻出版的管理、审批和检查。这时，我虽已成为“悬空”（局已撤销）的“空头”（只任命我一人）局长，又是“短命”的，但要接受委托进行新机构的组建工作。我抓紧组织草拟组建方案，按建国初期新闻与出版各设“总署”的模式，新机构称“署”而不称“局”并加了一个“总”字，即“新闻出版总署”。刘杲、石峰参与了组建方案的许多具体工作，给我以有力的支持和帮助。12月31日，中央政治局常委胡启立约我谈话，向我说明在当前形势下将国家出版局改建为国家新闻出版局以加强对新闻与出版管理的现实必要性。胡启立说这次学生闹事，同资产阶级自由化泛滥有很大关系。对现在出现的各种不正常的情况（如说党好话的挨骂，而骂党的竟成了好样的），要进行深刻的思考、总结。出版界、新闻界也有这种情况。我们并没有对新闻进行检查，却说我们搞新闻检查。现在要考虑建立必要的新闻检查管理制度。明年要对新闻、出版、宣传进行整顿。宣传舆论阵地必须牢牢地掌握在党的手里，决不能放任自流。这个阵地决不能让。坚持舆论阵地与坚持双百方针是两回事，也不矛盾。文艺创作是自由的，不能搞行政命令，但宣传阵地是另一码事，必须在党的领导下，有强有力的行政手段，如果让出这个阵地，思想就乱了，国家就乱了。中国不能再折腾了。不要怕人家骂我们。但现在条件不同了，情况更复杂了，是在改革开放的情况下解决占领阵地的问题。要讲策略。你们这个部门非常重要。要选思想路线正确，既能坚持四项基本原则又搞改革开放的人，走出一条新路。中央要通过组建你们这个新机构把新闻、出版管理起来。要同中宣部密切配合，但中宣部代替不了你们。

1987 年 1 月 5 日，国务委员、国务院秘书长陈俊生主持有关部门负责同志参加讨论新闻出版管理机构组建方案。我对方案作说明时说：提交会议讨论的组建方案实际上是把建国初期分管新闻与出版的两个总署合二为一，称“总署”不称“总局”，体现了机构设置的连续性。新闻界、出版界的同志都很怀念建国初期新闻与出版管理机构的设置，这次拟采用新闻出版总署名称也顺应了这些同志的心愿。地方的新闻出版管理任务很重，在各省、自治区、直辖市也应建立新闻出版局。出席会议的滕藤（时任中宣部副部长）表示：这个机构很重要，管理工作任务也很重，建议明确为部委级机构，人员编制也要适当增加。国家编委的同志提出：不要加“总”字，称“署”不称“总署”；编制可增加 100 人。陈俊生最后讲：中央书记处的决定是设置国务院直属机构，考虑你们提出的历史渊源，可以按称“署”不称“局”的方案报上去，改变机构级别在方案上不好写，国务院讨论时你们可以提出来；“署”前不加“总”字，国家工商局也无“总”字，有“总”字的如“海关总署”“民航总局”，都是中央对地方垂直领导的，新闻出版不属于这种体制，人员编制可增加 100 人，达到 300 人。

1987 年 1 月 9 日上午，国务院召开常务会议，审议新闻出版署组建方案，我作说明。建署方案顺利通过，而在同新闻出版署为一个机构两块牌子的国家版权局的问题上，却遭遇困难。国家版权局是1985年经国务院决定设立的，同隶属文化部的出版局为一个机构两块牌子，当时还特别说明因新成立的版权局带“国家”二字，发国徽图章，文化部出版局才“改称”国家出版局，发国徽图章。我作说明时讲了国家版权局设置的由来与必要。可能因为涉及机构编制设置，在有无必要设置版权局的问题上遭到质疑、争论。有人说版权和出版是一回事，由管出版的机构管就行了。也有人提出版权与出版不同，也不必设立国家版权局，在新闻出版署设一职能部门来管就可以了。我据理力争，说明版权与出版是两回事，版权管理主要是保护作者的权益，出版则是对出版物的管理，在国际上也是分设管理机构，不可混为一谈。对这种突如其来的问题，我担心我这个“业余搞版权的人”说不清楚，就请坐在另一侧的刘杲支援补充。看来刘杲对如此高层会议出席者竟对版权与出版同与不同发生争议有所触动，在做了版权与出版不同的争辩之后又说，我们说的也未必采纳，就请领导上决定好了。主持会议的赵紫阳总理回头面对刘杲说，你这个同志，也不是不让你们讲意见。我马上说，我们没有过分的要求，只是希望理解我们的意见，建立版权局完全是出于适应对内加强管理和对外开放的需要，不是单独另设一个机构，只是要求给一个牌子，发一个同新闻出版署大小相同的图章。此时，我特别强调不增设单列机构和发大小相同图章，情绪有些失控，竟用手比划图章的规格，引起一些人发笑。令人高兴的是，经我和刘杲有理有情的争辩，取得了好的结果。主持会议的国务院总理赵紫阳表态：就同意你们的意见，一个机构，两块牌子，大小相同的两个印章。

1987年1月13日国务院发出决定建立新闻出版署的通知，新华社全文播发这个通知，其中有“进行新闻检查”的内容，受到外国和香港新闻单位广泛关注。中央对外宣传小组向中央报告了外电的反应，建议召开记者招待会作出解释，中央领导同志作了批示。在接到中央领导同志批示文件后，以我的名义向胡启立、邓力群报告有关情况，并提出有关建议：

启立、力群同志：

今天接到紫阳、启立、力群同志对中央对外宣传小组1月24日关于对外解释“新闻检查”问题的请示报告的批示（复印件），我们完全拥护。新华社1月21日所发成立新闻出版署的消息，全文引用了国务院文件，事先未同我们商量。我们见后也感到公开宣布要“进行新闻检查”不妥。消息见报当天，就有美国广播公司北京分社和美国之音驻北京办事处来电话，要求采访，并特别提到新闻检查问题。第二天，我们走访了外交部新闻司负责同志，就举行记者招待会等问题征求他们意见。他们认为，新闻出版署署长尚未任命，目前还不便接待外国记者：根据紫阳、启立、力群同志的批示，我们建议尽快决定新闻出版署署长人选，在这之后举行一次中外记者招待会，比较具体地介绍新闻出版署的职责，并就“新闻检查”问题从正面作出解释。

妥否，请批示。

宋木文

1987年2月5日

说点心里话，我从文化部副部长转任国家出版局局长，奉命组建级别相同的新机构，又在国务院常务会议上作组建说明，机关内部就对署长人选有明确猜测，而在国务院常务会议之后却又迟迟未有任命下来时，议论就更多了。在此种情况下，由我出面，以我的名义，向中央建议“尽快决定新闻出版署署长人选”，我实在很不情愿，是刘杲、石峰等同志说服了我，以工作和大局为重，就勉为其难吧。

1987 年 3 月 9 日，中共中央发出通知，任命杜导正为新闻出版署党组书记、署长，宋木文任党组副书记、副署长（通知注明副部长级别不变）。这一年的 4 月，在胡乔木、胡启立、邓力群的关心和支持下，中组部同意新闻出版署（国家版权局）领导班子为一正五副配备，另设秘书长（进党组）。副署长还有刘杲、王强华、杨正彦、卢玉忆，另设秘书长一人，由于永湛担任（杨正彦离职后改任副署长）。国务院又决定由我兼任国家版权局局长，刘杲任副局长。

关于为新闻出版署建立举行中外记者招待会事，是在新闻出版署机关组建完成并按中央要求开始进行报刊整顿工作以后进行的。杜导正于5 月 15 日在北京举行记者会，介绍新闻出版署的职能并回答记者提问。我于 5 月下旬出访新加坡，并应邀在香港停留，考察了《大公报》《文汇报》和“三中商”（香港三联书店、中华书局、商务印书馆）总管理处等新闻出版单位。此时的香港新闻单位，对刚成立的新闻出版署和正在进行的反对资产阶级自由化和报刊整顿工作作了大量报道和评论，新闻出版署代表团访港引起当地舆论的广泛注意，不时有记者跟踪访谈。我与北京沟通后，于6 月 8 日举行记者会，香港各主要报社、电台、电视台等 30 多家新闻单位的记者到会。我主要就新闻出版署的成立、主要任务、是否进行引起广泛关注的“新闻检查”，以及反对资产阶级自由化与报刊压缩整顿问题，同与会记者作了交谈与交流。

对这次香港记者会，同我一起出访的杨牧之（时任新闻出版署图书局局长）是这样回忆的：

还有一件事，让我至今对木文同志肃然起敬，那是 1987 年 5

月下旬，木文同志率团出访新加坡，我是代表团成员之一。途中，代表团应邀过港，访问香港的新闻出版单位。那正是国际国内大环境十分复杂的年代。新闻出版署刚刚成立，外界议论颇多，一路上不时有记者跟踪我们代表团访谈，想探出点什么内幕来。大概木文同志觉得与其这样，不如坐下来认真谈一次，便与北京有关方面沟通，主动召开并主持了记者会。木文同志的谈话，澄清了事实，宣传了中央的精神，效果很好。香港的几家大报、电台、电视台，都对记者会做了较为客观的报道。香港的记者是有名的能干，香港的政治派系是有名的复杂，木文同志敢讲话，敢担当，有气魄，给我很深刻的印象。当时我就坐在他的旁边，十分专注地听着记者的提问，十分专注地听着木文同志的回答。木文同志谈得左右逢源，潇洒自如，我内心却很是紧张。

前引牧之的回忆，多有个人的感情色彩，但说我主动、不回避敏感问题却是真实的。

请看这次记者会所产生的效果。

当天晚上香港几家电台、电视台和第二天香港几家大报都对记者会作了报道，除《文汇报》发了比较长篇的报道外，其他几家大报虽然所发报道比较简短，而且角度也各有不同，但还是比较客观的，如香港《星岛日报》《成报》都针对香港传媒称内地整顿“将有三分之一报刊停刊”“有问题的报刊要全部关闭”的传闻，引用了我在记者会上所说的话“这是不实之词”“将会被证明是毫无根据的”。这两家报纸还引用我在记者会上所说：整顿报刊主要是进行正面教育，提高报刊素质；只有少数报刊的整顿与反对自由化有关，而且“采取极为慎重的态度”“这较少数的报刊，经过整顿，有需要时，仍然可以继续出版”。对于“新闻检查”问题，报道说：“是出版后的事后检查，而毋须作出版前的检查，但由于该署刚建立，事实上还没有真正进行新闻检查。”香港《文汇报》在这个问题上的报道更为准确：“报纸、刊物、图书能否出版和发表，由出版单位负责人决定，他们有自主权。”所谓新闻检查，“主要是出版后的检查或审读，不是出版前的检查，这是不必要的，也是不可能的”。这种“事后检查或审读，当然包括所发表或出版的东西是否符合宪法和法律，违者要进行纠正，同时也包括表彰好的报纸、期刊和图书”。应当说，这次记者会对前些时候围绕建立新闻出版署和开展反对自由化要严厉整顿报刊、大量停办报刊等在香港媒体上出现的各种不实传闻有所澄清。[①]

刘杲在谈起新闻出版署组建前后这段往事时，虽然多是出于对我的鼓励，但也道出了实情。对这些友情加实情的文字，我愿引在下面：

老宋当文化部副部长之前，文化部做过一次民意测验。文化部处以上干部投票推荐部领导，老宋得票超过70%，高票领先。所以，老宋的副部长，不是自己讨的，也不是首长封的，而是群众推举的。1986年10月，国务院决定恢复国家出版局为国务院直属局。11月，中央任命宋木文为国家出版局党组书记和局长。1987年1月，国务院决定成立新闻出版署并撤销国家出版局。老宋的国家出版局党组书记和局长只当了两个月多。他自嘲为“短命”的局长。1987年3月，中央任命老宋为新闻出版署党组副书记、副署长。这算“低就”吧。“短命”接着“低就”，此后一

① 宋木文：《亲历出版30年——新时期出版纪事与思考》，商务印书馆2007年版，第235页。

干就是两年多。从两个多月的局长到两年多的副署长，这种“短命”和“低就”，对老宋的党性应当是个不小的考验。老宋始终保持常态，积极工作，以实际行动交了一份优秀答卷。在领导干部争名于朝、争利于市相袭成风的时候，老宋的党性和人品得到了我的由衷敬佩。[①]

三、敢于担责的四年

1989 年夏，在北京发生政治风波，并波及全国。正是在这个时候，我先后由新闻出版署党组副书记接任党组书记，由副署长接任署长。前一个任职是 1989 年 6 月 14 日，后一个任职是 1989 年 7 月 18 日。我作为党组书记、署长杜导正的主要助手，我们前后合作共事了两年。老杜 1937 年入党，长期做新闻工作，是一位老党员，老新闻人。他政治敏锐，有魄力，讲廉政，作风朴实。我注意向他学习，更主动团结从新闻单位来机关工作的同志。但像老杜那样的个性风格，也使我有时难以适应，甚至难免在合作中出现分歧。两年来，我们的合作共事确实不容易，但由于老杜和我都能够在关键时刻注意顾全大局，在解决分歧中注意相互尊重，终于“平安”过来，“软着陆”了。

1989 年这次领导班子调整，只涉及老杜和我，其他成员均未变动。这有利于保持前后工作的连续性，更有利于一班人团结一致面对那场政治风波带来的挑战与压力。我们是怎样面对的，我在《亲历出版 30 年》（见第 288—318 页）中作了专题回顾与反思。强华分管报刊，玉忆分管干部和党务，永湛分管印刷和计划财务，都给予我有力的支持和帮助。后来又增补桂晓风为副署

---

① 《人寿书香》，2007 年 6 月 1 日在《亲历出版 30 年》出版座谈会上的书面发言。

长，虽同我共事时间太短，却也是协同共进的。特别是刘杲（后补任党组副书记），除分管出版和版权两大项业务外，还顶在第一线处理全面工作，给我的支持和帮助更大。我们能在那场政治风波中保持平稳协调，在其后的工作中保持稳步前进、有所作为，并使我有勇气说出“敢于担责的四年”，全靠党组一班人思想的统一，团结、求实与勤政。

为加强版权工作，也为进一步发挥刘杲的作用，并相应地解决副部长职级，我曾向中央和国务院主管部门写报告，为版权局设专职局长，可惜未能办成。我又向中宣部、中组部有关领导同志提出辞去局长职务，由刘杲接任，也未办成。为争取解决，我当面向李瑞环（时任中央政治局常委，分管宣传思想战线工作）请示，得到他同意后，于1990年12月15日写信辞去局长职务，建议由刘杲接任，并由他批转中组部主要领导同志研处。中组部党政干部局负责同志告诉我，受国务院决定的一个机构两个牌子的制约，局长由署长兼任，你辞职后由刘杲接任办不成。我争辩说，我开头也是副署长兼局长，得到的答复是：你不同，因为你原来就是副部长，不能用改变机构体制的办法提升干部职务。以后，我又当面请示瑞环同志，经他同意，由我拟稿，由他签名，致信中组部部长吕枫同志：“考虑到著作权法即将实施，国家版权局工作量增大，新闻出版署工作任务也相当繁重，如果仍由宋木文同志兼任局长，事实上对工作不利，而刘杲同志又是合适的人选，希望作为特殊情况，考虑他们的建议。这样安排后，原定的署与局为一个机构两块牌子，由一个党组实行统一领导的格局仍不作改变，只是从工作需要出发，在干部安排和领导班子职数上作必要调整。现写此信，请研处。”对瑞环同志致信吕枫同志这件事，我在《亲历出版 30 年》回忆时，只提到“关心和支持此事的中央领导同志又特别作了一次努力”，而省略了致信人与收信人。据我了解，经中组部部务会议讨论，这事仍不能解决，而且更加强调不能改变机构体制来提升干部职务。说实话，我是真心希望刘杲职级能够解决，但对中组部坚持原则所做决定也提不出疑义。刘杲对这类事的正确对待受到人们尊重，而我要说一个人的贡献和影响力主要不是由职级高低决定的。

石宗源同志在担任新闻出版总署署长期间，对刘杲的为人与做事有很高评价，曾在一个会上关心刘杲的职级。我听说后写信向宗源同志汇报我们所作的争取，瑞环同志的关心，并附送我给瑞环同志写的辞职信全文和瑞环同志致吕枫同志信的代拟稿。我于 2002 年 4 月 4 日送出这封汇报信后，未曾听说宗源同志重提此事。

我两次参加党的全国代表大会。一次是 1987 年参加党的十三大，大会系统阐述的关于社会主义初期阶段的理论和党的一个中心两个基本点的基本路线，对我的工作有着长期指导意义。一次是 1992 年参加党的十四大，大会决定的以建立社会主义市场经济体制为改革的总目标，以及对此在理论上的论述和对各项工作的部署，使我深受鼓舞，为我当前和今后的工作指明了方向。大会闭幕后，我们经过充分准备，召开全国新闻出版局长会议，我在会上代表署党组所作的工作报告提出，以建立适应社会主义市场经济体制的出版体制作为出版改革的目标，同时提出相应的改革与发展的任务和要求。这方面的内容，我将在后面第七章《出版改革与发展的探索》中，以《出版体制改革的新目标》进行回顾。

十四大闭幕后，我写了两篇文章。一篇是《继往开来长治久安》，谈学习体会。一篇是《我摄下了这一历史性瞬间》，追忆邓小平会见十四大代表。我是个初学摄影者，照相机的许多功能尚未掌握，但为邓小平拍照心切，当邓小平走近时，前一排就坐的老红军突然站起挡住我的镜头，我忘记了代表身份，离开代表席，擅自跑向会场中的记者群，跟着记者抢拍，几经拼搏，终于“侥幸”成功，留下了邓小平会见十四大代表盛况的历史性瞬间。一张反映历史瞬间的照片，一篇记录拍摄历史瞬间的短文，都在多个报刊发表，又都收入《宋木文出版文集》，使我每每谈起和重新翻阅时都面露喜悦，心怀自豪。

我摄下邓小平会见十四大代表照

我在追记中围绕邓小平的接见，讲了一些人物，有老革命在职与离休的，有中年一线主事的，也有为大会服务的小青年。那天全体代表进入会场，快到下午三点时，尚没有邓小平是否会来的确切消息，正当人们议论纷纷时，贾春旺和我招呼负责我们组联络工作的小郭（即郭崎，女）前去“侦察”一下会场中间一排空位的名签，小郭面带笑容回来报告：有邓小平名字，一侧为江泽民，另一侧为李鹏。大家的心情一下子都振奋起来，我更紧张地手持相机准备拍照。

在接见会场为我们通报好消息的小郭，2005 年全党进行先进性教育时，她是作为督导组成员来到新闻出版总署的。我找出 13 年前在中央国家机关代表团驻地国谊宾馆，我与谢宏（新闻出版署另一名十四大代表）同她在一起的照片（小郭用纪念十四大首日封寄来），面对这位长相清秀个头比我还高的年轻女干部，感到十分亲切。我想见她，她回行政学院了。我把 13 年前写出并发表的《瞬间》文送给她，她读后给我写了回信。我读后觉得小郭正成长为思想境界和文化素质都好的优秀青年干部。出于对青年干部成长的关心，我请时任署长石宗源将小郭给我的信转送她所在单位中央国家机关工委领导同志一阅。2005 年 7 月 7 日，我给宗源同志的信说：“我读后深感小郭有了很大的长进。她把自己的学习与工作都同党和国家的事业紧紧地联系在一起。她的事业心和进取心，在当代青年中是难能可贵的。看她的信，可以从一个侧面了解她的思想境界和文化素质。”对我要托之事，宗源照办了。

对小郭的信，我本想在这里只摘几句，但我无法下手，还是全信照收，因为读读这样的信，是可以激励人生的，对老年人也是。

宋署长：

您好！

非常感谢您寄来的文章。收到这篇文章后，我一口气拜读了好几遍。每读一次，都被您情真意切的描述所感动，我的心情也随着您的思路跳跃欢歌。随后，我将这篇文章复印了好几份，分别送给了我的朋友和家人。朋友说我真是一个幸运的人；母亲说快将这篇文章与十四大的照片放在一起；女儿说她要将这篇文章作为范文反复研读。伴随女儿高声朗读这篇文章的声音，全家浸入了欢乐的海洋。

岁月如梭，但不变的是一种情怀，积累的是一种力量。在这次与您重逢的激动时刻，对这一点有了更深地感受。在您记忆中的小郭依然是平凡而快乐的人。她的平凡在于年复一年日复一日地从事着了解百姓、扶危济困、疏解矛盾的平凡工作，她在尽自己微薄之力让党放心、老百姓欢心。她的快乐在于自己能够为社会做点事，能够给家里人带来欢声笑语。偶有之，还会写写自己的经历和人生所感。小郭也在为更多人的快乐和幸福正在攻读中组部组织的第一批政府管理硕士学位，研究攻读的方向是和谐之道。自二〇〇三年，行政学院学习以来收获很大，并准备继续攻读博士学位。对于小郭，生活就是学习，学习就是生活的概念已经成为了习惯。谨此，小郭如果有幸，在求索的路途中得到先生的赐教，将是人生一大幸事。

最后，奉上一册邮票以表小郭对前辈的钦佩和感谢之情。

恭祝身体健康！幸福快乐！

郭　崎

二〇〇五年六月

这次参加十四大，我和华国锋同志同在中央国家机关代表团，同在第一组，同住国谊宾馆，他住1310，我住1322，谢宏住1314，很近。他出勤率很高，每会必到，全团会、小组会都能见面。一日三餐，他都同其他代表一样，在大餐厅自寻席位。我看到，各种场合都有人找他合影，签十四大首日封。他的房间常有人拜访。一天晚上，我同谢宏也闯了进去，他笑面相迎，几句问候之后，就送上首日封，请他签名。然后就是我为谢宏照，谢宏为我照；请人拍三人照。他是在重要历史关头为我们党立了特大功劳的历史人物。我和谢宏向他表示敬意，也不多说什么，祝一声“健康长寿”就告辞了。华国锋同志于2008年逝世。2011年2月19日，为纪念华国锋同志诞辰90周年，以中共中央党史研究室名义在《人民日报》发表的《为党和人民事业奋斗的一生》一文指出：“华国锋同志在粉碎‘四人帮’，这场关系党和国家命运的斗争中起了决定性作用。党和人民永远不会忘记他作出的重要贡献。”

这个评价符合历史事实，说出了全党的心声。我想，这也反映了争着同华国锋合影签名的十四大代表和工作人员的心声。我把有华国锋同中央国家机关代表们签名的十四大纪念首日封、华国锋同我和谢宏的合影照，一并交给“口述出版史”课题组，留作纪念。

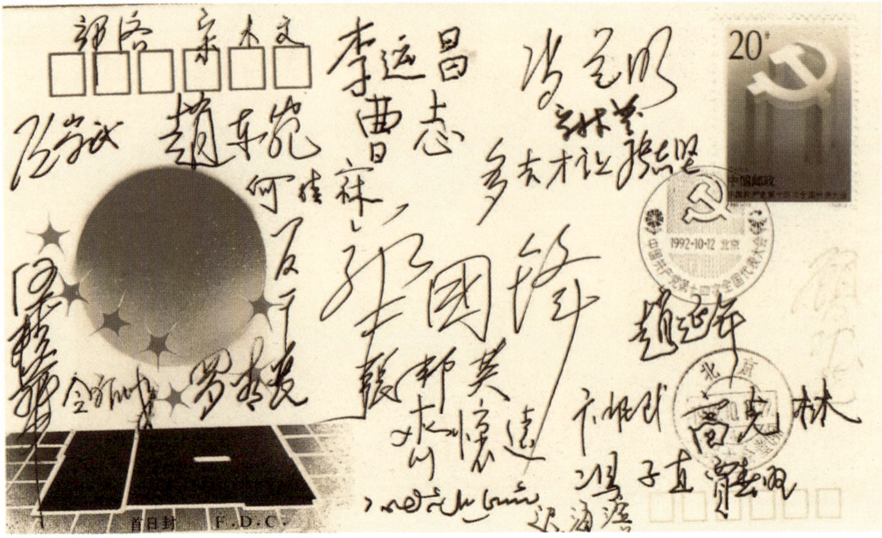

在1989—1993这四年中，我还曾协助国家主席杨尚昆向泰国国王赠送《乾隆版大藏经》。

1990年5月下旬，文物出版社出版的《乾隆版大藏经》在秦国举办的中国书展（泰籍华人陈式金经办）上展出，泰王室诗琳通公主参观时，向我参展负责人表示，泰以佛教为国教，愿有一套珍藏，龙文善参展回国后将此事向我汇报，经商并请示外交部，拟在杨主席访泰时以国礼相赠，后经钱其琛外长请示杨主席批准后，我奉命组织代表团访泰，为赠书做准备，并请中国佛教协会常务副会长兼秘书长周绍良和文物出版社社长杨谨（女）参加。

经国家文物局和新闻出版署批准，文物出版社于1988年起，历时两年，依初印本用旧雕刻版，成功地重印出版了宣纸经折装《乾隆版大藏经》。

自宋至清，木刻汉文大藏经各代频出，唯有《龙藏》（即《乾隆版大藏经》）经版保存至今，其印本之完整亦极鲜见，因此，它在世界佛教史上占有重要地位。

文物出版社在重新刷印过程中做了大量的整理经板、查对底本、搜集佚书、考订补缺，以及补板刻字、修补残缺等恢复经书工作，并补齐了全部曾被清王朝抽毁的佛经佚书。

《乾隆版大藏经》的出版受到海内外佛教界、学术界的极大重视和高度评价。1988年1月24日，在首发式上，全国政协副主席、中国佛教协会会长赵朴初指出："大藏经是人类文化史上极为罕见的巍峨丰碑，凝聚了中国世代人的聪明和辛勤劳动，体现了中华民族的坚韧精神和伟大气魄，是我们引以为自豪的无价的精神宝藏。文物出版社将濒于失传的大藏经完整地公布于世，为保存祖国传统文化作出了重要贡献。"

六月十一日 星期二 星暹日報 Sing Sian Yit Pao TUESDAY 11 JUNE 1991

皇上親到機場迎迓掀開泰中歷史新頁

楊主席帶來十億人情誼

首都萬人空巷夾道歡迎

中國主席早就想來泰國今始完成夙願

皇上陛下昨天下午躬親迎送中國國家主席楊尚昆（右）到大皇宮迎賓館。圖左一和左二兩位是中國人民解放軍副總參謀長徐信上將和國務委員兼外交部長錢其琛。為楊主席當翻譯者是中國外交部亞洲司二秘管木。（宮務處圖片）

中國國家主席楊尚昆（中）昨晚向皇上陛下贈送「乾隆版大藏經」，由國務院新聞出版署署長宋木文（右）從旁講解大藏經內容。

皇上諭示 楊主席來訪對泰中友好深遠影响

中國主席贈乾隆大藏經及石刻獅球山

第一次到泰國訪問但對泰國並不陌生

1991 年 6 月 10 日，杨主席在曼谷大王宫向泰国国王普密蓬·阿杜德赠送《乾隆版大藏经》，我受杨主席委托，在仪式上介绍大藏经情况，诗琳通公主参加（见影印之泰国《星暹日报》）。《乾隆版大藏经》在泰国被视为圣物，供于大王宫玉佛寺，并组织人民瞻仰膜拜。对赠书仪式，泰国各种媒体作了大量宣传报道。泰国对杨主席向泰国王赠送《乾隆版大藏经》极为重视。此事在泰国政界、宗教界、商界都产生了广泛的影响。也因此，赠书代表团在泰国受到高规格的礼遇和热情的款待。我作为代表团团长受到泰国王的接见，代表团全体成员还分别拜会了泰国佛教最高领袖僧王和泰王室诗琳通公主殿下。泰国中华总商会也把杨主席访泰和赠书当作大事。在中华总商会为杨主席访泰在香格里拉大酒店举行的盛大招待会上，郑明如主席和中华总商会其他领导人都对中国国家主席向泰国国王赠送《乾隆版大藏经》备加称赞，认为这是中国给泰国的最厚重、最得人心的礼品。在宴会上我向杨主席报告赠书产生的影响，坐在杨主席身边的郑明如先生也表示赠书的意义非同寻常。出席宴会在主宾席就坐的泰国中华总商会永远名誉主席郑午楼先生颇为认真地向坐在他两边的钱其琛外长（当时还任国务委员）和我问道（见影印之泰国《京华日报》照片），赠送《大藏经》这主意是谁出的？我含蓄却也真实地说，是中国政府尊重诗琳通公主的意愿。郑老先生马上表示，公主殿下在泰国威望很高。

京華日報　น.ส.พ. ศิรินคร (เกียฮัวยิดป่อ)　農曆辛未年五月初四

一起交談，他向我介紹了報德善堂多年來所做的工作，我認為這個工作的意義很重大，因為我們華僑也好，華人也好，在這裡生活，工作，創業，應該除了關心各業以外，對社會的公益事業要特別熱心，這樣的話，對於加強華人，華僑和當地人民的友好關

鄭博士是晚在主席台上除與錢外長會談外，還與中國新聞出版署署長（隊長級）宋木文就有關兩國人民文化風俗交換意見。

鄭博士告訴這兩位部長說，去年剛剛慶祝建堂八十周年紀念的華僑報德善堂能夠發展到今天的宏大業績都是依靠羣策羣力，他又是其中的一份子，這兒的華僑社會合作得非常好，非常有道理。

他說，幾十年來，全國各善堂，團體，都是以華僑報德善堂為軸心，一心一德共同工作，對救災，各項社會福利活動效能極高。

圖片說明：華僑報德善堂董事長鄭午樓博士（中）在

此外，还要补写一下，在我接任署长职务前后还曾奉命接待索尔兹伯里。

美国著名作家、记者哈里森·索尔兹伯里，1984年，曾沿着红军长征路线进行实地踏访，沿途体验了自然界复杂地理环境和多变气候所经历的艰难，采访了上百位长征老战士和党史研究专家，撰写了《长征——前所未闻的故事》，受到好评。他想要经实际考察、采访，再写一部以改革开放为主题的《中国的新长征》。此事得到杨尚昆主席的支持，把对索的接待工作委托给新闻出版署。我们派崔烈（曾任中国翻译出版公司副总经理、联合国中文处主任）和外事司吴军全程陪同和协助采访考察。1987—1988年，索曾在北京采访过党和国家主要领导人。1988年4月6日，我曾陪同杨主席会见索尔兹伯里，并出席杨主席为索举行的晚宴。索尔兹伯里还向我提出，要采访最接近中央核心层的理论家胡乔木，我1987年11月5日和1988年5月21日两次陪同胡乔木接受索的采访，而第二次竟形成二人的对访，胡乔木请索尔兹伯里就美国及西方国家“新闻自由”问题，作出回答。事后，我们以《索里兹伯里谈在美英苏和中国采访的印象》为题，用《新闻出版要闻》（1988年1月16日）向中央报告了此次访谈内容。1989年后，索尔兹伯里因对中国态度的变化，其撰写出版《中国的新长征》一书之事，未能同支持他写作的中国同事继续合作下去。我觉得很遗憾。

1988 年 4 月 6 日，陪同杨尚昆主席（左 2）会见索尔兹伯里（左 1），外交部长黄华（左 3）在座

1982 年 11 月 5 日，陪同胡乔木会见索尔兹伯里

四、站好最后一班岗

1993年是我工作转换的一年，也是署机关领导班子工作转换的一年。这一年的5月，中央任命于友先为新闻出版署署长和党组副书记，免去我的署长职务，继续担任党组书记。这一年的10月，中央决定新闻出版署新的领导班子，我的党组书记、刘杲的党组副书记、副署长，王强华、卢玉忆的党组成员、副署长职务同时被免去，组成由于友先任党组书记、署长，于永湛（留任）、桂晓风（留任）、谢宏、梁衡为党组成员、副署长，杨牧之（后任副署长）等为党组成员的新班子。

我对1993年出现的这个转换是有思想准备的。

在这里可以讲一下相关的两件事。

一件事，1992年前后，正在酝酿和讨论国家机关机构改革，新闻出版署与文化部合并之风不时刮起。我向中央写过多次建议，也向曾庆红、丁关根同志当面汇报过，以历史经验和现实需要来说明，都应该保留并加强新闻出版管理机构。丁关根1992年12月19日到新闻出版署同署党组同志谈话时，明确表示"要保留和加强新闻出版管理机构"。此后，他又对我说过，中编办就此事征求意见时，他明确表示这个机构只能加强不能削弱。此时撤销、合并之风已广为传开。当"新闻出版管理机构只能加强不能削弱"的决定在1992年12月底召开的全国新闻出版局长会议传达时，起到了稳定人心、鼓舞士气的作用。在这样的情况下，我的心情可以用当时常说的两句话来表达：为没有当上"末代署长"感到幸运；随时准备在这个岗位上退下来。

1996年12月，为赠送《宋木文出版文集》，我写信给丁关根，信中说：

我在新闻出版署任职期间，得到了您的关怀和支持。这当然是多方面的。需要在这里强调的，是关于新闻出版管理机构问题，这是我离任前最为关心、也最为担心的问题，文集中收入这个方面的文稿就有五篇（781—808 页）并专列一个类别，足以看出此点，而正是在当时的紧要关头紧要问题上得到了您的有力支持，因此我在文集所收的一张同您合影照片的说明中，在《关于机构改革中加强新闻出版管理机构的建议》一文的“题解”（792 页）中，都写了一段不算短的、我认为非写不可的文字。我卸任后，一谈起这个问题，我就说由于关根同志的支持和中央的决策，我没有当上“末代署长”。在 1995 年 5 月写成公开发表过并收入本文集 648 页的一篇文章中也讲道：“我十分庆幸的是，由于中央的英明，由于得到中央主持宣传战线工作的领导同志强有力的支持，新闻出版署这个管理机构不但没有被削弱反而被加强了，我也为自己没有当一名‘末代署长’而庆幸。”本文集第 465 页为 1992 年局长会议报告一文所作的“题解”也提到“特别是中央分管宣传思想工作的领导同志的正确决断，中央已决定保留新闻出版署的机构”。我不是在讲个人的得失，而是在讲 1992 年决定保留和加强这个机构和在这之后加强这方面管理的必要性。

另一件事，1993 年 4 月 12 日至 4 月 30 日，新闻出版署连续召开 11 次党组扩大会，传达与学习党的十四届二中全会精神，围绕“市场经济与新闻出版工作”这一主题，研讨当前新闻出版工作中出现的若干新情况新问题。此次党组会纪要指出：“书报刊和音像出版工作既要适应社会主义市场经济的需要，服从、服务于经济建设这个中心，又要重视作为精神产品的特殊要求，在出版物的内容上坚持正确的政治原则，努力提高文化品位，切实防止出现政治问题和文化品位下滑；既要抓好出版繁荣，又要抓紧‘扫黄’和‘打非’；既要积极稳妥地推进出版改革，又要坚决果断地加强出版管理。”会议纪要还对出版法草案、中外合资合作办出版、出版单位主管主办制度等重要问题提出了意见。对会议纪要，丁关根在4月30日作了批示：“会议开得很好，要抓紧落实”“既要敢于管理，又要善于管理；既要坚持原则，又要注意方法。”对这次党组会和《会议纪要》，我视为是我卸任前贯彻党的十四大精神、面对当前问题，向上的一次汇报和向同事的一次交代。

在这次党组扩大会之后，约在5月上旬，丁关根要我从地方宣传出版部门提出接替我工作的三位人选，不必经署党组讨论，以我个人名义直接送他。我说，此种事我一个人提名不合适，建议由署党组副书记刘杲、分管干部工作的卢玉忆同我一起商量提出，得到同意。我们推荐的三人都在省委常委、宣传部长任上。他们是吉林的许中田、浙江的梁平波、河南的于友先。中宣部常务副部长郑必坚还用半天时间向我了解三人的情况，并交换意见，从中可体会到首选的倾向。稍后在三人中，将原定调国家教委的于友先改为来署接替我的署长职务，梁平波不愿来京，许中田调《人民日报》任职。

1993年5月15日下午，我主持署党组会议。会议纪要记载：“传达了中共中央和中央组织部关于于友先、宋木文同志职务任免的通知：于友先同志为新闻出版署署长（国家版权局局长）、新闻出版署党组副书记，免去其河南省委常委、委员职务；免去宋木文同志新闻出版署署长（国家版权局局长）职务。会议完全拥护中央的决定。”“会议认为，4月党组扩大会议提出，‘在当前机构调整、思想比较活跃的情况下，从党组到机关各部门都要注意抓好思想政治工作，稳定队伍，努力进取，各项工作都要做到有条不紊’。执行的情况是好的，应当继续保持。”“宋木文同志表示要全力支持于友先同志的工作，以求顺利完成署领导班子的新老交替。”对于中央的这个决定，并由此开始调整署党组领导班子，我和刘杲、王强华、卢玉忆（都已超龄服役）早有思想准备，在党组会和机关干部会上都曾有过明确表态。所谓“站好最后一班岗”，也包括4月党组扩大会议的讨论和议定事项。这是指这次党组会议传达了前已引出的丁关根对4月党组扩大会议《纪要》的批示，并“检查了《纪要》所列各项工作落实的情况”。

6月10日，召开署机关和直属单位负责人会议，欢迎于友先到任。6月14日上午由我主持召开的署党组会议纪要指出：“大会开得很好，气氛融洽、热烈。会议赞同于友先同志在大会上提出的，署近期主要工作，要按照丁关根同志在4月署党组扩大会议《纪要》上所作的批示，继续抓紧落实好各项工作。会议指出，当前，党组和各部门的同志，要积极配合中央组织部、中央宣传部做好署领导班子的调整工作。”

此次党组会议《纪要》还记载：“宋木文同志指出，在目前对署党组书记、署长作这样安排的情况下，署党组会议主要传达、学习中央有关精神；涉及重大方针政策问题的讨论和人事任免方面的议题，新闻出版工作各项需要讨论的议题，由友先同志主持署务会议研究决定。”我深知，保留我的党组书记一职，是一种短期过渡性的安排。我向中组部、中宣部郑重表示，署的新班子调整完毕之日就是我这个党组书记卸任之时。这就是我在党组会上说这一番话的涵义。我在欢迎于友先来署任职大会上强调，从今日起，新闻出版署的各项工作都以于友先为主进行运作。对欢迎于友先任职大会，《新闻出版报》领导同志考虑到，一人为留任的党组书记，一人为新任的署长，在报道上不好处理，我告诉他们这不应成为难题，在标题上用黑体大字宣布新署长到任，在副题上用小字说明会议由党组书记主持。1993 年 6 月 11 日《新闻出版报》的一版头条就是这样处理的。为了新老交替顺利进行，我还“发明创造”了工作进程的所谓“三步曲”，并在机关会议上予以宣布：从于友先就任起，多开由他主持的署务会议，少开署党组会；近期的党组会由我主持，于友先参加；稍后的党组会由于友先主持，我参加。近日翻阅署党组会议和署务会议纪要，确也体现了此种安排。这样便于交接和过渡。我说，中央组建新班子文件一下达，新老党组书记的交替工作也就完成了。的确，文件一来，我和友先就没有什么工作需要交接的了。我和刘杲、王强华、卢玉忆按我们事先的约定，都立即从原用的办公室搬出，供新进班子的领导成员使用。我们都搬到为退下来的领导成员准备的后楼 301 室，由于刘杲不来、王强华不常来，实际上成为我和卢玉忆及其他同志共同使用的中国版协主席、副主席的集体办公室。

1993 年 11 月 10 日，新闻出版署召开有机关和直属单位负责同志参加的干部大会，实际上是宣告完成新老交替的大会。我因全国人大的工作出差，未能出席。我归来后得知，新班子成员依次坐在主席台上，宣布请刘杲上台讲话时，会场上响起了热烈的掌声。以《新老交替》为题收入《刘杲出版文集》的这次简短的即席讲话说：“我不知道要讲话”“关于新老班子的交替，木文同志几次讲过话，我不再重复。我只讲一点个人的想法。”“1972 年 12 月我到国务院出版口报到，到现在将近 21 年。这个期间，在工作中，同志们给了我很多的帮助和支持，我非常感激，终生难忘。只是回想起来，有些事情该做的没有做，有些事情做了没有做好，给后来的同志留下很多问题。我非常抱歉，非常惭愧”“我相信大家一定能够一如既往，支持新闻出版署的新的领导班子”。刘杲讲话之后向台下走时，会场又响起更热烈的掌声。我和刘杲是同年同月同日来国务院出版口报到的，除去他在中宣部工作的一段，21 年以来，我们一直是一起共事的。他的讲话也代表了我，代表了退下来的在场的玉忆和强华。同志们对他上台讲话所给予的热烈掌声，是继续表达对我们原班子工作曾给予的理解和支持，也是对我们工作中的不足所表示的谅解。刘杲当年向我讲过那天新老交替会的气氛，今日重读他的《新老交替》讲话，我仍然要对署机关和直属单位的同志所给予的支持和谅解表示感谢！

第五章

在完成党的政治任务中为出版谋篇布局

宋木文：按照总体设计，今天我们是第四次访谈，题目是《在完成党的政治任务中为出版谋篇布局》。

冯建辉：读老出版家谈出版工作的书，我感到这些老同志的党性都很强，总是把自己的工作同党的事业、党的中心任务联系起来。读您的书，更是这样。

宋木文：这也是我要谈的一个问题。

"文革"中甚至"文革"之前，受"以阶级斗争为纲"的影响，在出版工作中曾出现过跟着当时政治运动转的倾向，后来经过"拨乱反正"纠正了。但是作为社会主义事业的一个组成部分的出版工作，也不可脱离党和国家一个历史时段的中心任务和主要工作。不但不能脱离，还要为它服务。

我在出版部门担任领导工作的十多年（1982—1993），要应对国内外突发的大事带来的复杂问题，在意识形态领域，思想上的调整和争论也比较多。我们就是在党和国家特定大背景下，在完成党在一个时段的中心任务中，来对出版事业进行谋篇布局的。

冯建辉：您能做一点历史回顾吗？

宋木文：1982 到 1993 这十多年，从大的政治背景看，有两件大事我们必须面对。

第一件大事就是 1983 年 10 月党的十二届二中全会决定，要开展反对精神污染和整党。邓小平提出，思想战线不能搞精神污染，从实际发展来看，就是不能搞自由化，准确地讲就是不能搞资产阶级自由化。当时的总书记胡耀邦被指责为执行不力，“清污”不坚决，整党强调端正业务指导思想，不强调反自由化，最终导致辞职下台。

第二件大事就是出现在1989年的那场政治风波，也就是天安门事件，总书记赵紫阳被批评不反自由化，处理学潮不力，后来又发展到分裂党，他下台后产生以江泽民为总书记的新的中央领导集体。

对三年内出现两位总书记问题，究竟应当怎样看？金冲及讲了胡绳的一个看法：“最要紧的是小平同志是总设计师，这是核心。这样，胡耀邦、赵紫阳下去，不影响大局，不过是人事变动。”①

在这两大政治事件、两大政治任务中，我们坚决执行中央的部署，同时又紧紧地面对出版实际，从实际出发，对出版事业的发展进行谋篇布局。

冯建辉：刚才您介绍了80年代出版业的宏观背景，在这个大的背景下，在党的中心任务中，为出版业的发展谋篇布局，我觉得这个问题解决的情况如何，体现出出版界领导层的用心和谋略。刚才您提到了十二届二中全会以后，邓小平提到清除精神污染或者叫反对精神污染，包括整党，想请您就这个问题进行更具体的回顾或者评论。

---

① 金冲及：《一本书的历史：胡乔木、胡绳谈〈中国共产党的七十年〉》，中央文献出版社2014年9月版，第77页。

一、在反对精神污染和整党中谋划出版改革与发展

宋木文：在1981年召开的思想战线问题座谈会上，根据邓小平关于思想战线领导普遍存在涣散软弱状况的谈话，中央要求“对于那种要脱离社会主义轨道、脱离党的领导、搞资产阶级自由化的倾向，要进行严肃的正确的批评和必要的恰当的斗争”。

在1983年10月召开的党的十二届二中全会，邓小平在全会上的讲话，都对反对精神污染、反对资产阶级自由化和整党提出了明确要求。按中央要求，还要进行关于人道主义与异化问题的讨论与批判。

我在这里必须首先讲清楚，在文化部党组领导下，我们出版局一班人，对十二届二中全会的决定，对邓小平和其他中央领导同志关于反对精神污染、反对资产阶级自由化的指示，对社会主义异化论的批评，都是拥护和执行的，并按照中央的要求贯彻于整党的全过程。

冯建辉：是否可以就反对精神污染、批评社会主义异化论和整党的情况，分别做一些回顾？

宋木文：我想围绕1984年我经办的几项工作，讲一讲。

1984这一年，从全党来讲，要按照党中央的部署进行反对精神污染和整党；从我们出版行业来讲，就是在完成反对精神污染和整党的任务中，怎样对出版业的健康发展进行谋划、做出布局。1984年，我正式职务是副局长，但由于局长边春光同志身体不好，文化部党组决定我为代局长，我觉得责任重大，要在工作中有所进取、有所作为。

这一年我主要参与或者主持了三件事。

第一件，1984 年 3 月 27 日在文化部出版系统干部大会上做反对精神污染的小结，使用的题目是《在社会主义轨道上繁荣发展出版事业》。第二件，1984 年 9 月 20 日在文化部出版系统党员干部大会上做整党对照检查（那时候整党叫对照检查，现在群众路线教育实践活动也叫对照检查）。为取得预期的积极效果，我给对照检查定了一个题目叫做《开创出版工作新局面的思考》。第三件，是 6 月 21 日至 27 日在哈尔滨召开首次讨论出版社改革的工作会议，我在会上做了总结（工作报告是刘杲同志做的）。

这三件事有没有什么内在联系？应当说是有的。从时间上看，哈尔滨会议在前，整党对照检查在后，而实际上哈尔滨会议是作为整党开创出版工作新局面而召开的，同时又是在反对精神污染过程中如何使出版事业持续保持繁荣发展的一项重要措施。所以我把哈尔滨会议摆在最后来讲。

先讲第一件，在反对精神污染中谋划出版业健康发展。

我在 3 月 27 日所作的反对精神污染小结《在社会主义轨道上繁荣出版事业》，曾在 1984 年 5 月的《出版工作》杂志上发表，后来又收入《宋木文出版文集》。题目与内容都反映了我们一班人的态度与思考。这个小结，着重检查了我们的经验教训，提出了今后的改进意见。

我首先从指导思想上作了检查。“文革”后，我一直认为，乱源在“左”，拨乱反正要集中纠“左”，这是正确的，而这之后的社会情况却复杂得多。“一方面‘左’的影响很深、很普遍；另一方面右的东西确已有所抬头；有些人又根本不承认存在右的问题。在这种复杂情况下，我们没能旗帜鲜明地在出版领域开展两条战线的斗争，在继续纠正‘左’的影响的同时，采取坚定的态度，纠正和防止右的影响。因为怕把右的问题看重了，不利于继续纠正长期存在的根深蒂固的‘左’的影响，重又回到‘左’的一套上去，所以就对右的东西纠正不力。这是我们今后要引以为戒的。”在这里顺便指出，“左”与右通常是指思想政治倾向，而社会现象极其复杂，不宜离开实际妄论“左”右。因此，我后来在实践中一般都避免进行这种倾向性概括，强调具体问题具体分析，更不能无限上纲，把任何事情、任何问题都要提到政治倾向的高度。事实证明，这样做是有益的。

其次，在这个小结中，我检查了自己“政治理论水平低”“对出版物中宣扬人道主义和异化问题，只当作一般的学术理论问题，没有认识这个问题与现实政治的关系”。我谈道，“学习了乔木同志的重要文章后才认识到大谈社会主义异化，什么政治异化，权力异化，经济异化，劳动异化，思想异化，等等，只能助长人们特别是青年对共产党领导和社会主义制度的不信任情绪，也会给唯恐天下不乱的人以‘理论依据’”“由此可见，从理论和实践的结合上学习马克思主义，学习政治，学习党的路线，以提高分辨政治是非的能力，实在是我们的一项重要而又紧迫的任务。”

第三，我还就出版现代外国政治学术著作丛书（参考读物）和关于人道主义与异化问题读物问题作了检查。将在后面相关部分涉及。

在反对精神污染开始的时候，当时生病休养的局长边春光，提出了一条指导性意见，就是“精神污染要清除，出版事业要繁荣”。“精神污染要清除”用的是当时的语言，“出版事业要繁荣”我觉得很重要，所以在全过程我都是作为指导性的意见去办去做去实行的。在我前面提到的反对精神污染的“小结”中也有所体现，除了体现在翻译出版外国学术名著上，还体现在为了促进出版事业繁荣而要抓好出版规划和管理上，体现在抓好改革上，也体现在抓好队伍建设上。

这次为《自述》写稿时，我重读了反对精神污染时所作的“小结”。今天，我不能自我评论正确与否，但可说，我的检查是认真的，也如实地反映了我当时的思想状况。

在这次反对精神污染的小结中，我还谈了我对小平同志做好翻译出版世界各国名著指示的体会：

最近，小平同志、乔木同志还提出，要翻译出版世界各国名著，这是一项有重要意义的任务。为了实现我们党的总任务、总目标，要做很多工作，其中重要的一条，就是要有丰富的思想资料。因此要组织力量，对世界上凡有学术价值的、对理论思想建设有用的著作都要翻译出版。更重要的还要对这些著作作出马克思主义的评论。到现在为止，我们对马克思主义以前的世界名著翻译出版得很少，全集更少。对当代的有价值的学术著作翻译出版也很少。所以，要用几十年的时间，集中力量，做好这件大事。对这件事，我们正配合中宣部出版局同有关单位商量提出实施方案。

三十年来，出版部门认真贯彻了小平同志的指示，商务印书馆千余种《汉译世界学术名著丛书》的出版，是这方面取得重大成就的代表。

冯建辉：翻译世界名著的影响力非常大。记得在中央党校学习的时候，我看到一些省部级领导干部在听大报告的时候，其实手里拿的有商务印书馆翻译的学术名著，我们作为研究生也在读，那些个版本翻译得特别好，确实如您所讲，它是这方面杰出的一个代表。刚才您讲到的“清除精神污染”或者叫“反对精神污染”，这件事、这个提法在咱们出版界应该有所反映，或者说高层的说法在出版界的一种投射也好，一种反映也好，您有一种什么样的看法？

宋木文：在出版界的反映应当是多方面的，从领导机关到具体的出版单位，影响最大的还是理论出版工作，还是我们的人民出版社。当时，由曾彦修担任人民出版社的社长和总编辑（1979—1983），在出色完成党和国家重大出版任务的同时，也高度重视其他哲学社会科学著作的出版，并且逐步拓宽这类学术著作的出版领域，而其中的《现代外国政治学术著作选译》（丛书）曾引起争议，在1984年反对精神污染中受到胡乔木的批评，说人民出版社要以宣传马克思主义为己任，不要成为自由主义的出版社；贯彻“二百”方针，不能与四项基本原则并驾齐驱。当时受到领导同志批评的还有关于人道主义和异化问题的三本书。文化部长朱穆之在全国文化厅局长会议上作了传达。这些批评，在人民出版社引起一波未平一波又起的强烈反应。我曾赶到人民出版社领导班子会上听取意见，那会场激动得不得了，我讲了可能讲的意见。《现代外国政治学术著作选译》（丛书），由曾彦修倡议并主持，原国家出版局出面组织，安排多家出版社出版，还曾得到胡耀邦总书记的支持，胡乔木未深入了解便进行指责，说理不够，甚至有些武断。我在会上不便多说些什么，只表示如实向上汇报，但在实际工作中加强了对这类现实政治影响较强的参考读物的出版管理，主要是从严选择、控制发行、写好评论性前言等。对人道主义和异化问题“三本书”，我在此次会议上和出版系统干部会议上都表示，主要是学术理论上的问题，对负有领导责任的副总编辑薛德震同志未去追究，而是希望他认真总结经验教训，以便继续做好领导工作。我还协助朱穆之修改了他在文化厅局长会议报告中的有关部分，据当时朱穆之秘书徐世平讲，我的修改在印发稿中都被采纳了。主要删去了引起曾彦修大声争辩的“不要成为自由主义出版社”和“二百方针”不能同四项基本原则并驾齐驱等内容。曾彦修还为这件事给胡乔木写了“万言书”。曾彦修把这封信的打印稿送我看过。记得有“吾爱吾师，吾尤爱真理”这样的词句，很有原则性又很尖锐又带着感情。这个“万言书”被一位领导同志要去看了，我又未及时取回，这样的事我现已无力凭记忆做出完整回忆。但他那种敢于坚持原则、敢于顶着风险办实事、敢于讲真话的思想品格，使我深受教育，尽管我远未做到。

曾彦修离休后离而未休，几十年来一直关心党和国家的大事，潜心研究、勤奋写作，硕果累累。他以严秀笔名发表的杂文，受到广泛好评。署其本名的几种研究著作，更产生重要影响。我之所幸，都得到了作者的赠书。体现曾彦修一生研究鲁迅著作成果的《鲁迅嘉言录》，深得学术界的好评。《天堂的神话是怎样破灭的》，是研究苏联问题的上下两册专著，从他对斯大林专制的深刻剖析及其所谈对中国的影响中，使我感受到这位老党员向党诉说以史为鉴的要义与真情。近年读他赠阅的《平生六记》，对我的触动更大更深。我写信给他，《文汇读书周报》得知后又全文发表。

彦修同志：

拜读《平生六记》，绝不是您赐阅所写供我消遣，而确实成为感召我思想灵魂的一次洗礼。您所记之事，从某一侧面说，我也算是一个过来人，但我大都是跟着走的。我不具备您的经历与水平，但也不自觉地产生了一些联想。我土改无记忆，打虎有错案，四清无实绩（整过农村一位大队书记，后期又留任）。只是在当权后尚无蓄意整人之劣迹，还可聊以自慰。您的“反右记幸”，更感人，也更使我敬佩。您为了不打别人的右派，自我申请当右派，如此高风亮节者，我平生还未听说有第二人。您为此付出的代价，太大太大了！在“左”风盛行、错案比比之期，您真正做到了“一切按具体情况处理”“明知其错的我绝不干”，这怎能不使人敬佩呢?！您终于赶上了一个好时代，想说的话能说出来，想做的事有可能去做。此乃您之、我之、他之大幸！

谢谢您的赠书，恭贺您健康长寿，更企盼再读您的新作。

宋木文　敬上

2014 年 7 月 3 日

看得出，曾彦修以自身不幸遭遇写出的这些感悟，是出自为社会主义事业长治久安的深谋远虑，远远超出了狭小的个人得失。他想的是党、国家和人民的安危。党和国家一旦出现了重大转机，他就迅速地明确地做出反应。曾彦修于 2015 年 3 月 3 日逝世，享年 96 岁。我去灵堂拜祭时，看到他在 1981 年夏初拟、1983 年 3 月 4 日改定的《遗言》中郑重地表示：“三中全会以来党的正确路线、方针、政策，给了我们党、国家和人民以极大的希望，我必须用我的全副身心来拥护和坚决地执行它，即使因此而使我不得不提前逝世，我也甘心如饴，这是一个共产党员应有的起码的责任和态度。”读曾彦修的这个遗言，使我明白了，他平生不惜付出惨重代价，做了常人做不到的那些事的真正原因和动力。我在灵堂向曾彦修遗像三鞠躬时默念着：“彦修同志，您以一生的所作所为，您以写下遗言后三十余年的实际行动，使我更加敬重您，思念您！”

去年（2014 年12 月10 日）我曾不经意翻出，薛德震同志在2009 年 3 月 18 日写给我的信及附送的一份文稿，回忆当年我和许力以同志（时任中宣部出版局局长），如何处理与他有关的这件“学案和出版事件”时说，他当年“除了以个人名义写文章，还策划和组稿编辑出版了《人是马克思主义的出发点》《关于人的学说的哲学探讨》《人性、人道主义问题讨论集》等三本有关人道主义和异化问题的图书”，“遭到思想理论战线上的两位大人物的严厉批评”。“当时不但我本人遭到批评，出版社也被连累”，“许力以和宋木文同志不但没有层层加码加压、添油加醋，而是坚持向上如实反映情况，对下削码减压”，“宋木文同志并没有失去对我的理解和信任，在 1988 年又力推我担任人民出版社的社长兼总编辑”。1989 年，那场政治风波后，“人民出版社和它所主办的、在学术理论文化界具有重要影响的《新华文摘》遭到领导机关的严厉批评”，要求对《新华文摘》编辑部进行彻底改组，人民出版社领导班子“没有匆忙地采取组织措施”，但“我们共同向上级立下‘军令状’保证在短期内改变刊物的面貌”。“鉴于当月按时出刊已不可能，木文同志还自告奋勇亲自参与编刊工作，决定出版两个月的合刊，这在这个刊物三十多年的办刊历史上是绝无仅有的一次”，“我曾问木文同志，二十多年前，你为什么能那样对待我？他很平静地对我说，那时也没有认为你的观点是正确的”，“我认为，这是一种很谦虚的回答”。薛德震进一步说他同许力以和宋木文“共事几十年，最后十年又是直接的上下级，但我们相处真正可以说是‘君子之交’，我没有请过他们一次客，也没有送过一次礼，更没有为了谋得一官半职走过什么门路，真正称得上是‘淡如水’，可是我们在工作上却是全心全意的全力相互支持，相互尊重”，“宋木文同志在自己的《亲历出版30年》一书中，有一个指导思想是很清晰的，就是在我国社会处于大变动时期，在处理出版事业发展中出现的各种事件和问题时，要注意‘不因自己的失误使出版事业和出版队伍受到不应有的伤害。而最为重要的是，在分清重大是非界限的同时，保护、调动出版队伍特别是各级出版骨干的积极性’（上卷第291页）”。薛德震的文稿最后还注有：“曾彦修同志、张惠卿同志他们有自己的详实记录和回忆，我这里就不多说了。”薛德震的这篇文稿，是为中国出版协会纪念成立三十年发出的《我与中国版协》征文约稿所写，但所讲之事不是我任中国版协主席之时发生的，也许是因我向他讲了意见后而未送给中国版协（我在来信上注明“3月21日上午同老薛通话了”，但未留下通话的内容），不过，为尊重和感谢老薛的深情和诚意，我愿在这里摘引出来。

薛德震这里所讲我在1988年曾力推他担任人民出版社社长、总编辑职务，是确有其事的。情况是这样的：任命人民出版社社长兼总编辑职务，需事前报请中宣部批准，我请曾在邓力群直接领导下工作的谢宏陪我去邓力群家中，如实汇报薛德震的政治思想和编辑业务能力等全面情况，随后，邓力群由我陪同亲赴人民出版社听取薛德震汇报，对《祖国》丛书和《领袖风彩》丛书的编选工作给予指导与支持，有了这些直接接触之后，邓力群对我的推荐表示赞成，又经我向中宣部部长王忍之转告邓力群的意见，便启动了薛德震的任职程序，顺利地被任命为人民出版社社长兼总编辑。1989 年政治风波中，薛德震表现坚定和成熟。对薛德震的任职，胡乔木也给予肯定。1990 年秋，为庆祝人民出版社建社 40 周年，薛德震来到胡乔木家中汇报，胡乔木爽快地接受邀请并答应讲话，交谈中得知薛德震是建湖县人，是盐城的邻县，还认了薛德震的老乡。胡乔木对人民出版社主动而又精心编辑出版他的文集更是十分满意和高兴。1992 年 6 月 1 日，胡乔木八十华诞时，薛德震同编辑室主任王乃庄把刚出版的《胡乔木文集》第一卷作为寿礼及时送来，胡乔木真诚地表示感谢，坐在轮椅上仔细阅览文集后，又主动地同薛德震诸人合影留念（参阅当代中国出版社和人民出版社 2015 年 1 月出版的《胡乔木传》相关叙述）。此情此景，使我感受到，一生都以宣传马列主义、毛泽东思想为己任的胡乔木同对此负有重责的人民出版社的关系绝非一般，可以说是在高度重视的同时，更有严格要求和热情关怀，一时批评的失言，也同他重视的高度与过严的要求相联系。

人民出版社原总编辑、资深编译家张惠卿兄，在《亲历出版 30 年》出版座谈会（2007 年）上也强调指出，20 世纪 80 年代，“人民出版社处在政治高压、内外交困的年代，木文同志他们都没有给我们加压，有的时候还顶住了来自上面的指责，为我们开脱，讲了一些公道话。有些领导同志是不会这样做的。木文同志还在我社建职工宿舍的问题上，在经济上给我们排忧解难，这些我们都是铭记在心的”。

现在回想起来，我对胡乔木等领导同志的批评也主要是在维护领导权威这样一个前提下做了一点靠近“强烈反应”的事。尽管如此，却得到人民出版社曾彦修、张惠卿、薛德震、范用、戴文葆等同志的理解和支持，他们都说我对 1984 年这次“高压”

（心有不平才如此说）没有加压，这符合事实，但是说我做了抵制却是过誉了。我的认识有局限，又做不到遇事都能坚持原则，时过境迁，我等也只能老老实实地总结经验教训，绝无唱起高调之资格。

顺便一提，我认为人民出版社要以宣传马克思主义为己任的要求还是正确的，所以我在 1990 年 12 月 23 日人民出版社成立 40 周年庆祝会上的讲话就是以此为题，阐述了人民出版社所应遵循的方针任务。

再讲第二件，在整党中谋划开创出版工作新局面。这是按照中央统一部署，在文化部党组直接领导下进行的。我在 1984 年 6 月 20 日在全局干部大会上所做的对照检查，是以“开创出版工作新局面”为主调的。这篇对照检查的主体部分，着重提出了“厉行改革，开创出版工作的新局面”的总要求，并且提出了各项主要措施。在这里，我按《宋木文出版文集》所收原对照检查相关内容和文字，简要举出：第一，按照出版工作的特点，搞好出版改革，包括出版社编辑部的改革；第二，认真抓好印刷技术改造，发展印刷生产能力，缩短出版周期，逐步解决出书难、买书难，这在当时是很头疼问题；第三，实行综合治理，编印发各个环节的改革同步进行；第四，逐步改革出版社和书店专业分工过死的传统的出版发行体制，社店共同解决买书难的问题；第五，简政放权与企业扩权同步改革，逐步实行政企分开。

此次为“口述出版史”做准备，我重读收入《宋木文出版文集》里的这篇“先立题、后检查、再开创”，代表我们党组一班人所做的《开创出版工作新局面》的“对照检查”全文（是在座的丘琮担任责编的），似乎能够感受到此后几年的工作，包括 1984 年、1985 年、1986 年这三年各项主要出版工作在思想上、工作措施上同这次对照检查的内在联系。

最后讲第三件事，在哈尔滨会议中谋划出版社改革迈开步子。1984 年哈尔滨会议是第一次讨论出版社改革的全国性会议，对出版社改革的全局有重要的推动作用。1992 年 12 月准备全国新闻出版局长会议报告时，要回顾 1982 年到 1993 年这段历史，好几位同志建议要把哈尔滨会议作为标志性举措着重写上一笔，我将在“口述出版史”的第七章“出版改革与发展的探索”中作专题回顾。

冯建辉：也就是说，您对这个会议也是寄予厚望的，希望它能为推动出版改革起到重要作用。

宋木文：这次为“口述出版史”回顾 1984—1985 年的代局长的工作，我重新审视这个“代”字的实际意义，当年我并不怎么看重这个代局长，从不在会议上、文件上出现这个代局长的字样（老边虽身体不好但还在任上），口头上、文字上也没有，更不会出现主持工作的什么什么长了。那什么时候出现过“代”字？是离休以后还是离开署长职务之后，我记不太准确了，写简历的时候才出现这个“代”字。为什么呢？因为当年有人就问过我：你是副局长，怎么就当上副部长了呢？

冯建辉：我之前也有这样的疑问。

宋木文：我是为了避免副局长越级提拔为副部长，才在副局长之后加上一个代局长，而实际上这一年多的代局长却在人们的心目中留下了印象，以至于在 1984—1985 年成为副部长人选。刘杲在我那本《亲历出版 30 年》出版座谈会上曾说，宋木文的这个副部长不是要来的，不是哪个首长封的，更不是跑官跑来的，而是群众推选出来的，得票率最高。刘杲所说是指文化部系统处以上干部投票，有的同志称作海选，因为没有候选人，也不发简历也没有名单，你愿意选谁就选谁。我想这和1984年所做的这几件事有关，和带着这个“代”字想有所作为有关。

海选得票领先，也给文化部党组留下了印象，穆之同志、巍峙同志和其他党组成员包括赵起扬、吕志先同志，都觉得宋木文这个人可用。当时文化部党组在整党中成立以周巍峙为主的业务指导小组。我同党组其他成员一起参加，商议一些大事。还有整党的督导组。组长是胡昭衡（当过天津市市长），他善写散文和诗，中央选他来督导文化部系统和中国文联、作协系统。我在大会上作对照检查，他一个上午都坐在那里听，后来又找我谈话，问得很具体，实际上是进行考察。还有我们的代局长陈翰伯同志，他当时有一句话，出版局机关或者接触过他的一些同志都知道，他说，宋木文搞出版不是内行出身，但是让他管出版，对出版有利。我的确没有当过出版社编辑和社长，翰伯同志所讲是对我的信任和支持。我今天为解剖“代局长”所说的这些话，是出于感恩。一是感谢文化部系统特别是出版系统的广大干部，不忘他们对我的支持；一是感谢朱穆之、周巍峙、陈翰伯等老领导，不忘他们对我的信任。

其实，我也只是在完成中央的政治任务中，不跟风、不赶浪头、不蒙混过关，而是严肃认真、实事求是地去做，重视从出版实际出发，重视解决当年出版的实际问题。仅此而已，又很重要。所以我才能在过去了二十多年，情况发生了很大变化，还能坐在这里如实地做出这样的回顾。

我在对出版事业的发展进行谋篇布局时，不是主观臆断，而是以中共中央和国务院1983年《关于加强出版工作的决定》为依据的。昨天我看了当时所做的整党对照检查，发现有多处引用这个《决定》的内容，反映了我是认真贯彻执行《决定》的。文化部长朱穆之30年前在讨论《决定》的会议上曾说过："这个文件经中央审定下达后，将会成为出版工作的一个纲领性文件"。邓力群后来以我的一个看法作了回顾："宋木文讲这个文件直到他退下来时，一直起作用，管了十几年，直到90年代也还管用。"我现在想，对《决定》的意义与影响，不在于什么人讲过什么话，而在于经受了一二十年出版实践的检验，被证明是一个好文件。我在《亲历出版30年》中第116—148页，对此事有较为详细的回顾。

冯建辉：这个《决定》是邓力群主持的？

宋木文：是邓力群主持起草工作，胡乔木帮助把关，胡耀邦的正确决策。

二、在1989政治风波后所做的几件事

冯建辉：我以前在报纸上能经常看到组织部门在评价一些党的高级干部时，会讲他们的领导经验丰富，驾驭全局和处理复杂问题的能力比较强。刚才听您这么一讲，我的理解就更加具体了。我们也知道像在1989那种特定的政治形势下，如何为出版工作谋篇布局，您肯定有很多话要讲。

宋木文：是的，1989年夏，在北京发生的政治风波，使我们党和国家面临极大的困难和挑战，这次事件的平息也使我们的党和国家渡过了难关，经受了考验，为社会稳定、经济发展和进一

步改革开放创造了重要条件。正是在这个时候，我先后由新闻出版署党组副书记改任党组书记，由副署长改任署长。这是一个特殊的历史时段，我承受着前所未有的精神压力，又面对着许多新的复杂的情况。我们是根据中央的部署，结合出版领域的实际情况，进行谋划布局的。主要做了五件事。我不光讲我自己，而是讲我和我们一班人。

冯建辉：您能不能具体地谈一谈？

宋木文：**我和我们一班人所做的第一件事，就是检查和反思，同时肯定出版工作的主流**。我在 1989 年全国宣传部长会议上做过检查和反思，那是认认真真地面对全国各省、直辖市、自治区、省会所在市、特区、经济开发区的宣传部长们，检查自己主观上反自由化的自觉性不强，更未能坚持一贯，反映在出版物上，是“自由化思潮的泛滥”和“低级庸俗出版物的泛滥”。这次检查被认为是认真的，会议简报刊载了主要内容。对检查和反思的内容又加以整理扩充，在谢宏来我家通宵协助下，形成那篇《吞下苦果后的思考》，向我的领导和同事表示：“这个苦果我们只能吞下去，但要防止的是吞下苦果忘记了教训。”先在署里办的《出版工作》（后改名为《中国出版》）杂志上全文发表，后来又由《人民日报》和《新华文摘》摘要发表。

当时否定出版工作成绩的声调很高，我在重大压力下所作的检查中使用了“两个泛滥”这样的重词，被有人用来否定出版工作的主流是好的，成绩是主要的，我不认同这种看法，但又不便明说，又总得想办法把它表示出来，因为这个问题事关重大。

当时我们正在筹办第二届全国书展（现在叫作书博会），从十一届三中全会以来的十年间出版的 29 万种图书当中选出两万种好书集中展出，那时候很困难，现在都不好想象，从全国各地运书过来都很难，因为有些地方交通中断了，有的主要的交通干线中断了，还是千方百计地往北京运，各个省都保证完成任务。另外，又从北京的主要出版社、书店选书。这就给我以机会了。1989 年 8 月 19 日，书展开幕式上我有一个致辞，就在致辞里面说，“这些展品反映了我国图书出版的主流”，也就是说成绩是主要的。我讲这个话的时候，新选出的中央政治局常委乔石、宋平、李瑞环，以及邓力群（时任中央书记处书记、中宣部部长）、方毅（时任第七届全国政协副主席）、李铁映（时任中央政治局委员，国务委员兼国家教育委员会主任、党组书记）等领导同志他们都在场，因为他们参加了书展的开幕式；稍后，新当选的中共中央总书记江泽民以及党和国家其他领导人也亲临展会给予祝贺和支持，报刊也做了突出宣传，这无疑都是对正在反思中的出版界的一次很大鼓舞。

冯建辉：这个时机选择得真好。也就是说“两个泛滥”并不是出版工作的主流。两万多种的好书在展示，我觉得，这对于正确执行中央的指示和鼓舞出版界的士气，都是非常有意义的。

宋木文：是这样的。我又想起一件事情，就是怎么样能把江泽民总书记和新选的中央政治局常委邀请到，看展览。乔石、宋平、李瑞环很重视这次书展，一请就来了。宋平由邓力群帮助请的，还陪着宋平看展览。而江泽民总书记按当时的情况，一般不出席大型活动。我下了一点功夫，我找了曾庆红，因为我认识他，他是当时的中办副主任，我说你一定得帮助我，把总书记请来。后来我见到他还表示感谢。总书记和常委们的亲临指导，对当时反思中的出版界的鼓舞，无疑是很大的。

宋木文：**我和我们的一班人做的第二件事，就是在压缩整顿中不伤元气，保持出版业的繁荣。**为压缩整顿出版单位这件事，中共中央专门发了文件，规定了政策界限，又有中央宣传小组和中宣部的精心指导，这是做好这项难度很大工作的一个前提。没有中央和中央宣传部的支持，我们不可能完成这个任务，因为是真刀真枪，要压报、压刊、压出版社，非常难。此间，我们所说和所做的，都是遵循中央指示精神和中央确定的政策界限，没有什么发明。但是怎么样个压法？指标怎么个定法？怎么进行具体工作？倒是有我的考虑或者有我们党组一班人的考虑。首先，压缩整顿一开始，我们面对着高指标的压力。

冯建辉：就是说，要有压缩比率？

宋木文：对。从中央会议上传来的消息，说出版捅了大篓子，要进行高指标压缩，要压缩1/3，起码要压缩20%。怎么定压缩指标，事关重大，一定要实事求是地讲出我们的意见。经我回机关召开党组会议讨论综合分析和测算，由我在全国宣传部长会议上做检查时，就压缩指标表态：报、刊、出版社各压缩10%左右，那就不是1/3，或20%，但这样一个指标不被认同，时任中宣部长也不认同。这位领导同志有民主作风，我还同他就此事有过争论。据张守忠（时任署长司机）回忆，一天上午会议结束后，我同这位部长一同乘车出去吃午饭，我们两个人还在车上就此事进行争论。

为了做好压缩工作，专门召开全国宣传部长和新闻出版局长会议，会议期间由中宣部和新闻出版署的同志按文件规定，分组去落实，经汇总，最终决定下来是：报纸12%、期刊14%、出版社8%，大体上都在10%上下。多数属于调整布局，因政治上的自由化被压缩的是个别的；也有些是属于淫秽色情内容的。在整个压缩整顿过程当中，我主要强调两点：第一点是积极而又稳妥地搞好压缩整顿；第二点是引导大家集中主要力量办好现有的出版单位，就是说搞压缩不伤元气，抓整顿是为了促进繁荣。那位中宣部部长对会议的压缩进程和结果是满意的。分管新闻出版工作的中央政治局常委李瑞环在这次压缩总结会上，当着各省市的负责同志说："这么大的举动没有出现什么大的误差和波折，没有给人的思想造成不安和恐慌，整个出版事业还是繁荣的景象，这很不容易。"

冯建辉：这可能就说明领导机关在实践的过程当中还是把握好了"抓整顿"和"促繁荣"之间的度，在当时的情况下，是需要有智慧和勇气的。

宋木文：第一是严格从实际出发，还是那句话，不跟风、不赶浪头。第二，更为重要的是，有中央的正确领导、有明确的政策界限。瑞环同志对我们在压缩整顿中面对的各种困难有充分理解，也给予了强有力的支持。他在总结会上说：这活儿难干，你压谁，谁都不肯压，说压缩什么要在什么会上讨论，我就不主张讨论，我就主张你们搞好方案以后把锅盖一揭，就这样定了。这是在关键时刻给我们以支持和鼓励。我们在压缩时倒是很谨慎的。尽管如此，我们还是做了要经受今后实践检验的准备。

宋木文：我和我们的一班人做的第三件事，就是提出"多出好书"是出版工作的永恒主题。这是在反对自由化高潮和压缩整顿出版单位强势进行的时候，明确提出"多出好书"是出版工作的永恒主题。

1989 年下半年，我们主要进行了检查和反思。一进入 1990

年，在继续检查和反思的同时，我们就把“争取新的繁荣”作为1990 年 3 月 2 日全国新闻出版局长会议工作报告的一个专题，提到工作日程。

我们是这样想的，压缩整顿不是目的，争取新的繁荣才是我们的目的。这次局长会议的工作报告当中，我根据李瑞环同志的指示精神提出：“出版工作的成果，出版事业的繁荣，最终是要靠多出好书来体现的。多出好书，这应当是我们各级出版管理部门、各个出版社的中心任务和调动本单位人员为之奋斗的行动口号。”我的这几句话，是工作报告中认真做了检查和反思之后讲的，以防止有人指责我是以“中心任务说”“行动口号说”冲击“反对资产阶级自由化”、冲击压缩整顿工作。

“抓繁荣”不能停留口头上。局长会议之后我们拟出“抓出版繁荣的十项措施”，于 1990 年 4 月 7 日报送给中央政治局常委李瑞环同志和政治局委员李铁映同志，得到他们的批准，并逐步组织实施。1990 年的 4 月 9 日到 18 日，为推动重点地区多出好书，我带一个小组，同去的有杨牧之（时任图书司司长）、王俊国（时任发行司副司长）和王涛（时任署长秘书），在上海调研并召开上海、江苏、浙江、山东新闻出版局社长座谈会。我们边调查边学习边思考边研究，边调研就是听取各种意见；边学习是说我在上海找了一本《邓小平文选》，只要不开会，就学习，为联系实际做准备。当时，出版界对那场政治风波的反思和压缩整顿出版单位还在进行，很需要振作精神，把压力变为动力，把主要精力放到解放思想、大胆创新、多出好书、繁荣出版上来。因此，调研之后，我于 4 月 16 日在上海市出版系统干部大会上作报告（江、浙、鲁三省出版机构领导人出席），提出多出好书、促进繁荣，是出版工作永恒的主题。把前不久局长会议上讲的

"中心任务说""行动口号说"，推上无时间限制的"永恒主题说"。

我以"话当前"和"论长远"加以论述。"话当前"，就是在检查与反思中，振奋精神，变压力为动力，解放思想，大胆创新，多出好书；"论长远"，强调这不是一个新的问题，更不是一时的权宜之计，而是由社会主义出版事业根本性质和人类文明发展永无尽头决定的；并且指出出版是一个国家、一个地区科学文化发展水平的综合反映，出版繁荣与否不仅是衡量我们自身工作好坏的标尺，也关系到我们整个国家科学文化的发展和两个文明的建设。

我从多方面作了论述：

多出好书，促进繁荣，这是改善国家政治生活、文化生活的需要。十三届四中全会后，为加强思想政治工作，扭转资产阶级自由化泛滥造成的局面，填补文化市场出现的空白，急需一批正确的、健康的、美好的出版物来繁荣文化市场。党中央要求我们为人民办实事，"扫黄"是深得人心的实事，而抓好繁荣更是要着力办好的实事。全党正在按照十三届六中全会精神加强党和人民群众的联系。对我们出版单位来讲，一个根本性的问题就是要多出好书来满足广大人民群众对精神食粮的需求，否则我们就从自身的工作上脱离了广大人民群众。因此，促进出版繁荣，以多出好书好刊向人民提供健康、有益的精神食粮，实际上是一个政治性的问题。

多出好书，促进繁荣，不是一个新提出来的问题，更不是一时的权宜之计，而是出版工作过去、现在乃至将来的最根本性的任务，永恒的主题。特别是党的十一届三中全会以来，我国出版事业取得了举世公认的重大成就，而其最重要的标志就是出版了一大批好书，这在1986、1989年北京两次书展，特别是北京第二次书展体现得最为清楚，使得看过书展的人都肯定出版事业的主流是好的，而其深层次的原因则是广大出版工作者紧紧跟上了以经济建设为中心的转变，以多出好书为根本任务。这实际上表明了多出好书是出版工作"永恒的主题"。

把多出好书作为出版工作的永恒主题，这是我国出版事业的社会主义性质决定的。社会主义出版事业不是为了赚钱和小集团的利益，而是为了满足千千万万人民群众的精神文化需求，为了社会主义事业的发展繁荣。这就从性质上决定了，社会主义出版工作者必须把最好的精神食粮奉献给人民。人民大众对好书的需求是无穷无尽的，而人类文明的发展和精神创造也是无穷无尽的，这样，多出好书不仅是应该的，而且是可能的。这也就决定了多出好书便成为社会主义出版工作的永恒主题。我们的出版工作者，就是要在这"无穷无尽"的事业中献身，在这"无穷无尽"的事业中发展壮大社会主义出版阵地，永远没有尽头。①

为了在当时的形势下使"多出好书"这个永恒主题能够落实，我在强调抓繁荣必须坚持解放思想，坚持解放思想与坚持实事求是原则的一致性时，批判了动乱"精英"们以解放思想为幌子来反对四项基本原则。因为那时常有一种说法，把敢于突破四项基本原则视为解放思想，我说那不是解放思想，因为解放思想与实事求是是统一的，如果离开了实际，离开了实事求是的原则，那种所谓解放思想，就从根本上脱离了中国的实际，就会引出政治性的错误结论。

---

① 宋木文：《亲历出版30年——新时期出版纪事与思考》，商务印书馆2007年版，第345—356页。

冯建辉：把解放思想与实事求是统一起来，这一点很重要。

宋木文：我人微言轻，光我这么说不行，得找理论根据。我引出《邓小平文选》中的一段话："解放思想，也是既反'左'，又反右。"（出自《关于反对错误思想倾向》一文）然后，我就指出："如果说'左'是对解放思想的'禁锢'，右则是对解放思想的'玷污'。""决不能把反对四项基本原则同解放思想混为一谈，也不能因为他们曾借口解放思想而实际上是反对四项基本原则，我们就不讲解放思想了。"我反复进行这些论辩，就是要阐述一个主张："我们最需要的是以解放思想、实事求是、一切从实际出发这条马克思主义的思想路线为指导，来回答现实当中的各种新情况、新问题，进行思想理论的创新。这是整个思想理论界的任务，也是我们出版部门的任务。"我联系出版工作当中存在的"走捷径""炒冷饭""一窝蜂"等问题后指出："干出版，促繁荣，尤其需要解放思想和创新精神。"[①]

对在上海调研时提出多出好书是出版工作的永恒主题，1990年4月25日，《新闻出版报》（记者吴海民）在头版头条作了突出报道，还配发了陈沙（即时任总编辑谢宏）的评论——《关于"多出好书"和"历史转机"的断想》。

冯建辉：这样看来，就是您提出来的多出好书是出版工作的永恒主题，有它的特定的政治背景，同时也有非常重要的现实意义，您又从理论和实践的结合上进行了深入的论述。不知道我理解得对不对？

宋木文：我是努力这样做的。

① 宋木文：《宋木文出版文集》，中国书籍出版社1996年版，第336—338页。

新闻出版报

1990年4月25日 星期三 第239期(总第509期) 主办单位：中华人民共和国新闻出版署 国内统一刊号：CN11－0079 代号 1－50

PRESS AND PUBLISHING JOURNAL

国家语委

本报讯 4月
委员会和国家新闻
订的《标点符号用
国家语委和新
布《标点符号用法
社会各界遵照《标
标点符号。
原《标点符号
版总署于1951年9
标点符号的用法有
字的书写排印五十
行，原《标点符号
作相应的变动，因
对《标点符号用法

●本报记者吴海民报道

创造持续、稳定、协调、质量逐步提高的繁荣局面

多出好书是出版部门的永恒主题

宋木文赴沪调研并召开三省一市出版工作座谈会

本报讯 新闻出版署署长宋木文近日在上海指出：多出好书，繁荣社会主义出版事业是出版部门的永恒主题。要通过艰苦而切实的工作，创造出版战线持续、稳定、协调、质量逐步提高的繁荣局面。

宋木文同志是在上海作关于繁荣出版事业的专题调研时讲这番话的。

4月9日至18日，为落实李瑞环、李铁映同志关于繁荣出版事业的指示，宋木文同志一行到我国出版工作的重要基地之一上海进行调研。他听取了上海主要出版和发行单位的工作汇报，实地了解了一些出版社和新华书店门市部的情况，并同上海新闻出版局直属出版社商谈了近期再版和初版的一批书单子。接着，在上海召开了有上海、江苏、浙江新闻出版局及山东出版总社负责人参加的座谈会，讨论了如何繁荣出版事业问题。在4月17日召开的上海新闻出版局及上海各出版单位干部大会上，宋木文同志就创造社会主义出版事业繁荣局面问题讲了话。

一、抓繁荣必须首先解决好认识问题，要充分认识繁荣出版事业的重要意义。

宋木文同志说，抓出版事业的繁荣，概括地说，就是多出好书，不断满足人民群众日益增长的对于精神文化生活的需求，这是社会主义出版事业的根本任务，是我们出版战线永恒的主题。

他说，党的十一届三中全会以来，我们出版了大批好书，从根本上扭转了十年浩劫造成的严重书荒，取得了初步繁荣。十年来，在我们同资产阶级自由化思潮和“一切向钱看”倾向的斗争中，尽管出现了多次反复，许多出版单位始终把多出好书作为自己的主要任务。去年“扫黄”斗争伊始，党中央就明确提出了一手抓“扫黄、一手抓繁荣”的正确方针。由于中央的正确领导，这场全国性的行动，不仅没有造成消极影响，而且促进了出版业的健康发展。

他强调说，要充分认识在当前抓出版繁荣的重大现实意义。通过反对资产阶级自由化、“扫黄”的斗争及对出版单位的整顿，在全党重视思想政治工作和精神文明建设的大局下，书刊市场的面貌发生了明显变化，那种宣扬资产阶级自由化和淫秽色情的书刊泛滥的局面得到扭转。对此，广大人民群众是满意的。但同时应当看到，目前好书还不多，要满足人民群众需要，还有很大差距。宋木文说，强调抓繁荣并不意味着可以放松“扫黄”和整顿工作，而是说在当前要把出版繁荣问题突出地提出来。我们开展“扫黄”斗争，进行必要的整顿，是为了端正出版方向，在正确思想指导下进一步繁荣出版事业。坏的东西扫掉了，才有利于好的出版物出现。同时，只有出版事业繁荣了，才能真正巩固“扫黄”和整顿的成果。人民群众不仅要求扫除精神垃圾，更要求向他们提供健康的丰富多彩的精神食粮。如果不能做到这一点，人民仍然是不满意的。“扫黄”是大得人心的事，繁荣出版也是大得人心的事，而且是我们最需要办好的事。

宋木文同志在调研期间，与大家一道分析了我国出版战线当前的形势。他强调指出，作为整个思想战线的一个组成部分，我们的出版战线也出现了新的转机。出版部门要高度重视思想战线这次转机的重大意义及其对出版工作的深远影响。这次转机，有利于出版事业按照正确的方向健康发展，同时又向我们提出了新的更高的要求。我们应当充分利用这次转机提供的良好条件，以多出好书的实际行动，使出版事业在90年代出现一个持续、稳定、协调、质量逐步提高的繁荣局面。

二、做艰苦、细致、切实的工作，促进社会主义出版事业新的繁荣。

宋木文同志说，繁荣社会主义出版事业是一项长期的艰苦的工作。它比“扫黄”和整顿难度更大，要花更大的力气。因此，工作要抓得很具体，措施要制定得很切实。

当前，要切实抓好以下几项工作：

制定常备书目及相应的管理措施。这是为了适应全党加强思想政治工作和精神文明建设的新形势，满足人民群众最基本的阅读需求。常备书目的范围包括马列主义、毛泽东思想经典著作、党和国家重要文献、马克思主义哲学社会科学基本理论著作，爱国主义、社会主义、共产主义教育读物，中国近现代史著作，中外文学名著，最基本的工具书等方面。这个书目一经确定，将作为指令性计划下达各有关出版社、新华书店和印刷厂，要求各方面必须予以保证。

做好优秀图书的再版工作。优秀图书不断再版是出版事业稳定发展的重要标志；同时，通过再版优秀图书可以解决一时书源不足问题，保证市场急需，满足读者当前的需要。要特别注意再版马列主义、毛泽东思想经典著作、能够把爱中华与爱社会主义统一起来的优秀读物、中国近现代史著作、优秀的文学作品等。

抓紧做好优秀新书的出版工作。对已列入重点选题的图书，要采取各项保证措施按计划出版，使今年的出版计划落到实处。对其中具有较高质量、各方面迫切需要的，要使之尽快与读者见面。要特别注意组织并出版一批反映现实生活的内容健康的通俗文学作品。

要抓好重点图书的规划，动员各方面力量编写，有计划地加以出版。综合性的重点图书长远规划、大部分重点图书的单项出版规划，重要门类重点图书的长远规划，都要抓紧制定。出版管理部门要当好重点书的“催生婆”，对这项工作抓紧抓实，要掌握一批书单子，掌握进度，经常进行检查督促，发现问题及时解决，使列入规划的重点书能够按时出版。从当前工作到长远规划，都要主调突出，又丰富多彩；要努力满足多方面、多层次、多样化的需要，又都要把提高质量放在第一位。

宋木文同志强调，在抓出版繁荣的过程中，要注意解决好几个指导思想上的问题：

在抓繁荣的同时要继续端正出版方向。出版繁荣，是正确方向指导下的繁荣。不能把抓繁荣与抓出版方向割裂开来。资产阶级自由化思潮的影响不能低估，“一切向钱看”倾向的影响随时可见，一些思想理论上的是非界限有待于继续澄清，新的问题还会不断出现。要在抓繁荣的过程中继续解决好各种倾向性问题，使出版事业能够在健康的轨道上走向繁荣。

抓繁荣必须坚持解放思想，发扬创新精神。没有思想上的解放，没有创新精神，就难以出版符合时代需要的高质量图书。要运用马列主义的立场、观点和方法研究中国国情，研究现实生活中的新情况、新问题，使那些能够科学回答现实问题的著作得以问世。在编辑工作中，要特别反对那种跟在别人后面亦步亦趋、吃现成饭甚至抄袭的懒汉作风。“炒冷饭”、“走捷径”是没有出息的，也是没有出路的。要大胆创新，做到“人无我有，人有我新，人新我优”。

正确处理好增加品种与提高质量的关系。图书品种增加过猛，使领导力量、编辑力量和发行力量无法适应。如果不对此进行必要的控制，必然造成图书质量滑坡。“广种薄收”是一种短见的做法，无法保证提高图书质量，也不可能完成文化积累的任务。要下决心控制一下图书品种，同时调整图书结构，集中力量多出高质量的图书。

必须高度重视出版队伍建设，增强编辑人员的政治素质、理论素质、文化素质和业务素质。出版队伍具有什么样的素质，出版的图书就有什么样的水平。从出版社的领导成员到普通编辑，都要加强培训，并在实际工作中严格要求。当前，有必要进行出版工作优良传统的再教育，提倡和发扬出版工作先辈们那种对读者负责的精神、甘为他人作嫁衣裳的奉献精神和严谨的编辑作风。

三、争取出版繁荣必须下功夫解决好图书发行环节的关键问题。

宋木文同志指出，发行环节是连结出版社和读者之间的桥梁，是繁荣出版事业的关键；流通流通，一通百通。现在发行工作中突出的问题是，相当一部分读者需要的好书，特别是学术著作订数下降，甚至无法开印；有些书的订数太少，储备不足，而且出版后很快就买不到了。要解决这些问题，首先应充分发挥新华书店主渠道的作用；主渠道也要认真搞好自身的改革。比如在书店的承包中，就应该把发行一般图书，尤其是政治理论和学术著作作为一项硬指标来考核。社店要协调好关系，互相理解，互相体谅，共同为读者服务。新闻出版署还将在年内召开发行工作会议，深入研究发行工作的问题。总之，我们要作好推动工作，力争使发行工作同繁荣出版事业的要求相适应。

宋木文同志最后说，我们已经具备了繁荣出版事业的大环境，虽然还面临不少困难，但只要全国出版界树雄心、立壮志，做艰苦而切实的工作，就一定能创造出社会主义出版事业全面繁荣的新局面。

关于“多出好书”和“历史转机”的断想

●陈沙

一、在“知识爆炸”，人类知识总量与日剧增的当今社会，人们对于书的要求，实质上是对于“好书”的要求。好书是“书海”中的船舶，离开好书便会在书海中沉没。

二、真正的好书是人类智慧的花朵，并不是随时都能开放。犹像人的激情才智并不是时时都在奔流。独短的智慧之花深深地根植在生活的深层、时代的深层、历史的深层。而历史并不总是持续不断地进行新的创造，所有那些最重要最激动人心的历史性转机，都需要漫长的时间进行酝酿。

个人在历史和时代面前的主观能动性本件，正确地认识所处在的历史条件，正

六、我国出版业越来越广泛地承担着我们国家精神生产的任务，反映着我们民族的精神风貌、智慧风貌，因而也就不能不和我们国家的命运紧密地联结在一起。二十多年来，我们国家的出版事业经历了两次大的波折，在多出好书问题上也几经周折。一次是十年动乱所造成的严重书荒，以及出版工作者清算极左思潮和文化专制主义，改变出版业萧条局面的斗争；一次是近几年来，资产阶级自由化思潮和“一切向钱看”倾向所造成的混乱，以及出版界对于有关问题的反思和清算。这方面的任务还很艰巨，远远还没有完成，但已取得突破性的进展。经历过两次大的波折，有了批判极左思潮的经验，又有了批判资产阶级自由化的经验，这就容

●本报通讯员刘

冯建辉：您刚才讲的是第三件事。

宋木文：**我和我们一班人所要做的第四件事，就是在反对资产阶级自由化中稳定、保护、提高出版队伍。**我们在这场斗争中，力求稳妥地掌握政策，尽最大努力保护、稳定、提高出版队伍。邓小平总结这次政治风波的教训时说："十年最大的失误是教育，主要是思想政治教育削弱了，一手比较硬，一手比较软。"我们认识到，发生这次政治事件同中央主要领导人的错误指导有关，又有各种复杂的因素，所以对干部中出现的一些问题，一直坚持正面教育。我们一班人在政治上做到了同中央保持一致，而对人的处理也吸取了历来的经验教训，要慎之又慎，并且放在后期。对不听劝阻参加示威游行的，一般不进行有组织的追查，强调自我总结，提高认识；对于错误比较严重的，既要查清问题，又要立足于帮，通过自我检查和一定范围的批评帮助，以提高认识，改正错误，尽可能不给予组织处分。

冯建辉：您能举个例子吗？

宋木文：举个例子，就说《新闻出版报》吧，这是我们主管的报纸，1989 年的夏天一时偏离了正确方向，1989 年 5 月 24 日在一版头条发表了鼓吹游行示威的新闻报道，还配发一张游行示威的大照片。这天一版右下角，又发表了时任报社记者部主任的一篇短文，题目叫《这令叫人怎样执行》。内容就是从头到尾逐句挑剔中央政府戒严令语法不通，所以这令叫人怎么执行。实际上是为那场政治风波推波助澜。

这一天的报纸被闹事者贴在大街小巷。经询问报社的主要负责人，他说："到处打来电话要买这期报纸，邮局也来要。"但我看到这期报纸，就感到有些惊恐。我去戒严部队新闻组开会，会上都是熟人，一进会场，还没坐下，就被指责："你们那个《新闻出版报》了不起，后来居上，居然批起戒严令来了，闹得'洛阳纸贵'，都脱销了。"那个气氛、那个场合，听这些话对我压力很大。我只能以认真对待应之。对《新闻出版报》的问题，我们党组高度重视，特请我的老领导——国家出版局的原副局长常萍同志，出任指导组组长，帮助报社检查和整改。前期，先调整了领导班子，报社原为副局级单位，此时按正局级配备干部，以加强领导，决定谢宏去当总编辑，掌握舆论导向，同常萍一起主持报社的清查。报社对《这令叫人怎样执行》撰稿人，进行了严肃的批评教育，他本人也做了认真的检查和反思，又考虑其年轻，平时表现也比较好，经我们同意，在后期处理时未给予组织处分。当时作出这个决定并非易事，但后来证明这对一位年轻干部的成长与使用是有利的，知此情的人们也对我们党组的掌握表示高调肯定。

对那位理应对报纸导向和版面重大内容负有直接责任的总编辑，我们考虑再三，不能不给予一定的组织处分。上面有人当面向我交代过，这个人要撤职，我们只是把他调离。在后期，只给予警告处分，并按原级别安排工作。在这次清查中，对涉及的署管干部（机关司局长和直属单位负责人）作组织处分的也仅此总编辑一人。

冯建辉：听您讲了这个事例以后，觉得您是责从速，罚从缓，责从严，罚从宽。我想这是领导艺术，既在这种大是大非的原则问题上坚持立场，但是又注意到了具体问题具体分析的灵活性，在总体上达到教育人这样的一个目的。

宋木文：我自己的体会就是一定要坚持从实际出发。总调子按中央定的讲，组织处理尽可能摆在后面。这也是接受了建国以后历次政治运动扩大化的教训。当然也担一点风险，我那时（1989 年）60 岁出头了，也没想“再进一步”了。这虽然不是主要因素，却是实情。

1989 年夏秋冬的政治气氛是很强的，但在我们机关似乎少有惊恐之感。我退下来之后，常常有人说你们那一届党组保护了一批干部。我则说总调子跟着中央，主要是对人的处理接受了历次政治运动的教训，这也是遵循中央的教导。

在这里，我如实地说一下我在 1989 年是怎样对待《新华文摘》和《读书》的。

对这两个刊物，有的领导同志很注意，批评严厉，要求换人。《新华文摘》是人民出版社管的，因为选文倾向受到领导部门的严厉批评，甚至当面要我彻底改组编辑部。如前引薛德震回忆所言，我们没有按指示来个大换班，但我决定把 1989 年的第八、九这两期合刊出版，留下了历史的痕迹。我没有那么多时间通读《新华文摘》的文稿，就请期刊司司长张伯海帮助我审稿把关（《读书》也是如此）。

对三联书店主办的《读书》杂志，在办刊过程当中遭遇到的责难，我是批评和保护兼而有之。保护主要是对编辑部的领导干部。对刊物也采取与《新华文摘》同样的办法，1989 年的七、八两期合刊出版。当年在《读书》任编辑的扬之水，1991 年在中华书局出了一本书叫《〈读书〉十年》，第 342 页有对两期合刊的记载。我应邀为三联书店 80 周年大庆写的《我愿做个三联人》（在《读书》2012 年第 6 期发表）谈到扬之水记载的基本情节是准确的，同时我又明确表示这是特定政治情势下做出的决定，如有失当，我负决策之责。

冯建辉：但是您得担风险。您的口述史给我形成了一个印象，叫“不居功、不诿过”，像您在面对人民出版社张惠卿、戴文葆等老同志的赞扬或者肯定的时候是非常谦虚的，但是您在面对风险的时候，您刚才讲了也不是没有考虑过，但还是义无反顾地坚持那样去做，哪怕是面临可能的风险时，您却是主动地承担责任，我觉得您的这个做法或者为人处事方式，使我们这些出版界的后生晚辈深受教育。

宋木文：作为一个单位的“一把手”，不管是大单位小单位，不管是政府管理机关和企事业单位，当好“一把手”就是这样两条：一条是自己不贪污腐化；一条是自己敢于担责。这样你就有勇气了。我想，智慧，很多人都会有，但如果靠手腕和心机，同时又搞贪腐又不敢担责，这是做不好的。

冯建辉：您在这一部分开头，讲 1989 年政治风波时，心情很重，用语也很重，您说“这个苦果我们只能吞下去，但要防止忘记了教训”，这使我想到，您在引导大家吸取教训上，一定进行了很多深入的思考。

宋木文：这次事件，对我冲击很大，也使我思考很多。这也是一种担当，一种责任使然。所以就在不同场合，以不同方式，都提出一些重要问题引导大家思考，还要上升到理论，以提高做好出版工作的自觉性。前面讲的“压缩指标”“永恒主题”说，都是这方面的例证。

冯建辉：如能再举一些例证或观点，可使人们进一步了解您当时的思考。

宋木文：我当时很注意用出版社的性质、功能和作用这个根本性问题来统一出版界的思想。

1989 年 9 月 15 日，在一次有各省市委宣传部长和新闻出版局长参加的会议上，我回顾近几年来发生的问题及其经验教训，强调办好出版单位必要性时，提出一个比较重要的观点，这就是“出版是一个发射台、加工厂和聚光点”，得到与会者的认同。

真正解决这些问题，不仅需要我们出版工作者勇于探索，勤奋工作，还需要全社会的重视和支持。这是由出版工作的特点及其对于人类生活的巨大影响所决定的。我们知道，出版是人类精神活动的重要传播媒介，科学的进步，思想文化的传播和积累离不开出版；培养社会主义新人，满足人民群众日益丰富的精神需要离不开出版；对于物质文明的建设，社会生产力的发展，出版工作也起着不可替代的重要作用；特别是报刊和图书对于政治宣传、思想教育的巨大作用尤其不可忽视。离开出版物这个载体，一些政治的、经济的、文化的、思想理论的活动都很难设想。一般说来，出版界的成果，往往是由社会各界提供的，出版是一个发射台、加工厂，聚光点，从这个意义上讲，出版界的成就也是全社会的成就；另一方面，如果有关领域特别是意识形态领域出现了问题，也往往通过出版集中地反映出来，从这个意义上讲，出版界的问题又同有关各界分不开。也就是说，不管是成就的取得还是问题的克服，都有赖于全社会的重视、支持和努力。问题是，出版工作的这种重要性并不是在任何时候都能使人们记起它，包括从事出版工作的人们。正如空气对于人们非常重要，须臾不可离开，人们却往往经常忘记它的存在。只有在空气稀薄，憋得难受时，或因空气污染受到毒害时，才记起空气的重要来。出版也有类似情况，出了问题使人更加感到它的重要。但不管在什么情况下，只要引起重视，就为解决问题创造了条件。事物的辩证法往往是，问题成堆了，矛盾激化了，问题就接近解决了。当然，最重要的是，出版工作者自身要意识到出版工作的重要性，真正把全社会的重视和支持转化成一种扭转局面的力量，更加自觉地根据出版工作的特点和功能，去组织、团结、培养作者，影响和引导精神生产的方向。①

在1990年3月2日召开的全国新闻出版局长会议上，我在作近年来出版工作基本总结时，强调指出："出版单位要发挥对精神生产的导向作用。"

出版单位要发挥对精神生产的导向作用。出什么、不出什么、什么多出，什么少出，就是一种导向。首先要运用我们掌握的出版权引导、吸引作者多写有利于两个文明建设的好书，并提供出版的方便；同时抑制、杜绝对国家、对社会、对青年有害的图书的出版。当前对书稿的取舍，更要从大局出发，政治稳定、经济稳定、社会稳定就是当前的大局。有些因为政治原因或经济

① 宋木文：《宋木文出版文集》，中国书籍出版社1996年版，第300—301页。

原因成为“热点”的书稿，特别要引起我们的重视，严格把关。许多事实已经表明，这类出版物往往起了添乱引爆的作用。在前一段“性作品热”中出版的《性风俗》，一度在十几个省（市和自治区）掀起轩然大波，我们要举一反三，接受教训。在这类问题上我们出版社和出版管理部门的同志，特别是领导同志，一定要有高度的政治责任心，千万不要大意，不要因为我们的过失给国家大局造成危害。[①]

考虑到“89 政治风波”及其后进行压缩整顿的形势有可能在出版上出现偏紧的片面性，我在 1990 年 3 月 2 日全国新闻出版局长会议的工作报告中进一步阐述了“全面理解出版的性质、功能和任务”的问题。

我们从理论上、思想上回顾反思过去，排除资产阶级自由化思潮和“一切向钱看”倾向对出版事业的干扰，总结出版改革的经验教训，进行必要的整顿，都是为了坚持社会主义方向，争取出版事业的新繁荣。而实践告诉我们，这又取决于我们能不能全面、准确理解和执行社会主义出版事业的性质、任务和指导方针，使出版事业在两个文明建设中发挥重要的、广泛的和长远的作用。

我们的出版工作必须继续坚持为人民服务、为社会主义服务的方向，继续坚持百花齐放、百家争鸣和古为今用、洋为中用的方针。意识形态战线是由多兵种组成的，按出版的性质和功能，首先是宣传舆论阵地，同时又担负传播、积累科学文化知识和丰富人民精神文化生活的任务。出版的作用是广泛的、多方面的：

---

① 宋木文：《宋木文出版文集》，中国书籍出版社 1996 年版，第 319 页。

宣传马克思列宁主义、毛泽东思想，宣传党和国家的方针、政策，用爱国主义、集体主义、社会主义思想教育干部群众；传播科学技术和文化知识；积累、保存科学文化成果；丰富广大人民群众的精神文化生活；为教学、科研及其他方面提供各种科学、技术、文化资料等等。这些方面不是并列的，首先应该突出宣传教育的任务，这是社会主义出版事业最鲜明的特点。过去几年，出版战线的宣传教育任务削弱了，而且有一些出版物内容出现了政治性错误。为了完成宣传教育的任务，一要端正方向，二要加强工作。强调出版的政治思想教育作用，不能也不应该削弱其他方面。我国当前有一个广大的通俗读物读者群，出好各种健康的通俗读物十分必要。农村是我国最广大的天地，为9亿农民出书，是出版工作的主要任务，特别是各地方出版社要把这项任务更好地承担起来。对于出版在积累保存文化成果，传播科学、技术和文化知识方面的重要作用，我看是没有分歧的，问题是要下功夫提高质量，才能把出版在这方面的特长和优势充分发挥出来。为党政机关和教学、研究单位提供各种资料，包括反面资料，今后也要在正确的指导思想下继续做好。不同类别的出版物，各有各的功能、位置，要善于分别把它们安排得各得其所。既突出抓好出版物中的重点，又要使我们的出版物丰富多采，以满足多方面、多层次的需要。做到了这一点，出版工作在为人民服务、为社会主义服务方面，就能释放出最大的能量，取得令人满意的成就。①

这些今天看来已经不成为问题了，而在当年特定背景下却是

① 宋木文：《宋木文出版文集》，中国书籍出版社1996年版，第315—317页。

需要加以强调的重要问题。

最后，我和我们一班人在1989年政治风波后所做的第五件事，就是做好署党组集体的检查与反思，并从中引出必要的经验教训。

1989年政治风波后的反思，如果说前述工作上的检查取得了积极的发展，而在党组内部的检查也取得了积极的效果。1990年1月初，按中央要求，新闻出版署曾召开十余次党组扩大会，机关各司局负责同志参加，对近几年来的工作进行总结与反思。我在会上的总结（反思），包括自我检查部分，曾形成文件印发。这里不作重复。以下均按我当年的发言提纲手稿中关于党组建设部分进行回顾。

我的总结发言首先强调："必须严肃地实事求是地分析署党组的指导思想和各项工作，得出正确的结论，引出必要的教训，以利于指导今后工作。"在这部分，我主要检查了自己的问题。

当时，如何对待卸任署长，班子内外十分关心，也十分敏感。经反复思考，我想一要坚持实事求是原则，二要把别人的教训视为自己的财富。

我是从如何看待1987—1989两年的党组工作讲起的。

我强调，1987年党组成立以来，在导正同志主持下，是同中央保持一致、贯彻中央指示的，是听招呼、守纪律的，是认真努力工作的。对1987年反自由化，整顿报刊，打击非法出版活动，查处淫秽色情出版物，都是认真在做的。反自由化中断，整顿报刊不彻底，出版社整顿未进行，乃至发展到自由化泛滥、黄色书刊泛滥，是赵紫阳错误指导思想形成的大气候造成的，是整个意识形态领域全局性的、共同性的问题，不能说直接由于党组存在错误指导思想造成的。从思想和言行上，导正同志和党组其他同志都没有鼓吹自由化、支持淫秽色情的东西。问题主要是觉悟不高、认识不深、态度未能坚持一贯，作风不深入，管理不得力，从而造成工作上的失误，在激烈的政治斗争和思想斗争中没有做到尽职尽责。党组同志各人情况有所不同，但在上述问题上是大同小异。这样看，我认为，比较符合实际，也有利于正确地总结经验教训。

关于会上提出的有关导正同志的几个具体问题，是在发言最后讲“如何建设好党组”时说的。我表示，在前几次会上，有些同志谈到导正同志的一些情况。因为他是两年来的党组书记，他现在退下来了，不能像对我们那样要求他，但为了吸取经验教训，在总结党组工作时涉及到他也是正常的。我们在前面对党组工作的评论，特别是肯定的部分，更是同导正同志的主持分不开的。对于会上提出的几个问题，我想结合改进党组工作讲一点情况，并且谈谈可供我们吸取的经验教训，把别人的教训当作自己的财富。

我首先谈了多位同志提到的 1988 年 2 月 10 日向中央宣传小组汇报时，因照搬赵紫阳关于艺术院团实行“双轨制”问题，发生不同意见的情况。强华说那天的汇报气氛很紧张，更引起与会同志的关注。我较详细地作了介绍，但我同时说明，导正同志经中央宣传小组会议指出后，已经改变了原来的看法。

（附注：本《自述》第九章中的“新闻出版是否要实行‘双轨制’改革”一节的有关内容，已按此次党组扩大会议发言提纲写出，这里不再重复。）

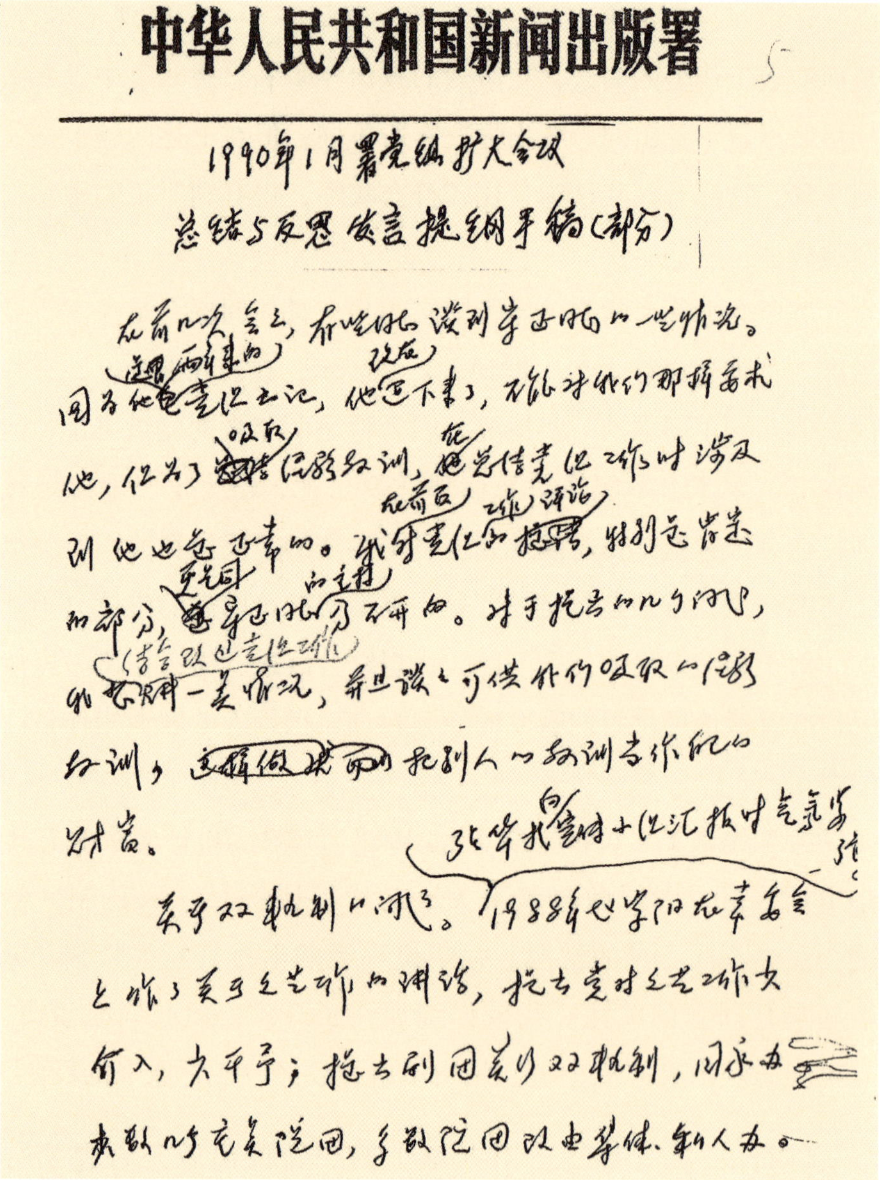
中华人民共和国新闻出版署

1990年1月署党组扩大会议

总结与反思发言提纲手稿(部分)

在前几次会上，有些同志谈到守正同志的一些情况。因为他（这里面有我的）责任之说，他（现在）下来了，不能对我们那样苛求他，他为了（吸取）经验教训，（在）总结责任工作时涉及到他也是正常的。（在前面）我对责任的（工作评论），特别是背景和部分，（受到同）（的主持）守正同志的不评论。对于提出的几个问题，我想讲一点情况，（当时向过去汇报工作）并且谈之可供我们吸取的经验教训，这样做比到别人的教训更对当。（张学我向全体十几汇报时也是有）

关于双轨制的问题。1988年6月我在常委会上作了关于文艺工作的讲话，提出党对文艺工作不介入，太平了；提出利用发行双轨制，同样发表新的意见；但问题又由集体、新人办。

接着，我谈了赵紫阳 1987 年夏同导正同志一次谈话所产生的影响。

导正同志从中南海回来向党组同志传达说，赵紫阳同他说，政治思想的弦不要绷得太紧。有些事可以睁一只眼，闭一只眼。扫黄中，黄与非黄很难分。看来，赵紫阳这次谈话，对导正同志影响不小。他准备在即将召开的全国性会议上贯彻这些调子。这是指 1987 年 7 月 27 日—8 月 3 日，中宣部、新闻出版署在北京召开的全国宣传部长、新闻出版局长会议。这次会议主要讨论和落实压缩整顿报刊工作任务，是一次为压缩整顿报刊鼓劲的会议，是一场攻坚战和加油站。导正同志为这次会议准备的开幕词稿中，引出赵紫阳“5. 13”讲话中“资产阶级自由化思潮泛滥的情况已经扭转”后，又谈到“政治思想这根弦绷得太紧”的种种不利，要求“在整顿中更多地强调一下妥善这一面”，在压缩整顿中“给各地各部门更多的自主权”。不难想到，自由化思潮泛滥已扭转，政治思想这根弦一放松，各地各部门自主权一行使，中央交办的报刊压缩整顿任务，就很难落实了。开幕讲话具有指导会议走向的意义，原讲话稿显然不妥。中宣部王维澄、李彦和我在会议所在地同导正同志商讨时，我引申说：“我们应当力求做到，过去讲的、做的，以后能站得住；现在讲的、做的，同过去相比，不出现大的摆动。而做到这一点的关键，在于正确领会中央指示精神，一切从实际出发。”王维澄、李彦强调讲话稿必须修改。导正同志仍有所坚持。最后，经中宣部领导决定，重新起草讲话稿，由导正同志宣读。导正同志在此次闭幕会结束时所作《善始善终地把报刊整顿工作做到底做圆满》，则完全符合中央和中宣部的指示精神。

在党组扩大会议上，我强调了两点，作为我们党组集体的经验教训，以利于今后的工作。一是贯彻中央指示，一定要从实际出发，结合本部门、本行业的实际，对中央指导别部门、别行业的工作要求，只能借鉴，不能照搬。我举例说，日前看到梁衡的一篇文章，就是谈这方面的体会，请大家都看看。二是从党组建设上吸取经验教训，这就是实行集体领导，分工负责，重大问题一定要党组充分讨论，集体决策。这两点，我们党组的同志一定要做到。我首先要做到，请大家监督。

在这里，我觉得有必要顺便澄清一下杜导正同志 2010 年 1 月公开出版的那本《日记》中记载的与我有关的一些事。他在《日记》中写道，1997 年 2 月 16 日在人民大会堂春节团拜会上，我与他"咬耳朵"："'六四'后几天，免你职的文件就到了，我扣下，我建议王维澄（时任中宣部常务副部长），先跟你说一下，以后上边又令我主持会批判你。我说我主持不合适。推了。"接着他又提到上面要抓他"把柄"的两件事：为老同志上书中央代笔；去中南海见赵紫阳。我与老杜工作中对一些问题有不同的意见，但对这位老党员、老新闻人是尊重的。那次春节团拜会，同桌的多为我与他都熟悉的新闻界老同志，交谈中谈起"六四"中多家单位整人的情况，我顺着老杜的话说起他日记中的那两件事，放低声（"咬耳朵"）只在说明情况而不张扬，决不是在制造"亲密感"和"神秘感"。我还想到，他在日记中公布了那场政治风波前后一些同志同他个别交谈的情况（谁知是否准确），是很不负责任的，好在我们党早就从"左"的错误中走了出来，深刻懂得全面而又谨慎地对待干部的重要性，否则还不知要产生什么影响呢？由我接替老杜任新闻出版署党组书记一职的中共中央通知的时间是 1989 年 6 月 14 日，我与老杜事先都不知情，我觉得应先由上级组织跟老杜正式谈话，我就电话请示中宣部，并请机要员暂存文件不传阅（不是扣文件），中宣部决定（不是我指名请的）由王维澄同老杜谈话后才在党组传阅任免文件。随后我又向王忍之（时任中宣部长）建议，召开署机关和直属单位负责人大会，王忍之同意并亲自出席宣布，由于年龄原因，由我接替老杜的职务。这时，确有上面交办由我主持会议让老杜交代一些事（不是批判），我从未把老杜视为清查对象，上面也未要我对他进行批判与清查。我只是觉得我刚接任就出面主持召开这种会，会使人有后任整前任之感，而且所要交待之事并不发生在本机关，经我两次请示并详加说明后开会之事就未再提起。我不愿意主持这种会议，只出于怎样做人的考虑，而与两人当时的政见如何无关。

三、反对和平演变与掌握出版方向

1990—1991 年，我参加两次重要活动：一是 1990 年访问苏联，对正在演变中的苏联进行观察；二是 1991 年参加中央在中央党校举办的以反对和平演变为主题的党建研究班。这两次内外不同的活动，因其实质性内容，便产生了某种内在联系；又同我当年对出版工作的一些思考相关联。这样便需要在这里一并讲一讲。

（一）对苏联急剧变化的政治形势的观察

1990 年 9 月 10 日至 9 月 20 日，应苏联出版委员会的邀请，也作为对此前访华的苏联政府出版代表团的回访，经国务院批准，我以新闻出版署署长的身份率中国出版代表团访问苏联（代表团成员有署外事司长周洪立、中华书局总编辑傅璇琮、上海新闻出版局副局长赵斌、翻译白以素和署长秘书王涛），同苏联国家出版委员会代主席进行了工作会谈，访问苏联消息报社和设在莫斯科、列宁格勒和基辅的出版单位。9 月 19 日，苏共中央书记、政治局委员扎索霍夫在苏共中央大楼会见了代表团。9 月 20 日，我同苏联国家出版委员会代主席马姆列耶夫共同签署了《中苏双方会谈纪要》《中苏互派编辑短期进修议定书》《中苏互办书展协议》三个文件。在《中苏双方会谈纪要》中，苏方对代表团在列宁格勒与苏联科学院东方研究所列宁格勒分所负责人就上海古籍出版社与其合作出版现藏于该所的中国文化古籍西夏黑水城文献珍本一事给予高度评价，并保证在合作出版全过程以及对拍摄胶片办理海关出境手续时给予支持（上海古籍出版社在代表团访苏前就与该所就合作出版事宜进行商谈，并已开始操作）。这套名为《俄藏黑水城文献》（共 32 册），上海古籍出版社已于 1996 年开始出版，我们访苏时已出版 11 册，是以出版方式使外藏中国珍贵文献“回归”祖国的重要举措。此次出访，对 1990 年苏联正在激烈动荡和演变的政治形势以及与整个国家形势相联系的新闻出版业的状况作了考察，代表团归来后所写访苏报告主要讲的也是这方面的情况和问题。

我们返京后写出的《中国出版代表团访问苏联报告》，于 10 月上报中共中央和国务院以及中央宣传部。报告的第三部分，主要讲了苏联政治、社会形势及其在新闻出版领域的表现。

访苏期间，我们看到，苏联社会的各种矛盾正在激化，社会动荡不安；实行政治多元化使党派林立，政治反对派崛起，执政党正转向议会党；向市场经济过渡使私有制复活，物价飞涨，生活必需品严重匮乏；民族分离倾向发展，许多加盟共和国纷纷要求独立。全苏社会这种极不稳定的状况，在新闻出版领域也有明显表现：

1. 政治多元化突出地表现在办报、办刊的问题上。今年六月通过的苏联《新闻出版法》是其政治多元化政策的产物。该法规定："创办舆论工具的权利属于人民代表苏维埃和其他国家机构、政党、社会组织、群众运动、创作协会，属于根据法律创建的合作社、宗教团体和其他团体，属于劳动集体以及年满十八岁的苏联公民。"该法通过后不到三个月，国家出版委员会就收到三百多份办报申请，其中有相当一部分是私人和民间组织要求办的。对这些办报申请，国家出版委员会因为要进行资格审查，一时没有一一批准，就有人在最高苏维埃和电视上批评出版委员会阻挠私人办报。事实上，私人办报、不同政见者集团办报、党派办报在苏联已成气候。现在苏联不仅有私人办的报纸，还有私人办的电台。

2. "市场经济"已对苏联的新闻出版行业产生强烈的"冲击波"，这种"冲击"今后将越来越大。

苏联的向"市场经济"过渡计划尚在最高苏维埃喋喋不休地进行争论的时候，苏联新闻界就最先受到了"市场经济"的冲击。现在正是征订明年报纸的季节，由于报价大幅度提高，报纸的订数普遍大幅度下降。国家出版委员会代主席马姆列耶夫带着戏谑的口吻对我们说："记者们一直在为'市场经济'而奋斗，而他们的报刊却因为订数下降首当其冲地受到了影响。"目前苏联的新闻纸奇缺，《消息报》总编辑叶菲莫夫对我们讲，基辅已经五天看不到《消息报》了，从现在起，《消息报》每星期天为正常停刊。但据我们观察，莫斯科街头各种小报却比比皆是，一些新创办的揭露性报刊都印量不小。比如有一份名叫《事实与雄辩》的小报，仅创刊三年，现在发行量居然达到3400万份；《共青团真理报》也发行到2000万份。我们分析认为，苏联目前出现的“纸荒”原因主要在于国家失去了对新闻纸的控制，大量的纸流入市场，而国家的骨干新闻单位却没有纸张的保证。目前在苏联，倒卖纸的现象很严重。国家拨纸每吨为800卢布，而市场价为3000卢布，这种巨额差价使很大部分纸张都集中到一些有门路、有背景的倒爷手里去了。

在“市场经济”的背景下，苏联新闻出版行业面临的另一个冲击就是所有制问题。苏联的《新闻出版法》颁布以后，除了私人办的报纸大量涌现外，又带来原有的属于全民所有的新闻出版单位如何变更所有制的问题。马姆列耶夫对我们说：“我本人是主张出版社全部属国家所有的，但现在看来做不到。原来属于国家所有的出版社也得拍卖，或者搞股份制。所有制的变化主要是由出版社的工作人员集体决定，他们想实行什么样的所有制就搞什么样的所有制。”比如原属于国家图书中心的书籍出版社已经被租赁给个人，与中心完全脱钩。我们访苏期间看到，苏联同行似乎都感到大势所趋，好像都在为自己谋划在“市场经济”条件下的“后路”。列宁格勒的阿芙乐尔出版社社长库茨科夫是一位参加过卫国战争的老共产党员，他对我们说，我是一个共产党员，可能很快就会成为一名个体劳动者，但我不会离开党，只要党还要我。也就是这位老共产党员不无担忧地对我们说，所有制的变化肯定会带来出版方针的变化，过去出版方针由国家来把握，并从信息、资金、物资等方面予以保证，现在出书受市场调节，要根据市场的需要来引导出书，也就是说什么赚钱就出什么了。

在《访苏报告》中，还以乌克兰为例，说明“在对苏交往中正在出现一个值得注意的问题，即一些加盟共和国独立倾向甚浓，欲以独立国家政府机构的身份同我中央政府机构会谈，签协议。在基辅，我们与乌克兰出版委员会的工作会谈还没有结束，他们就拿出一份以加盟共和国出版委员会为一方的双边会谈纪要和合作意向书，希望宋木文同志能在上面签字。考虑到乌克兰正在加紧独立活动这种复杂背景，我们不宜同苏地方政府机构签订这种协议，宋木文同志当即以技术原因为由婉言拒绝了”。

我们十天来对苏联形势的观察只能是初步的，有些甚至是表面的，但仍可以透过现象看到本质。通过这次考察，我将稍后苏共亡党、苏联解体的原因，从两个方面作了概括：从历史根源上讲，是由于斯大林及其后领导集团长期实行专制僵硬统治造成政治、经济、社会、民族深刻矛盾，使苏共和苏联严重脱离了各加盟共和国的广大人民群众；从现实考察，则是由于戈尔巴乔夫的“新思维”“改革”，又照搬西方的多党制、议会制、政治思想多元化，对意识形态放弃领导，经济更是严重困难（百货商场几乎无日常生活用品可买），民众不满情绪普遍增长，离心力与日俱增，所有这些情况都表明，苏共的解散和苏联的解体就绝非偶然的了。我作了这两个方面概括后，又强调指出：“从根本上说，苏联的变化绝不是马克思主义、社会主义的破产，而是苏联党的领导人错误领导造成的。当今的马克思主义者，正在总结历史的经验，把握新时代的特征，对社会主义进行新的探索和实践。”①

（二）在中央党校党建研究班的学习与研讨

1991 年 7 月 1 日至 7 月 30 日，在北京政治风波之后，在东欧社会主义国家发生剧变、第一个社会主义国家苏联加速演变的

① 宋木文：《亲历出版 30 年——新时期出版纪事与思考》，商务印书馆 2007 年版，第 365—372 页。

形势下，根据中央的工作计划，中央党校举办第三期党建理论研究班，以反对和平演变为主题，研讨如何加强中国共产党自身的建设问题。全班共42人，有中共中央和国务院有关部委负责人、部分省市负责人以及部分专家学者参加。我参加了这个研讨班的学习与研讨，在政治上思想上都有收获。我根据此次研讨的体会，联系前一年对苏联社会的观察，应邀于1991年11月1日在杭州举行的第六届全国出版科学研讨会上作了《关于反对和平演变的斗争和做好当前出版工作的思考》的专题报告，并将此文收进1996年编辑出版的《宋木文出版文集》。

1991年7月中央党校第三期党建研究班，是在特定形势下举办的，本系内部研讨性质，并未对外公布。2003年11月1日，参加研究班的时任人民日报社总编室主任喻权域写信给我，附送两个材料：一个是《北京日报》理论周刊2003年1月13日刊载的王长江教授（中央党校1991年第三期党建研究班工作人员）访谈录，称研究班“上报中央的会议纪要认为，提‘一个中心’是不对的，应该提‘两个中心’。因为只说以经济建设为中心，那么把政治中心置于何处？政治中心是什么，就是应该以反和平演变为中心”。

喻权域附送的另一个材料是2003年第九期《炎黄春秋》转载周瑞金癸未羊年答《新民周刊》记者问《上海皇甫平文章发表前后》。该文根据北京日报刊载王长江的谈话，复述了“两个中心说”。周瑞金还说此次研究班“是背着当时党校校长办的”，“不让上海的领导参加”，研究班的有些活动“都遭到江泽民总书记的抵制”。

这样，就把本来是内部的研究班公之于世了，而且还涉及一些重大事实真相。我以参加者的身份，曾在2003年11月就有关违背事实的问题作过澄清。[1] 现在仍有必要进一步对若干重要问题做出澄清。

第三期党建研究班是经中央批准，列入中共中央工作计划要点，在当时国内外大形势下，以反对和平演变为主题的一次重要研讨。

研究班由中央政治局常委宋平主持，王忍之（中宣部部长）为班长，姜春云（山东省委书记）、何东昌（教育部党组书记）为副班长，下分五个专题小组进行学习与研讨。我参加意识形态研讨小组。江泽民总书记亲自参加7月20、22日全体会议，分别听取卢志超、陈光毅、陈锦华、姜春云、何东昌代表五个小组的研讨汇报。

7月31日上午，由江泽民主持，中央政治局常委（全体常委都出席，包括周瑞金说被背着的时任中央党校校长乔石）在怀仁堂听取第三期党建研究班汇报。在京政治局委员、国务院副总理、国务委员列席了会议。王忍之汇报了"研讨纪要"。我作为学员在场，后来又查过我保存的"纪要"，根本没有什么"'两个中心'"；更没有什么"应以反和平演变为中心"的提法。据陈锦华（时任国家经济体制改革委员会党组书记、主任，后任全国政协副主席）著文回忆："江泽民在听取汇报后讲话，肯定这次党建研究班，主要研究反对与防止和平演变的问题，是非常必要的。江泽民说研究班的收获很大，主要有三点：第一，进一步提高了认识，统一了思想。第二，比较系统地研究了东欧的演变和它的基本教训。第三，初步讨论了我们反对和平演变的战略构

---

① 宋木文：《亲历出版30年——新时期出版纪事与思考》，商务印书馆2007年版，第364—376页。

想和策略，提出了一些重要意见和建议。他还说，办研究班的过程，也是对高级干部不断地进行马克思主义理论培训，提高大家认识的过程。因此，这个研究工作应该继续下去。江泽民的讲话，当年以中共中央办公厅《中办通报》的文件发到全党”。[①]

我在2013年11月3日为处理喻权域来信一事时表示，说实话，我极不愿意在党建研究班举办十多年后，全党正在同心同德搞建设、齐心协力谋发展的大好形势下，再来参加争论十几年前在那个特定背景下发生的事，但出于澄清事实真相的责任感，我又不能保持沉默。我在致有关同志的信中郑重地表示：“我在这里只想说，用邓小平南巡谈话和党的十四大后出现的新形势来完全否定甚至高度上纲上线地指责1991年7月党建研究班对反对和平演变问题的研讨，是缺乏历史分析的；说研究班的上报文件曾提出‘两个中心说’，更是没有根据的。周瑞金没有参加那次党建研究班，他答记者问中的‘两个中心说’，我宁愿相信是‘误听传言’。”如果联系前述背着中央党校校长、不让上海领导参加、遭到江总书记抵制等说辞，又不是“误听传言”所能解释得了的。

（三）做好出版工作的思考

对苏联进行考察和参加党建研究班后，我于1991年11月1日应邀在杭州举行的第六届出版科学研讨会上作了《关于反对和平演变的斗争和做好当前出版工作的思考》的专题报告。我将这个报告收入1996年出版的《宋木文出版文集》，所写“题记”指出：“在这里，我除了讲反对和平演变的必要性、重要性外，主要是联系国内外的实际，指出我们要以苏联为殷鉴；而中国又

---

① 陈锦华：《第三期党建理论研究班的讹传与真相》，《百年潮》2014年第6期。

与苏联不同（讲话时苏联尚未解体），只要我们坚持社会主义物质文明和社会主义精神文明‘两手抓两手都要硬’的方针，坚持‘一个中心，两个基本点’的基本路线，坚持走有中国特色的社会主义道路，就能够在中国防止和避免重演和平演变的悲剧。”

我的这篇“思考”，特别强调：

意识形态领域，特别是大众传播媒介或者叫载体，包括报纸、广播、电视、期刊、图书、音像制品，这些大众传播媒介，因为它传播非常广泛，影响深入千家万户，平时潜移默化地影响人们的政治观点、思想观点、生活观点；能够形成和改变一个时期的舆论，而在关键时刻还能呼风唤雨。这不是我们的新发现，而是人类进入现代社会的一种通则。所以要充分认识包括新闻出版在内的意识形态领域是和平演变和反和平演变的重要阵地。明确这些问题，认识这些问题，对我们搞好新闻出版工作来讲是至关重要的。

这篇“思考”还提出“既要设防，又要出击”的要求。主要是：“一是拿出好作品，办好报刊，出好书”，即“以提高质量为中心，多出好的精神产品，这是我们应当做的中心工作”；“二是要有一支能战斗的队伍。在当前的各项工作中带有关键性的一个环节，就是搞好队伍的教育与培训”。[①]

① 宋木文：《宋木文出版文集》，中国书籍出版社 1996 年版，第 405—418 页。

第六章

出版热点问题检验出版管理

冯建辉：宋老，您好！今天我们是不是可以谈一谈另一个问题，也就是如何在处理热点问题中加强和改进出版管理，做好出版工作。在上世纪80年代，出版工作的热点问题比较多，很希望您能谈一谈。如“新武侠小说出版热”、《查泰莱夫人的情人》《性风俗》等书的出版引发的争论。

宋木文：好，我先谈一下当年总的背景，然后再具体谈若干个热点问题。我回忆了一下，在1980—1990年，出版的热点问题比较多，这不是一个偶然的现象，甚至可以说是一个必然的现象，它是同那个历史时段特定的政治背景和意识形态的形势有关，所以不能够孤立地谈论某一个、某几个具体的热点问题。

总的看，在大转折开始的年代，我们在出版管理上面临着打破思想禁锢后各种社会思潮、各种社会力量不同要求的挑战。所谓大转折，就是实行以经济建设为中心之后，开始了由计划经济向市场经济的转变，尽管这个过程还相当长，是在经过若干个过渡阶段之后才明确的，今天也只是基本实现，还需要继续深化这个转变；同时，与经济体制转变相适应，在打破禁锢之后，伴随着思想文化上的由一元向多元的转变，逐步形成以一元为主导、多元并存的新局面。由于这两个重大转变刚刚开始，各种社会力量、各种社会思潮的不同要求，政治上、思想上、文化上的不同主张，都必然要通过出版物表现出来。因此，出什么，出多少，一类书，一本书，它都会形成众说纷纭的热点，要求思想统一又难以统一。那个时段就是这样一种复杂的局面。这又不是以某一个人的个人意志为转移。社会存在决定社会意识嘛。由于这种复杂的局面，我们的自觉性与预见性又不够，我常想到，有时对这类问题的把握比解决物质条件的短缺和落后还困难。至少我个人有这种体会。

冯建辉：就是说您强调要把这些热点问题放在当时的社会转型这样一个宏观背景下考虑。这样谈热点问题会对人有启发。

宋木文：我会努力地去做，使人们了解这些具体热点问题的历史背景、不同热点之间的内在联系，并从出版管理上总结经验教训。

一、从处理低俗出版物谈起

冯建辉：那就首先谈谈如何处理低俗出版物？

宋木文：好的。

冯建辉：我看到一则资料：1984年下半年起，我们许多严肃健康的文艺作品，发行范围很有限。可那些五花八门的增刊、小报，却大量出现在大街小巷。像当时的《古楼侠影》《巴陵大盗》《冷面美人》等，比比皆是。印数动辄几十万、上百万，有的还出省跨界，销量非常可观。另外一则资料显示：在1985年2月2日，吉林省《群众艺术》杂志擅自以书代刊，出版增刊《女皇野史》，被吉林省出版局认定为非法出版物予以没收。据说文化部出版局对这件事还发了通报，进行批评。您能不能对这一类现象做一点回顾和评论呢？

宋木文：你提的这些问题，讲的这些现象，都是20多年前的事情，但是对我来说还有一点印象。我觉得，把这一类现象叫做低俗出版物比较合适。尽管其中个别也有淫秽色情的东西，但作为一种社会现象，这些问题多数还属于低俗出版物。对我个人来讲，对不健康、低俗出版物大量涌现，当时已经有所察觉，但是没有想到来得这么快。这种问题的出现，主要根源是出版单位失去了文化担当，不顾社会效益，片面地追求经济效益。由于这类问题带有一定的复杂性，所以，我们当时的处理也是分层次的：一般的低俗不健康的，我们采取的方针是打招呼、提醒，作为一种倾向性的问题提出来，有的还通报批评，以引起重视；对色情淫秽的出版物和非法出版物，则明令禁止（包括行政处罚和经济处罚）。我记得当时还处理了一本书叫《情场赌徒》，这是延边一家出版社出的，作了停业整顿的处理，并且罚了50万元，在当时，这是个不小的数目。

中央领导同志对这类问题常有批示下来，督促我们加强管理，我们的态度也是明确和坚定的，在这种问题上是从不手软的。但由于受经济利益驱动，这类问题在现实中，也时有反复，必须常抓不懈。

1986年我在南宁召开的全国出版局局长社长会议的总结讲话中，就提出："历史的经验告诉我们，打破思想禁锢以后，出书倾向有两种发展。一个是向高层次发展，一个是向低层次发展。前者要付出艰苦的创造性的劳动，后者常常可以投机取巧。应当通过大家的共同努力和必要的协调，使我们的出版物在总体上更符合社会主义精神文明建设的要求。"关于低俗出版物问题，我就简单说这么几句。

二、关于武侠小说出版热

冯建辉：您总结了出书的两种发展倾向，对业界是一个善意的提醒。我想，这两种倾向对于现在来说仍然具有重要的启示意义。另外，我掌握到了一个材料，说是1985年时任中央书记处书记胡启立同志曾经在一个内部刊物上做过一个批示：要出版局对当前滥出新武侠小说的问题进行调查研究，提出改进意见。可否请您谈一谈1984—1985年新武侠小说出版热的现象？

宋木文：启立同志确实有这么一个批示，我们也认真执行了，就是对新武侠小说、古旧小说以及由此改编的连环画（统称为“三类书”）进行了调研，检查原因，提出改进意见。

情况是这样的：经调查，从1984年12月到1985年8月，全国有67家出版社出版“三类书”，出版了164种，4406万套。这是一个很大的数字。我们认为，武侠小说，作为通俗文学的一种，出一些，是可以的，应该的，但过多、又过于集中就会形成泛滥的趋势，所以当时还是当作一个比较重要的、必须引起注意的问题。同时又有为数不少的冒名和伪造出版社之名搞盗印，数量也很大，进一步冲击了图书市场，一时间这“三类书”在书店书摊充斥。所以，就形成了“内外上下”的压力。就是说：在出版系统的内部，在社会上，从中央领导到广大群众都批评这种现象，给出版部门以很大压力。除了启立同志的批示之外，还有其他中央领导同志也很关注这些问题，像乔木同志。当时新闻媒体对此也有呼声，也有批评，甚至还有讨论。我记得《中国青年报》就组织了专题讨论，并且说一些人特别是青少年已经入了迷、有了瘾，有的学生甚至丢掉课本去看武侠小说。当然，看武侠小说无可厚非，但丢掉课本就不好了。所以，就这个问题，当时国家出版局多次向上面报告，对这种泛滥的情况进行了梳理，检查了原因，提出了改进的办法。这里，我想强调的是，1985 年 9 月 14 日和 9 月 23 日两次综合报告，更能代表我们当时的观点和采取的措施。

冯建辉：这两次报告的主要内容或观点是什么呢？

宋木文：主要的内容和观点就是，出一些这样的书是可以的，但是不能过于集中、过多，不能影响中小学课本、大专教材等主体出版物的印制发行，特别是在印刷特别紧张，纸张也特别紧张的情况下。这是几次报告的基本观点。我现在回过头来想，当时觉得不严厉地刹一下这股风，这个势头恐怕难以改变，也许矫枉有些过正，就决定今后两三年不再出版这类书，要出版必须报批。这里不能不讲到一个情况，就是新武侠小说有两个代表人物（都在香港），一个是金庸、一个是梁羽生，我们很注意两位“大侠”有什么反映。

边春光同志（当时的国家出版局局长）在《从“新武侠小说热”说到出版安排》一文中说：1985 年 10 月 8 日，金庸先生给他写过一封信，说“日前欣见报载先生发表谈话，表示对此类小说并不禁止，但印数必须控制，事先须得批准，实为高明之决策”。梁羽生先生在同年 10 月 31 日致信《文艺报》（文艺评论刊物）副主编陈丹晨表示，“在最近的《文艺报》上读到有关国内滥印武侠小说造成灾害的报道，我很难过”，认为“对于我们今天的国家来说，应以反映现实生活的文学作品为主，主次有别”。[①]

---

① 边春光：《边春光出版文集》，中国书籍出版社 1994 年版，第 213 页。

边春光在1986年全国图书发行工作会议上讲到新武侠小说等出版过多，受到领导机关和社会各界的批评的时候，又说：“去年，在香港书展之前我见到查良镛即金庸先生，他说他写新武侠小说茶余饭后可以看看，为什么要印那么多？我说可以印一点，但不能印太多。金庸先生说，你的话十分正确。”也许这是金庸先生自谦，或者也兼有从国家大局出发。

我在1986年7月接受新华社《瞭望》周刊记者殷金娣的采访，也谈到对海外几位作家的著作如何出版的问题：“金庸、梁羽生是香港著名作家，他们的新武侠小说有广泛的影响，在大陆受到读者的欢迎，适当出版他们的作品是无可非议的，只是近年来大陆出得太多太滥，需要加以调整，不是说不能出版，我们今后仍将有计划地加以出版。值得注意的是，有些不法分子看到金庸、梁羽生的书好销，就冒用他们的名字改头换面，张冠李戴，欺骗读者。现在我们打击这种非法出版活动，特别注意坚决清查和取缔假冒知名作家的非法出版物，也正是在维护作者的名誉。”

冯建辉：我想，您这里一方面是肯定了金庸和梁羽生以及他们的作品，另一方面也强调了出版管理的必要性和合理性。既尊重了作者和作品，也容易赢得人们对出版管理的认同和支持。处理得相当艺术！而且，我想，这样一种考虑恐怕也是和当时的社会条件有着密切的关联吧？

宋木文：也许我当年对金庸、梁羽生作品的评论尚未到位。不过，我的着眼点是当时出版的大局。在2007年出版的《亲历出版30年》中，我曾谈到20世纪80年代对新旧武侠小说出版的控制，认为这是在一定社会条件下所采取的措施：“一方面，反映了改革开放后为加强精神文明建设的要求和当时社会各界的承受能力，另一方面，反映了经济和社会的发展水平。当时印刷生产能力严重不足，纸张生产供应也十分紧缺。在计划经济体制下的政府出版主管部门及其他政府有关部门，首先要保证重点报刊和教科书以及政治、理论、学术和科学技术著作的出版，对新旧武侠小说等类图书的安排只能占有一定的比重，如果由于这类当时被视为‘消闲书’的出版物大量印行而冲击了重点报刊和教科书的出版，那将是犯了不可饶恕的错误。”又说：“在这里，我不想就武侠小说这类文艺作品作什么评价，我只想说两句话：不要用适应当今经济和社会发展水平的标尺去衡量二十年前所采取政策措施的是非；无论社会发展到何种水平，政府出版主管部门和相关的出版单位都要优先做好国家重点报刊和教科书等重点出版物的出版工作。正是在这种意义上，对二十年前我们所作的检查、保证和建议，在总体上，我至今还认为是必要的。”

这是我2007年讲的话，现在又重新提起，不知道是不是能够经得起历史的检验，大家可以评论。

我和新华社记者殷金娣的那次谈话，还谈到了著名作家柏杨作品出版问题。我说：“柏杨的《丑陋的中国人》这本书在社会上传闻很多。我们认为柏杨是一位正直的有影响的作家，对他的有学术价值的著作今后仍将陆续出版，向大陆读者介绍，不存在查禁和不出版他的作品的问题。前不久，中国友谊出版公司又出版了他的《白话译本资治通鉴》（十本）、《中国帝王皇后亲王公主世系录》等书。对《丑陋的中国人》，有的朋友说，作者是出于恨铁不成钢，难免‘失之偏颇’。揭露劣根性，是希望每个中国人都有志气、有作为，这是可以理解的。但是如果缺乏历史的发展的观点，把中华民族的传统文化说得一无是处，就容易使缺乏辨别力的青少年削弱民族自信心。即使这样，对《丑陋的中国人》这本书还是安排了出版，但是前些时候一下子又有十来个出版社互不通气，同时重复出版了这本书，时间过分集中，印数又很多，因此需要作适当调整。对一个作者的书，持有不同的看法，这是很正常的。我们希望柏杨能成为我们的朋友，和我们携手合作，共同为振兴中华民族而作出贡献。”

当年，我曾经见过柏杨，还做了很亲切的交谈，他对我们当时对他的作品的总的看法是接受的，并没有因为我们调整了《丑陋的中国人》这本书的出版和发行（实际上是做了一点限制）而产生抱怨，因为对这位作家无论从政治上、文化上、学术上我们都是很尊重的。

三、回顾《查泰莱夫人的情人》一书的出版[①]

英国作家劳伦斯的小说《查泰莱夫人的情人》，在 20 世纪 80 年代的中国，曾因先遭查处后又准予出版，成为一个出版热点。时至今日，仍有舆论关注。

（一）

2013 年 9 月，中国新闻出版研究院“口述出版史”小组，把如何处理《查泰莱夫人的情人》一书，作为那个时期的“出版热点”问题向我提出，我同他们进行了访谈。

我的老同事杨牧之 2013 年 10 月 30 日在《中华读书报》以《出版史上的一段故事》回顾了《金瓶梅》和《查泰莱夫人的情人》的出版情况。

我的老朋友李景端 2013 年 12 月 11 日在《中华读书报》发表

① 按《文汇读书周报》2014 年 7 月 25 日同题文章排印。

文章谈到，《查泰莱夫人的情人》中译本在中国的出版“似乎也映照出我国思想解放的进程”。他回顾说：“最早的是1986年湖南人民出版社再版的饶述一译本。当时我国正处‘清除精神污染’过去没多久，思想上禁锢的余毒还很多。所以此书一出版，就有人认为它‘涉黄’而向高层举报。据宋木文同志后来告诉我，出版署当时并未对该书定性，也没有全面查禁，只要求暂停公开销售，有控制地售完为止。但是在当时社会氛围下，这件事到了下面，还是当作一件责任事件来处理。”此文发表前，景端曾向我询问有关情况，我凭记忆作了简要说明。但他此处所言“到了下面”，则是出自他的判断，且不够准确。我必须申明，查处行动首先来自上面，我也被置于其中的一个环节。这件事当年还成为中纪委参与处理的“有令不行、有禁不止、严重违反纪律的典型事件”。

近来，也有的报刊评论当年湖南“顶住各种压力”率先出版这本书却遭到查处，还涉及对湖南省新闻出版局和湖南人民出版社相关负责人员的组织处理。

这都引起了我的关注与思考。我在国家新闻出版管理机关领导班子，先后担任过副职和正职，凡由我主持、分管、参与的工作和签发的文件，我都负有责任。这其中就包括湖南人民出版社因违纪出版《查泰莱夫人的情人》而受到的查处。我还觉得，在事发近三十年的今天回顾此事，因所处社会历史条件发生了变化，许多人对当年发生的事也很难了解实情，在这种情况下，依据当年相关档案资料（某些关键细节，光凭个人记忆，很难做到准确），把此事的事发背景、查处和出版过程如实地介绍出来，也许更有利于人们了解事实真相和总结历史经验教训。

（二）

对《查泰莱夫人的情人》一书的处理是有个过程并有所调

整的。

1986年我刚从文化部副部长转到国家出版局当局长，12月份，在南宁召开全国出版局局长（社长）会议，会上有人反映，湖南人民出版社准备出版《查泰莱夫人的情人》。我找了几位同事商量，都认为这书有突出的性描写，英国曾经查禁，日本也查禁过。我当时对此书的社会意义和文学价值不甚明了，主要从性描写角度考虑，就在会议结束时的讲话中讲了这件事："描写性生活内容的文学作品，要严格掌握。不必在这一点上去追求'突破'，更不要大家一窝蜂。宣传性卫生知识的图书，由指定的出版社出版，并经卫生部审查，这早有规定。听说有的出版社打算出版《查泰莱夫人的情人》，因为其中有突出的性生活描写，在一些国家甚至像日本那样的国家也曾多年被禁止出版。我不理解，为什么一讲到对外开放，就马上要急急忙忙地出这本书？现在出书要讲求选题论证，要一一说明它的意义、价值。我在这里不妨也请有关同志加以论证：出版《查泰莱夫人的情人》的价值是什么？对社会主义精神文明建设有什么意义？如果要出版，采取什么方式为好？"[①] 湖南局社负责人都出席了此次会议，回去后也作了传达。与此同时，国家出版局相关部门还以批复另一家出版社不得自行安排另一译本的文件，表示出版此书需要专题报批。

我以国家出版局新任局长的身份，在全国性会议上打招呼，也是遵照党的出版方针和国家的行政法规履行出版管理职责。根据国务院的有关规定，文化部（当时的出版局隶属于文化部）于1985年8月20日规定："有价值出版的文艺作品，其中

① 宋木文：《宋木文出版文集》，中国书籍出版社1996年版，第152页。

夹杂淫秽内容，可能对青少年产生不良影响的，应请示省以上部门批准后方可安排出版，并在印数和发行范围上加以必要的限制。”（在此之后的1988年7月5日，新闻出版署又重申了文化部的上述规定，此类选题要专题报批，印数和发行要限制，违者要给予一项或几项包括没收利润所得、罚款、停业整顿的处罚。）

1987年1月3日，为避免已引起社会关注的敏感选题争相出版，国家出版局在《关于目前几种选题安排的通知》（87出版字第5号）中更明确地提出：“英国小说《查泰莱夫人的情人》，也有几家出版社安排出版中译本。这一选题需经专题报批，凡未经我局批准，不得出版；未经批准而印制者，不得发行。”此通知还强调指出：“出版选题的安排，是对党的出版方针的具体体现，直接关系到出版工作为社会主义精神文明建设服务的质量。总结我们这几年在出书安排上的教训，重要的一条就是在短时间内集中出版某些品种，品种不多，相互重复，印量巨大，形成一窝蜂。因此，要求各有关出版社，一方面要开拓创新，在提高精神产品质量的前提下独树一帜；另一方面要掌握信息，注意宏观范围的协调。”①

1987年1月10日，又以“国家出版局宋木文”的名义（出版局从文化部划出改为国务院直属机构后尚未任命其他领导成员，也未建立新的党组），就时下几种敏感选题，向中央政治局分管宣传思想工作的胡启立所作的专题汇报中，也提出《查泰莱夫人的情人》“有较多的性行为描写，曾被英国判为淫书，禁止出版（后又解除）。有几家出版社正在安排出版。国家出版局也

---

① 《新闻出版工作文件选编》（1986—1987年卷），第173—174页。

已通知各出版社：这一选题需经专题报批，未经批准，不得出版、发行”。给胡启立的专题汇报，还附送了前述《关于目前几种选题安排的通知》。

胡启立于1月11日将此件批送：“请紫阳、乔木、力群同志阅示。”赵紫阳已圈阅。邓力群于1月17日批示：“他们已通知禁止出版。”胡乔木1月18日批示：“同意。《查泰莱夫人的情人》一书，抗战前即有中译本，能否算淫书或可否出删节本，可以过一段时间再议，暂按此处理。”此专题汇报，还同时报送中宣部领导，并在报送的次日（1月11日）得到中宣部常务副部长王大明的支持，随后中宣部副部长李彦还批示中宣部出版局“配合国家出版局处理好这类书籍”。

在我们看到胡启立等中央领导同志对我的专题汇报作出的批示之前，即收到邓力群对熊复（时任《红旗》杂志总编辑）1月14日来信的批示。熊复信中说，他从在武汉一家新华书店工作的亲戚处得知，湖南、江西、浙江等五个省都有出版社欲出版《查泰莱夫人的情人》一书，而此书“长篇地描述性爱心理，包括性饥渴、性行为、性感受、性失望等”，宣扬性的“绝对自由观”，30年代在中国出版过，林语堂主持的《论语》曾鼓吹劳伦斯为“现代性爱小说之父”“如果在社会主义中国出版，其腐蚀青少年之大，比国民党时代为尤深尤烈”。邓力群在熊复来信的当日即对中宣部作出批示“应坚决禁止”。中宣部副部长李彦于1月15日提出贯彻执行的具体要求：“即复印送木文、刘杲同志和伍杰、袁亮同志。请国家出版局按力群同志批示办理和落实，并报力群同志。”

经紧急查询，其他几家准备出版《查泰莱夫人的情人》的出版社均已按选题安排通知停止，唯湖南人民出版社不听招呼，不理已发需专题报批的通知，此时已擅自大量印制《查》书，并多点抢时间发行。后查明，在一个月内共突击印制36万余册。

1987年1月16日，经我签发，国家出版局发出通知："根据中央领导同志批示，禁止出版《查泰莱夫人的情人》一书。对湖南人民出版社的该书译本，已通知各地出版行政部门就地收缴封存。"这即是1月17日邓力群在我的专题汇报上批写"他们已通知禁止出版"的由来。通知特别强调："现在，有些出版社不守纪律，情况十分严重，必须坚决纠正。一定要杜绝阳奉阴违，弄虚作假，甚至有意造成事实，迫使领导表态的恶劣作法。"此处的"禁止出版"，当指"有意造成事实，迫使领导表态的恶劣作法"，而不是对劳伦斯作品的评价。我在签发1月16日通知时尚未看到胡乔木1月18日所作批示，把前述"禁止出版"理解为违纪出版而不是为这部作品定性，也为此后按胡乔木批示精神处理这部作品的出版留下了余地。

稍后，国家出版局收到湖南人民出版社送来的报告，说已按通知停止发行《查泰莱夫人的情人》一书，同时说明"《查》书是文学名著，虽有性描写，但有一定进步意义"，要求"按专题报批规定，批准发行"。对此种要求，我们当时决定存档备考，暂不回复。

（三）

人们不禁要问，湖南人民出版社对这部有争议的《查泰莱夫人的情人》，为什么竟公然违反出版管理规定，拒不执行专题报批手续，擅自大量印制、抢时间发行呢？应当说，这里有向我国读者介绍外国文学名著的初衷和正当考虑，但引发这样严重违纪冲动的则主要是"大家觉得此书一定会赚钱的"。深为我敬重的朱正总编辑，这位出版界有学问有作为敢直言的资深名家，在

《新文学史料》（2009 年第 1 期）以《〈查泰莱夫人的情人〉和我》为题发表文章，我读后从中感受到他对劳伦斯及其作品的深入研究，同时也感受到当年出这书“唯一的目的就是想赚钱”的真实情景，而他作为出版社的总编辑只能在那里感叹“我并没有最后拍板定案的权威”。这是实话实说，使我印象深刻。我们当年也更看重为赚钱而严重违纪出版这一条，在打招呼、发通知提醒后，才对湖南人民出版社采取了查处措施。在查处中有时也讲得较为严厉，但对书的定性和处理，则较为谨慎，主要是为了限制有关性描写的传播范围及其消极影响，而没有直接否定劳伦斯的这部作品。

比起许多老出版家，我只能是个初学者。对外国文学，也只是对苏俄文学有一些零零星星、一知半解的了解。我的老领导陈翰伯曾说，宋木文过去不是搞出版的，但让他管出版，对出版有好处。老领导的鼓励与鞭策，使我比较注意学习与掌握党的文化政策，面对因性描写而众说纷纭的《查泰莱夫人的情人》，更觉得要特别谨慎。我比较认真地阅读了《查泰莱夫人的情人》一书后，又听取了学术界的意见，更注意领会胡乔木的多次指示。除前引 1 月 18 日批示外，胡乔木在看出版物内部展览时又说过，《查泰莱夫人的情人》不是淫书，也不要做简单对比称其为“洋《金瓶梅》”。

（附注：近日查到胡乔木 1987 年 6 月看新闻出版署举办的非法出版物展览时是这样说的：“《查泰莱夫人的情人》不要说是‘洋金瓶梅’，这样说是帮它作广告。这本书西方开始时争议很大，后来又肯定了。劳伦斯是英国相当著名的作家。我听一位同志说，萧伯纳曾在他女儿结婚时将这本书作为礼物赠送给女儿。西方文艺界现已不讨论这本书了，但美国教会反对这本书。郁达夫曾提出，这样的书应当有一本。”2015 年 2 月 28 日）

1987年4月，朱正给胡乔木写信，汇报违纪出版《查泰莱夫人的情人》的经过和要求，胡乔木看到中办转送的朱正信后批示："请将此信送中宣部文艺局、出版局，会同新闻出版署处理，《查》书可否在适当时期改出删节本。"这都促使我要找个时机与场合，把我对劳伦斯及其作品的基本看法和政策性考虑公开讲出来。

1987年7月，新华社《瞭望》周刊记者殷金娣采访了我。她希望针对当时学术界、出版界对这部作品不同看法，谈谈我的意见，我也觉得很有必要。我是这样说的：

《查泰莱夫人的情人》是英国著名作家劳伦斯的作品。劳伦斯是一位有影响的作家，《查》书是他的一部重要作品。书中那些反宗教和反特权的思想和描绘，是值得肯定的。但是书中那些性行为的描写，对当前中国国情下的青少年不利。对这部作品，采取适当的方式向中国读者介绍不是不可以的。问题是我们有些出版社一拥而上，湖南等地的六七家出版社争相出版，大量印制，广泛发行，又形成了一股"热潮"，因此就需要在出版方式、发行数量上作适当的调整。

对劳伦斯的作品，我们将一如既往，继续出版。不久前，人民文学出版社就把他的另一部作品《儿子和情人》作为20世纪外国文学丛书中的一本出版了。今后，我们将在出版工作中继续贯彻"百花齐放、百家争鸣"的方针，凡是世界上有影响的作品、流派，我们都将有计划的采取适当的方式向中国读者介绍，以进一步开阔视野，学习和借鉴世界各国的优秀文化。[1]

在这里，我只是以出版管理机关负责人的名义，主要从文学

---

① 《瞭望》周刊1987年7月27日，海外版第30期。

作品的认识价值和性描写对青少年负面影响的角度，简要表明了我们对劳伦斯及其代表性作品的基本态度，而不是对其某一作品作出具体的评价，这不是我的职责需要做，更不是我的学识可能做的。如果要多说几句，那就是，对文学作品的性描写及其社会意义和影响，在今天，也仍然是一个有争议的问题。所以我重阅熊复对《查》书性描写做上纲上线的评判时，又感到他对这部作品相当熟悉，主要是在严肃对待中的着眼点与评价上同许多学者相异甚大。我宁愿视此为正常的观念之争。因为在今天，也不能说就没有此种看法。还是我的一位老同事老朋友说得好："要对文学评论和出版管理加以区别。前者，各抒己见。后者，依法办事。"

对新华社《瞭望》周刊的谈话，主要是通过舆论讲了我们的基本看法，澄清一些是非与传闻，而查处违纪出版之事还在进行中。先是国家出版局，后改由在国家出版局基础上新建的新闻出版署继续进行。

1987 年 10 月，遵照中纪委的意见，由新闻出版署向全国出版界发出关于《查泰莱夫人的情人》违纪出版的通报。署图书司（时称图书局）杨牧之为此事向我和刘杲送来签报。我批写："请图书局尽快拟出通报稿。"此时，我和刘杲都认为，在我们已向新华社记者发表谈话后，应在适当时机在查处中体现对外国文学名著的政策，所以我在此次"尽快拟出通报稿"的批语中进一步表示："拟同意内部发行 2 万册，其他销毁（化浆）。内发办法可参照《金瓶梅》（删节本）办法。考虑到此事较敏感，力群同志有批示，将我们的意见报中宣部审批，如获同意，可考虑发一简报，说明特批发行，其他出版社不再出版。（鉴于地方党委）对有关干部已处分，又通报了，可不再经济制裁。"后查明，印装待发书数量很大，在作出决定时，对17万存书改为继续封存，只对少量未完成品作化浆处理。我时任副署长、党组副书记，1987年10月16日的这个批语还请时任署长的杜导正审批。尽管如此，此事主要还是由我负责处理的。我未查到因“力群同志有批示”向中宣部的报告，但查到了按我写批语所作的处理，这也表明如不经中宣部批准，我们是不会就此事擅自行动的，此后邓力群对我们关于《查泰莱夫人的情人》一书的政策性举措也是认同和支持的。

1988年3月，中央纪委批复同意湖南省纪委《关于湖南人民出版社和湖南省新闻出版局主要负责人在〈查泰莱夫人的情人〉一书出版发行中所犯错误的处理意见的报告》，内涉及对《查》书以及相关责任人的处理意见。我在中纪委送来的会签文件稿报批件上，先后两次批注意见。一次是3月23日：“请导正同志审阅。此事应由我们处理的，是存书问题。纪律处分问题，不由我们管，我们也没有讲过具体意见。还有一个‘通报’问题，是启立同志批办的，另议。此文只涉及存书问题。”另一次是3月24日：“此件我同导正同志面商过，他同意发此文。”经杨牧之核稿、由我签发的这件同中纪委批复文件配合发出的1988年4月1日通知，全文是：“关于《查泰莱夫人的情人》一书的存书，可作如下处理：内部对口发行2万册（不公开征订），供创作、研究、教学人员参考，其余170，146册继续封存。”通知主送湖南省新闻出版局，抄送中宣部出版局、中纪委五室、湖南省纪委、湖南省委宣传部、湖南人民出版社。主送、抄送单位，都是全面考虑过的。

不难看出，我们不对地方涉案人员的处理问题表示任何意见，同时在查处过程中批准发行2万册，其余17万册存书继续封存待处，都有政策上的考虑。

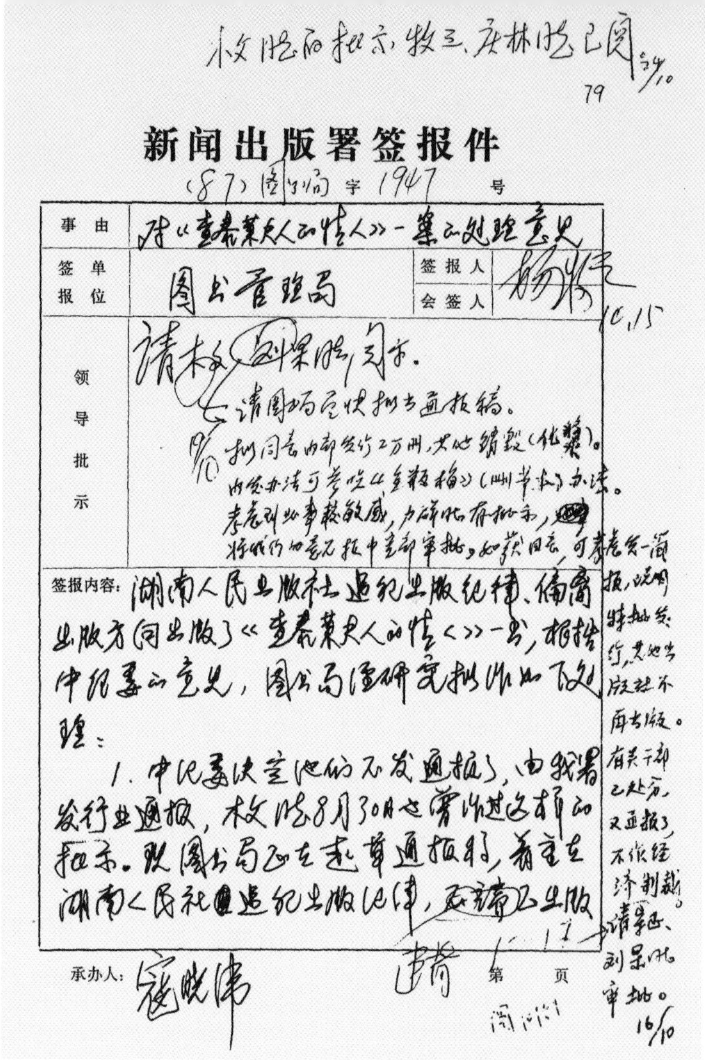

木文同志批示收三、庆林同志已阅 24/10

79

新闻出版署签报件

（87）图出编 字 1947 号

事　由	对《查泰莱夫人的情人》一案的处理意见		
签报单位	图书管理司	签报人	杨牧之 10.15
		会签人	
领导批示	请木文、刘杲同志阅示。请图书司尽快拟出通报稿。拟同意内部发行二万册，其他销毁（化浆）。内发办法可参照《金瓶梅》（删节本）办法。……将我们的意见报中宣部审批，如获同意，可专发一简报，说明特批发行，其他出版社不再出版。有关干部已处分，又通报了，不作经济制裁。请宋、刘杲同志审批。16/10		

签报内容：湖南人民出版社违犯出版纪律、偷离出版方向出版了《查泰莱夫人的情人》一书，根据中纪委的意见，图书司经研究拟作如下处理：

1. 中纪委决定他们不发通报了，由我署发行业通报，木文同志8月30日在曾听过汇报的批示。现图书司正在起草通报稿，着重在湖南人民社违犯出版纪律，……

承办人：寇晓伟　　　第　　页

宋木文 1987、1988 年
两次批语手迹

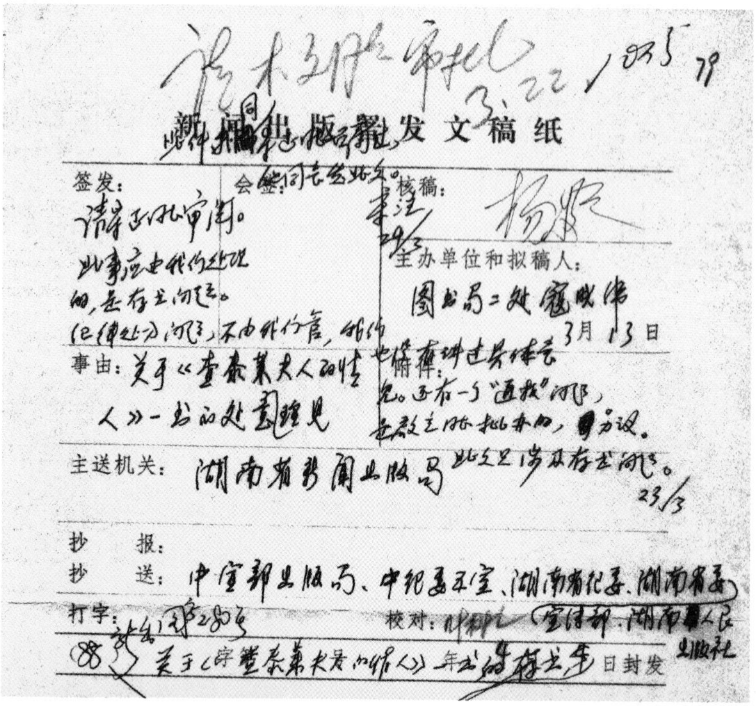

请木文同志审批 3.22 / 1988　79

新闻出版署发文稿纸

签发：请宋同志审阅。此事应由我们处理的，是存在问题。（纪律处分问题）不由我们管，……

会签：同意……

核稿：杨牧之

主办单位和拟稿人：图书司二处 寇晓伟 3月13日

事由：关于《查泰莱夫人的情人》一书的处理意见

附件：

主送机关：湖南省新闻出版局

抄　报：

抄　送：中宣部出版局、中纪委办公室、湖南省纪委、湖南省委宣传部、湖南人民出版社

打字：　　校对：

（88）新出图字……　关于《查泰莱夫人的情人》……　年　月　日封发

1989年4月30日，对《查泰莱夫人的情人》违纪出版问题的查处工作已基本结束，新闻出版署应湖南省新闻出版局的请求，发出《〈查泰莱夫人的情人〉存书的处理意见》。通知重申相关专题报批规定，并说明已同意对口发行2万册后，为满足文学创作、研究、教学人员的需要，同意湖南人民出版社将约17万册存书分两批对口内部发行，1989年为7万册，1990年为10万册，至此约有20万册存书的全部都被允许发行（据湖南新闻出版局报告，共印刷36万册，其中已售出约7万册，半成品约9万册，这里未计）。对胡乔木在批示中两次提出的“可否出删节本”，经我们慎重研究认为，鉴于部分《查》书已发到读者手中，这次处理存书也很难再作删节，以对口内部发行方式，事实上也能够满足真正需要者。通知还指出：“鉴于湖南人民出版社的《查泰莱夫人的情人》一书印数已经很大，其他出版社一律不准再安排重印或出版新的译本。”一部外国文学名著，因违纪出版遭查处后，又被允许大量发行，在当时还引起了相当强烈的反响。有人甚至说，违纪了，不亏本，还赚了。不过，我们这样决定，主要还是为了体现一项对外国文学名著的政策。这是在查处过程中逐渐形成的，有对中央领导同志批示精神的落实，有对专家学者意见的听取，有对查处行动可能造成负面影响的消除，有对省级出版主管部门合理请求的采纳，如果说从前某种考虑是单项的，如我对新华社《瞭望》周刊记者的谈话，在会签中纪委文件时说明不对地方涉案人员纪律处分问题表示具体意见等，而这次准许分三批发行全部存书，则是考虑各种因素后，综合做出的。

以上回顾，说明我们当年对《查泰莱夫人的情人》一书的认识是有个过程、有所调整的，对违纪出版问题的处理是坚决而又谨慎的，是把违纪出版与对外国文学名著的政策严格区分开来的。我必须讲明白的是，在特定社会历史条件下发生的这件事，不仅涉及我和我的任职机关，我不可能将其视为一项错案，也没有必要对其进行蓄意辩护，而是力求将事发和查处过程如实地介绍出来，如我在前面所说，以利于人们了解事实真相和总结历史经验教训。我信奉这样一条马克思主义原则，许多事都以时间地点条件为转移，既不要以昨天的标尺衡量今天，也不要用今天的做法否定过去，具体问题要具体分析。我的回顾，是否存在什么问题，今日究竟应该怎样评估历史上发生的这件事，从中能够总结出哪些经验教训，还是请大家来评论吧！

（四）

我在这里再做一点反思。1986 年 12 月中旬，我在南宁开会时，中央书记处会议就已决定撤销国家出版局，组建增加新闻工作的新闻出版管理机构，并指定由我负责组建工作。我没上任几天，副局长尚未任命，局党组也未组成，即奉命筹备组建新机构。我自嘲是个“短命”“悬空”又“孤身”的出版局长。不过，政府出版管理机构和局长的任职仍具有合法性，仍可以以国家出版局和局长名义实施出版管理，出版局原班子（如刘杲和卢玉忆等同志）和各个部门的同志都给我以支持。我没有空虚感，更没有孤单感。但新机构的组建，包括制定、报送、应对上面审议方案和内部稳定人心等多方面的工作，确实花费了我的很多时间和精力，显得有些顾不上别的什么了。这时，就在这时，湖南人民出版社不听招呼，不理管理规定，风驰电掣般地抢印抢发，从而出现了谁也不愿意看到的那种“你恣意违纪，我坚决查处”的态势。这里面还含着中央领导层的关注。在查处的后期我想过，如果没有组建新机构的重担，或者能够更加自觉地直接地做一些湖南人民社的工作，有无可能使当事者暂停一下，按报批程序，正常进行出版事宜，避免后来发生那种惊动上下的查处事件呢？这也不是不可能的。可我当时对湖南人民社以抢印抢发有争议文学名著来赚钱的冲动，却想也没有想到。这也是有责任的。

杨牧之在我前面提到的那篇《出版史上的一段故事》中，讲《金瓶梅》《查泰莱夫人的情人》出版发行的感想时谈到，出版管理机关的审读“有一定的权威性”“它鉴定不能继续出版就不可以再出版”，但也容易导致“长官意志”，当作者、出版者与政府管理机关的意见发生矛盾时，“应该有法律渠道”“向法院起诉、打官司”；但他又说对此即或“人们已经认识到了的，真正解决却需要一个过程”。说实话，就应对打官司来说，我当时没有这个思想准备，似乎查处双方相关人员也缺少这种自觉。这可能是条件与环境使然。我只是在查处过程中综合各种因素才认识到，要以准许发行全部存书来体现对一部外国文学名著的政策。这是我们当时可能做也算是做到了的。对牧之提出的进一步的问题，因涉及诸多重要因素，从有认识到真正解决，的确“需要一个过程”，又如他所说“将不是梦想”，但这不是这里所能深入讨论得了的。如果有人发表专论或论及于此，我都愿意认真拜读。

（附注：刘杲与袁亮的帮助与支持

《回顾〈查泰莱夫人的情人〉一书的出版》写出初稿后，送请当年参与处理此事的时任副署长刘杲和时任中宣部出版局副局长袁亮帮我把关，他们的支持与提供的资料，对我帮助甚大。

刘杲阅后提出，以我的身份撰写此文，主要是存史，而不是参加当年与现今的争论；我在文中所讲正如一位老朋友老同事所说“要对文学评论和出版管理加以区别”的引文，也出自刘杲给我的来信；他还提供若干资料，我在文中引用的朱正《〈查泰莱夫人的情人〉与我》、文化部1985年关于有价值又夹杂淫秽内容对青少年可能产生不良影响的文学作品需专题报批的规定，都是刘杲提供的。我给刘杲回信说：

你的意见和所附相关资料，对我今日回忆《查》书事，都很有必要，我拟进一步思考后再做适当修改。有我当年对《瞭望》周刊的谈话和若干次批注的意见，回顾此事，力求做到存史而不直接参与争论，应该是能够做到的。你如此认真地帮我处理此事，是我俩原则加友情关系的又一例证。

袁亮阅后，对我提供了多项重要史料，我在文中引用的国家出版局1987年1月3日发出《关于目前几种选题安排的通知》、朱正给胡乔木写信和胡乔木批示，都是袁亮提供的。文中引用中宣部常务副部长王大明、分管副部长李彦的批示，亦是袁亮提供的。

在这里，我要特别说明，对我的初稿所引胡启立为《查》著出版送给赵紫阳、胡乔木、邓力群的送阅件，袁亮来信作了纠正。袁亮指出，这是“1987年1月10日，宋木文同志向胡启立同志报送的情况汇报，同时附上《关于目前几种选题安排问题的通知》，得到中央领导同志的关心和同意”。《汇报》说：“有一部英国小说《查泰莱夫人的情人》，被称为‘洋《金瓶梅》’，有较多的性行为描写，曾被英国判为淫书，禁止出版（后又解禁）。有几家出版社正在安排出版。国家出版局已通知各出版社：这一选题未经专题报批，未经批准，不得出版、发行。”赵紫阳、胡乔木、邓力群都对此件作了批示。袁亮提醒：“大作在引述以上中央领导同志部分批示时，未写明是对宋木文同志《汇报》的批示，也未写明上述《汇报》的内容，而是放在邓力群同志批示熊复同志的举报之后，这就强化和突出了‘禁止’出版的措施，同时也就淡化甚至忽略了国家出版局此时仍是持‘专题报批’的立场。”袁亮的纠正很重要。不是我未写明，而是忘记了。因我写初稿时，所引总署机关档案相关复印件，只有领导批示的首页，而无全文，便依据首页之“中办秘书局送阅”误写为中办报送，直至看了袁亮提供的档案复印件全文，才如实地改写为以我的名义报送的《汇报》。这虽是26年前的事，但如此重要情节的失忆，说明我的记忆力确实衰退了。

袁亮根据他的记忆和有关史料提出：“当年处理《查》著是循序渐进的，不是一上来就宣布禁止出版”，“从南宁会议上打招呼，到通知‘专题报批’，再到通知禁止出版，是一个循序渐进的过程。在处理的整个过程中，都是为了一个目的，就是要限制有关性描写的传播范围及消极影响，未涉及其他问题”，“如将开始采取的处理措施，逐项加以介绍，会有利于人们了解领导机关处理《查》著的初衷和慎重态度。后来处理措施加重了，但处理的原因却是前后一致的”。袁亮此项建议甚好。我根据他和刘杲提供的资料以及我已掌握的资料，对此文重新作了梳理，在第（二）部分如实体现了这一循序渐进的过程。

我同时把《为〈金瓶梅〉出版制订专门管理文件》一文，送袁亮一并审看。他在2014年7月4日给我的复函中郑重表示：“我非常赞同你写这两文的用意和观点，就是如实介绍当年处理和管控这两书的历史原貌。当时考虑，由于书中有大量的性描写，会对读者特别是青少年产生消极影响，故不宜广泛传播。并不是对全书进行定性，更不是对文学名著刻意进行限制。这就有利于澄清后来人们对当年这项处理和管控措施的曲解与误评。如果人们将当年违规大量印发《查》著，以实现赚钱的‘唯一目的’说成是突破思想禁锢，勇于传播文学名著的高尚行为，那就与历史事实相去太远了。”

袁亮的复函进一步指出：

根据党的文化工作和出版工作的一贯方针，特别是新时期公布的两个建设社会主义精神文明决议，我们必须吸收和继承人类一切优秀文化成果，同时又要抵制一切腐朽丑恶的东西。根据这一方针，我们对中外历史上的文学名著，肯定要积极出版。但具体到某一作品，如何出版（出全本还是删节本），如何传播（广泛传播还是一定范围的传播），又要视具体情况而定。如《金瓶梅》是公认的名著，因书中有不少露骨的性描写，会对读者和社会产生不利影响，故对此书的出版，历来都进行严格管控。但不管采取何种出版形式，并不否定也未改变《金》著的名著地位。这个案例还说明，出版文学名著，同样要考虑它的社会效果。

我对袁亮的热心帮助与支持，多次表示感谢。我曾对刘杲表示：“你看看我有增补和修改部分（已标出），就会知道你提出的意见和提供的资料对我的思考与修改起到什么作用了。”这话也适用于袁亮对我提供的多方面帮助。如果没有袁亮、刘杲的帮助，我的这篇文章就不可能写得那么周全。）

四、为《金瓶梅》出版制订专门管理文件[①]

看了杨牧之的《出版史上的一段故事》（2013 年 10 月 30 日《中华读书报》）中关于《金瓶梅》出版综述受到启发，觉得有

① 按《文汇读书周报》2014 年 8 月 1 日同题文章排印。

必要把1988年为《金瓶梅》出版制订专门管理文件之事写出来，以供读者了解。

20世纪80年代初，在打破禁锢后，曾出现古旧小说出版热，《金瓶梅》是其中一个比较特殊的重要热点，需要加强管理。

其一，《金瓶梅》是我国第一部长篇白话世情小说，作品广泛反映明代末叶资本主义萌芽时期的社会生活，对后世小说创作曾产生较大影响，在文学史上具有重要地位，向为学术界所重视。

其二，毛泽东生前多次在中央重要会议上提倡党的高级干部阅读《金瓶梅》，在政界和学界引起广泛注意。

其三，20世纪80年代暨改革开放以来，《金瓶梅》研究日益深入，不断取得新的进展，并引起国际上汉学家的注意，甚至成立国际性《金瓶梅》研究组织。国内外学术界对《金瓶梅》及其研究资料的需求也日益增大。

其四，也是最具实际意义的，《金瓶梅》虽在中国文学史上占有重要的地位，需要出版，但由于书中存在大量自然主义的色情描写，又不宜广泛印行。建国以来，对《金瓶梅》出版的控制一直很严。1957年，经特殊批准，由人民文学出版社以古籍刊行社名义影印出版明万历《新刻金瓶梅词话》（线装）足本，首刊2000部，只限部级以上干部以及少量高校和科研单位教授以上人员持证编号购买。我是在"文革"后担任出版局领导职务后才得以破例读到此书。据此词话足本的删节本，直到1985年才由人民文学出版社出版，仍限内部发行。

1987年以来，先后有十余家出版社向新闻出版署提出报告，分别要求出版《金瓶梅》的各种版本及改编本，包括图录、连环画及影视文学剧本等。

这一切都表明，对《金瓶梅》这项既重要又敏感的出版项目，必须由国家出版管理机关，报请党和国家领导批准，及时而又审慎地做出决定。1988 年 6 月 10 日，新闻出版署发出的《关于整理出版〈金瓶梅〉及其研究资料的通知》，即是集中体现党和国家出版方针政策的一个重要文件，也是迄今为止对《金瓶梅》一书出版做出全面完整规定的重要文件。为了一部书的出版，要发一个全面管理的文件，也凸显出这部书出版的特殊敏感性与重要性。

为了起草规范《金瓶梅》出版的文件，我们署领导班子及其职能部门图书司，做了调查研究，听取专家学者意见，我还同图书司司长杨牧之、副司长于庆林和文件起草人王树芬（处长）就文件的主要内容进行商讨。杨牧之原在中华书局做中国古籍研究与出版。于庆林长于出版管理。王树芬系资深文学编辑，对《金瓶梅》有所研究。这样的搭配，能够保证文件的专业水平和质量。文件起草过程中，杨牧之还去中宣部，同出版局长伍杰、副局长高明光沟通情况、交换看法，取得一致意见。我记得，在中央宣传小组的一次会议上，我们在汇报时谈到，《金瓶梅》已成为一个出版“热点”，需要制订文件，加强管理，规范出版。胡启立表示赞成。所以先起草向中央宣传部并中央宣传小组的请示报告，经批准后，再根据请示报告起草正式通知。送我审阅的请示报告文稿，前后两次。我有十余处修改，但多属用语和说明性文字。1988 年 4 月 14 日，我在请示报告稿上批写“请刘杲同志审阅后发”。此项请示报告，由中宣部报送，经中央宣传小组胡启立（5 月 3 日）、芮杏文（5 月 6 日）批示“同意”后，中宣部于 5 月 13 日发函批复新闻出版署照此办理。经查，“请示报告”与据此改写的《通知》，其主要内容和文字表述都是相同的。

1988年6月10日，新闻出版署发出《关于整理出版〈金瓶梅〉及其研究资料的通知》。主要内容如下：

在现存的《金瓶梅》各种版本中，学术界一般认为明代万历词话本、崇祯本及清康熙张竹坡批评本是三个最具研究价值的版本。建国以来，词话本及张评本均已先后出版足本或删节本，唯崇祯本尚未整理出版。最近，我署经对各出版社的申报进行反复研究，并征询有关学者的意见，对《金瓶梅》及其有关资料的整理出版做出如下统一安排：

一、关于足本。北京大学图书馆藏本《新刻绣像批评金瓶梅》，学术界公认是现存崇祯本较为完善的版本。批准北京大学出版社申报，可于年内据以影印两千部；批准山东齐鲁书社申报，可于1989年内整理出版《金瓶梅》崇祯本的校勘足本五千部。该整理本应尽量收集海内外崇祯本的各种刻本，包括个别鲜为人知和一般不易看到的刊本，相互比勘，并加校勘记，以便于研究工作者了解各种崇祯本的原貌及异同。以上两种，均须内部定向发行，以保证教学、研究用书。至此，《金瓶梅》一书三种最具研究价值的版本均将陆续出版。除此之外，在今后一个时期内，不再批准出版《金瓶梅》一书的其他版本。

二、关于节本。《金瓶梅》词话本及张竹坡评本已先后整理出版过删节本。今后一个时期内，一般不再批准出版《金瓶梅》其他版本的删节本。浙江古籍出版社提出清初戏剧家李渔是《金瓶梅》崇祯本的评点者，申请将该书纳入《李渔全集》出版。考虑到对李渔文艺思想研究的需要，同意该社要求，可于1990年以后，将崇祯本纳入《李渔全集》出版少量删节本。印数不超过全集其他卷别的最低印数，配套内部发行，不得另外印行单卷本。

三、关于改写本、改编本。《金瓶梅》一书无普及的必要，改写亦属不易。因此不安排出版该书的缩写本、改写本以及影视剧文学剧本。以青少年为主要读者对象的连环画，更不应改编《金瓶梅》出版。

四、关于《金瓶梅》续书及资料。《金瓶梅》续书中有价值的不多。山东齐鲁书社经认真筛选，提出其中三部：《续金瓶梅》《金屋梦》《隔帘花影》，1987 年经我署批准，出版少量删节本，内部发行。以上三书，不再批准其他出版社重复出版。北京大学图书馆馆藏《三续金瓶梅》抄本，从未见流传，具有一定的版本及研究价值。批准北京大学出版社申报，可于年内据以影印两千本，内部发行。尔后，凡整理出版《金瓶梅》续书及前人的有关资料，须严格选择，并事前专题向我署报批。

应该说，1988 年以后至今二十余年，关于《金瓶梅》的出版，都是按照这个通知执行的。除通知所列批准项目均已先后出版外，还陆续出版了《皋鹤堂批评第一奇书金瓶梅》（吉林大学出版社，1994 年版）、《金瓶梅词话校注》（岳麓书社，1995 年版）、《金瓶梅会校会评本》（中华书局，1998 年版）、《金瓶梅词话》（人民文学出版社，2000 年版）等删节本。这样，《金瓶梅》的各种有代表性的版本（包括足本、节本和续书）都先后出版了，从而满足了教学、研究和创作人员的基本需求。

这里说明一点，关于《金瓶梅》各种版本自身，经听取各方面意见和反复研究，请示报告和通知确定的各项原则和对不同版本的单项处理，在学术界、出版界和出版管理机关都达到了高度共识，执行中也比较顺利。唯是否允许将《金瓶梅》改编为青少年阅读的通俗故事或连环画等普及读物，曾发生分歧，但最终还是按中央宣传小组和中央宣传部批准的通知第三条关于改写本、改编本的规定，得到了落实。此外，对正在或准备面向大众拍摄的《金瓶梅》电视剧（一处为四十集，一处为六十集）等戏剧影视作品，亦按中央宣传小组指示精神，由中央宣传部通知，未经其中央主管部门批准，不得制作、拍摄。

杨牧之的《出版史上的一段故事》，在回顾建国后《金瓶梅》出版的情况后谈道："从中可以看出，对《金》书的出版大家很热衷，总是能够找到重要的理由要求再出一个版本。几十年累积起来居然出版了十数个版本。但总的来说，大家都遵纪守法，先报告，经批准再出书。而且采取了区别对待的办法。一是给研究者看的，有价值的足本；销售有严格规定。二是给一般读者看的，尽管删除文字多少不等，但也都做了'清洁'处理。当然，其中也有个别的出版单位，不能'遵纪守法'，甚至出版改编给青少年看的《金瓶梅》故事。但这种情况确实是个案，反映出《金》书出版确实在经济上有好处，于是甘冒违纪之险。"

胡乔木在一封信中谈到《金瓶梅》出版问题时说："即使有控制地发行，也会为全书推波助澜，这是难办的事。但是从长远说，这样一部开《红楼梦》先河的文学名著，国外争相翻译，学者争先研讨，出版方面决不能只当作淫书一禁了之，都得想出一个恰当的方针。"①

可以这样说，经中央宣传小组批准的"请示报告"和"通知"，使《金瓶梅》的出版，有了胡乔木所希望的恰当的方针。

五、出版《性风俗》留下的教训

冯建辉：我们开始下一个问题。据了解，1989 年 3 月，上海

① 转引自前述杨牧之《出版史上的一段故事》。

文化出版社和山西希望书社出版发行了一本叫《性风俗》的书，后来，引起了不少地区穆斯林群众的不满，甚至引发了局部社会秩序的混乱。想请您谈一谈您所了解的这方面情况。

宋木文：《性风俗》引发的事件当时是轰动全国的，波及十几个省市。这实际上是一次买卖书号的行为。上海文化出版社把书号卖给山西希望书社，由山西希望书社操作，上海文化出版社基本失控。这本书讲到伊斯兰回教寺院的建筑，用宗教建筑的某些形状、结构、布局来隐喻某种象征，引起穆斯林群众极大愤慨，认为是对伊斯兰教的极大伤害，所以就爆发了这次事件。

首先是引起甘肃兰州地区、临夏地区的穆斯林的强烈反抗，认为严重地伤害了穆斯林的感情。1989 年 5 月 5 日，兰州有两千多人开声讨会，有人用摩托车开道游行，呼喊“处死中国的‘拉什迪’[①]”，声称要杀死这个书的有关责任人，要烧毁上海文化出版社。随后，甘肃临夏回族自治州千余人乘车向北京进发，在中途被强行劝阻返回。在北京，也有号称两千人参加游行，并准备到新闻出版署机关集会抗议，署机关也做了迎接的准备。那时我们在蒋宅口临时办公，把庭院打扫得干干净净，还准备了两三百个脸盆、几百条毛巾，因为我们了解到他们有这个习惯，要擦擦脸、洗洗手，所以我们都给准备好，等他们来。快到傍晚时，又接到通知，说游行队伍正走到中央统战部，来不到你们这个机关了，请你们派一个负责人去接收抗议书。我们当时就决定让副秘书长兼办公室主任翟富中作为署的代表去现场把抗议书领回来。所以游行队伍没有来到我们机关。全国有十多个省市，近二十万

① 拉什迪是被认为有污蔑伊斯兰教内容《撒旦诗篇》的作者，伊斯兰宗教领袖霍梅尼对其发布处死令。

穆斯林群众上街游行，有的地方还冲击了省、市党委和政府机关，砸牌子，伤武警，酿成严重政治事件。

冯建辉：为接待游行队伍来机关，准备得还是很充分，最主要是从细节上都能体现尊重穆斯林群众的民族习惯。

宋木文：我们希望能够化解这个矛盾，虽然这个事情和我们没有直接关系，出版这本书我们事先也不知情，更不是我们批准的，但是由出版单位引发的，所以要把它处理好。

冯建辉：等于是给出版管理部门带来了很大的压力吧？

宋木文：当然压力很大。从事发后的5月6日晚11时起，新闻出版署即电令（电报、电话）上海、山西新闻出版局查禁《性风俗》，并急电上海新闻出版局由上海文化出版社发电向中国伊斯兰教协会，向甘肃、天津、上海、兰州、临夏等抗议地区的伊斯兰教协会以及神学院公开道歉。山西省新闻出版局于5月7日上午做出决定，立即收缴《性风俗》一书，对收缴的成书、半成品于当日上午9时前，送到造纸厂作化浆处理，同时责令有关责任人停职检查，听候进一步处理。5月6日晚24时，我们还将紧急处理的情况向中央宣传思想工作领导小组胡启立、李铁映、芮杏文和国务院办公厅作了报告，并给新华社送去供各地报道此事的统一新闻稿。

中央统战部、国务院宗教局和国家民委也于5月6日发出紧急通知，要求各地、各有关部门主动做好穆斯林群众的工作，积极疏导防止事态进一步扩大。中央统战部、国家民委、国务院宗教局、公安部和新闻出版署的负责人组成专门小组负责处理这一突发事件。我用了十多天的时间与中央有关部门协同工作。我还同杨牧之（当时的图书司司长）到中国伊斯兰教协会进行道歉，听取意见，接受批评。

在处理这场风波中，我们中央几个部门联合向党中央和国务院报送了《关于果断处理〈性风俗〉一书问题的紧急请示》，经党中央和国务院主要领导同志批示同意后正式下达，新闻出版署为执行这个文件于 5 月 15 日向各地新闻出版局发出明传电报，指出："据各地报告，事态仍在发展，要求将有关此书问题的处理情况报告省、自治区、直辖市党委和政府，并转送统战、宗教、民委、公安等部门，以便密切协同做好工作。"电报所说有关此书处理情况，包括：对上海文化出版社有关负责人停职检查，对协作出版发行此书的山西希望书社主要负责人行政拘留，并"将依据法律和必要程序追究责任"；对协作出版发行单位山西希望书社吊销营业执照，对上海文化出版社停业整顿；对收缴的存书和软片版，在伊斯兰教协会、清真寺、宗教局的监督下作化浆和销毁处理；此书的编者和出版社"通过新闻媒介向穆斯林公开道歉"；向甘肃、山西、内蒙、青海、上海、北京、天津七省市发送《关于处理〈性风俗〉一书的新闻稿》（含"通报"主要内容），经请示地方党委后，在当地主要报纸发表。此外，我们还通过外交途径向伊斯兰国际组织通报我国政府严肃处理《性风俗》一书出版及相关的情况，以争取该组织的理解。当时伊斯兰国际的秘书长正在北京访问，我们通过外交途径做了秘书长的工作。这个事件在国内外都造成了很大的影响。

这里，我再插几句话。石宗源同志原来是新闻出版总署的署长，后来到贵州当省委书记。2013 年 3 月 28 日因癌症去世，我当天写了一篇怀念他的文章《宗源人品永存》（当时我在海口，来不及参加他的遗体告别仪式），发表在次日的《新闻出版报》

上。其中谈到一件事，就是1989年五六月份，我处理《性风俗》这件事的时候，他是甘肃省临夏回族自治州的党委书记，他来到署里工作以后，有一次，我俩在一起谈心聊天，我原来不知道他在甘肃临夏任职的情况。他说当时他用了很多时间同当地穆斯林群众对话，他是以回民出身的自治州党委书记来对话的，仍然没有完全控制住局面，可见此事后果之严重。

我在这篇悼念文中说："我在京城忙于检讨应对，不使事态扩大蔓延，他在甘肃临夏昼夜不眠地说服穆斯林兄弟将声讨行动适可而止，谈着谈着使我感到我俩早就是一个战壕里的战友。"因为这次交谈加深了我俩的知心与友情，故在悼念文中写了几笔。

冯建辉：应该说当时的处理是非常果断、非常及时的。

宋木文：也非常费劲。最后，我还有几句话。上海文化出版社以一本《性风俗》的出版引发了一场"惊天动地"的事件。这个突发事件最终还是平息下来了，得到了正确的解决。出版发行这本书的主要责任人也依法判处有期徒刑。这一事件发展规模之大，持续时间之长，不良影响之广，造成后果之严重，确实表明并非是一个完全孤立的事件，而是当时社会多种矛盾的反映。但毕竟是由出版单位引发的，又事关宗教、民族等重大敏感问题，事关国家社会稳定的大局，因此，对这一付出惨重代价事件留下的深刻教训，我们千万不要忘记！

冯建辉："前事不忘，后事之师。"这个教训，应该牢记。

宋木文：这件事已经过去20多年了，我还用比较长的篇幅讲了很多细节，就是想使我们出版部门、我们有关的同志记住这个惨痛的历史事件，永远以此为戒。

六、挂历与美术画册出版的放权与收回

冯建辉：我们开始下一个专题吧。在80年代，有一段时间，挂历尤其是裸体挂历引发了我们管理层对挂历的严格管理。请问您对这个问题有什么样的回忆？

宋木文：你提出的挂历问题这是指20世纪八九十年代，特别是80年代，因挂历城乡需求很大，用挂历送礼成风。恐怕年轻一点的同志不会理解这种事情，但当时确实如此。出版单位为了牟利，原来只由美术出版社出版的挂历和画册，迅速扩展到各个出版社，都抢着出，这样就形成了一大出版热点。为达到总量控制，新闻出版署曾明令各出版社出版挂历和美术画册必须专题报批。

这一时期，我们新闻出版署图书司的一个处（分管文艺），每年都要花大量时间逐社审批挂历。我觉得这种管理需要适当地加以改革，就在1992年8月，将挂历的审批权下放各省（市）新闻出版局审批。可是，这个权一放，就出了麻烦，大量格调低下的挂历和美术画册跟风出版，充斥市场。

1992年10月到1993年1月，全国有18家出版社以突击的方式，集中出版了30多种裸体画册，发行量超过100多万册，情况十分严重，国内外影响极其恶劣。这些裸体画册大多数是从国外（主要是日本）的所谓“写真集”之类的刊物和印刷品上翻拍下来的，有的形象多家采用。经我们审查，又请了专家鉴定，内容大多不健康，格调低下，基本上谈不上什么艺术，有些篇幅着力展现女性生殖器官，宣扬色情淫荡形象。这些裸体画册大多数可以定性为夹杂淫秽、色情内容，低级庸俗，有害青少年的身心健康。一经上市，就引起读者的强烈不满。港台和国外舆

论也作了报道，甚至对我国的“扫黄”工作提出了非议和质疑。最突出的是四川美术出版社，出了好几种美术画册，都是裸体画册，对这家出版社作为典型案例作了处理。通过处罚，要让我们的出版单位明白，这个钱不仅不能赚，而且在经济上还要受到严厉惩罚。此后，中宣部和新闻出版署共同研究，在1993年年初，又决定收回美术画册和挂历的审批权。

冯建辉：请问当时给各个省份下放审批权时，是不是定了一些标准或杠杠儿，让省局便于操作。是直接权力下放？还是在下放的同时，也设定了一些标准。

宋木文：下放审批权主要是我决定的。下放后三个月就出了问题，主要责任也在我。但又急急忙忙地把审批权收回来，我并不赞成，也表示过，因中宣部领导同志主张收回，我也不便多说什么，只能是执行了。

1993年2月，由中宣部和新闻出版署联合召开了出版座谈会，着重整顿涉及党和国家主要领导人工作和生活的出版物中出现的各种混乱现象，座谈会还对当时出现的竞相出版裸体画册、挂历问题进行了批评和制止。我在会上的讲话中，还着重讲了在市场经济条件下，要重视从出版改革的实践中总结经验教训，使改革健康发展，尽可能避免“一放就乱、一乱就收、一管就死”。

冯建辉：是的。“政府、市场（行业）、社会”三者之间怎样走出“一放就乱，一乱就收、一管就死”的怪圈，确实是一个需要深入思考的问题。我想，挂历管理恐怕也是这类问题的一个缩影。

宋木文：是这样的。所以我在那个座谈会上谈了关于出版管理方面经验教训，也许对现在还有一点意义。

我是这样说的（有删节）：

在社会主义市场经济体制建立过程中，在建立新的出版体制的过程当中，要处理好政府简政放权和新闻出版单位扩大经营自主权的关系；要处理好扩大自主权和增强社会责任感的关系。因为权力和义务、责任是一致的，权力越大，责任越重，否则就有可能滥用职权。任何权力都受到责任的制约、义务的制约。今后简政放权，转变职能，还要继续有步骤地进行下去。要十分明确，出版管理中某些审批程序的改变，不是对出版物内容要求的改变。人体画册改由省局审批，并不是原来对人体画册的各种规定都取消了，可以随心所欲了。有人认为问题就出在调整选题审批权的通知上，我不赞成这个说法。这个通知就讲到了，选题审批程序调整了，原文件的其他规定仍要执行，还强调要严格把关。从新闻出版署来讲，没有估计到放权后一下子就出了几十种裸体画册。这是个教训，今后进行一项改革时要考虑得更周密些。问题发生以后，要总结经验教训，有两个路子可以走：一种是出现了问题，就把权收回来，我的意见是不能走这个路子。许多选题是不断出问题不断收，最后连挂历审批权也收上来了。这样收的结果是少数出版单位出挂历，搞高定价，高折扣，搞垄断，有挂历出版权的单位成批卖挂历号，市场上搞挂历大战，搞不平等竞争。搞乱了市场，助长了不正之风和腐败现象。我们充分讨论后决定下放挂历审批权，现在我不能说，放下去的权，不能做任何调整，话不能说死。但简政放权，转变职能这个路子的大方向是正确的。要走加大、加重出版单位自主权、社会责任这个路子，不要走出点问题就收的路子。[1]

---

① 宋木文：《宋木文出版文集》，中国书籍出版社 1996 年版，第 504—506 页。

冯建辉：其实，这个还真不在于说谁来批、谁来审。因为，只由中央层面来审，活儿太多、太累，压力也大。审批权下放以后，交由各个省来做，压力可以分散一些。但是，问题的关键，其实不在于谁来审，而在于你审的时候，有没有坚持标准，有没有加强管理，问题的关键就在这里。

宋木文：刚才回忆了那么多，实际上是说明，我对收回这个权力是不赞成的。

冯建辉：两个路子中，我也非常认同您讲的第二个路子。

宋木文：我在这次座谈会上还讲了前不久调整与放宽科技出版社专业分工的例子，以表明要坚持走简政放权的路子。原来科技出版社（大部分为中央各部委办的）就是出版本专业的图书，比如，“冶金”就出版钢铁方面的图书，“原子能”就出版原子能方面的图书，“铁道”就出版有关铁道方面的书。专业面都很窄，很难生存下去，不能不做出调整，由可以出“相关相近”的书，改为“立足本专业、面向大科技”。

我在《八十后出版文存》（2013 年商务印书馆版）的《“立足本专业　面向大科技”是怎样提出的?》一文中回顾说：“1992 年，图书司联系科技出版单位的李建臣向我讲，国家科委副主任朱丽兰有一个报告强调，为加快科技事业的发展，各科技单位都要调整自己的工作部署，都要面向国家大科技主战场。我还请他找来朱丽兰的报告记录看了。当时，署党组正在按中央部署学习贯彻邓小平南巡讲话精神，讨论加快出版改革与发展的措施。朱丽兰的报告，似乎也是国家科委为贯彻南巡讲话的精神。我受到启发。我想到科技出版（主要是国务院各部委的科技类出版社）专业面太窄，如地震、原子、海洋、气象、石油等，按其专业分工出版很难维持（80 年代曾有原子能出版社离开本专业出版《家庭养花》成为一时的笑谈）；在各专业学科综合互动的新形势下，更难适应为科技发展服务的新要求。放宽科技出版专业分工，就成为各科技出版社的普遍要求，也是署党组时常考虑和面对的问题。此时，我考虑要借朱丽兰报告的东风，调整科技出版的专业分工，提出‘立足本专业，面向大科技’的新思路。我先后同图书司司长杨牧之、分管副署长刘杲商量，得到他们的赞同，使这个带方针性调整的意见成为署领导集体的共同决定，并请有关同志向中国版协科技出版委做了传达，他们当然是赞成的。1992 年 8 月 10 日，新闻出版署还发出《关于调整科技出版社出书范围的通知》：‘科技出版社的出书可以立足本专业、面向大科技。科技出版社的首要任务是认真出好本专业的图书，在此前提下，可以发挥本社优势，出版与本专业相关的其它科技图书。还可以根据本产业、本部门的需要，安排出版各类技术培训教材和宣传行业特点，歌颂本行业模范人物的读物以及科技外语图书。各科技出版社要正确处理本专业图书和其它科技专业图书两者的关系，坚持正确的出书方向，保持合理的图书结构，在实践中形成自己的特色。’”

我的这篇回顾文还指出：“出版社专业分工问题，是随着新时期出版改革逐步深入不断提出和调整的问题。以上讲的都是二十年前的老调了。对当前实行的方针与提法我不甚明了。但我确信两点：其一，随着改革的深入，作为市场主体的出版社虽然还保持着类别甚至专业的划分，但已经不像从前那样受到按专业分工出书那种行政性限制，出书的自主权和自由度更大了；其二，各类出版社都要根据自己的传统和实力（特别是编辑力量），在竞争中保持和发扬自己的特色和优势，此乃新形势下求生存谋发展的必由之路。”

实行立足本专业、面向大科技的出书方针，“对老的科技出版社，既感到是解放，同时又感到有很大的压力，方方面面都反映不错。”

冯建辉：实践证明也是非常好？

宋木文：相关出版社都很满意。在讲了这个例子后，我又强调：挂历、裸体画册这件事情给了我们一个惨痛教训，但是光靠收权不是办法，还要坚持放权，简政放权，加强责任感，加强地方新闻出版部门管理的责任，加强出版社对自己出版物的社会责任。

后来，挂历市场很小了，逢年过节，印发挂历也很少了。这是靠市场调节的。靠控制是不能从根本上解决问题的。

冯建辉：您说得很有道理。由于时间的关系，我们是不是今天就到这里，下次再接着讲。

七、“扫黄”与“打非”任务的提出与发展

冯建辉：宋老您好！我们今天上午接着上一次的话题来说。据了解，1989 年以后，署里面开始重点整顿市场，包括开始“扫黄打非”。印象中，扫黄小组是在 1989 年建立起来的，当时好像是叫做“清理书报刊和音像市场工作小组”，从此，我们也开始整顿出版物市场，包括光盘生产线的查处，重大的非法政治性出版物的进口和翻印。可否请您谈谈对 80 年代末“扫黄打非”相关措施的出台经过。

宋木文：“扫黄”和“打非”都有严格的含义和范围。这个

问题在政策掌握上必须明确，不能含糊。别搞扩大了，也不要该搞的没有搞。“扫黄”是指扫除色情、淫秽内容的出版物，俗称“黄毒”；“打非”是指打击非法分子的非法出版活动。从文化出版部门参与情况说，“打非”要早一些，而“扫黄”要晚一些。所以，按照这两件事自身的发展，要把“扫黄”与“打非”分开说。

我先说“扫黄”，再说“打非”。

“扫黄”，有规模地在文化出版领域里开展，是中央政治局常委李瑞环同志首先提出来的，而且成为十三届四中全会新选出的中央领导集体一项重要的决策。具体说来，1989 年 7 月 20 日，李瑞环在全国宣传部长会议上指出，对“扫黄”问题“要下决心、下力量抓出成效，决不手软”。

1989 年 8 月 24 日，党中央和国务院在北京召开整顿清理书报刊和音像市场全国电话会议。李瑞环在会上讲话指出，整顿清理书报刊音像市场的重点是“扫黄”，并“特别强调把问题搞准”。会上宣布成立全国整顿清理书报刊和音像市场工作小组（简称“扫黄”小组），时任国务院副秘书长刘忠德任组长，我和有关部门的几位同志出任副组长。同时，“扫黄”小组设立了一个办公室，就设在新闻出版署，刘杲是我们当时的副署长，分管扫黄工作，他担任这个办公室主任。我把当时“扫黄”的形势和情况在电话会上做了汇报。

1989 年 9 月中旬，李瑞环亲赴广州主持召开有广东、福建、浙江、海南四省负责同志参加的“扫黄”工作座谈会，推动“扫黄”工作扎实深入开展。

这样一来，“扫黄”在全国展开，有声势，又有成效，被广泛誉为是为人民办了一件实事好事。但也引起个别人的误解，担心“扫黄”会影响当时正在进行的“反对资产阶级自由化”，个别人甚至指责以“扫黄”代替反对资产阶级自由化。我作为“扫黄”小组副组长和这项工作行政执行机关（“扫黄”办公室设在新闻出版署）主要负责人，积极参与了“扫黄”工作，在相关会议上，以引用文件条文和执行实践予以证明和反驳，说“这至少是误解，因为根本不存在这个问题”。

对此事，我在《亲历出版30年》中（第308页）有过回顾，并且强调，“扫黄”伊始，“就把‘黄毒’与‘黑毒’（政治上的违法出版物）一并查缴、扫除的，并一直坚持这样做下来”。

“扫黄”这场斗争是逐步扩展的，主要标志有二。

一是初始阶段，主要是由新闻出版文化部门承担。随着斗争的需要，公检法和其他有关部门共同参加的力度越来越大，并且成为社会治安综合治理的一个组成部分。就是超越了文化出版部门，我们当时就叫“文武结合”。因为“扫黄”要打击制黄、贩黄分子，要收缴非法出版物，光靠文化部门有困难，还要有法律的制定和解释及执法，这就需要有政法部门的协同作战，开头我们还是请他们配合，后来就不是谁配合谁，而是协同作战。这是第一个标志。

二是从实战中，我们发现，“制黄”和“贩黄”的主要渠道是非法出版活动，主要载体是非法出版物，我们就把“打非”作为“扫黄”的重点，称这场斗争为“扫黄、打非”。

这两个标志都反映在1991年我的一次讲话当中。1991年10月，中央政法委在湖南邵阳召开全国社会治安综合治理经验交流会，这主要是公检法部门开的会。因为在这之前，我们和公检法都有合作，所以他们特意请我们出席，希望讲一讲，于是我去参加了这个会，并以《加强综合治理进一步打击非法出版活动》为题，作了大会发言。我一方面列举“黄毒”泛滥毒害青少年的大量事实，来说明“扫黄”和“打非”（打击非法出版活动）是进行社会治安综合治理的题中应有之义。另一方面又强调：“当前出版物市场上，‘黄’的、‘黑’的、‘灰’的问题集中地表现在非法出版物上，不打击非法出版活动，‘扫黄’、除“六害”① 的斗争就不能深入进行下去。”“‘扫黄’要长期进行下去，当前‘扫黄’的重点是打击非法出版活动。不打击非法出版活动，已经取得的‘扫黄’斗争成果就有可能付诸东流。”

1992 年 12 月 21 日，在南京召开全国“扫黄”工作会议，我在总结中进一步强调了“扫黄”的重点是“打非”。

李鹏总理在 1996 年 3 月向全国人大四次会议所作的政府工作报告中，首次把“扫黄”与“打非”并提（1989 年以后几年的政府工作报告只提“扫黄”，没有提到“打非”），称“继续开展‘扫黄、打非’活动”，并且写入“维护社会稳定和国家安全”这一节里面。

当时，我作为全国人大代表，以《“扫黄”与“打非”并提很有必要》为题，在两会期间的 1996 年 3 月 13 日的《新闻出版报》上发表谈话，认为把“扫黄”与“打非”并提，并作为“维护社会稳定和国家安全”的一项重要措施，而不单是文化领域的斗争，这是对“扫黄打非”认识的进一步深化，有利于将这项工作与斗争长期坚持下去②。

在 1992 年于南京召开的全国扫黄工作会议上，在 1996 年接

① 指 1989 年 11 月 13 日，国务院召开电话会议，部署在全国范围内开展扫除卖淫嫖娼、制作贩卖传播淫秽物品、拐卖妇女儿童、私种吸食贩运毒品、聚众赌博和利用封建迷信骗财害人等社会丑恶现象的统一行动。

② 《宋木文出版文集》之《坚持“扫黄”与“打非”篇》，第 541—568 页。

受新闻出版报记者的采访时，我都曾与"'扫黄'越扫越黄"说针锋相对："你说扫黄越扫越黄，我说如果不扫就更黄。"这是一个长期的斗争，不可能毕其功于一役。从1989年7月开始的"扫黄"与"打非"到2013年，已经有24个年头了，并且得到了加强，但种种情况表明，这场斗争应该而且也一定会长期坚持下去。

冯建辉：我想，这是因为从你们那一届直到以后几届领导班子，从1989年至今常抓不懈，才让"扫黄""打非"这项工作上升为一种国家层面的部署，一种公检法和各个部门协同参与的重要工作。当然更是由于党和国家领导人的高度重视，才使这一工作一直延续到现在。

宋木文：第一，是中央的决策；第二，是多个部门协同作战；第三，我们的工作，如果说贡献，也主要在于作为常设机构的所在部门，具体分管这件事，并且随着斗争的发展，提出了我们的意见和建议。

八、集中统一发放书号的提出与实施

冯建辉：我们进行下一个问题。从1994年开始实行向全国各个出版社直接发放书号，社会上对此一直存在着争议。后来也做了一些调整和改变，现在实行网上实名申领审批书号办法。对于这样一个问题，您怎样看？您能不能做一些历史上的回顾？

宋木文：要对这个事做一点回顾，还得追溯一下历史。建国后，出版社的书号，一直按照国家制定的管理办法，由出版社使用，后来因为我们参加了管理书号的国际组织，按统一的国际书刊号序列标注，也不必逐项向国家出版管理机关申请报批。

大概是1992年前后，为控制图书品种总量过快膨胀，也防止买卖书号，中宣部的领导同志几次提出来要统一发放书号。我考虑新闻出版署直接管理的审批事项已经偏多，此种直接统一发放书号的办法也未必能够达到预期目的，国际上也未见有如此管理的，所以，我就一直表示这件事尚需从长计议。实际上就是他们说服不了我，我也说服不了他们，就这样拖了下来。到了1994年，我已离开署长的岗位，新班子就按照中宣部领导同志的意见，由新闻出版署统一、直接向各出版社发放书号。这以后有过分档调控，符合规定条件的出版社给予适当放宽，但一直存在争议。我也曾听到一种说法，如果改变集中统一发放，管理机关就会失去一项管理手段。这意味着如此管理，还有超越书号本身的作用。

2003年3月“两会”期间，我以全国人大代表身份，应约在《中国图书商报》发表关于出版改革问题的谈话[①]。其中，也谈到书号管理改革问题。我是这样说的：

关于书号版号的管理，多年来，对这个问题议论甚多。现在全国各图书和音像电子出版社的书号（版号）都由总署统一直接发放。由国家最高出版管理机关面向七八百家出版社，直接发放每年使用的十几万个书号版号（后来是几十万个），操作上的困难不言自明。如果这种办法确能有效控制书号版号买卖这一类问题，人们也不会年复一年地提出和议论这个问题。说实话，我对正在实行的统一发放书号版号的办法曾经是不主张、不赞成的，

① 宋木文：《亲历出版30年——新时期出版纪事与思考》，商务印书馆2007年版，第686—696页。

但由于这个办法已实行多年，又对其利弊得失有不同意见，我现在并不主张也不赞成立即恢复1994年以前的管理办法，以免造成可以预想到的和预想不到的不良后果。是不是可以考虑：对书号版号实行分级分类管理，将一年的书号版号发到省，由省局按照总署宏观调控的要求管理本地区的书号版号；对出版集团或者办得好的优秀或者良好的出版社按其实际需要自控书号版号；对有不同违规行为的出版社按其问题的性质和程度，从严控制直至取消其书号版号。对总署来说，减轻了负担，不再做那些因管得太多而管不了也管不好的事，对省局来说则是加重了责任，调动了积极性。我大胆地说一句，随着改革的深化、出版管理的改进和出版单位的成熟，对书号版号的管理必将有一个彻底的改变。

这是我的预言，更是一种期盼。

2011年3月，我从刘杲的博客上看到，他给国务院法制办提了一个建议，谈他对当时正在修改的《出版管理条例》的意见。《出版管理条例》是以《出版法》草案为基础，由国务院颁布的。

刘杲是《出版法》起草小组的组长，他熟悉这方面的情况。他对修改《出版管理条例》的意见在他的博客上发表，我看了以后有点感想，就以“知情者言”（未署真名）致函给刘杲，以作回应。

我写于2011年3月3日上午10时的《知情者言》，是这么说的：

您在网上关于修改出版管理条例的意见，我完全赞成。

在这里，对买卖书号问题，我也想讲点意见。

由国家最高出版管理机关向全国出版社统一发放书号，这是由更权威部门负责人提出，新闻出版署当时负责人反对，迟至1994年才实施的。当时您也在署负责人岗上，想必也是不赞成的。出此举，一说为严格控制买卖书号；二说为严控图书品种增长。但结果却适得其反。图书品种增长更快，买卖书号也更加泛滥，成为不少出版社获取“生存”的重要途径，甚至由此滋生腐败。这两者相互作用，造成总有一批又一批图书质量低下，成为书业常态和顽疾。现在实行网上实名申领审批书号，说是一项改革，但实际效果如何，尚不知其详。您致国务院法制办函，提出实行规范合作出版与禁止买卖书号相辅相成管理，是个好思路，但需完善办法和实践检验。那么，将来会怎么样？我大胆设想，终究要回归到1994年以前的路子上去（也许说法有所不同，并有其他配套改革措施），就是说如大多数国家那样（通过中介组织实施），政府不再花费那么大的精力去做向出版社直接发放书号这种事了。

讲到这里，你们提出的和我加进去的，共八个热点问题，就算是讲完了。我认为，出版热点都有其特定的社会历史条件，一切热点问题都是以时间、地点、条件为转移的，昨天的热点有些在今天就不太可能成为热点了。判断曾经的是与非，也不能离开时间、地点与条件。不能用今天能够做到的，简单地去检查过去所做的一切；也不能以过去的观点做法，来评判今日之是非。我着重从处理热点与改进管理的角度来做回顾，主要是为了便于人们了解这段历史的一些侧面，如有涉及现今的那也只是偶有所感而已，而不是要直接讲什么意见。

最后，我想说这么几句：为了更好地推进改革和促进发展，要继续强调解放思想与实事求是这条思想路线，该坚持的必须坚持，该禁止的必须禁止，该改革的必须改革，同时留有较大的空间，让大家去探索，去实践，去创造，去发展，既不要对什么事都做出规定，又不要对没有规定的事就都不去做。这样才有利于出版事业的深化改革与加快发展。

冯建辉：好的，那我们这次就先谈到这儿了，谢谢您。

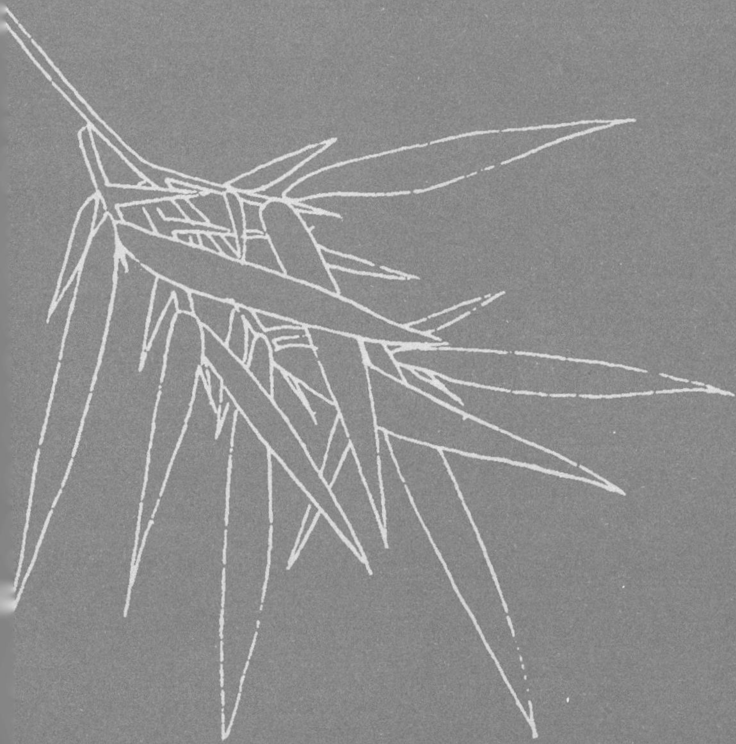

第七章

出版改革与发展的探索

冯建辉：宋老，上一次我们讲的是第六章的内容，今天我们启动第七章，核心问题就是出版的改革和发展。我们现在经常提到某某行业需要改革发展，从某种意义上讲改革是动力、发展是主题。之前我看您几本出版文集的时候，有相当长的篇幅是在谈出版的改革和发展问题，今天想请您重新再谈一谈关于对出版业改革和发展的看法。

宋木文：好的。出版改革是我担任出版业领导职务以来，一直在思考和实践的主要问题。改革是为了发展，可以说是我在任期间，不断思考与实践的一条主线。先谈一下当年推动出版业改革的总的形势和环境，也就是说在什么情况下我们开始思考与实行改革的。

在20世纪70年代末和80年代初，这一时期的出版工作以反思“文革”的拨乱反正为起点和主要内容。当时的形势是，十年“文革”造成的精神与物质产品的极度紧缺，使刚刚解除禁锢的人们对书报刊的需求迅猛增长，要求出版业必须保持强劲的发展势头，可是在客观上又面临着巨大的困难。

在这种情况下，1983年6月，中共中央、国务院作出《关于加强出版工作的决定》。这个《决定》可以说是一个有重要历史意义，指导出版工作的纲领性文件，因为它规定了新时期出版工作的指导思想、工作方针和主要措施。所谓新时期就是粉碎四人帮以后，特别是以党的十一届三中全会为标志来划分的新的历史时期。《决定》规定了这个时期的出版工作的指导思想和工作方针，同时又对出版事业的重要发展和紧迫问题提出了解决的办法。既明确了指导思想，又提出了解决实际问题的措施。我在任职期间（从80年代到90年代）要随时准备应对由于国内外突发大事带来的各种复杂问题、各种政治事件。这其中，改革发展始终是我们工作的主线，而且贯穿于全局和全过程。

具体地说，就出版改革自身而言是逐步深化、分阶段、多侧面进行，从而逐步形成较为配套的改革。当然这种认识，不是启动改革的时候就明确的，而是通过改革实践的深入，不断总结逐步形成的。直到我卸任以后，我都是在探索、再探索，既探索理论也探索实践。始于20世纪80年代的改革，又是发行体制改革先行一步的。

冯建辉：也就是说，它是从发行体制改革开始的？

宋木文：对的。要说到发行体制改革，就不能不提到老出版家王益同志。因为是他率先在1982年提出和推动发行体制改革的。他跟我说过图书发行改革是借鉴了那个时候已经开始的国家商业改革的经验，就是从商业改革的经验当中结合了出版的实际，使发行能够搞活，并解决了当时的主要困难、主要问题，就是买书难的问题。针对50年代出版发行业实行的专业分工（就是出版社搞出版，不负责发行，发行都交给新华书店，是独家的）这样一种传统体制，王益同志提出了“一主三多一少”。就是以新华书店为主体，多种经济成分、多条流通渠道、多种供销形式、少流通环节的改革方案。从这个时候开始，所有制就有所改变，不完全都是国营的了，也有个体和集体的。

冯建辉：等于是在从政策上放活、放宽了。

宋木文：对，放活了、放宽了。这样，就为出版改革迈开了第一步，下面我着重谈一下出版社的改革问题。

一、从哈尔滨会议开始的出版社改革

冯建辉：出版社改革是当时整个出版行业改革的一个重要组成部分。您能否具体地作一点回顾？

宋木文：关于出版社的改革，的确是文化部出版局和后来成立的新闻出版署领导班子抓得最多的工作，也是持续抓下去的一项重要工作。如果回忆一下出版社的改革，应当说始于 1984 年 6 月的哈尔滨会议。许多人认为，对推动出版社改革，这次会议具有标志性。

我在哈尔滨会议结束时曾讲过："希望加快改革的步伐，使这次会议能够成为推动出版改革的会议。看到今日地方出版工作的大发展，大家常常提起 1979 年的长沙会议。再过几年，出版改革的路子打开了，出版工作出现了新局面，如果也能想起哈尔滨会议，想起 1984 年的哈尔滨之夏，那我们就不虚此行了。"这段话在会场上曾经引起热烈的反响。

1984 年，我国经济体制改革的重点，由农村转向城市。一个很重要的标志性事件或者文件就是国务院 5 月份发布《关于进一步扩大国营企业自主权的暂行规定》。这个《暂行规定》带动了整个城市经济体制改革出现了一股热潮，我们借助这股"东风"召开了此次讨论出版社改革的会议。在这之前，出版社改革，只是个别单位进行了试验、摸索或者率先进行。比如说重庆出版社，它就是在编辑部进行了考核考绩的改革试点。通过一种量化的形式，来测量编辑工作的质量和数量。我还专门请重庆出版社的秦社长，在哈尔滨会议上作了典型发言。

冯建辉：当时在个别的出版单位已经开始有探索了。

宋木文：对，有探索，但是没有在全行业广泛开展。这次哈尔滨会议，就是从讨论地方出版社改革开始，来推动全国各级各类出版社改革。我们感到地方出版社的改革劲头要比中央一些出版社劲头大一点。当时担任局长的边春光同志生病了，但是他带病出席会议。虽然没有讲话，这对大家也是一个鼓舞。

这次会上，刘杲和我分别在会议开始和结束的时候作了讲话，我们的讲话强调，作为精神产品生产单位的出版社，如何根据自身的特点，使改革迈开步子，并且健康地发展下去。这个会议认同我们早先提出的在出版社实行事业单位企业管理的必要性和积极意义；还决定出版社实行社长负责制，在出版社编辑部门实行以提高图书质量为主要考核内容的岗位责任制。

我在会议上指出，出版社的改革要充分考虑精神生产的特点，以多出好书为改革的出发点和归宿。今后，出版各类图书都要把提高质量放在第一位。出版社编辑部的改革，要以图书质量作为主要考核标准。出版社编辑部的改革是出版社改革的特点，也是出版社改革的难点。要充分重视这个特点，要勇于克服这个难点。我特别强调，评判编辑人员的贡献大小，主要应当看他们所编图书的质量和学术价值，而不能主要看所编图书赚钱的多少。要切实防止和纠正“以品种数量看成绩，以发稿数字论贡献，以赚钱多少定优劣”。我想，这样一个说法，在今天也是有意义的。因此我们要从出版社的实际出发，把经济改革的共同要求同执行出版方针的特殊要求结合起来，并且实行“共同要求和特殊要求”相结合的考核、奖惩办法。

冯建辉：这个“共同要求”和“特殊要求”，提得好！既兼顾了矛盾的普遍性，又强调了矛盾的特殊性。

宋木文：哈尔滨会议还提出了扩大出版社的自主权，出版行政部门要做到大的方面管好管住，小的方面放开搞活。这次会议还对1979年12月份在湖南长沙召开的出版座谈会上提出的“立足本省，面向全国”的出版方针作了进一步的总结和肯定。因为这个问题当时有争论，有否定这个方针的意见，我们在会议上进行了总结和肯定。

冯建辉：也就是说，哈尔滨会议对长沙会议的方针进行了进一步肯定和强调。

宋木文：是的。

先谈一点体会吧。出版改革是全国总的改革事业的一个分支，必须服从于、服务于、依托于全国总的改革大势。一个行业主管部门，要做的主要是把握机遇，结合行业特点和实际，顺势而行之。我从实践中体会到，出版是精神生产和物质生产的综合体，处理自身和内外各种关系，都要遵循精神生产和物质生产双重规律。我们的所作所为，就是既要敢于同经济体制改革“趋同”，又要善于坚持文化体制改革的特色。不敢“趋同”，不遵循一般原则，改革不可能启动；不坚持“特色”，不遵循自身规律，则改革可能留下遗憾，甚至难以成功。应当承认，这个问题的难度比较大，我在任时只是进行了初步探索，而且也不能说今天就已经完成了探索。

当时的出版局领导班子对出版社改革抓得很紧。继1984年哈尔滨会议之后，1985 年又在北京召开了全国性会议，进一步讨论和部署出版社改革。我在会议上讲话，就哈尔滨会议认同的对大多数出版社实行“事业单位企业管理”这样一个方针问题，作了进一步的阐述。这是一个比较重要又有争论的问题。那么，它是在什么样的背景下提出来的？后来又有过什么争论？下面，我以我的经历、体会、看法着重讲一讲。

在 1985 年北京讨论出版社改革的会议上，我谈到把出版社定为事业单位实行企业管理，这主要是考虑到出版社不同于一般工商企业。因为它既是生产精神产品的宣传文化单位，同时又具有一般生产与流通单位的企业属性，也就是说它有双重属性。到现在，对出版业的双重属性问题，大家都是认可的。当时我是这样讲的：“由于出版社存在这种两重性，也由于绝大多数出版社非经营的原因所产生的盈亏不同的情况，多年来形成了大体两种不同的管理方式。一种是大多数能够保持微利或略有盈余的出版社按企业单位管理；一种是少数亏损出版社按事业单位管理。历史形成的这两种管理方式，是出版社具有两重性的反映，是出版社在经营上存在不同状况的反映，因而是符合出版社实际的。”[①] 在此次的讲话当中，我明确表示，不能把出版社一律按事业单位管理，因为“按事业单位管理”虽然可以吃保险饭，不担风险，但对发展出版事业不利。在经济体制改革不断深入的情况下，把出版社在管理体制上一刀切，把已经实行企业管理的出版社改为事业管理，应是说，这是一种倒退，也是行不通的。”我还指出两类出版社的发展趋势：“多数有条件的出版社要作为事业单位，实行企业化管理，通过逐

① 宋木文：《宋木文出版文集》，中国书籍出版社 1996 年版，第 126 页。

渐改进和完善经营管理，不断增强自我发展的能力和主动为社会服务的活力；对于另一部分不具备实行企业化管理条件的出版社，可以实行事业管理，但也要注意改善经营，逐步由生产型向生产经营型转变，积极创造条件，争取其中的一部分转为企业化管理。”当时的思想是比较明确的，逐步增加企业的成分，来适应不断发展和深化改革的形势。

冯建辉：这次改革的方向是明确的。

宋木文：对，应当是明确的。

冯建辉：那这次把出版社定为事业单位企业管理，这和当时80年代上半期的工资调整是不是有关系？

宋木文：有关系的。这个要讲一下，从建国后到“文革”前，出版社一直被确定为企业单位；文化部也曾想把出版社改为事业单位，遭财政部门反对，没有成功。我在《出版社“企业属性”考》一文作过详细考察。[①] 这里就不多说了。1983年全国性工资调整的范围仅限于事业单位，是二十年来才得一遇的难得机会，我们就以“事业单位企业管理”向上争取，得以纳入此次调资范围，上上下下，皆大欢喜。没有亲历的人，没有长期过着低而又低工资生活的人，是很难有这种体会的。我在这里必须指出一点，说建国后就把出版社定位企业，而在实际管理上并没有等同于一般工商企业。这在当年曾经担任过文化部出版局局长王益和副局长的王仿子这两位老同志的文章当中，都做过许多回忆，应当说，是再清楚不过了。此次把出版社按“事业单位企业管

① 宋木文：《亲历出版30年——新时期出版纪事与思考》，商务印书馆2007年版，第582—588页。

理”报上去，不仅解决了大家翘首期盼的工资调整，更成为明确出版社“两重属性”和分类管理的一个带方针性的提法。事实上，在争取调整工资的同时，我们就着手研究加强与改进出版社管理问题。大家都很清楚，为调整工资，出版社员工都成了“事业”，是“一刀切”的，而在管理上则是分类的，多数为“企”，少数为“事”，有条件的还要向企业转化，如我在前面所回顾的那样。应当说，直到近年转企改制之前的二十年，都是按此处理相关问题的。20 世纪 80 年代评专业职称，也首先从事业单位开始，出版、新闻两大系列都按“事业”争取上了，坐上了头班车。

冯建辉：当时人们对事业单位企业管理，是否有一些不同的看法？

宋木文：当年有，后来也有。当年，在出版社内部，确有要取得“两头沾”的好处。这也不足为怪，适当引导，并在深化改革中统一思想就是了（以不妨碍深化改革为极限）。现在转企改制不也有“老人老办法”一说吗？为了实现一个目标，多有一点周全有什么不好！所以当年谈到这个问题时，我不是评论“两头沾”的是与非，更没有直接批评什么人，而是强调“这种体制对于坚持正确方向加快出版业的发展有‘双保险’的作用”。因为有如前述，我的意图是要把“事业单位企业管理”的提法从解决工资待遇这个层面超越出来，使之与出版社的基本属性和管理方式这个重大问题联系起来，同正确贯彻出版方针联系起来。我当年的这种用心，也是出于一种引导。

在这里，我要强调一种观点：“事业单位企业管理”是一种转化中的过渡形态。

我刚才说“后来也有（不同看法）”，是指在转企改制以后。有一些出版社的同志，由于担心（或面对）日渐增大的经济指标压力，或者感到不如从前那么重视编辑工作，因而对转企改制心存疑虑，留恋“事业单位企业管理”那段日子。我想，对这些同志应当多做工作，而在改革中正确处理两个效益的关系和正确解决编辑部的改革，以改革取得的积极成果，用现在的话说，以改革收到的正能量，来说服和引导，则更为有效。

也有另一种说法，认为“事业单位企业管理”是一种不该出现的“非事非企的怪胎”，“越搞越糟”，“是单位没活力、事业难发展的根源。”

我开始没有注意到这些话，引起我注意的是长期与我一起共事的刘杲同志。他这个人思考问题很有深度，处理问题又很适度。2006 年 3 月 18 日刘杲博客中有一篇《对出版单位“事业性质、企业化管理”的历史评估》的短文。因涉及一段历史，我不得不全文引出来：

出版单位“所谓的事业性质、企业化管理，那是个非事非企的怪胎，其结果是人往事业靠（当干部）、钱按企业拿（多分配），越搞越糟，是单位没活力、事业难发展的根源”①。

“中华人民共和国建国后直至‘文化大革命’，出版社都按中央人民政府政务院的规定，定位为出版企业；1983 年及其以后经文化部出版局报请有关上级领导部门批准，又确定为事业单位企业管理。

“1983 年把出版社定为事业单位实行企业管理以后，表面上

① 柳斌杰：《解放和发展文化生产力——兼谈深化新闻出版改革的几个问题》，《中国出版》2006 年第 3 期。

在企业属性方面向后退了，但实际上随着外部环境的变化（由计划经济向有计划商品经济——市场经济转化）和出版业内部改革的深入，这个时期出版社企业化的程度日渐增大，远比计划经济时代的企业化分量还大了，而不少发展更快的出版社事实上已经自觉或不自觉地临近或开始迈入出版企业的门槛，改制已成为这些出版社的迫切要求。

“为什么很长一段时间，‘事业单位企业管理’的法人属性大家并不都觉得妨碍生产，就在于那时出版单位的经营活动企业化程度还比较低，当时整个国有经济体制改革也处于初期和中期阶段。

“对于‘事业单位企业管理’这种体制，可以有‘事业单位’‘企业单位’‘两头沾’的好处，我还想过这种体制对于坚持正确方向加快出版业的发展有‘双保险’的作用，从80年代中期以后十多年的实践看，也的确有这个效果。

“多年来，国家的宏观经济管理部门一直把出版作为企业来看待，税收、财政、计划部门都是如此。”①

我认为，像对待任何历史事物一样，对出版单位曾经实行的“事业性质、企业化管理”，也应当实事求是地做出历史评价。这叫作历史唯物主义。因此，比较柳斌杰同志和宋木文同志的不同表述，我更愿接受宋木文同志的表述。

首先我要表示一点歉意，未经同意和沟通，就使用了刘杲同志的博客，引出了斌杰同志的言论，又妄加了评论，向他们二位致歉。

刘杲在博客中引出的我的那几句话，是2004年5月我在新闻出版总署举办“三项学习教育”培训班上讲课，以回顾历史来

① 宋木文：《出版社转制的必要性及其重要意义》，《出版科学》，2004年第4期。

论述出版社转企改制必要性时讲出的，应约在《出版科学》2004年第4期发表，并收入《亲历出版30年》（见第596—606页）。刘杲面对斌杰的“怪胎”说，引出我的言论并表明态度，是他待人处事的高明与精细。以“事业性质、企业化管理”的“历史评估”来引出，更符合我的认识过程和这一事物历史发展的实际。刘杲说“这叫作历史唯物主义”。我可不敢如是说。我只能说，出版改革离不开国家改革的大形势。最近，我看《求是》杂志发表的曾培炎一篇文章，他这篇文章是《实行社会主义市场经济是我国经济体制改革的必然选择》。曾培炎指出：

在社会主义条件下发展市场经济，是前无古人的伟大创举。新中国成立后，我国在很长一个时期内实行计划经济体制。随着实践的发展，计划经济体制的弊端越来越明显，越来越不适应生产力发展的要求，改革势在必行。1978年，我们党作出了把工作重心转移到经济建设上来的历史性抉择，坚决果断地实行改革开放。经济体制改革的指导思想，经历了“计划经济为主、市场调节为辅”、“公有制基础上的有计划的商品经济”、“国家调节市场，市场引导企业”、“逐步建立计划经济同市场调节相结合的经济运行机制”等阶段，市场取向的改革日益得到明确。1992年初，邓小平同志在南方谈话中指出：计划多一点还是市场多一点，不是社会主义与资本主义的本质区别。计划经济不等于社会主义，市场经济不等于资本主义，计划和市场都是经济手段。这一重要论述，解除了人们对市场经济的种种疑虑。……此后不久，党的十四大明确将建立社会主义市场经济体制作为我国经济体制改革的目标。①

① 《求是》2013年第20期。

曾培炎曾是中央政治局委员、国务院副总理，又是我们国家发改委的老主任。他在党刊上发表文章，就更有科学性和准确性。我想概括一下我的体会：如果一定要把“事业单位企业管理”和现在的转企改制作对比的话，我以为可以这样来概括：这是在国家经济体制改革不断深化并多次改变提法最终确定实行市场经济的情况下，“事业单位企业管理”是出版社由“事业”向“企业”转化的一种过渡形态。“怪胎”之说，显然不能服人。因为总不能把由计划经济向市场经济转化过程中几个提法（几个形态）都说成是“怪胎”吧！我个人的认识就是不断深化的，并没有在“事业单位企业管理”上止步不前。早在1992年就在全国新闻出版局长会议上提出“有条件的出版社可以转制为企业”。从2001年到2005年，我连续在报刊发表十篇论述转企改制的文章。这些文章涉及转企改制的多方面内容。主要有：为什么要把出版社定位出版企业、出版社“企业属性”考、出版社转企改制的历史考察、出版社转企改制的必要性及其重要意义、出版社的基本属性与国家对出版社的管理方式、办好公益性出版社的建议（以人民出版社为例）、转企改制与主管主办制度、国家制定《行政许可法》要考虑意识形态管理的特殊要求、转企改制与经济政策等。2001年首次发表的那篇《出版社是生产精神产品的出版企业》一文就指出：“事业单位企业管理”已经不能适应改革不断深化的市场经济环境，如果出版社不具备企业法人身份，包括国有资产授权经营、资产重组、企业并购、资产评估和抵押等经营活动都将难以开展，从而必将影响出版产业的发展。因此我才提出转企改制的建议，论述转企改制的意义。顺便指出，同样称“企业”，经“转企改制”后的“企业”，要建立现代企业制度，这在很大程度上已经不同于从前高度计划经济条件下的“企业”了。这是转企改制取得的积极成果。论转企改制的必要，可以有多种论法，何必要造出一个“怪胎”呢！其实，斌杰同志论“怪胎”，是一论再论的。为纪念改革开放30年，2008年又在《中国出版》（10月号）和《中国新闻出版报》（11月3日）先后发表的《解放思想深化改革推动新闻出版业大发展》一文中，一字不差地作了重申。2013年由人民出版社出版的柳斌杰的《论文化体制改革》，第76页又一次摘录了“怪胎说”。我提出的问题是，不仅要考虑“怪胎”一说能否成立，更要考虑“事业单位企业管理”从提出到转企改制历经了二十年，这二十年是否就因这“怪胎”而成为阻挡出版业发展的“根源”而“越搞越糟”呢？对这样的问题，还是让过去二十年的出版历史来检验以及今后更深化了的出版改革实践来证明吧！

我要补充一句，我在这里是对事不对人。如果讲对人，应当说柳斌杰是一位思想敏锐、敢于有所作为、业绩突出的部委领导同志。对我本人，斌杰也是支持很多、鼓励很多、赞誉很多。2007年商务印书馆为我的《亲历出版30年——新时期出版纪事与思考》举行出版座谈会，斌杰知道了，表示要参加并讲话。但后来由于要出席国务院的一个会议，不能参加了，前一天晚上，他自己亲自动笔写出稿子，一早交给商务印书馆，由此可见他对这件事的重视。他说了很多肯定的话，其中说到，我在许多重要观点和重大事情上发挥了特殊作用，这句份量很重的话，我深知不能照单全收，却也不敢忘记。我们之间的个人关系也相当不错。也正因为如此，又由于他在新闻出版界有重大影响，我更愿意在这样的问题上，分辨一下是非，更希望斌杰同志批评指正。

出版社改革是不断深化的，在过渡形态转化过程中，通过转企改制，必定要不断有所突破。我在2001年，以全国人大代表身份，接受《中国图书商报》记者陈斌采访时，就谈到“改革求突破，发展求效益”。

我是这样说的：

“十五”期间，调整结构是主线，改革开放是动力，这是整个国家指导经济工作的方针，也是指导包括出版在内的文化产业的方针。

随着出版改革逐步深化，势必应在某些重大的、事关全局的方面有所突破。要允许一些实力强的、改革有成效的、品牌优秀的出版社或发行企业建立分支机构，使其有更大的发展空间，能更快地发展起来。解决好跨地区的问题，将是出版改革的一个很大的突破，很大的进步。为了发展出版业，要放宽对融资的限制。也可以考虑适当吸纳非国有资本进入出版业。

产业结构调整的核心内容、深层次涵义，是按照市场和效益的要求进行结构调整，这对出版业也适用。出版单位要靠实力和服务在市场上进行竞争。这就要加快建立和完善现代企业制度，使企业真正成为市场竞争的主体。

精神生产领域企业建立和完善现代企业制度，现在恐怕还处于始初阶段，需要不断地进行探索。

二、出版的两个基本属性与转企改制中的变与不变

冯建辉：在上一次访谈中，您对“事业单位企业管理”作了回顾，并提到了转企改制的一些认识。今天可否请您进一步谈谈这个问题？

宋木文：首先要明确出版的两个基本属性与出版改革的

关系。

1996年，我为《宋木文出版文集》所写的自序中谈道：

我从十几年出版管理实践中体会到，为了更好地进行出版改革，必须明确出版的两个基本属性：一是必须明确出版是一种产业；一是必须明确出版是思想文化的一种载体。正确理解出版的这两个基本属性的内涵及其相互关系，是推进出版改革，使出版业沿着社会主义方向健康发展的关键。明确出版是一种产业，是从事生产经营活动的一个产业部门，这是改革开放以来一种观念的升华和更新，是出版改革不断推进的重要成果。明确出版是思想文化的一种载体，是社会主义精神文明建设的重要组成部分，就必须坚持以马克思主义——有中国特色社会主义理论为指导，坚持社会主义方向，坚持社会效益第一，坚持以多出好的精神产品为基本目标。出版改革实际上是以国民经济一个产业和思想文化一种载体相统一的要求而进行的，也就是过去常说的把实行市场经济的要求和社会主义精神文明建设的要求结合起来。[①]

宋木文：我认为，转企改制中有一个变与不变的关系。转企改制，重在一个“转”字和一个“改”字，都是强调要“变”，为什么要提出一个“不变”呢？其实，这是我早就提出的一个观点，并作为重要问题有所论述。所谓不变，是指出版社的基本属性，这在转企改制中，是不变的。所谓变，是指国家对出版社的管理方式，这是转企改制中要着重解决的问题。这两者既不能混同，也不能分割。

转企改制中“变与不变”的提出，首见于我在《中国出版》（2005年第6期）和《出版科学》（2005年第4期）发表的《出

① 宋木文：《宋木文出版文集》，中国书籍出版社1996年版，第13—14页。

版社转制问题的观察与思考》[1]；后又在当年的《出版广角》（2005年第4期）发表的《更多关注出版改革》一文中，作了进一步论述。[2]

冯建辉：您刚才提到了一个“基本属性”，一个“管理方式”。

宋木文：是的。我在2005年发表的《出版社转企改制问题的观察与思考》一文指出：

我觉得，与出版社转制相关联，有两个不同层面的问题：一个是出版社基本属性问题；一个是国家对出版社管理方式问题。这两者有联系又有区别，不能混同，也不能割裂。

一个层面，是关于出版社的基本属性。按现在取得的共识，是说出版社是精神产品的出版者，社会主义先进文化建设单位；在市场经济条件下出版社又是社会主义文化产业或社会主义出版产业的重要组成部分。这就决定了出版社兼有意识形态与产业（或生产企业）双重属性。对所有出版社来说，这是基本的，共同的，在本质上没有区别。因此，我不同意前引文章所持的观点，而是认为所有出版社的核心目标和社会责任，不是不同的，而是相同的。为了进行工作指导，解决阶段性的突出问题，在兼顾双重属性的前提下，可以适当强调其中的一种属性。但历史和现实的经验表明，如果过分强调意识形态属性而忽视其产业属性，有可能给出版改革和发展带来不利影响；如果过分强调出版社的产业属性而忽视其意识形态属性，则有可能使出版偏离正确的方向。意识形态和产业这双重属性是对立的统一，是相辅相成

---

① 宋木文：《亲历出版30年——新时期出版纪事与思考》，商务印书馆2007年版，第624—635页。

② 宋木文：《八十后出版文存》，商务印书馆2013年版。

的关系。意识形态的要求反映出版的本质和灵魂。灵魂需要附体，本质需要体现。出版作为一种载体，是发展思想、理论、科学、文化的助推器和发射台，出版产业越先进、越强大、越普及，它所产生的思想力、文化力也越大。这已为改革开放二十多年出版发展的实践所证明，在我们的出版界能够并善于驾驭这个载体的高手和良将也必将越来越多。

另一个层面，是讲出版社共性中有个性，基本属性之下有差异。即是讲国家对出版社在体制上采取何种方式进行管理——是定为公益性的出版单位，还是转制为出版企业。在市场经济条件下，被确定为公益性的出版社，国家为保证其承担的政治宣传任务或其他重要的特定任务在政策上给予必要的不可缺少的支持，在市场化的要求和程度上同转为企业的出版社有所不同，但不是主要靠吃皇粮、靠国家供养、退出市场的那种事业单位；转制为企业的出版社，则要经历一系列的改革和妥善安排，使其逐步成为自主经营、自负盈亏、增加和强化竞争活力的市场主体，以加速出版事业的发展和壮大。

转制是把出版社由事业单位转变为企业单位，这是指管理体制、经营机制的改革、改变、搞活和完善，而不是指基本属性的改变，这是不应也不能改变的，更不存在此种意义上的转制。受这种基本属性的制约，经营性出版社同样要把社会效益摆在首位，在这个前提下去追求最好的经济效益，但不能以追求利润最大化为目的；公益性出版社在享有必要的政策支持的同时，也要重视和善于经营，通过市场，取得良好的经济效益。说到底，无论哪一类出版社，在市场经济条件下，社会效益与经济效益最终都要靠占有市场份额才能得以更好地实现。

把基本属性与管理方式这两个层面的问题理解正确并处置适

当，既不割裂开来，也不混为一谈，才能准确把握中央关于文化体制改革的基本精神，既推进改革，加快发展，又不偏离正确方向。[①]

我当时这样提出问题，有着具体的针对性，在今天也仍然值得注意，而且在今后长远建设中也必须给予重视。

当时的“具体的针对性”，是指我公开发表文章论述“基本属性”“管理方式”之后，有人在《中国出版》（2005 年第 5 期）发表文章，质疑“把社会效益放在首位”，鼓吹“出版活动的社会效益应纳入经济效益之中”“其目的应该是追求利润最大化”；《中国图书商报》（2004 年 5 月 28 日）在一版以通栏标题发表文章，鼓吹用东欧前社会主义国家出版私有化和西方大国出版集团吞并这些国有资产的经验来启示中国的出版改制。

“今天也值得注意”，是我看到《光明日报》（2012 年 11 月 12 日）在《党的十八大第三场记者招待会侧记》中，有关负责人指出，“把深化文化体制改革，推动经营性文化事业单位转企改制，简单理解为产业化和市场化，显然是误解”，因为“文化事业单位和已经转企改制的文化企业，体制管理要求不同”，而不是基本性质不同。我随后（2012 年 11 月 19 日）写出我的看法：“明确这一点很重要，因为这也是把文化事业单位转企改制误解为‘产业化和市场化’的认识根源。”

需要在这里说明，就是因为这在当时“有着具体的针对性”和“在今天也仍然值得注意”，促使我把在《出版广角》发表的

① 宋木文：《亲历出版 30 年——新时期出版纪事与思考》，商务印书馆 2007 年版，第 627—629 页。

那篇《更多关注出版改革》一文，收入最近出版的《八十后出版文存》，以补《亲历出版30年》未收此文的不足。

我在《出版社转制问题的观察与思考》一文，在阐述出版社的基本属性和管理方式以及两者的联系与区别的同时，还针对国家和地方人民出版社、国家与地方民族出版社、外文局系统担任对外宣传任务出版社和杂志社、军队系统出版社等，“都有各自不同的情况，需要加以研究，进行分类指导”。还特别提出：“全国有百余家大学出版社，对转制问题，学校内外、校方与社方都有些不同意见，需要作为一类问题加以研究和处理。”

冯建辉：据我了解，不少大学出版社，对转制问题确实是有自己的看法。

宋木文：出版社转企改制这样的重要改革，不可能一步到位，需要深化再深化。现在的情况表明，也需要回头看看，过细地做一些思考。比如对百余家大学出版社转制后的情况进一步做一些调研与思考，肯定成绩，研究问题，这对我们国家的文化积累和学术建设就很有必要。最近，我看到商务印书馆2013年版的《论美国的文化——在本土与全球之间双向运行的文化体制》（法国学者马特尔著）。这本专著专门评介了美国的大学出版社，读后受到启发，引起思考。

马特尔说：“美国的一个特色是在出版业这样传统上属于商业的门类中建立了一些重要的非商业的分区。依靠庇护它们的大学、通过公立地位或者非盈利地位获得对它们的直接支持，大学出版社继续维持着不受市场压力的高质量的出版。虽然它们只占出版品种的8%，但它们的这1.2万种书籍对美国思想和文化的更新仍然是至关重要和生命攸关的。”

马特尔称赞美国“大学出版社的著作通常质量很高，拥有极高的学术地位。它们得益于这些出版社内部一些要求很高的专业编辑和一些细心的审读者，而商业出版社越来越少地这样做，它们倾向于将这些职能‘外包’，由代理人来选择稿件，乃至由自由职业的人来进行排版和校对工作”“它们占据了出版市场的一‘隅’，即高品质书籍和译著的出版，这些都是推进知识、激励研究和推广卓越的作品”。

我是在看到北京大学肖东发教授2013年4月28日在人民日报发表文章，称赞“美国大学出版社在美国的定位非常值得中国出版业学习”后，才阅读马特尔这部著作的。我也赞成肖东发教授的一个看法：“一个民族的文化活力，不在于宏大的规划和布局，而在于每一个领域自身的特色和价值。”在我对大学等出版社转企改制问题做进一步思考时，又看到三联书店总编辑李昕的文章《滞胀：中国出版业面临的困境》[①]。此文同我与老出版家巢峰的那篇《出版人两地书——关于出版社转制历史考察与出版业“滞胀现象”的通信》[②] 中巢峰的观点相似相近，并联系现今转企改制的实际，提出了一些新的见解。李昕谈到出版社转企改制有“一刀切”现象，“全国582家出版机构，除了人民出版社、民族出版社、盲文出版社三家以外，都实行转企改制”。“这和西方国家不同”，因为“许多西方国家有很多非营利性的出版机构，他们得到社会公益组织或企业和个人的资助，可以专注地出版学术文化著作”。而在时下的中国，对出版社来说，“严肃的学术文化出版已经不再是一项事业，而仅仅是一盘生意”。他对管理层

① 《现代出版》2013年5月10日第3期。

② 宋木文：《亲历出版30年——新时期出版纪事与思考》，商务印书馆2007年版，第607—623页。

发出呼吁："一定要看到出版业兼具商业性和事业性的双重属性。"

冯建辉：您认同、支持他们的观点。

宋木文：我觉得，肖东发、李昕的意见是应当受到重视的。我也不是主张照搬美国大学出版社的做法，更不是对我国大学出版社转企改制的做法持否定意见，而是建议在走了一段改革路程之后，再回头看看，做些思考，把工作做得更细，更积极地探索出一条有中国特色的大学出版的新路，使之对大学对国家的文化积累和学术建设都能更好地发挥其独特的作用。我也希望其它各类出版社在现行转企改制第一步达标之后，作为改革的深化，继续进行总结和探索，特别是对编辑部的改革更要做深入总结与进一步探索，在开辟一条既符合我国思想文化建设要求又符合产业发展趋势的新路上作出自己的新的贡献。

按照事物发展的辩证法，变与不变不是绝对的。讲基本属性不变，是指其基本含义、基本特征不变，并不是用一切不变来捆住人们的手脚。讲可变的是管理方式，是在特定意义上用以规范转企改制，而不是说凡转企改制的都得坚守一种模式。我们不仅不反对而且要欢迎，在转制为企业的出版社中，出现一批更能彰显学术文化特色、更有学术文化建设活力的新模式；甚至在"公益"与"企业"两类之外，出现一些新类别、新族群。我认为，直至今日，定位公益性的，转制为企业的，按其改革的目标，都只是迈出了第一步。改革需要深化，更需要创新。中央不是在提倡摸着石头过河和顶层设计相结合吗，对比较复杂又很敏感的文化体制、出版体制的改革，更需要这样做。为做到顶层设计与摸着石头过河相结合，我认为，应该把路线图作一点调整，把时间表放宽些，或者作为新一阶段改革提出新的要求，既有统一规定为各社必须遵循的原则，又留有一定空间允许各社去实践去创造。这还需要得到党和政府有关主管部门和宏观经济管理部门的支持，否则是实现不了的。

三、出版社改革的首个文件

冯建辉：1988年，中宣部和新闻出版署同时发出《关于图书发行体制改革的若干意见》和《关于当前出版社改革的若干意见》，说明对出版改革抓得很紧，似乎有出版改革与发行改革配套展开之意。

宋木文：是这样的。先简要谈谈发行体制改革文件。从1987年开始，为起草新的发行体制改革文件，中宣部出版局和新闻出版署分别或一起作了不少调研工作。由新闻出版署一位从外单位调来的分管副署长主持起草的这个文件，几易其稿都不能令人满意。主要是不得要领，抓不准问题。经我提议，请中宣部出版局副局长袁亮牵头（新华书店总店副总经理郑士德参加），重新起草。经调查研究，形成一个看法：几年来发行体制改革主要是放得不够，需要进一步放开。这就是由中宣部和新闻出版署1988年5月联名发出的文件所提出的“三放一联”、重在放开的改革方案，即：“放权承包，搞活国营书店；放开批发渠道，搞活图书市场；放开购销形式和发行折扣，搞活购销机制；推行横向经济联合，发展各种出版发行企业群体和企业集团。”在起草过程中我是赞成把“三放一联”写入文件的。全国新闻出版局长会议讨论时（1989年5月16日）我作了解释性讲话。1990年11月在重庆召开的全国图书发行工作会议上，对“三放一联”发生了争论，我在会议上对其内涵和相互关系作了阐述。我后来回忆此事时说："当年对'三放一联'的争论，主要是放得是否过头的问题。任何事物或规范，包括发行体制改革的措施，都是反映特定历史条件的需求，如果按照21世纪初年出于对内需要和对外承诺所进行的发行体制改革放开的水平来衡量，也许会有人发出放得不够的评头论足。这当然是不可取的。"因为事实表明，"三放一联"又是1992年局长会议提出"把建立全国统一的开放的图书市场作为发行体制改革的目标""所必要的"，"也许历史的辩证法就是如此"。[①]

冯建辉：您说得太好了。当时存在这种争论的话，是哪方面觉得放得太开了？

宋木文：其中之一，是有些同志（主要是总店）不赞成放开批发。

冯建辉：也就是说，这一方针冲击了原来的批发规定。

宋木文：因为批发原来是被新华书店总店和省店垄断的，这是一个很重要的改革内容。

还有一个是放权承包。当时我们主张是向基层书店放权，所谓基层书店是指县和县级以下的书店。书店管理体制有县店，县店上面还有省店，权力主要放给基层书店的话，就会涉及总店和省店的利益。所以当年认为放得过头的主要意见不是新闻出版局局长们，而是总店和省店的经理，大致上就是这样一个情况。对发行体制改革文件不作为重点来讲，今天我只是简要地讲一下。

---

① 宋木文：《亲历出版30年——新时期出版纪事与思考》，商务印书馆2007年版，第545—546页。

接下来谈一下《关于当前出版社改革的若干意见》的文件起草，这是我要着重回忆的。这是全面论述出版社改革的第一个文件。所以我把它称作为指导出版社改革的第一个文件。

昨天我已经讲过了，从 1984 年哈尔滨会议之后，出版社改革在全行业展开，又经过 1985 年、1986 年两次局长会的讨论，认识有深化、经验有积累，这样就有条件来制定一个专门的文件。因为没有实践积累，文件是制定不出来的。要什么时候解决什么问题，客观事物发展到了有可能解决的时候，才能去解决它。

冯建辉：我看到一则资料，是新闻出版总署原副署长杨牧之在《中国新闻出版报》发表的《往事依依——〈关于出版的思考与再思考〉后记》（2013 年 2 月 20 日）一文。其中有一段话是回忆如何起草出版社改革文件的。他是这样讲的："1988 年，那是我到新闻出版署工作的第二年。署里主持起草关于出版改革的文件。大概因为我是图书司司长，宋木文署长（当时还是副署长）把我叫到他的办公室。他坐在沙发上，把文件（初稿）摊开在茶几上，我坐在他旁边。我和他都看着文件。他一行一行地往下读，一句话、一个字地抠。他思维敏捷。讲政治、讲政策，因此很考究用词。一句话这样说好还是那样说好，常常问得我哑口无言。因为他提出的问题，我根本没有想到。我怕再被署长问住，便尽量找问题、尽量多想。所以，压得我很累。今天回忆起来，起草文件从政治高度、政策高度，认真地去抠，反复地推敲，是木文署长给我上的第一堂课。"

这段话写得很生动，您还记得这件事吧？您能否对《关于当前出版社改革的若干意见》的起草作一点回顾？

宋木文：回忆25年前的这件事，牧之讲的若干细节，我已记不清了。但是，我记得那时着力写、逐字抠、考究用词的，主要有这么几点。

我当时想，在全国改革不断推进的大形势下，应该对出版社有一个既适应改革新形势又符合出版社实际的定位，这就是写入文件的那句话："出版社既是图书的生产者，又是图书的经营者"。生产者，早就明确了，"经营者"却是新的问题。比如长期只管生产，不管流通（发行），这时也只是进了一步，开了一扇"自办发行"之门，作为新华书店的补充；而作为"经营者"提出，就要使出版社取得实实在在的"总发行"的名分和地位。这必然又关联到新华书店和发行体制的改革，所以在作为出版改革另一翼的发行体制改革的文件（即前面提到的那个发行改革文件）作了相应的调整与规定。

对这里讲的"作了相应的调整与规定"，我曾作过如下解读：

图书发行体制改革，如果说在方法论上存在什么问题的话，我看主要是未能摆脱出版与发行按"计划"分工的框框，就发行谈发行，割裂了编、印、发之间实际存在的千丝万缕的有机联系，把眼光只是或主要是盯在发行这个环节。同样，在讨论出版社改革的时候，主要着眼点也只在于如何搞好编辑部工作和内部经营管理工作。应该承认，"一主三多一少"，"三放一联"这些改革措施的提出，主要是针对发行单位。那个时候谈发行问题涉及出版社的，主要是"自办发行"，而实际内容又主要是自办门市、自办邮购，少量品种直销，基本上没有涉及出版社的全面工作。出版社有总发行的名义，远未做到名实相符。因此，历来关于发行体制改革的文件都说出版社自办发行是对新华书店发行的补充。这可能模糊了出版社总发行的地位和责任。现在看来，需要重新审视“自办发行”的这个“定义”。由于出版社和书店（出版与发行）的改革基本上是各自为战，以及与此有关的双方在观念上的差异和经济利益的矛盾，因而也难以找到找好出版发行改革的结合点、突破点，改革也就难以取得人们所期望的更大的突破。这可能是一个难以超越的认识发展阶段，反映了历史进程和事物发展阶段对人们认识的制约，而当客观形势要求改革向前推进时，则必须顺应形势对改革提出新的思路（不是简单的对过去改革提法的否定，如“一主三多一少”，仍会在它涉及的范围继续发挥指导作用）。多年来，我就没有跳出出版与发行分割的原出版体制的框框来考虑和提出发行体制改革的各种问题。后来，从改革遇到的各种挫折、反复和困惑中，我开始感到发行体制改革离不开出版社，出版社的改革离不开发行，提出社店联合进行发行体制改革，但未能深入一步触及问题的实质。1988 年讨论出版社改革文件时有所前进，我提出一个观点，并写入中宣部和新闻出版署联合发出的关于出版社改革的文件中，即“在发展社会主义有计划的商品经济的条件下，出版社必须由生产型向生产经营型转变，使出版社既是图书的出版者，又是图书的经营者”，但没有深入一步。所谓“经营”，应当既包括出版社出书如何尽可能做到两个效益的有机统一，又如何更有利于扩大市场的占有率，而这又都取决于自己所出图书的发行。不如此，出版社何谈搞好经营！要使发行体制改革取得突破性进展，必须改变出版与发行分割状态，必须在原有出版体制中出版与发行分割这个弊端上“开刀”，从出版与发行、出版社与书店的相互联系上去探索扩大出版物的市场占有率的新思路。

当前改革的形势要求把出版社的改革与发行体制改革连在

一起，捆在一起，作为整个出版体制改革的两翼，作为改革的整体来推进；而把连结着出版社与市场流通环节的图书发行体制改革，作为出版体制改革的重点进行突破，并且对出版社与国有新华书店都提出必须达到的与实现重点突破相适应的要求。考虑发行体制改革一定要同时研究出版社的全面改革，同理，考虑出版社的改革一定要把发行改革作为重要内容和关键环节，否则出版社的改革搞不好，发行体制改革也搞不好，对两方面只能说是“半截子”改革。[1]

稍后，我又提出“出版是基础，发行是关键”，必须在原有出版体制中出版与发行分割这个弊端上“开刀”，把对出版社的改革与发行体制改革捆在一起，作为出版体制改革的两翼来推进。为推动出版社向“既是生产者又是经营者”转变，文件明确提出：“需要积极而又稳妥地对出版社原来的体制，包括领导体制、经营体制、管理体制、人事体制、分配体制等进行改革，以提高出版社的应变能力、竞争能力和自我发展能力。”这是在当时主客观条件下，对出版改革可能提出的主要的和全面的要求。其核心内容是要求出版社在历史性转变中，把图书的出版与经营统一起来。

冯建辉：强调经营，在实践中，如果把握得不好，恐怕会导致“为追求利润而放松品质”的问题。

宋木文：当时，从上到下，都有人担心学术价值高的书难出、越出越少，而平庸的质量低的书会多起来，使图书质量下降，甚至不是“优胜劣汰”而是“劣胜优汰”。

---

① 宋木文：《宋木文出版文集》，中国书籍出版社1996年版，第232—237页。

冯建辉：是啊，经济学有所谓的“劣币驱逐良币”原理。

宋木文：是这样的一个问题。理论上说并不是太困难，但实际操作中确实不好把握。根本问题在于有利益驱动，因此起草《关于当前出版社改革的若干意见》里面要面临的另一个问题，就是牧之讲的“逐字抠、推敲词句”的另外一个问题，就是社会效益和经济效益关系如何表述的问题，这是颇费斟酌的。直至全国新闻出版局局长会议讨论，又经我反复推敲，才把我讲的那四句话的主要内容写入了文件。这也就是牧之所说反复推敲出来的话。

这四句话是这样的：

第一，既要重视社会效益，又要重视经济效益；以社会效益为最高准则。

第二，作为自负盈亏的出版社（文化企业），如果不讲经济效益也难以实现社会效益。

第三，在具体问题的处理上，如果经济效益与社会效益发生矛盾，经济效益就要服从社会效益。

第四，在总体上我们要争取做到社会效益与经济效益的统一。后来我又在这句之后加了一句：“通过市场来实现。”

我自己回顾，这应当算是在起草文件中，为了把复杂问题、敏感问题的相互关系作一个科学表述，而逐字抠的一个例子。

冯建辉：确实是非常讲究啊。

宋木文：这是文件里第二个主要问题。第三个主要问题也是需要反复斟酌的。当时，为加快出版事业发展，如何开辟多种渠道，扩大资金来源和生产能力，也成为一个重要热点问题。文件对此以及相关问题作出规定：“确有需要的出版社，在办社宗旨和经营主权不变的前提下，经上级主管部门批准，可以吸收全民所有制单位、集体所有制单位的资金，用于发展生产”。（我记得，当时三联书店沈昌文，要从首钢得到资金，用来支持三联书店的发展，我也是支持的，但最后没谈下来，是什么原因我记不清了）。

文件还规定：“有条件的科技和学术性出版社，经省级政府和部级主管部门同意，并经新闻出版署批准，可以试行同外资合营，但外资股金必须低于二分之一，编辑部应由我方掌握。”这里有两个问题：第一个问题叫做控股；第二个问题叫做掌握终审权，就是我方要把握内容。为了加入世贸组织，发行方面就不再提控股的问题了。但是出版社方面我们一直是讲控股的，编辑部要掌握在我方手里。

由此可见，对于利用国内资金和外资办出版，虽管理严密，却是开放的。对中外合资合作办出版，在1992年局长会议上重申了继续“试办”，但在此后的文化体制改革文件中作了调整。

按习惯思维，人们往往都以为现在会比以前更开放，但实际情况未必都是如此。出版社改革的文件很长、很全面，你之前引用了牧之的回忆“反复推敲，给他留下深刻印象”，许多细节我记不清楚了，但是这三条是主要的内容：第一，出版社定位，既是图书的生产者，又是图书的经营者；第二，社会效益和经济效益两者关系的完整表述，最后还加了一句“通过市场来实现”；第三，扩大资金来源，吸收社会资金和外资办出版。大致如此。

这三条主要内容，既有方针性、政策性的规定，又有对实际问题的解决意见。能起草这样一个文件，不是空穴来风，而是对实践经验的总结。所以我说这是出版社改革的第一个文件。

冯建辉：您讲的这两点：一是态度开放，二是管理严密。有两点必须得控制，一个是实行控股，一个是掌握编辑权。所以，我觉得，内容的终审、管理都是很严密的，但态度又是开放的。像这样一种考虑，在中央层面、在更高层次领导那里有没有考虑？在出台这个文件以前，有没有统筹的考虑？这个时候颁发的这个文件是不是说明了高层认可和支持？

宋木文：这些政策性、方针性的问题，像吸收中外资金这样的问题，是经过中宣部部务会议审定、批准的，在提出之前是跟中宣部的主要领导和分管的同志商量过的。1988 年，又经由胡启立任组长的中央宣传小组同意，在 1989 年、1990 年继续执行。1989 年以后，中央调整了领导班子，由李瑞环接替了胡启立的常委工作。1992 年局长会议上，经过李瑞环的同意，这个政策又得到重申。对这些重大的政策性问题，能够写入文件，是经过中宣部批准，并经中央分管领导同意的。

但合资合作以及民办出版社并不都是成功的，需要加以总结。

我举几个实际的例子。

第一个例子，80 年代英国培格曼出版公司总经理马克斯韦尔（他是匈牙利人，后又加入了英国国籍，还成为上议院的议员），想和我们合作，其中一项重要的合作是出版《邓小平文集》英文版，得到了邓小平的支持。邓小平有一句名言“我是中国人民的儿子。我深情地爱着我的祖国和人民”，就是出自他为英文版《邓小平文集》所写的前言。因为有了这次合作，就有了进一步的考虑，办一个合资出版公司。这家同培格曼合办的中外合资出版社，办的时间不长，因多种原因没有办下去。

第二个例子，是和美国一家公司合资办的《计算机报》。现在还在办。开办时就有五六十个版面，属自然科学、工程技术方面的合资报纸，是办得成功的。而且比同英国培格曼合资办的时间还要早。

第三个例子，是西北农业大学有一位昆虫学方面的名教授周尧，我也说不清楚他 1988 年是怎么找到了总书记赵紫阳，说想办个出版社。赵紫阳当时有个批示："是自然科学性质，又是知名教授，似可作特别批准，试一下也好。"他批了以后又送给李鹏总理批。李鹏的批示是："请照紫阳同志批示，作为特例试办，目前不扩大。"在这种情况下，我们于 1988 年 3 月 3 日批办了这家天则出版社，引起中外舆论的注意，但是后来办了不到两年的时间，这位教授掌握不了出版，他委托给了别人，那个人也不听他的，走样子了，不搞学术了，严重违规。因曾有时任总书记和总理的批示，我们就报请中央宣传小组批准，在 1990 年 7 月 3 日停办了这家出版社。

第四个例子，我们新闻界有一位老同志叫钟沛璋，在团中央工作过，后又担任中宣部新闻局局长。他退下之后想要自己办个民办出版社。他就向胡耀邦总书记申请办一个出版社。胡耀邦批了很长一段话，意思让我们批办。钟沛璋是共产党党员，又是新闻界的活跃人物，退下来以后要发挥光和热，办一个出版社，又有胡耀邦的批示，我们就照批了，成立一个民办出版公司，叫卓越出版公司。但是，创办之后他也控制不了局面，外界意见很多。有人说："你一个老干部，搞了这么一个单位，又不规范。"要求撤掉。因为这件事是胡耀邦批示过的，应当慎重考虑，所以也报请中央宣传小组批准。最终这个出版社就停办了。

这就有一个问题，政策是开放的，但又有一套严格的管理规定，办起来也不是很容易，并不是你批准了周尧，他就一定能办下去；你批准了钟沛璋，他就一定能办好。我不知道今后如果再提到这类问题，该如何考虑。

冯建辉：看来，还要继续进行探索。

宋木文：我觉得，“开放出版”这个事不简单，政策、管理和客观条件，需要多管齐下，认真探索。我这个人有一点“死心眼”，面对几个不成功的“试办”也不想放弃，想亲自指导办一个合资出版社。我想到商务印书馆。因为商务印书馆是个历史悠久的名牌，海外资源也比较多，北京有“商务”（被称为“总馆”），香港有“商务”，香港“商务”又在马来西亚和新加坡办了“商务”分馆，台湾还有个独立的“商务”，而且这五家“商务”又与亚、欧、美多地渠道畅通。我个人和台湾“商务”的张连生总经理有过多次接触，觉得这个人很能办事，比如争取得到台湾故宫博物院院长秦孝仪的支持，影印了文渊阁《四库全书》，就办得很成功。1992 年夏，香港和台湾两家“商务”，由北京和台北故宫博物院提供馆藏绘画珍品，合作出版大型精美画册《国宝荟萃》，在北京故宫博物院淑芳斋举行首发式。我出席并讲话，表示支持。时任香港商务印书馆总经理、后任香港联合出版集团总裁陈万雄在《悦读》杂志（2012 年 5 月）以《涓涓之水可以成江河》，谈《国宝荟萃》的出版与两岸故宫的合作，并配发有我和他与吕济民（北京故宫博物院院长）、张连生参加的首发式照片。当天晚上，在北京人民大会堂西藏厅举行的宴会上，我进一步说：出版有一种“特异功能”，当部长、当署长的，未必能够做到，而出版社却能做得到。由于张连生先生争取到台北故宫博物院的支持，提供了馆藏的绘画珍品，这是难能可贵

此照为当年陈万雄所赠。左起依次为北京故宫博物院副院长杨新、院长吕济民、新闻出版署署长宋木文、香港“商务”总经理陈万雄、台湾“商务”总经理张连生

的；而北京故宫博物院同样给予了大力支持，促成了港台两家“商务”合作出版《国宝荟萃》。这件事，由官方出面就很难操作。京、港、台的商务印书馆原本是一家，现在各自独立经营，但已经有所突破，建立了良好的合作关系，希望进一步加强合作。宴会结束后，我就想，现在已有多起中外合资办出版社的申请，几家“商务”合资办一家出版社应该是首选方案。由北京“商务”牵头办，也便于我们实施管理。第二天，我给商务印书馆总经理林尔蔚打电话，请他同香港李祖泽、陈万雄商量，再同台湾张连生商量，如大家都同意，共同提出几家“商务”合资办一家出版社的方案，发挥“商务”品牌优势和利用海外发行渠道，携手向海外传播中华文化。林尔蔚说“能批吗?”，我就说

“办不办归你，批不批归我，你写报告就行了”。几家“商务”老总听到来自出版主管部门负责人的这个信息，都很高兴，都很赞成。经多次协商形成组建方案交我并经我和分管副署长刘杲修改后，提请署党组讨论批准，又得到中宣部分管副部长的支持（为取得对外出口权，还得到外贸部的支持），这家由北京、台湾、香港、新加坡、马来西亚五家商务印书馆合资的商务印书馆国际有限公司便正式成立了。

1993 年 3 月 12 日，新闻出版署向商务印书馆发出批复函：合资公司设在北京。实行股份制。董事长、总经理由你馆担任。主管单位为新闻出版署。该公司系综合性出版机构。出版物的终审权由总经理掌握。出书和经营范围是：重点出版面向海外的语文学习工具书、知识性丛书、华人学校教科书以及弘扬中华文化的系列书籍；经营中外书刊和与文教有关的音像制品（含电子出版物）的出版、发行、印刷、销售。①

这是一家外向型出版机构，而经营范围又包括当时可能包括的书、刊、音、电的编印发，又获得出版物对外出口权。应当说，这家合资出版公司获得了其他出版单位难以获得的广阔的经营天地。

在 1997 年 5 月 8 日庆祝商务印书馆百周年时，杨德炎总经理安排我出席上午和下午的会议，我在讲话中都提出建议，请五家“商务”利用自己的历史联系和现实的需要，商讨共打“商务牌”的战略，既独立经营，又加强合作，使“商务”在海内外、在国际上发挥更大作用。

我的意思很清楚，就是通过商务国际使我们的出版走出去，

---

① 《新闻出版工作文件选编》，1993 年，第 126 页。

进入香港，进入台湾，进入东南亚，进入欧洲和美洲（台湾商务和香港商务在欧美均有联络单位），成为批文所说的外向型出版机构。

商务国际办了二十年了，问题是有没有充分利用给它的优惠政策条件，有没有达到我们当年的预期？但值得欣慰是办下来了，一直办到现在。中外合资这件事情，我是想推动的，但成功的案例不多，为什么呢？这值得我们深入总结。我同现在的中国出版集团领导人也讲过，如何利用给予的优惠政策，选好人，把商务国际办得更好。

冯建辉：听了您对商务印书馆的这番考虑后，就我自己第一感觉而言，是非常振奋。我想，这是对“出版走出去，拓展出版业国际影响力，提升出版物传播力”的一次有益尝试。这同时说明，对“出版走出去”工作，您有一整套自己的设想和预期，也进行了筹划。但实际过程中可能遇到了一些这样那样的问题。您刚才前面讲的几个例子中，像培格曼出的英文版《邓小平文集》，我觉得，恐怕就有点政治上的考虑。

宋木文：出英文版《邓小平文集》是在政治的推动下实现的；办合资合作出版公司，是在改革开放大形势下进行的一种探索。

冯建辉：我个人理解，比较好、比较成功的例子就是《计算机报》。因为它是纯粹偏技术、偏科技的产物。意识形态色彩，包括文化内容稍微淡一些，比较专业，不会涉及像刚才讲的天则出版社那样根据一些原因成立，但成立后慢慢又发展到做其他的，在做其他的时候又会出现其他的问题，控制不好的话就会出现严重的问题。所以，就当前的形势考虑，像办《计算机报》这种技术型、专业性的出版物，走合资的道路，在可能性上会更大一些。另一方面就是刚才您讲到的，人的因素很重要。您刚才介绍这几个例子让我很受启发。

宋木文：要有战略性考虑，要有政策、有管理，还要有适宜的客观环境，这几个方面缺一不可，不是想做你就能做成的，多种因素都在制约着你，需要积极地进行探索。

四、出版体制改革的新目标

冯建辉：宋老，现在开始下一个专题。在1992年党的十四大以后，我们召开了全国新闻出版局长会议，您在这次会议的工作报告当中又提出了新的改革目标和任务，当时引起了各方面的关注。

宋木文：1992年的新闻出版局长会议，是贯彻十四大精神的一次会议。在我介绍工作报告内容之前，我要讲一讲此次会议的背景。党的十四大是以改革为主题，要加快改革、加快发展。而加快改革、加快发展的指导思想是邓小平“建设有中国特色社会主义理论”。现在称“中国特色社会主义理论”，那个时候称“有中国特色社会主义理论”。

冯建辉：多了一个“有”字。

宋木文：在十四大会议上，提出“建立社会主义市场经济体制”为改革的总目标。这个提法的理论基础是邓小平思想的一个主要内容：“计划与市场不是社会主义与资本主义的本质区别”，按照邓小平的意思：计划经济不等于社会主义经济，资本主义也有计划；市场经济不等于资本主义，社会主义也有市场。这是一个非常精辟、非常重要的理论概括。这就是十四大提出要以建立社会主义市场经济体制为改革总目标的理论根据。

这次局长会议就是把“建立社会主义市场经济体制”与“怎么样进行出版改革”联系起来，作为我们这次会议的主题。为了准备好这次会议，开会之前，我们充分学习了十四大精神、学习了市场与计划关系的理论、学习了邓小平的思想。我们还在密云开了准备会议，除了党组的同志以外，还请了部分省市的局长，讨论起草我在会上的工作报告。

我的工作报告以“建立适应社会主义市场经济体制的新的出版体制作为出版改革的总目标”。在开会之前我们把工作报告稿送到中宣部，中宣部非常重视，召开部务会议审议并通过了这个报告。会后，我们又送给李瑞环审阅，他在会上讲话时表示了肯定。

会议之后，局长会议讨论的内容受到新闻界的广泛关注。从《新闻出版报》到《人民日报》《光明日报》，都做了突出的报道，《光明日报》还邀我做了一期专访。

下面，我回顾一下我在会议上都讲了哪些内容。

工作报告从“出版是一项文化产业，出版物市场是我国社会主义市场的组成部分”，来论证了“建立适应市场经济体制的出版体制”这样一个新的目标的势在必行和刻不容缓。同时指出，“过去的出版体制起到了积极的作用，但不适应新的形势，所以强调解放思想、转变观念，结合当前出版事业的实际，探求出版改革的新模式”。

冯建辉： 在 1992 年的时候已经明确地提出文化产业这个问题来了？

宋木文： 已经明确提出来了，这是有文件根据的。

工作报告对出版社的改革提出了新要求，主要是进一步完善由生产型向生产经营型转变的要求，并且作为出版社改革的第一项主要措施，明确提出具备条件的出版社可以由事业单位转为企业单位。与之相适应的，就是逐步扩大出版社作为市场竞争法人实体的自主权。包括选题决定权、图书定价权、工资奖金分配权、人事权、资金使用权、外贸权等等作为市场经济法人实体的自主权。当然，实施这些权力的时候，要遵循党和国家的有关方针与原则。

冯建辉：那等于是在好多方面都放权了，允许自主了。

宋木文：是的。为了体现建立适应市场经济出版体制的要求，还提出“进一步完善社长负责制和以提高出版物质量为中心的多种形式的责任制”，以“多种责任制形式完善出版单位内部的经营管理”。对当时出版单位比较普遍实行的岗位责任制、目标管理责任制和承包经营责任制，提出应当继续积极试验、大胆探索，逐步完善。但是必须紧紧地围绕一个共同的目标，这个目标就是“提高出版物质量，多出好的书、报刊和音像制品”。因此在实行“目标管理责任制”或“承包经营责任制”的时候：

第一，要注意经济指标的导向，不要只考虑赚钱，赚钱也要有体现导向和社会效益的考核标准。注意经济指标的导向和社会效益的考核标准，切实改变“经济指标硬，社会效益指标软”的状况。

第二，要克服在承包当中可能出现的不重视发展后劲的短期行为。出版社在落实责任制的时候要认真抓好选题计划，做到当前计划与长远计划相结合。

第三，出版单位可以通过多种经营增加对出版的投入。但要坚持以出版为主业。

第四，要加强出版社内部的经营管理，因为良好的管理也是增加效益的手段之一。

当时，我们是把出版改革各项措施的推行，与确保出版物的质量紧密地联系在一起的，因为不断提高精神产品的质量是文化体制、出版体制改革的重要目的、题中应有之义，切忌一谈质量就忽视了改革，一谈改革就忘记了质量，要非常自觉地把两者统一起来。

发行改革，是整个出版改革两翼中的一翼。对发行体制改革，工作报告提出，按照“大力培育全国统一开放的图书市场的总要求”实施各项相关的措施。这里强调了“出版是基础，发行是关键”这样一个观点。因为书刊发行一头连着出版、一头连着市场，如果这个环节不能适应市场经济的需要，出版工作和出版物市场就都会萎缩。而没有一个发育成熟、运转良好的出版物市场，新的出版体制的建立就是“纸上谈兵”。因此要进一步解放思想，加大图书发行体制改革的力度和深度，目标是培育全国统一的、开放的图书市场。

冯建辉：这是在强调建立统一图书市场的必要性。

宋木文：对，而且还从进一步放开图书批发市场、进一步放开批发折扣、建立和完善图书批发市场、扩大国有书店经营范围、充分利用社会力量发展各类图书销售点等方面提出具体措施，予以实施。工作报告重申了经中宣部批准的关于对外合资、合作办出版的条件和要求。工作报告还强调了在改革进程中加强宏观调控的要求，并且明确指出“建立新的出版体制，不意味着党和国家对出版物思想内容的要求发生了根本性的变化，而是要通过新体制的建立使这些要求更好地体现出来，并且更广泛、更有效地传播到广大群众中去。”这是我在会上和会后反复强调的有关出版改革指导思想的一个问题。

冯建辉：不是为了放松要求，而是更好地把这个要求贯彻下去。

宋木文：对，这是为了达到更好的效果。我在这里顺便谈一点体会。为建立新的出版体制发表意见，或者制订文件，都要尽可能做到既主题鲜明又提法完善，但在实践中积极探索、总结和完善更为重要。我在任时，常有感觉，似乎一出点什么问题就被说成没有管好。所以，我曾在两届中央宣传思想工作领导小组会上讲：“由于书报刊音像电子出版点多线长，很难保证不出任何问题，当出了问题时，我们愿意接受领导的批评，认真总结教训，加强管理，但我只有一个请求，就是不要把出问题与没有管好等同起来。”看来，我的这个请求得到了主持会议的中央领导同志的认可。

冯建辉：您的话，对我很有启发。中国哲学讲“常变”，我想，正像您刚才所讲的书报刊音像电子出版点多线长，出问题是常态，不出问题或出大问题才是变态（非常态）。正因为常常会出问题，所以才更有管理的必要。意识不到这一点，而把出问题直接等同于没有管好，恐怕有点简单化。

宋木文：但一出问题，就很容易把二者等同起来。这个问题应该也是两点论。一个是高度重视经常性的管理；另一个是不要简单地认为只要加强经常性管理就不会出任何问题。如果这两条都掌握得比较好的话，从我们自身来讲，我们会不断地加强和改进管理；从领导层面来讲，对出现的各种问题做出符合实际的判断，这点也是很重要的。

五、印刷技术改造推动出版业登上新台阶

冯建辉：我们来谈谈下一个专题。我注意到，您曾经提到过出版社、书店和印刷厂三家谁也离不开谁，有点像《红楼梦》里讲的四大家族，“一损俱损，一荣俱荣”①。这个比喻形象地说明了出版的各个环节之间的相互的依存关系，结合前两次的访谈，我想能不能对印刷方面的改革与发展做一些回顾？

宋木文：好的。出版改革是一个系统工程，要处理好内外各种关系，争取改革能够配套进行，能够协调发展。这种系统性首先体现在出版内部各个环节的关系上，也就是通常所说的要处理好“编、印、发”的关系，争取做到“编、印、发”的协调发展。关于“编”和“发”出版社与发行这两个环节的改革，前面已经作为重点单独说了。而解决印刷的问题，既要靠出版部门自身的努力，更要靠国家给予的支持，这个问题更复杂，靠自身解决不了，或者说不能从根本上解决。

20 世纪 80 年代出版快速发展的初期，印刷力之紧张，是今人很难想象的。比如说 80 年代初，大专教材还有 40% 左右不能课前到书。“课前到书”当初是邓小平提出来的，他关心教育，关心出版已经到了这么细致的程度了。按照当时的印刷能力来说，能做到这点是很不容易的，需要付出极大的努力。北京地区的印刷能力只能满足七成的需求，还有 30% 不能满足课前到书。

---

① 宋木文：《宋木文出版文集》，中国书籍出版社 1996 年版，第 142 页。

我们把重点放在教材上，所以首先要保证课本的出版。后来就造成了期刊挤图书，图书之中的教材又挤一般图书，一般图书又挤学术著作的局面，最终最难出版的就是学术著作。许多书刊印刷一本书的周期超过了两年，有的甚至是三年、四年。许多书刊又常常是“一版定终身”，出了一版就不会再版了，而且也没有过多的印刷能力，所以才出现了“出书难，买书难，卖书难”的问题。

所以，那时国家出版局，包括后来的新闻出版署，几乎每年都要召开全国性的书刊印刷调度会，把全国各个印刷厂都找来开会，做年度计划，用行政命令的办法保证教材和重点出版物的出版，分配任务，立军令状。

冯建辉：看来当时确实很紧张呀。

宋木文：很紧张。当时国家出版局有一个印刷部，成了全国出版物的总调度室。

冯建辉：就是说当时国家出版局专门设有一个印刷部？

宋木文：是的，改为新闻出版署以后就改成了印刷司了。

冯建辉：现在看的话，当时的问题主要出在哪里？

宋木文：就是技术落后、管理落后、生产能力不足。说到底就是缺乏印刷生产能力，所以要发展先进的印刷技术，加强现代化的印刷。既要调整生产关系，又要发展生产力，调整生产关系就会更好的发展生产力，对于这块儿国家要大量的投资。原来都是老机器，技术就比较落后，“文革”又耽误了10年，所以改变印刷技术和设备严重落后，加快印刷发展能力，才能使印刷由出版发展的阻力变为助力。这就需要由国家高层决策统筹，增加投资，组织多部门协作攻关，才能解决。这是靠出版、靠文化部门自身解决不了的。因为出版部门没有那么多资金，印刷厂也不都归你管，所以解决印刷问题，会涉及中央各个工业部门。讲到这个问题，首先要讲我们的老领导王益同志，他抓住了解决印刷问题落后的关键。

王益提出："为要较快地改变目前这种情况，除解决印刷部门的资金问题外，还需要机械、轻工、化工等有关部门密切配合，协助出版部门搞好印刷技术改造。""国家应有一个专门的部门来抓。国家经委比较合适。"

冯建辉：这个意见大概是在哪个年份提出的？

宋木文：是1982年提出的。经过王益同志的调查研究、周密思考，向新华社记者做了"改变出版印刷落后面貌"的谈话，发表在8月7日新华社的《内参》上。这里所谓的《内参》，就是新华社有一个比《内部参考》发行范围还小的内刊，叫《动态清样》。这个刊物是直送中央的，专供中央领导同志阅读各种紧急情况的内刊。胡乔木是主管意识形态工作的，他看到王益的意见后，当即给中宣部部长邓力群和国务委员兼经委主任张劲夫写信："为了解决我国出版事业的极端落后状况，非请机械、轻工、化工三部门大力协作攻关不可。此事希望中宣部和经委共同牵头来解决。王益同志的意见（见附件）很对，我完全赞同。"胡乔木批示意见，引起中央和国务院的重视。后来经中央和国务院批准，由国家立项，投入巨额专款，历时近20年，在国务委员兼经委主任张劲夫主持下，由范慕韩经办，组成精干的工作班子，按照自动照排、电子分色、高速胶印、装订联动的方针，由多个部委、百余家生产科研企业参加，对印刷业进行全面的、综合性的技术改造，一干就干了 20 年。这方面的内容我高度概括了一下，就不具体说了。

冯建辉：范老当时是任什么职务？

宋木文：刚从国家机械委副主任退下来。为了搞印刷综合技术改造，成立了由国家经委牵头的全国印刷技术装备协调小组，组织全面攻关，以王选的“激光照排技术”为龙头和核心技术，进行一系列技术变革，使我国印刷业实现了从“铅与火”到“光与电”的历史性飞跃，现在又进入了“0 与 1”，或者可以说是“光与电”“0 与 1”相结合的新时代。这件事情的成功，使王选被评为院士，又得到国家最高科技进步奖。几百个企业，十几个部门参加，由中央和国务院统一协调，用几个五年计划的时间，投入巨额资金，才干成的。我讲一句大话，这是社会主义优越性在出版印刷方面的一个体现，一个成功的实例。

张劲夫 2002 年 2 月 26 日在《人民日报》发表长篇文章，评价这次技术改造，是我国印刷技术的第二次革命，助推中国出版业上了一个历史性的大台阶。印刷术是我们老祖宗发明的，但是进入近代以后，西方的工业革命使印刷技术发展很快，我们却停滞不前，被西方远远地甩在后面。经过 20 多年的努力，到了 2002 年的时候，我们可以自豪地说，我们的印刷生产能力、我们的生产技术水平，由于我们激光照排技术的突破，由于胶印、电子分色、装订联动的实施而迈上了一个历史性的大台阶，达到或者接近世界的先进水平，使我们整个出版业发生了巨大的变化。

冯建辉：确实了不起。

宋木文：我的老领导陈翰伯当年主持国家出版局工作的时候，把印刷落后当作一座大山挡着中国出版前进的道路，并为此常年日夜操劳。

冯建辉：因为印刷技术比较落后？

宋木文：对，由于印刷技术严重落后。那时新华印刷厂的生产任务排长队等候印制。

冯建辉：新华厂是在车公庄那里吗？

宋木文：对，车公庄那里。印《毛泽东选集》，我们都去督战。就是为了保证把《毛泽东选集》印出来。每年要保证印教科书，做到课前到书，人手一册。真是一种紧张的状态。后来，石宗源、柳斌杰、蒋建国就不用管这些事情了。我那时赶上一个尾巴，但没有像徐光霄、王匡、陈翰伯那时候那样费心、那么费力、那么操劳。所以，我个人有一种非常幸运的感受。在我担任新闻出版署主要领导职务的时候，再也没有像我的前任们因印刷落后而产生的那种沉重压力，国家出版管理机关再也不会像80年代那样做着全国书刊印刷总调度室的工作了。我们国家的出版管理机关成为印刷生产的总调度室，这个比喻比较形象，我多次使用。

冯建辉：呵呵，这是杀鸡用牛刀，不得已而为之。

宋木文：现在不用了。我看到新闻出版广电总局印刷发行司司长王岩镔在《中国新闻出版报》（2013年7月17日）发表的文章《努力打造中国印刷升级版》，她倾心关注的绿色印刷、数字印刷，比起她的印刷管理前任和我那个时候的境况，那简直是

“换了人间”（毛泽东语）。但据我的了解，当她在努力打造现今印刷升级版时，是不会忘记那些为中国印刷第二次技术革命而无私奉献的人们。

冯建辉： 老子讲“九层之台，起于累土”。

宋木文： 起于累土，始于足下，没有一步登天那种事。

冯建辉： 相当不容易。

宋木文： 我们当时也在新华印刷厂搞了一个激光照排中心，于永湛曾在那里工作。后来成为中国印刷研究所所长的沈海祥，也曾在照排中心工作。我常到这个单位去，希望把激光照排技术搞上去。我几次讲，如果出版署不重视你们，不支持激光照排技术的研发，就会犯历史性的错误。几年前我见到曾任照排中心主任的刘水仙，她说这话他们都还记得。但这项成果被北大王选教授那个班子搞出来了，我们也同样支持。后来王选还对我表示，他的成功也有新闻出版署的支持在里面。当年，上海也有类似的技术攻关机构。香港以及英国、日本都在搞。这些不成功的陪衬更显得王选成果的可贵。

冯建辉： 王选的努力、成就和荣誉是一脉相连的。

宋木文： 因为换了一个时代。

六、图书定价制度的三次改革

冯建辉： 宋老您好，现在开始咱们今天的访谈。现在书店问题仍然是引发社会热议的一个话题，人们说在电子商务的冲击下，一度出现了书比纸便宜的惨烈的局面，另一方面也有反映不少书本价格虚高，或者说高定价、低折扣。据我了解的话，80年代的时候，我们对图书的定价制度还是进行过一些改革和探索，我们想请您对这个问题做一番回顾。

宋木文：现在书价方面的问题和80年代初以后有很大的不同，任何问题都有历史的连续性。所以回顾一下过去书价改革的过程或者经验，对考虑现在书价问题，也是有所裨益的。科学发展观中很重要一点就是讲协调发展，出版的改革需要配套，才能保证出版事业的协调发展。而改革图书的定价制度，则是出版业生存和协调发展的重要保证。从这两方面来说，都必须很好的解决书价问题。

1984年以后，我国图书价格有过三次改革。在领导班子里由我分管，可以说我是这项改革的参与者和建议者。1984年书价改革之前，出版社执行的是1973年的定价。那时正处于“文革”当中，如何定价，必然要受当时政治环境的影响。一个突出的问题就是1973年的图书定价标准，比1956年低标准定价还低。但是到了80年代，整个国家的改革开始了，商品价格开始放开。出版的上游产品，比如纸张、油墨、装帧材料、印刷设备的价格都不断上扬，而出版社又要面向市场走自主经营、自负盈亏、自我发展之路，而且原来出版的一般图书所享有的纸张补贴也逐渐被取消。

国家不给予补贴，出版社无力自我消化，改革一般图书的定价制度就势在必行了。上游产品涨价，原有的补贴要逐步取消。1973年制定的《定价标准》又比1956年还低，继续这样下去，出版社就没办法生存和发展了。

1984年的第一次书价改革，是报请中央和国务院决定的。当时的总书记胡耀邦主持中央书记处会议讨论过，并有他的讲话、批示。

改革的主要内容，就是书价管理由原来中央集中统一管理，改为由中央与地方分级管理，以地方为主。具体实施办法，经我提议，有关部门也同意，将原来12个档次，改为只分上限和下限，同时简化了繁琐的类别、档次，相当简化了。做到既有相对统一的定价标准，又使出版社有一定的灵活性，在限度之内可以灵活掌握。这次改革改变了长期形成的出版物价格全国一刀切的管理模式，这是第一次改革。

第二次改革是在1987年到1988年，这次改革有实质性的突破。就是实行按成本定价和控制利润率的定价原则，根据成本同时控制定价利润率，把定价权下放给出版社，由出版社来定价。由国家控制利润率，出版社自行定价。

当时受价格制度影响最大，出版社亏损最多、出版最难，而读者特别是教学和科研人员最为需要的，呼声最高的就是印量少的学术著作。为了解决这个问题，我同机关职能部门的同志，一起到中国科学院所属的中国科学出版社（现在叫中国科学出版集团）去做调查研究，并共同拟定出3000册以下的学术著作可以由出版社参照成本定价，这个办法后来又经国家物价局批准实施的。可以说学术著作定价放开，对出版物价格改革的全局有重要影响。之后又将中小学和大专课本之外的一般图书的定价放开。为了贯彻保本微利的原则，国家出版局和物价局共同商定：“一个出版社年利润率不得超过总定价的5%—10%。”这种宏观调控，有利于贯彻保本微利的原则。我不知道现在是不是还在执行这个原则。

冯建辉：就是说，是两手抓的，一方面是放开，给你定价权，另一方面是约束，强调要贯彻保本微利的原则，进行一定的宏观调控。

宋木文：对，这是第二次改革，既放开又宏观调控。1993 年启动了第三次书价改革，主要是在原有改革的基础上，把书刊价格分为三类进行管理。

第一类：中小学课本和大中专教材的价格，仍按现行管理体制和管理权限实行国家定价。由地方和中央分别管理。

第二类：对党和国家的重要文献，包括法律法规、著作、文选等，按照微利的原则，由出版单位制定具体的定价标准（定价权在出版社），国家主管机关进行必要的指导与协调。主要防止定价过高。当年我们就关注过《邓小平文选》的定价，那是压得比较低的。因为重要，发行量又大，需要控制定价。

第三类：图书的大多数品种的价格，由出版单位根据纸张成本、印刷工价和发行册数自行制定定价标准，但同时规定由 5% 到 10% 的定价利润率。这样，除了教科书以外，一般图书的定价基本上就完全放开了，可以由市场去调节了。

这三次我国书价体制改革，是同我国经济体制改革和市场经济发展同步的，是逐步进行的。我这儿用了一个“同步”，我在谈出版领域其他改革的时候没有用“同步”两个字，那是因为国家经济体制改革走在前面，而出版体制改革走在后面，又有一些特殊问题需要面对。

在三次书价改革中，我们主要坚持三条：

第一条，保本微利，力求低廉。

第二条，根据生产成本和市场需求由出版社自主定价。

第三条，国家对书价进行分类指导和宏观调控。

我想，这三条对今后也是有意义的。1993 年第三次书价改革之后近 20 年的时间里，又出现了新的情况。据我观察，由出版社定价的原则受到巨大冲击，折扣战、恶性竞争愈演愈烈。针对这种情况，中国版协在新闻出版总署支持下，曾经出台了《图书公平交易规则》，内有一个“限折令”，规定折扣不能低于多少，想解决这个问题，但最终被迫夭折。因为这里涉及到实体书店和网上卖书的矛盾冲突，出版社和发行环节的矛盾冲突。这是巨大的利益之争。国家又有反垄断法。国家发改委有关部门就认为所谓公平交易规则是一种垄断，涉嫌垄断要吃官司，又无奈收回去了。有人说曾高调喊出的书价改革这件事就等于没有做，顺其发展，乱象继续，无序继续，定价虚高继续，折扣战继续。

冯建辉：有些书是“没有最低，只有更低”。

宋木文：出版界针对这个情况又有了进一步改革书价的呼声，而这个呼声存在好多年了。上海世纪出版集团的董事长陈昕，有一本书叫《中国图书定价制度研究》，他找到了我，我写了个序文《以书价破题促改革》，于 2011 年由三联书店出版。陈昕针对恶性竞争和价格战的现实，呼唤进行新一轮图书定价制度改革，我以书价破题促改革作为呼应。

2013 年 6 月 28 日，我从《文汇读书周刊》看到，新闻出版广电总局“决心建立基于立法的图书定价制度”，以改变“任意定价，任意打折，恶性价格战对全行业造成的不良影响”。这篇报道在讲到价格战造成的危害时，还指出：“实体书店仅仅是摆在前面的一个最早的受害者，而受害最终导致的肯定是行业崩盘”。我从此看到了领导机关的决心，也增强了对改变目前混乱现状的期盼。

冯建辉：“唇亡齿寒”。实体书店倒下去了，自然会殃及整个出版社和出版行业，所以需要引起我们的重视。我们进行您有所准备的下一个题目《出版业科学发展之探索》。

七、出版业科学发展之探索

冯建辉：从出版产品来看，我们行业有一个回避不了的问题，那就是数量（品种）与质量的关系问题。请问，您对这方面有什么样的评论？

宋木文：这个问题我想围绕着出版业科学发展这个大题目来谈。也就是，如何理解并推进中国出版业实现科学的、符合出版业特点的持续发展。

现在，我们的各项事业都讲要科学发展，出版业也不能例外。出版是精神生产和物质生产的综合体，处理自身和内外各种关系，都要遵循精神生产和物质生产双重规律。稍有偏离，都可能产生不良后果。

这要从精神生产的特点和出版改革的目的说起。而首要的一点就是要处理好品种数量与质量效益的关系。这是出版业科学发展必须首先面对与解决的问题。

刘杲曾经说，出版改革的目的是多出好书。这个说法也许过于简略，但比起编制一串长话（难免夹杂套话），更能反映事物的本质。我也曾有过类似的说法，多出好书是衡量出版改革成果的主要标志，是出版工作的永恒主题。这是我们遵循精神生产的特点和规律而得出的看法，而且道理也不复杂。精神产品，有益者强魂健体，有害者祸国殃民。老出版家们一向强调出版物质量第一，重视文化积累。陈翰伯在任时，对直属社每年逐个抓一次选题，并经常检查。我们没有做到，但也牢记他们的教诲，长年盯着质量不放。翻阅我和刘杲的几本出版文集，对出版质量，可以说逢会必讲，有机会就抓。我在 1985 年 4 月 11 日在全国出版局（社）长会议上那篇《解放思想推动出版改革》的讲话，也就是对出版社双重属性和实行事业单位企业管理做出较为全面论述的那次讲话，更强调了“要下决心努力提高我们图书的质量，要多层次、多侧面，形成完整的科学的图书品种结构，要填补缺口，各具特色，赶上先进，超越前人”“要下功夫提高图书质量，逐渐形成自己的特色，使一部分本版书不断再版，具有长久的生命力，应当成为所有出版社的奋斗目标。精神产品，更要质量第一。宁肯少些，但要好些。以多取胜，吃现成饭，走捷径，这样的办法，是做不出大事业来的。中华民族有着悠久的文明历史。我们不能不经常想一想，我们搞出版的人，给当代人提供什么？给后代人留下什么？”

冯建辉：从文化传播、文明传承的角度看，确实是需要强调出版人深远的历史意识、责任意识。

宋木文：当然，好的质量是从一定数量中产生的，要保持一定的数量增长；但数量与质量又需要保持一定的平衡关系，数量增速过快，就会出现失衡，难以保持总体质量水平。所以在年出书十万种上下之时，就提出“控制数量，调整结构”的任务，多年如此，以防止数量盲目增速，质量总体下滑。刘杲早在 1986 年南宁局社长会议上就提出：“图书出版的发展，从主导方面来说，已超越了着重增加数量的阶段，开始进入着重提高质量、调整结构、建立和完善体系的阶段。”我在会上讲话中强调了这个重要的论点，并且指出“这是一个有战略意义的进展。这个转变转得好，可能会成为出版工作进一步健康发展的新起点。如果能够尽快实现这一转变，无疑会促进出版事业的全面发展，从而对社会主义精神文明建设发挥更大的作用”。[①]

南宁会议之后，我在《简谈中国出版业面临的新形势与新任务》一文中指出：

从 1987 年开始的十年里，我国出版业进入了新的阶段，主要任务是调整图书结构，着重提高质量，抓好重点图书的出版，建立和完善新的出版体系，使图书出版持续、稳定、协调地发展，以满足人们对图书日益广泛和逐步提高的需求。[②]

我多次指出或强调：

不断提高出版物质量，是社会主义出版事业长期繁荣的重要基础。从总体上讲，高质量的出版物，有利于社会效益和经济效益的统一。只有高质量的出版物，才能赢得读者的信赖，具有长久的生命力。各个出版单位都要逐步增加高质量的不断再版的好书，靠这些文化积累和经济积累相统一的精神产品形成自己的特色、传统和实力。对一个出版单位来说，这既是成熟的标志，也是稳定发展的可靠保证。抓出版物质量，也有利于锻炼我们出版队伍，促进出版单位整体水平的提高，在竞争中立于不败之地。重点抓繁荣，也可以说是重点抓质量，因为没有质量也就达不到符合人民要求的繁荣。而只要抓住质量这个“中心点”，这个关系到出版物的生命，出版事业发展的“关键点”，就能把整个出版事业的各个环节调动起来，统帅起来，达到繁荣的目的。在出

---

① 宋木文：《宋木文出版文集》，中国书籍出版社 1996 年版，第 144 页。

② 宋木文：《宋木文出版文集》，中国书籍出版社 1996 年版，第 172 页。

版规模比较大、发展速度比较快的情况下尤其是如此。

提高书刊质量，要高标准，严要求，而且这个要求应该是全面的，既有思想政治质量和学术文化质量的要求，也要有编辑印制质量的要求，使形式与内容尽可能达到完美和统一。这三项质量要求中，思想政治质量是第一位的，而它们的有机统一，则构成了社会主义出版物质量的基本要求。[①]

可以这样说，提高质量，控制数量，调整结构，一直是我们那一届党组的主要指导思想。于友先出任署长时，在1994年局长会议上提出控制规模数量、着重提高质量效益的“阶段性转移”，也有着重要的指导意义。若干年来，有几个发达国家图书出版品种一直保持在一定的水平上。可不可以说，这是从市场运行中保持的平衡发展。我们是不是应该研究一下美国、英国、法国、意大利、俄罗斯这些国家的出版品种、数量的发展态势。我想这对我们是有意义的。我们有宏观调控的优势，更应做到数量规模与质量效益的总体平衡。

我们对现在年出书在三十几万、四十几万种，到底应该怎么看？是好事，还是好事之中也有什么问题？要不要调整结构？要不要控制数量发展？进行这种深入系统的研究，对我们从整体上建立和保持规模数量与质量效益的平衡关系，指导不断深化的文化出版体制改革，应当说是必要的和有益的。并且进一步研究推进文化出版体制改革与保证精神产品质量究竟是个什么关系，是“两张皮”还是互为题中应有之义？

冯建辉：从学理上推究，我们是社会主义国家，具有宏观调

① 宋木文：《宋木文出版文集》，中国书籍出版社1996年版，第428—429页。

控的制度优势，但是，从现实看，我们处在（社会主义）初级阶段，处在经济转轨、社会转型的时期，要想数量规模和质量效益在总体上保持平衡，恐怕还是要费很大气力的，这对于精神生产方面的出版行业来说，尤其如此。

宋木文：刚才说，要做一些科学研究，不是像我现在这样说的，而是要用数据从横向上用国内外的经验做比较、从纵向上拿自己的过去和现在做比较，得出比较科学、比较严谨的看法和结论。

我在任时，常以老出版家坚持不懈地抓质量、抓规划所取得的丰厚成果来引导出版界。我在 1992 年全国新闻出版局长会议的报告中说，20 世纪 80 年代是以出版了一大批高质量好书为标志的。例如：《马克思恩格斯全集》（中文第一版）、《列宁全集》（中文第二版）、《中国大百科全书》（第一版）、《中国美术全集》、《汉语大字典》、《汉语大词典》、《辞源》、《辞海》、《现代汉语词典》、《鲁迅全集》（16 卷本）、《当代中国丛书》、《走向世界丛书》、《汉译世界名著丛书》、《不列颠百科全书》等，都是这个时期出版或基本完成的。10 年间以这样一批高质量、上规模、标志性图书问世，这是在中国出版史上不多见的。这才是老一代出版家为我们一代又一代出版人铸就的历史丰碑，更是我们要高度重视的历史经验。

冯建辉：非常有道理！

宋木文：多年来，出版界在规模数量与质量效益的关系、做大做强与做好做优的关系、争做支柱产业与强化文化功能的关系等问题上，存在不同意见，且常见于报刊，引起广泛关注。我也裹入关注者人群之中。

我在这里举三个例子。

江苏译林出版社原社长李景端，在任时爱岗敬业屡创佳绩，退休后，仍倾心出版，时常提建议，发文章，为解决疑难问题奔走呼号。《出版史料》季刊，深受出版界欢迎，刊号也来之不易，而出版单位却将刊号移做他用，改按图书出版，景端于2012年12月12日向新闻出版总署报送《再次吁请保留〈出版史料〉原有刊号的恳求》。针对2011年全年出书37万种（增长12.5%）、库存900亿元（增长22.1%）、利润185.1亿元（下降20.5%）这三组数字并联系多年“两增加、一下滑”的趋势，景端于2012年12月11日在《光明日报》发表《从三个出版新数字引出的联想》（《作家文摘》12月21日作了转载），进行内因外因分析，提出宏观微观双管齐下的治理意见。

2011年12月13日我收到他的恳求函、看到他的联想文后写信给他：“你再次吁请保留《出版史料》原有刊号的恳求函，很好。拜读你在《光明日报》（12月11日）发表的《三个出版新数字引出的联想》，觉得很重要，理应引起高度重视与逐步解决。对你在退休后离岗不离业仍然一如既往地关注历史传承与当前问题，我由衷地表示敬意。我为出版界有你这位敬业者和代言人而感到高兴。”

三联书店总编辑李昕是一位思想视野开阔、专业功底扎实的资深编辑。近日看到他在《现代出版》（2013年第3期）发表的《滞胀：中国出版业面临的困境》，指出：中国出版业的“滞胀”现象与产业化背景下出版企业一味追求“做大做强”有关，非常不利于出版业的科学发展，“做大做强”必须以“做好做优”为前提。李昕指出，“科学发展观的前提是质量优先，反对片面追求数量增长的发展模式”，否则将在客观上打破出版界的“生态平衡”。李昕认为：“在一个合理的出版生态结构中，应该有大而强的出版企业，中而优的出版企业，也应该有小而特的出版企业。”读李昕的这篇文章，我有八年前读巢峰论图书出版业“滞胀现象”那篇文章相似相近的感受。我致巢峰信中说：“我感到十种‘滞胀现象’的提出，可以使人们（上下左右之人们）头脑更清醒。”我这样说是因为我想到：“几十年的经验教训告诫我们，在大好形势下，要切忌只听莺歌燕舞之赞美而忽视对存在或潜在问题的剖析。”①

据我观察，李景端和李昕，对“出版要争上经济支柱产业势头很足，而对文化功能则强调不够”这类现象都很关注。刘杲有句名言“经济是手段，文化是目的”，被业界广泛认同。近日《文汇读书周报》（2013 年 7 月 5 日）发表李景端《出版界四位“80 后”》短文，说刘杲、吴道弘、周明鉴和李景端四人“对当下有些出版人那种‘追经济’和‘去文化’的倾向，颇有反感与担忧”。李昕那篇《论滞胀》也谈到“出版业作为一个微利行业，对于国家所能做出的经济贡献其实是微乎其微”，而“发挥它的基本职能，使之产生文化影响力，远远比创造经济价值更有意义。”

我说我被裹入关注者人群之中，是因为我同这几位有着相似相近的看法。2010 年 12 月，我在为陈昕著《中国图书定价制度研究》（三联书店 2011 年 4 月版）所写序文中，曾说：

从陈昕的分析中，我似乎看到了社会转型期在改革中发生的那些问题带有某种必然性、不可避免性，是一定会来的。对此，正确的态度应该是，不是期盼其“不来”而是对“要来”保持清醒。现在，弘扬主旋律、大力抓精品的声音不绝于耳，不能说

① 宋木文：《亲历出版 30 年——新时期出版纪事与思考》，商务印书馆 2007 年版，第 608、617 页。

不强不高，并有防范治理不良图书的措施跟着做，但那些低俗、违规之作仍在泛滥，这便是那种必然性的折射和反映。说到底，出版的根本任务是以高质量的主旋律产品、高质量的品牌和精品之作、高质量的学术著作和通俗读物占领图书市场。比起转企改制做强做大的高调与强势来，我们对自己担负意识形态建设重任的注意力是否也应更大更强些？我看是需要的。在市场经济条件下，资本的导向往往比文化的导向更强大。如果文化担当的声音弱了，措施软了，也有可能偏离正确轨道。

我的言论，没有景端、李昕那么明朗，但主要关注点是明确的。

冯建辉：刚才您提到在市场经济条件下，资本的导向比文化的导向更强大。您的这个观点是在 2010 年的序文中提出来的，现实中，确实存在这种情况。

宋木文：如果我几年前的话能够经得起现在的检验，那我感到很高兴。下面咱们接着说关于建设出版强国的问题。

党的十七届六中全会庄严而又适时地提出了建设社会主义文化强国的战略目标。在此之前，新闻出版部门率先提出了建设新闻出版强国的任务和目标，走在了文化强国建设的前列。我表示拥护，更希望这一战略任务和目标能够更好地实施与落实。同时提出了我的建言：

我注意到，今年所制定的长远发展规划提出今后十年实现出版强国的建设目标。出版是一个独立的方面军，有其独特的重要作用，并有强大的助推功能，提出建设出版强国的目标，可以调动千军万马为之奋斗，从而加速自身建设，并且助推其他文化领域的发展。但出版也受制于人。出版以内容为王，不仅传播手段要先进要强大，更要求其所传播的思想、理论、科技、文化的先进性和强大影响力。出版强国，还要靠举国强大的思想、理论、科技、教育和文化来支撑。现在还不能说我们的思想、理论已在世界上处于优势地位，而教育和科技（特别是教育）总体上也不被公认为那么先进与强大。加速建成出版强国，只靠一个部门、一个方面军，有自身难以克服的困难。如果由更高层级统一提出建设文化强国的目标，各个方面军同心协力去做，岂不更好！

前面这段文字是我在党的十七届六中全会之前写的，在这里引出，足以说明党中央适时提出建设社会主义文化强国的战略目标和任务，也是反映了包括我这个离休多年的老出版人在内的广大党员干部的心愿与需求。

同前述建言的内容相联系，2011 年 2 月 14 日，在阅读一专题研究报告时，对建设新闻出版强国的目标，要达到“在国际上有较强的影响力、传播力”的要求，我写了如下意见：

影响力，当指内容，即思想文化、意识形态建设。这方面的目标，出版方面可大有所为，但也受其他文化建设的制约，非出版一个部门，一个系统即可完全实现。传播力，多指相关有形物质力量的形成，这方面的目标可量化，如产值比，人均占有比等。但是定高了，达不到；定低了，又会令人评头品足。这两方面，作为课题研究，都应慎重权衡，提法适当。党中央提出我国经济发展三步走战略之第三步，到 21 世纪中叶“人均国民生产总值达到中等发达国家水平”，是充分考虑我国国民经济综合基础水平、人口数量和地区不平衡等国情因素而提出的。制定新闻出版强国目标，是否也要考虑这个总目标、总水平。

国民经济的综合水平，不是某一个领域和某一个地区的高水平，而是综合水平，当然要包括城市与农村。按人口数量一对比，按不同地区一平衡，我们的原来世界第一，一下子连百位内都难达到了。

冯建辉：这就是“13 亿的乘除法”（前总理温家宝语）。

宋木文：对。地区不平衡这个问题是中国的一个重大现实问题。你应该到西北去看看，我以前在全国人大任专门委员会委员的时候多次去过西北，那里的经济状况和社会发展水平与长江三角洲、珠江三角洲和黄渤海地区相差很远。

冯建辉：我国东中西部区域差异非常大。

宋木文：非常之大。所以社会主义初级阶段要 100 年，中央是非常清醒的。制定新闻出版强国目标，一定要考虑党中央关于三步走的总目标、总水平。

我的这些意见都出于党的十七届六中全会之前，这次全会的决议，庄严而又适时地提出了建设社会主义文化强国的战略目标，使我深受鼓舞。我把前引的建言，以“也反映了包括我这个离休老出版人在内的广大党员干部的心愿与要求，”写入了《建设新闻出版强国的一些思考》一文，在2011 年11 月4 日的《中国新闻出版报》发表，作为我学习和拥护十七届六中全会决议的表态与体会。

这两次建言反映了我对建设文化强国、出版强国的坚决拥护和积极赞同的态度，后来都收入了我近期出版的《八十后出版文存》之中。

最后，我想把我参加新闻出版广电总局新党组几次活动的感受都补充写入这一章，作为我对出版业科学发展探索的继续，更作为我对新闻出版广电总局新党组的交心与进言。

八、向新闻出版广电总局新党组进言

2013年7月19日上午，新闻出版广电总局党组书记蒋建国，为党的群众路线教育实践活动，听取部分老同志意见。邀请者有诚意，我也诚恳地讲了意见。我把前面的回顾略作整理，既反映了业界人士的意见，也讲了我的看法。全文如下：

我的一点看法

我今天就出版和出版改革（不涉及新闻）讲一点看法。

多年来，我们的出版改革，在文化体制改革多部门中，是率先的，领跑的；有路线图有时间表，是在有序推进的；改革取得了重大进展，受到广泛关注，影响深远。但出版这种精神生产领域的改革，尤其不可急功近利，要看长期，看长远，至少要再看十年，才能做出经得起历史检验的评估。因此，主持者、领跑者，保持高度清醒和冷静，十分重要。特别是在高层领导满意、周围好声音不绝于耳之时，更要注意倾听业界内外的不同声音。这也是群众路线教育实践活动题中应有之义吧！

我在这里传播一些好声音之外的声音，看是否值得注意。

比如，针对图书品种数量增长过快（2011年37万种，2012年41万种，增长连续在12%以上），库存巨量增加，总体质量不能令人满意，业界人士早就提出，怎样控制品种，调整结构，使品种数量与质量效益保持平衡，以利于出版事业的持续繁荣发展。

比如，对强力倡导做大做强、争上经济支柱产业，业内人士屡有对强化文化功能不够的关注，有人甚至担心出现“追经济”“去文化”的倾向。

比如，有人提出，转企改制，区别对待不够，除三家“公益性”之外，所有出版社大体都是一个“企业模式”。大学出版社也成了一般出版企业，失去了在学术文化建设上所能发挥的独特作用。许多出版社一味追求高利润增长，“严肃的学术文化出版已经不再是一项事业，而仅仅是一盘生意”。针对此种情势，能否再回头看看，做一点必要调整。路线图作一点调整，时间表放宽一些。在做统一规定时，也留有一定空间，让各社去闯去实践。要争取在两类模式之内或之外，出现更有利于发展学术文化的新模式、新族群。

比如，对多年前提出的建设出版强国，普遍认为是一项创举，但也有人补充提出，因受到教育科学文化和国家总体发展水平的制约，不可能单科独进，中央提出建设文化强国的任务和目标后，总体形势大为改观，但是否要对原定目标、任务和时间表做出适当调整，以做到扎实推进。

我这样认为，出版改革既要敢于同经济体制改革“趋同”，又要善于坚持文化体制改革特色。不敢“趋同”，不遵循一般原则，改革难以启动；不坚持“特色”，不遵循自身规律，则改革有可能留下遗憾。

我今天讲的，对与不对，主要都是对今后的关注和寄语。现在已经建立起新闻出版广电总局新党组，又在开展群众路线教育实践活动，这都是出现了有标志性的新机遇。我希望那些被业内外广泛关注又有长远意义的问题，能够得到重视，如能列入新机构新班子重点审视的问题，那就更好了。

我把这个发言的内容略加整理，以《出版业科学发展之探索》为题，在《中国出版》2013 年 11 月之第 21 期发表了。报社总编室主任复函说：“这篇文章写得很好，许多问题分析很切中当前时弊，一些观点振聋发聩。字里行间，处处流露出您对中国出版事业一份真挚情感。历史的经验值得重视，这篇文章应该发表。”《中国出版》主持常务工作的副主编跟我商量，文章的题目能不能改为《出版业科学发展之我见》，更亲切些？我想了想，这个“之我见”不甚适当，因为文中也传达了别人的声音，是众人之所见。当然，我尊重编辑部的意见，用了个“之”字，保留了“探索”两个字，就定题为《出版业科学发展之探索》，发表后还受到业界的热情关注。

对《我的一点看法》，建国同志在听取意见会上即表示欢迎；经扩充为《出版业科学发展之探索》在《中国出版》发表后，建国同志又热情地写信给我，说：“读了您那篇重要文章，为您坚持实事求是的精神所感动。您在文中所涉及的一系列重要的思想方法问题，我完全赞成并好好学习。”对涉及署领导班子指导工作（集中在出版质量管理）的意见，建国同志超然应对，不是就事论事，而是从坚持实事求是原则和思想方法论的高度做出了表态，足见其待人处事之成熟。对此，我复读短信并经思考后才有所领悟。

我感到，蒋建国同志在领导新闻出版工作上，注意听取离退休老同志的意见，使我有机会同他接触，乐于向他讲述我的意见。

2013 年 12 月，我将刚出版的《八十后出版文存》送建国同志审阅，他在新年贺卡中深情地表示：

您亲自签赠的宏著《八十后出版文存》敬悉，如获至宝，正在捧读中。为此，特向您表示祝贺并致以谢意。敬颂钧安！

我在2014年1月1日写了回函：

建国同志：

谢谢你的新年祝贺，谢谢你对《八十后出版文存》的肯定，正是由于得到你的特别关注，使我同原总署机关的同志能够有机会再一次进行思想交流。

近日阅读你在《求是》杂志发表的《建立健全现代文化市场体系》，感到有很强的现实指导意义。文末提出的“努力实现社会效益最大化和经济效益最优化”的导向要求和考评标准，有新意，又很重要，完整而又有力地实行之，必将达到“出精品、出人才、出效益”的大目标，为达到加快国有文化企业股份制改造，你提出“实行特殊管理股制度”，以确保国家文化安全和公众利益”。我注意到，这是作为一项探索而提出的，我对此项探索的含义与意义也不真知，但我仍然感到这是一项重要又有实际意义的政策措施，热盼取得预期效果。我在你主持的座谈会上，曾妄作“出版改革既要敢于同经济体制改革趋同，又要善于坚持文化体制改革特色”的议论，就是希望出现标志性新机遇时，能从指导思想与政策措施上做出新的创造性努力，以达到出精品、出人才、出效益的新目标。衷心祝愿建国同志在新的一年取得新的成功！

宋木文

2014年1月1日

2014年1月7日，蒋建国同志主持总局新闻出版方面教育实践活动总结工作征求意见座谈会，我在会上以《我的一点感受》为题作了发言。

我的一点感受

昨天晚上，我看到了总局新闻出版方面教育实践活动总结

(征求意见稿)，我相信，各个方面都是能够达标的。

总结提出，在各环节“规定动作”高标准严要求的同时，注重结合实际，发挥自身优势，主动提出了一系列务实创新的“自选动作”，拓展了教育实践活动的成效。总结还提到“新闻出版作为党的意识形态主阵地和国家文化事业重要构成，必须始终把加强意识形态的引导和管理放在首位”，以办好各个新闻出版单位。

我觉得，这是“自选动作”题中应有之义，可惜在总结中未能充分地体现出来。

不过，阅读2014年1月6日《新闻出版报》，关于全国新闻出版广电工作会议的报道，关于中国政府出版奖颁奖会的报道，我看到了合并重组的总局新党组，在加强意识形态引导和管理工作上，有了重要的新进展和新举措，定会使业界很多人为之高兴，并受到欢迎的。

我看到，蔡赴朝局长的主旨报告，关于2014年要重点做好的几项工作中的第二项，就提出：“以弘扬中国梦为主题，加强精品创作生产。要把弘扬中国梦与坚持以人民为中心的工作导向有机结合，把提高质量与稳定数量有机结合，把政府引导与市场运作有机结合，努力推出一批思想性、艺术性、观赏性俱佳的精品力作。”

我看到，蒋建国同志在中国出版政府奖颁奖会上，更为明确具体地指出：“繁荣背后存在严重隐忧。不论是内容层面的思想内涵、学术水准、传承价值、时代精神，还是产品层面的设计、编校、印制、装帧质量，或是宏观层面的产品结构、产业形态、科技水平、营销能力，与中央的要求和群众的期待都还有很大差距。我国出版业长期存在的规模数量与质量效益不平衡的问题仍然很突出。”我认为，这隐忧的提出，是一种自信的表现。

建国同志还指出："数量与质量均衡发展是出版业面临的永恒课题，只有以质量为基础的规模扩张才是真正的繁荣发展。抓质量就是抓繁荣、抓发展。我们必须牢牢抓住质量这个核心，坚持质量优先、质量第一，把对质量的要求体现到改革发展的全过程，贯穿到出版物生产的每个环节，落实到每个从业人员和每本出版物。"

建国同志还进一步提出了"质量好不好"的五项要求，这就是：正确导向是根本，出版单位是主体，人才队伍是支撑，人民群众是裁判，行政管理是关键。

总局新党组两位主要领导的报告与讲话，是我多年来首次看到，在指导思想和措施上的新进展新要求。我感到高兴，更表示拥护。

其实，前不久，建国同志在《求是》杂志发表的《建立健全现代文化市场体系》一文中，就提出要以"努力实现社会效益最大化和经济效益最优化"为导向要求和考核标准，这样才能达到"出精品、出人才、出效益"的大目标。

顺便提一下，在前次（2013 年 7 月 19 日），建国同志主持听取意见的座谈会上，我曾以《我的一点看法》，着重就质量效益与规模数量、做强做大与做好做优、争做支柱产业与强化文化功能的关系等问题，传达一些老出版人的声音，并强调出版体制改革如果忽视精神生产特点，有可能留下遗憾。我那次发言还说："今日之所言，主要是对今后的关注和寄语。现在已经建立起国家新闻出版广电总局新党组，又在开展群众路线教育实践活动，这都是出现了有标志性的新机遇。我希望那些被业内外广泛关注又有长远意义的问题，能够得到重视，如能列入新机构新班子重点审视的问题，那就更好了。"《我的一点看法》的内容，已收进我在《中国出版》（2013 年 11 月）发表的《出版业科学发展之探索》一文中。我在这里重提《我的一点看法》，是要表明，我在前面所说总局党组在指导思想和措施上的新进展新要求，“定会使业界许多人为之高兴，并受到欢迎”，是有事实根据的，是反映了出版人心声的。

我更希望那些被业界人士关注的重要问题，在今后的工作中，能够得到切实有效地解决。

2014 年 1 月 7 日

2014 年 8 月 18 日，我给蒋建国写信送上我在《文汇读书周报》8 月 15 日发表的《管理“文革”选题图书的回顾与进言》（收入本书时，改题为《对于“文革”选题图书的出版管理与进言》），同时附送《回顾〈查泰莱夫人的情人〉一书的出版》（9 月 25 日）《为〈金瓶梅〉一书的出版制订专门管理文件》（8 月 1 日），共三篇文章，请他审阅。想不到，他竟给了使我难以承受的美誉，而对他自己却严之又严，这种开阔的胸怀和严于律己的思想品格，是历来和现今领导干部十分宝贵和难得的。

回函是用总局特制贺卡毛笔直行书写的。

尊敬的木文老：

您好。遵嘱拜读了您发表在《读书周报》上的三篇特稿，为您对党和人民高度负责的精神和处理复杂问题的科学态度、历史眼光、工作艺术而感动和受教。我非出版人，今之所司，令人惶恐，惟有老老实实地学习，方不致失职失责而使事业受损。故此，还望您多予指教。祝福健康。

蒋建国谨呈

八月二十三日

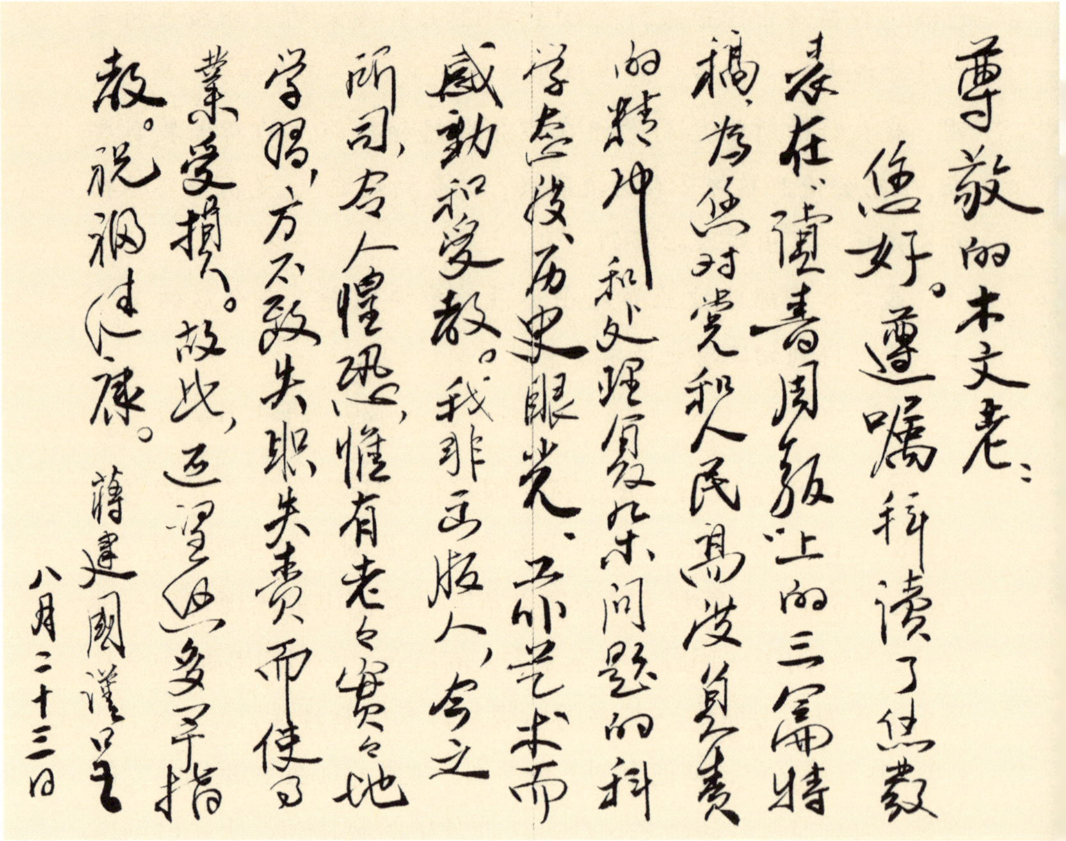
尊敬的木文老：
您好。遵嘱拜读了您发
表在《读书周报》上的三篇特
稿，为您对党和人民高度负责
的精神和处理复杂问题的科
学态度、历史眼光、工作艺术而
感动和受教。我非出版人，今之
所司，令人惶恐，惟有老老实实地
学习，方不致失职失责而使事
业受损。故此，还望您多予指
教。祝福健康。
蒋建国谨呈
八月二十三日

这里顺便一提，《文汇读书周报》发表后送建国一阅的《管理“文革”选题图书的回顾与进言》，已在《新华文摘》（2014年第23期）转发，此前主要供中老年人阅读的《中国剪报》（2014年8月23日）也作了刊载。

2014年11月26日，蒋建国主持召开总局党组（新闻出版方面）2014年民主生活会征求意见座谈会，我在会上的发言讲了我学习习近平总书记在文艺工作座谈会讲话（依据2014年10月16日《人民日报》一、二版长篇新闻稿）的体会，故以《我的一点领会》命题。

我的一点领会

新闻出版广电总局新党组成立以来，在新闻出版改革和管理方面，按照精神生产的特点，狠抓提高出版质量和促进出版产业新老媒体融合等多项工作上，采取了许多行之有效的措施，受到业界的好评。这更表明，总局新党组同以习近平为总书记的党中央在政治、思想、理论上保持着高度一致，这更是做好意识形态领域一个方面军工作所必需的。

今年10月，习近平总书记在文艺工作座谈会上发表重要讲话，既肯定成绩，也指出问题，更提出要求，引起文艺界内外的高度重视和热烈响应。蒋建国同志谈学习体会时说："下了一场及时雨""送来了一个艳阳天""奏响了一曲大风歌"。说得很形象，也很到位。

我认为，总书记的讲话，不仅适用于文艺工作、文艺影视工作、文艺出版工作，而且也对整个出版工作、整个文化工作都有着重要的现实指导意义。

我主要注意了三点：

一是总书记提醒，不能在为什么人的问题上出现偏差，因为这就是在市场经济大潮中迷失方向；

二是总书记指出，作品创作和生产存在着有数量缺质量、有"高原"无"高峰"的现象，这就意味着有些方面未能尽职尽责而有愧于我们这个时代和人民；

三是总书记要求，不能当市场的奴隶，不能沾染铜臭气，这是对我们队伍提出的严肃而又切实的要求。

这样领会，我们就会明确，总书记的讲话对出版工作、文化工作和理论宣传工作，都针对性很强，都有着重要的现实指导意义。

我们必须充分肯定若干年来出版体制改革取得的成绩，充分肯定出版界对出版改革所进行的积极探索，但作为一个部门的党组，对过去若干年的工作，是否也需要作一些思考与总结呢？应当说是需要的。

我不知道详情，但我有我的观察。

我注意到，总局新党组在工作指导上，特别强调抓出版方向、抓产品质量、抓出版管理、抓队伍建设，出现了一些新局面。这是有目共睹的。现在，我讲一讲与我有关的一件事，也可以作为证明。今年3月，刘云山、刘奇葆同志对我的那篇《出版业科学发展之探索》（《中国出版》2013），经我送阅后批给总局领导阅研，供出版改革参考。建国同志于3月12日、3月22日两次做出批示，在鼓励我“对出版事业关注之切，思考之深，令人感动和信服”之后，更要求总局分管领导和职能部门，要按照中央领导同志多次指示和批示精神，“狠抓质量管理，一项项抓落实，确保图书出版质量上升、数量下降”；要“把握改革方向和节奏，把切实保证和不断提高出版物质量融入体制机制和治理体系，特别是在今年这个‘质量年’采取和落实几项切实可行的措施，推动出版物质量有显著的提升”。

我感谢中央领导同志和总局党组对我的关怀、信任和激励，我将继续关注出版改革与发展，做一些力所能及之事。

我认为，像总局党组这样地抓下去，这样坚持一贯地抓下去，多年来积累的那些问题定会得到适当解决，习近平总书记的“一提醒”“二指出”“三要求”，定会取得令人满意的收效，那时，我们更可以说，由于下了这场及时雨，又由于耕耘人的智慧与勤劳，我们必将迎来“大风歌”唱响的更加美好的“艳阳天”！

2015年伊始，我在海南听说新闻出版广电总局党组人事变动。我给蒋建国发去一信，又收到他的回函。

建国同志：

听说你要到新闻办任职[1]。我觉得，一个机构主要职务双人挑，不宜长久。你是一位胸有大局、善于审时度势、工作出色又能团结同事和部下的领导干部。对当前的调整，新闻出版方面有人会有想法，但调整的必然性、必要性会使他们逐步同此项改变相适应。此时，我不是向你表示祝贺，而是感谢你几年来对我的关心和照顾，祝愿你在新岗位取得新成就。

宋木文

2015 年 1 月 4 日

于海南闲居处

尊敬的木文老好：

从岩镔处得到您发给我的短信，您的抬爱让我深受感动。我在总署（总局）工作期间，承蒙不弃，给了我许多关怀和指导，使我终身受用，我会将您的教诲继续践行之，以不负尊者心。问翟大姐好。

蒋建国

元月十八日

建国同志待老同志之谦恭，对自己之严格，令人难忘。我同时认为，他在总局（总署）任上对老同志的关怀与支持，也代表着总局党组集体，而我对一些问题的看法与感受，也不只是对他一个人说的。

我以《我向新闻出版广电总局新党组交心与进言》为题，将我自 2013 年 7 月以来所讲意见，按原稿实录出来，于 2015 年 2 月 9 日送请蔡赴朝同志审阅，并顺便在我家中当面附送聂辰席、孙寿山同志。

---

① 此语不准，应是到中宣部任副部长，分管内外宣传工作，兼新闻办主任。——宋注

第八章 中国版权立法修法二十年

遵照“口述出版史”小组的建议，对原有资料和文稿进行梳理，增写了这一章。

应当说，著作权法的制定与修改，我都是参与者。著作权法从起草到颁发用了十年时间，而从颁发到修改也经历了十年。前十年我在政府出版、版权管理机关任职，参加了著作权法制定及相关的某些工作，并受国务院委托向全国人大常委会作提请审议《著作权法》议案的说明。后十年中，从1993年起，我的工作由政府管理机关转向全国人大教育科学文化卫生委员会，参与著作权法的执法检查、修法调研以及审议修正案的工作。

1990年颁布、1991年实施、2001年修订的《中华人民共和国著作权法》，在近现代和当代中国版权史上占有特殊重要的地位。

这同我国版权保护制度的历史和发展相联系。

我国以造纸和印刷术的发明，对人类文明作出了重大贡献。中西方版权法学者都认为，版权是随着印刷术的采用而出现的。版权，作为一种观念，或作为版权保护的雏形，在宋代就产生了。比西方要早几百年。南宋出版的《东都事略》一书的书前牌记，上写“眉山程舍人宅刊行，已申上司，不许覆板”，就是一个明证。但从16世纪工业革命兴起后，欧洲印刷技术有了飞速发展，逐步建立和发展了与工业产权同步的较为完备的版权保护制度。在此期间，我国长期处于封建和半封建半殖民地社会，经济、科技（包括印刷）发展滞后和停顿，致使中国最早的一部版权法《大清著作权律》（1910 年）比世界上最早的版权法——《安娜法》（1710 年 4 月 10 日生效），晚了整整 200 年。

《中华人民共和国著作权法》颁布之前，中国历史上曾经有过三部版权法，除《大清著作权律》外，还有由北洋政府于 1915 年颁布的《著作权法》，由国民党政府于 1928 年颁布的《中华民国著作权法》。

《大清著作权律》分为通则、权利期限、呈报义务、权利限制、附则，共 5 章 55 条。该法第 1 条规定了受保护的作品包括文艺、图画、贴本、照片、雕刻、模型等，第 31 条列举了四类不受保护的作品，即：法令约章文书案牍；各种善会宣讲之劝诫文；各种报纸记载政治及时事上之论说新闻；公会之演说。关于保护的权利，该法第 33 条至 38 条规定：（1）凡经呈报注册取得版权的作品，其他人不得翻印复制及用各种假冒方法进行剽窃；（2）接受作者的作品出版或复制，不得割裂、篡改原作，不得变匿作者姓名或更改作品名称发行该作品；（3）对于版权保护期满的作品，亦不得加以割裂、篡改或变匿作者姓名以及更改作品名称发行；（4）不得使用别人的名字来出版发行自己的作品；（5）对别人编著的教材，不得擅自编写习题解答；（6）未发表的作品，未经版权所有者同意，他人不得强取抵债。

根据《大清著作权律》的规定，版权不是自动获得，只有在向民政部申请注册，并交纳样本和注册费后方可获得。版权的转让与继承，同样也要履行上述注册手续。

关于版权的保护期限，该法规定：（1）版权归作者享有，作者死后，其继承人可以继续享有 30 年；（2）作者死后首次发表的作品，继承人应享有为期 30 年的版权；（3）凡以学校、公司、公所等法人团体的名义发表的作品，版权保护期限为 30 年；

（4）照片的保护期限为 10 年。该法规定，作品的版权保护期限自民政部注册发照之日起计算。

《大清著作权律》还规定了某些作品可被视为公共财产，可供人们自由使用。这些作品主要包括：（1）版权保护期已满的作品；（2）作者死亡而无继承人的作品；（3）久经通行的作品；（4）作者自愿放弃版权的作品。

关于合理使用作品，该法第 39 条规定，注明原著出处的下列行为不被视为侵权：（1）节选众人著作成书，以供普通教科书及参考之用者；（2）节录引用他人著作，以供己之著作考证注释者；（3）仿他人图画以为雕刻模型或仿他人雕刻模型以为图画者。

对于侵犯版权及处罚，该法规定，凡经民政部注册发证的作品，如果受到侵犯，版权所有者可以诉诸法律。凡假冒他人作品，或知情代为出售此类假冒作品者，处以罚款，责令赔偿作者损失，没收印本刻版等制作假冒作品的器具；凡割裂、篡改作品及变匿作者姓名或更改作品名称发行他人作品，亦处以罚款。

此外，该法对合作作品、委托作品、口头作品、翻译作品的归属及继承也做了规定。

《大清著作权律》比较完整地将西方著作权理念移入中国，尽管因在颁布的第二年清王朝即被推翻而基本上没有实施，但它对北洋政府的版权法（1915 年）与国民党政府的版权法（1928 年）产生了重要的影响，除了在部分条款中作了一些增补和改动外，其基本内容都未能超出《大清著作权律》的范围，而内忧外患、社会动荡的国情，也使版权保护在实际上难以全面持续实施。2010 年 10 月 14 日在北京举行中国著作权法律百年国际论坛，特请《大清著作权律》主持人沈家本嫡孙沈厚铎出席并发表演讲，表明对这部法律及其主持人历史作用的肯定和缅怀。

中华人民共和国建立后，虽然政府有关部门负责人也曾为建立版权制度做过努力，但在政府实施的法规中涉及版权问题的主要是使用作品支付报酬的规定，而且屡遭中断（如“文革”时期）。1984 年颁布的《书籍稿酬试行规定》，比较具体地规定了对作者经济权利的保护，还对出版权、翻译权、改编权、选编权这些重要的版权内容及版权的归属、版权的保护期以及对外国人的保护均作了规定，是版权法颁布之前新中国制定的关于版权保护的一项重要的行政法规。1986 年 4 月 12 日，第六届全国人民代表大会四次会议通过的《中华人民共和国民法通则》，首次以国家基本法的形式确认中国“公民、法人享有著作权（版权），依法有署名、发表、出版、获得报酬等权利”。著作权人受到侵害时，“有权要求停止侵害，消除影响，赔偿损失”。《民法通则》的规定具有重要意义，但不可能解决由专门法解决的问题。综上所述，1990 年 9 月 7 日，七届全国人大常委会通过的《中华人民共和国著作权法》，不仅是新中国第一部关于版权（著作权）的法律，而且也成为近代以来中国颁布的与国际版权基本原则相符合又有中国特色的比较完备的版权法律，在中国版权历史上具有承前启后的里程碑的重要意义。而经 2001 年 10 月完成修订的著作权法又进一步解决了与现行国际版权公约某些不相符合的问题，全面达到了国际版权保护的先进水平。

我在这里把“著作权”同“版权”并用，是因为著作权法在“附则”中有个解释：“著作权与版权为同义语。”在 2001 年 10 月 27 日九届全国人大常委会第二十四次会议通过的著作权法修正案则改注“著作权即版权”，而人们在口头语和书面语中，更是“版权”与“著作权”通用，并且更习惯于使用“版权”。

以下，按八个题目，叙述从作为“奠基期”开始的1978年至作为通过“修正案”的2001年前后二十多年中国版权制度建设的历程及其主要成果，只个别事例有所延伸。

一、版权立法的缘起和奠基期的工作

总的说，版权（著作权）立法是同以中共十一届三中全会为标志的我国改革开放新时期的起步相联系的。

中共十一届三中全会决定把党和国家的工作重心转移到经济建设上来。以经济建设为中心，坚持四项基本原则，坚持改革开放，成为我国的基本国策。在邓小平理论指导下，尊重知识，尊重人才，逐步深入人心。知识分子创造性劳动开始得到社会的尊重和重视，保护知识产权也必然随之提到党和国家以及政府有关部门的议事日程。在国内开始考虑版权保护、要求版权立法的同时，西方国家也要求改革开放的中国在同其经贸、科技、文化交流中彼此保护版权。

发生在1978年与1979年的两件事对我国有关部门重视研究版权与考虑版权立法问题，起了推动作用。

（一）英国出版代表团的来访

1978年3月，受中国人民对外友好协会的邀请，以英国出版商协会主席格雷厄姆·格林为团长的英国出版代表团来华访问。格林带来英国外交大臣欧文写给我对外友协会长王炳南的亲笔签名信，称该团“是一个极为显要和具有充分代表性的代表团”“代表团的这次访华是英中两国之间的联系日益发展的一个新的重要范例。我希望，这次访问将有助于扩大我们两国那些从事传播文学和教育作品这一极关重要的任务的人们之间的工作联系”。

欧文信中写道："我还希望中国适当的组织将于明年派一个类似的代表团访问英国。"3 月 16 日，国家出版局局长王匡会见格林一行时，英方表达了同中国出版界开展友好合作的强烈愿望，并表示愿与我讨论版权问题。会见时，英方宣读了事先准备好的有关版权问题的意见书（备忘录），希望中国参加国际版权组织。格林还强调了中国派出版代表团访英的重要性。1979 年 6 月 17 日至 7 月 1 日，以陈翰伯为团长、陈原为副团长的中国出版代表团访问英国（我作为代表团秘书长、版权专家汪衡以翻译并成员同行），对英国出版业进行考察，并着重讨论了版权问题。

英国出版代表团访华及其提交的"意见书"，中国出版代表团赴英国的考察，促使国家出版局的领导成员陈翰伯、王子野、许力以等把版权问题作为适应改革开放新形势的重大课题来研究，并且列入日常工作日程。

（二）中美科技、经贸协议写进保护版权条款

1979 年 1 月，邓小平率中国政府代表团访美期间，由国家科委主任方毅同美国能源部长施莱辛格签订的《中美高能物理协议》提到相互保护版权问题。同年 3 月，在中美商谈贸易协定时，美方于 3 月 21 日向我方提交的"美中贸易协定"文本草案中，要求写明双方承认在进一步发展两国关系中有效保护版权的重要性；中国"应对其参加世界版权公约给予迅即的、同情的考虑"；"同意采取适当措施""根据各自的法律和规章并适当考虑国际做法"，给予对方权利人以版权保护。汪衡参加了我方对这一条的商讨，他回来解释说，这是原则性、意向性的，由于中国没有版权法，不是立即实施。我与汪衡向陈翰伯报告，可以表态同意此项条款。这只是对一个具体问题的处理。在对内对外都有需要的情况下，国家出版局经与有关方面协调意见后，于 1979

年4月21日向国务院报送了《关于中美贸易协定中涉及版权问题的请示报告》。《报告》在分析了当时对外版权关系的形势和基本对策后说："我们当前虽不具备参加世界版权公约和与外国签订保护版权协定的条件，但也不能长期无视国际版权问题，而应积极采取措施，研究和解决这个问题。当前，拟立即抽调人员，组成专门班子，收集资料，调查研究（包括出国考察、参加讨论版权问题的国际会议）、培训人员（包括请外国专家来华讲学，派人出国学习以及参加联合国教科文组织举办的版权事务训练班），并协助草拟版权法及其他有关法令，为建立专门版权机构，参加世界版权公约做好准备。"对这个报告，时任国务院副总理的耿飚于1979年4月25日报请中共中央总书记胡耀邦审批。胡耀邦于4月26日即做出批示："同意报告。请你们尽快着手，组织班子，草拟版权法。"经胡耀邦批示同意的国家出版局的"请示报告"和胡耀邦关于尽快草拟版权法的批示，就成为国家出版局处理对外版权关系和内部加强版权工作的指导方针和主要依据。

随后，国家出版局采取了多项措施，加强版权工作。

1. 广泛收集有关版权立法和版权管理的资料，包括通过我驻外使馆向美、欧、亚、非、拉近百个国家索取相关资料。

2. 抽调人员，建立组织。从机关内部、直属单位和北京图书馆陆续调集人员，成立以汪衡为组长、李奇和沈仁干为副组长的中国出版工作者协会版权研究小组，其成员有翟一我、杨德、叶宝一、刘波林、翟丽凤和吴晓农（后又离开），以加强版权研究与立法准备工作。这个小组对外挂名归属中国出版协会，由我（时任出版协会秘书长）来联系，实际上是国家出版局代局长兼中国出版协会主席陈翰伯直接领导下的专门机构。1982年出版局划归文化部时，该小组已扩建为国家出版局版权处，为工作方便，称文化部版权处，并在1985年扩建为国家版权局。

3. 请进来。由外国和国际组织版权专家来华讲课，普及版权知识，培训版权队伍。仅从1979年起的四五年内，先后来华讲授版权的就有：日本版权专家宫田昇（1979年8月），英国版权委员会主席丹尼斯·戴·弗雷塔斯和英国出版协会前主席杜索托依（1980年5月），联合国教科文组织版权处处长克劳德·多克女士（1981年和1984年两次），美国版权局长雷大卫（1981年6月）等。我国在1980年3月3日即参加世界知识产权组织。从1982年5月北京版权培训班开始，世界知识产权组织在其总干事鲍格胥的率领和支持下，多次在华举办多种类型的版权培训班，并长期保持和发展着广泛的成效卓著的友好合作。

4. 派出去。到国外和国际版权组织学习、考察版权和接受培训。早期派出考察版权的有：沈仁干和赵慧先（时在对外翻译出版公司任职），于1980年赴英国和联邦德国考察；陈砾（时在天津百花出版社任职，后任《中国日报》总编辑）带领的五人小组于1980年赴英国考察；1981年9月沈仁干和杨德参加世界知识产权组织在英国和联邦德国举办的版权培训班。在此前后，版权研究小组从组长到各个成员都被派出到美、英、法、联邦德国、日本、瑞士、瑞典等国，以及世界知识产权组织、联合国教科文组织考察版权。1981年，经汪衡推荐，郑成思（任职于中国社会科学院）赴伦敦经济学院学习考察知识产权。

5. 积极开展对外合作出版。这是我国尚未完成版权立法，也未参加国际版权组织和签订双边或多边版权协议的情况下，适当解决版权问题、推进中外文化出版交流的有效途径，也为后来履行国际公约和双边、多边版权协议积累了经验。1981年10月12

日，国务院批准下达的国家出版局《关于加强对外合作出版管理的暂行规定》，使对外合作出版更能符合我国国情和有序地进行。这个时期比较重要的对外合作出版项目有：人民美术出版社与日本讲谈社合作出版的《中国之旅》（大型画册）、中国对外出版贸易总公司与澳大利亚威尔顿—哈代公司合作出版的《中国——长征》（大型画册）、文物出版社与日本平凡社合作出版的《中国石窟》（20卷）、中国美术全集编委会与比利时范登出版公司合作出版的《中国美术全集》（法文版60卷）、商务印书馆与英国牛津大学出版社合作出版的《精选英汉汉英词典》等。特别值得在这里一提的两件事：一是，在许力以的策划与组织下，由中国出版工作者协会同英国培格曼出版公司签订合作协议，经邓小平批准和审定，在英国出版《邓小平文集》（英文版，《世界领袖丛书》之一），“我是中国人民的儿子，我深深地爱着我的祖国和人民”，即出自邓小平为此书所写的序言里。二是，由中国大百科全书出版社同美国不列颠百科全书出版公司合作，在中国出版《简明不列颠百科全书》（中文10卷本），不仅在处理版权和书稿内容问题上，更在对外扩大我国政治影响和对外文化交流上具有重要意义；邓小平和胡耀邦都曾会见美方代表，还称赞说“办了一件好事”。此外，1988年4月，中华版权代理总公司的成立及其此后开展的工作，对中外出版交流与合作发挥了积极作用。

二、版权法起草进程中的最大难题及其妥善解决

国家出版局经过一系列准备工作，成立以刘杲为组长的起草小组，从1980年7月开始，起草《中华人民共和国版权法》。起草小组工作的勤奋和贡献，受到行业内外的认同与称赞。1985年

7月，国务院批准成立隶属文化部的国家版权局，其首要任务即是起草版权法。1986年5月2日，文化部把版权法草案及说明报送国务院。1987年，国务院法制局与国家版权局联合在北京召开20多次版权法草案专题讨论会，并到各地征求意见。

在征求意见过程中，版权法制定工作受到科技界和教育界的强烈反对，几乎使立法进程陷于停顿。

1987年7月，在一次有谋划和做好安排的座谈会上，中国图书进出口总公司向会议介绍：按版权法草案的规定，“如果用进口原版书刊来代替影印书刊，国家每年要多花5亿美元以上的外汇，这个数字是现在进口书刊用汇的10倍。就目前国家财力而论，不仅外汇付不出，各个单位也拿不出这么多人民币买书。若采用购买版权的办法，估计能够买到的品种为数极少，使科学和教学工作受到严重影响。”出席座谈的科学家听了这个介绍后，纷纷表示，“这对科研和教学工作将是毁灭性打击”“版权法所产生的问题，不仅是几本书的问题，更是关系我国科技发展的前途问题”。科学家们要求“通过广泛的渠道及各种方式向上反映，使有关方面能充分考虑科技界的意见，权衡利弊，不要匆忙通过版权法”。

1987年8月8日，国家科委、教育部、中国科学院、中国科协四部门向国务院报送《关于制定版权法的意见的报告》，反映了前述科学家们的意见。报告首先肯定，从长远来看，制定版权法，建立版权制度，是必要的，但“鉴于目前我国科技、教育战线使用的大量信息，特别是外文书刊等出版物，有相当一部分是影印出版的，一旦版权法通过、生效，将会影响对这些资料和出版物的获得和使用，对科学研究和高等学校教学工作带来相当大的困难”。报告强调，“版权法公布后，影印出版的合法途径只有通过购买版权公开出版”，而外国出版商又不愿转让新书的版权，一般要在出版二三年后才肯出让版权，使我们不能及时掌握科技信息，“这对于科研、教学工作是极为不利的”。因此，报告提出，“推迟颁布版权法”；“如果版权法一定要颁布的话，也请暂不加入国际版权公约，暂不涉及科技作品的版权问题”；同时“增加科技、教育部门的图书资料费，专用于因买不到影印书刊而只得购买原版书刊之用”，仅此一项，“每年至少要增加外汇额度 1.2 亿美元，配套人民币 4.5 亿元”。如果要全部购买原版书刊则需用汇 6 亿美元。

此时，对版权法草案条文的修改固然要抓紧进行，而更为重要的是在制定版权法的重要性、紧迫性问题，以及包括“巨额外汇支出”“影响教育、科技发展”在内的利弊得失问题进行论证，向中央和国务院有决策权的领导同志做好汇报工作，向对版权法制定起着牵制作用的科教部门和有重要影响的科学家做好说服解释工作。

国家科教部门和科学家们对版权立法的意见是从国家利益出发的，是值得高度重视的。国家版权局和国务院法制局对这些问题进行了认真研究，召开专家讨论会和算账会，走访科学家。我还为此事登门拜访国家科委老领导武衡听取和交换意见，以求在主要问题上达成共识。

国家版权局于 1988 年 2 月 26 日、10 月 5 日、11 月 2 日，先后给国务院写报告，围绕科教部门和科学家提出的问题作出说明，强调抓紧版权立法势在必行。

关于版权立法的必要性和紧迫性，11 月 2 日的报告说：“1979 年 4 月，党中央和国务院领导同志在原国家出版局的一份报告上批示：请你们尽快着手，组织班子，草拟版权法。迄今已逾9年。1985年6月，中央书记处讨论了中央宣传部关于我国加入国际版权公约的报告，批示要抓紧版权法的起草工作。”这是指1985年6月24日，在胡耀邦主持下，中央书记处会议讨论并同意中央宣传部《关于我国参加世界版权公约问题的请示报告》，指出：“为了有利于我国的社会主义国家形象，有利于加强对外宣传工作，促进对外文化交流和对外开放政策的执行，引进大量的文化教育和科学技术信息，应当参加世界版权公约。但在引进、翻译外国作品问题上，要严加控制，内容不好和必要性不大的书，不要翻译出版。”参加国际版权组织，要以完成国内立法为前提。报告在这里引出中央批准中宣部的报告，意在说明抓紧制定版权法的必要性和时机的成熟。《报告》接着说：“同年7月，国务院批准成立国家版权局，具体组织版权法的起草。1986年5月，国家版权局向国务院呈报了《中华人民共和国版权法（草案）》。1987年4月，全国人大教科文卫委员会听了版权法起草情况的汇报，亦表示版权法的起草要抓紧进行。在研究各方面所提意见之后，国务院法制局和国家版权局拟在最近将修改后的版权法草案再次印发，在更大的范围内再次征求意见。”

关于版权立法即意味着要对外承担保护义务问题，2月26日的报告说：“这是误解。版权法只保护本国作者的作品和在本国首次发表的作品，并不保护在国外发表的外国人的作品。至于根据中美贸易关系协定保护美国人的版权问题，需要在版权法颁布后，两国政府进一步谈判，签订具体的版权协议。”

关于参加国际版权公约后是否会出现国家难以承担的巨额外汇支出的问题，2月26日的报告说：“参加国际版权公约后，在一个时期内，我国使用外国作品（特别是科技作品）的数量将多于外国使用我国作品的数量。因此在版税支付上将出现逆差。据对1983年使用外国书刊的初步统计，每年需付版税人民币1200万元左右，约300多万美元。”这“仅占国家每年进口外文原版书刊所用外汇6000万美元的5%，不能说国家承受不起。说‘如果将影印书刊全部改为向国外购买原版’，每年要‘用外汇6亿美元’。这种假设是不现实的，任何国家都不可能出现这种极端的情况”。

关于版权立法和参加国际版权公约对我利弊得失，10月5日的报告作了总体估量：“世界上绝大部分国家都制订了版权法，并加入了国际版权公约，这当中有许多是发展中国家。我国既然坚持对外开放，在版权法通过后，应当创造条件，逐步使涉外版权关系正常化。对外开放是全局，版权是局部，局部应当服从全局。”

最后，关于6亿美元巨额外汇支出的问题，终于使有关部门明确，那是在假设引进外国书刊全部采用购买原版的前提下的一种极端的不符合实际的推算，而每年翻译和翻印外国书刊支付版税约为300万美元左右，则是经国家科委、国家教委和法制局等部门详细、科学的估算后，共同认定的。这就排除了版权立法的一大障碍。

国家版权局的立法工作一直得到国务院法制局的指导与支持（有些工作是一起进行的）。法制局分管版权立法工作的副局长黄曙海于1988年11月18日就版权立法总体情况向国务院办公厅并国务院领导同志作了综合汇报，强调：“现在民法体系中，其他如继承、合同、专利、商标等已有单行法律，就缺著作权法一块”，并对有关问题作了说明。

对黄曙海的汇报，时任国务委员兼国务院秘书长罗干于1989年1月15日批示：“版权立法势在必行。同意在更大范围内再次印发草案，征求意见。”这标志着版权立法中重大原则问题，特别是一度引起争议和误解的几个主要问题得以澄清，取得共识，加快立法进程、适时提请审议的时机已经成熟。

随后，国家版权局向国务院报送版权法草案时，经版权法起草小组与国务院法制局局长孙琬钟、副局长黄曙海等共同研究，将版权法草案改名为著作权法草案。

三、全国人大常委会对著作权法的审议

1989 年 12 月 1 日，李鹏总理主持国务院常务会议审议通过著作权法草案。

1989 年 12 月 14 日，李鹏总理将《中华人民共和国著作权法》（草案）提请全国人大常委会审议。

1989 年 12 月 24 日，第七届全国人大常委会第十一次会议开始审议《中华人民共和国著作权法》（草案）。我受国务院委托，向这次常委会作著作权法草案的说明。七届全国人大常委会经第十一次、十二次、十四次、十五次四次会议审议，于 1990 年 9 月 7 日在第十五次常委会会议上通过《中华人民共和国著作权法》。同日，国家主席杨尚昆发布第 31 号《中华人民共和国主席令》，公布《中华人民共和国著作权法》，并宣布该法于 1991 年 6 月 1 日起施行。

全国人大常委会副委员长兼法律委员会主任王汉斌在审议著作权法草案时说：“在全国人大常委会审议所有法律草案中，著作权是最复杂的一个法，调整的关系最广，审议时间最长。”

我受国务院委托作了提请审议的说明后，又听取了常委会分组审议，列席了全国人大教科文卫委员会、法律委员会对著作权法草案的审议。我赞成王汉斌副委员长的看法。应对审议中的各

种问题，我感到，著作权法的复杂性和难度，首先是这部法律要调整广泛的利益关系，同时又由于对这部法律主要调整的问题及其与其他法律的关系不甚了解有关。因此，在今天看来不应成为问题的而在那时却成了难以逾越的障碍。但是，探求其深层次原因又同著作权人、作品使用者和法律审议者的知识产权观念不强正在转变观念相联系。“文革”中大批特批“资产阶级法权”“知识私有”的影响尚未消除。许多人不了解知识产权的意义和作用。知识不能私有、文化产品不能作为精神权利和财产权利予以保护的观念还有相当大的影响。有人甚至认为，知识产权制度是同社会主义公有制格格不入的。在这种情况下，要在中国建立知识产权制度，必然存在许多困难和阻力。

对著作权法草案，有关各界人士和常委会部分组成人员，总体上是肯定的。

为了在正式审议前充分了解情况，全国人大教科文卫委员会与法律委员会和法制工作委员会在元月 8 日至 20 日期间，联合召开了五次座谈会，就人大常委在一读时提出的若干问题，听取国务院法制局和国家版权局的说明，同时听取文艺界、出版界、科技界、广播影视部门、法律界，以及北京、上海、浙江、四川、辽宁、陕西等著作权侵权纠纷比较多的省、市的人大常委会、政府版权机构、法院工作人员对草案的意见。

全国人大教科文卫委员会文化室对这五次座谈会作了综述，反映了各方面对著作权法草案的看法与意见，刊载在《动态与资料》第一期（1990 年 2 月 12 日）。

总的来看，大家普遍认为著作权法立法的时机和条件已基本成熟。目前，世界上 170 多个国家中，有 150 多个国家制定了著作权法或版权法。尽快制定著作权法，并在将来适当的时候参加国际版权组织，对进一步提高我国的国际地位，在平等互利的基础上按照国际惯例发展对外科学、文化交流，也将是一个有力的促进。

在保护知识产权的三个法律中，我国已先后制定了商标法和专利法。著作权涉及的社会关系较之商标、专利要更为广泛。著作权保护不仅涉及文学、艺术、科学、教育领域，还涉及通讯和工业部门；不仅涉及作者个人，还涉及单位、集体和广大公众的利益，著作权法既是国内法，又有涉外关系问题；既涉及经济关系，又涉及意识形态。制定著作权法既要考虑到我国是社会主义国家，与资本主义国家应有所不同，也要考虑到我国是发展中国家，与发达国家应有所不同，还要考虑到我国当前的实际情况、管理体制和可行性，同时，还不能不考虑国际上一些通用的规定。因此，制定著作权法是一项艰巨而复杂的工作。在著作权法的起草过程中，社会各方面的人士对这个法的内容提出了许多不同的要求与意见，在某些问题上，争论还相当激烈。现在的这个草案，起草工作历时数年，三次在全国范围内征求意见，是在总结我国保护作者权益的各种法规、政策和习惯做法的基础上，参照国际惯例，借鉴外国经验，并根据我国经济、文化、科学、技术等方面的发展状况制定的。总的来看，是一个集中了较广泛的意见，接近成熟的草案，为全国人大常委会审议通过这个法律提供了一个较好的基础。同时，大家也认为，这个草案仍然有若干较重要的问题需要进一步研究。

对是否要规定依法禁止出版的作品不享有著作权，是审议中发生争论的一个重要问题。

著作权法草案提请审议，时在 1989 年北京政治风波之后。

当时，文化立法要吸取北京政治风波的教训，成为常委会高度关注的重大问题。常委们审议时提出著作权法关乎社会主义精神文明建设，“必须旗帜鲜明地坚持四项基本原则、反对资产阶级自由化”“必须体现宪法中保护什么、反对什么的原则”“必须明确规定对反动、淫秽的作品不享有著作权，不予保护”。在这种强烈的呼声下，提请第十四次常委会审议的修改稿增加一条：“依法禁止出版和以其他形式传播的作品，不享有著作权。”

著作权是依法自动产生的民事权利。著作权法明确规定什么作品不享有著作权，不仅会引起知识性的误解和法理逻辑方面的争论，还会造成其他不良后果。国家版权局经深入思考和认真准备，会同国务院法制局于1990年6月14日（常委会十四次会议之前）致函全国人大法律委员会，明确提出“这样规定不妥”。

主要理由是：

——不同的法律调整不同的社会关系，禁止传播内容有问题的作品，应由新闻出版法和政府有关管理规章规定，而不由著作权法规定。

——著作权是一种含有人身因素的民事权利。这种权利的行使必然受到其他法律（刑法、新闻出版法、保密法等）与客观条件（作品的质量和文化市场的需求等）的限制。不必担心不规定某些作品“不享有著作权”就会造成舆论失控。

——如果作这种规定，被保密法、档案法等规定禁止出版或以其他方式传播的作品如党和国家领导人的手稿、书信等就不能享有著作权保护了，其作者的署名权、修改权、保护作品完整权等可以听任他人侵犯。

——规定某些作品“不享有著作权”，有可能被解释为这些作品可以随意抄袭、复制与传播，而不必经过任何人的许可，这样反而有可能助长这些作品的传播。

——几乎世界上所有国家的著作权法都规定，著作权的享有不以作品内容为条件，而以创作事实为依据。如苏联 1928 年著作权法规定："各种文学、科学或艺术作品，不论采用何种表现方法或表现形式，具有何种价值或目的，一律享有著作权。"到目前为止，我们仅发现台湾当局 1985 年的著作权法中有关于依法禁止出售或散布的作品的规定，但也只限于不得申请著作权注册（台湾实行注册保护制），而未规定不享有著作权。要求著作权法中规定"依法禁止出版或以其他方式传播的作品，不享有著作权"，实际上是要求解决不该由著作权法解决而且著作权法也解决不了的问题。在著作权法中作这种规定，不仅没有任何实际意义，而且可能产生"剥夺公民民事权利"的不良政治影响。权衡利弊，我们认为这一条不写为好。如果一定要本法与有关法律有一个照应，应当采纳全国人大教科文卫委员会的建议，改成"著作权的行使不得违反宪法、法律和法规，不得损害公共利益"。

国务院法制局、国家版权局对"修改稿"的意见，是有说服力和影响力的。在常委会第十四次会议审议法工委"修改稿"时，虽然仍有委员赞成被禁止出版的作品不享有著作权，但发言的多位委员均表示应从"修改稿"中删去"没有著作权"的规定。因为，"经审查认定是违法的作品，不是作者无著作权，而是国家不准许他的著作出版"。

根据委员们讨论的意见，全国人大法律委员会提请七届全国人大常委会第十五次会议表决的著作权法草案，以第四条作出规定："依法禁止出版、传播的作品，不受本法保护。著作权人行使著作权，不得违反宪法和法律，不得损害公共利益。"

我和沈仁干（时任版权司司长）作为政府主管部门负责人列

席会议时，曾建议不写本不应由著作权法管辖的“不受本法保护”，只保留“不得违反宪法和法律，不得损害公共利益”。但在那时也很难得到认同。不过，在二十年后，即 2010 年 2 月 26 日，全国人大常委会作出决定，将著作权法第四条中的“依法禁止出版、传播的作品，不受本法保护”删除。修改后的这一条成为：“著作权人行使著作权不得违反宪法和法律，不得损害公共利益。国家对作品的出版、传播依法进行监督管理。”

对这次修改，我写了一篇回顾兼评论文章《依法禁止出版传播的作品不受著作权法保护的由来与归宿》。本文的前三题“特定历史条件下提出的难题”“试图破解难题的报告”“以‘不保护’代替‘不享有’”，即是前面已回顾的此事发生的背景、国家版权局破解难题的报告和以“不保护”代替“不享有”的审议结果。以下是我这篇文章的其他部分。

“不受本法保护”遭质疑

关于“不受本法保护”，在法学界、知识产权界，不断受到专家学者的质疑。带有认同倾向的，是说“不受本法保护”就是承认有著作权，但不保护，即著作权利主张既得不到行政机关的支持，也得不到司法机关的支持。但又被认为不合法理逻辑而屡遭质疑。在法学界比较有影响的是郑成思和刘春田的观点。他们都认为：著作权是“依法”而自动产生的；宣布一类作品“不受本法保护”，与宣布它们不享有著作权是一回事。很明显，这是不赞成“不受本法保护”这条规定的。

1995—2001 年讨论和审议修改著作权法的过程中，也常有人提出修改第四条，删除“不受本法保护”的意见。这时我已从政府转岗到全国人大任职，参与著作权法的修改和审议。我深知，这条学术理论上争议很大的政治性特别规定在法律审议层面有着重大敏感性，而法律的实际意义又极其有限，就劝阻建议提出者不要由此引发新一轮争议而又不得其果。得不偿失啊！

来自美国当局的指控

我没有想到，美国政府有关当局竟会对中国著作权法第四条发起攻击。2007年4月，美国向世贸组织（WTO）提出三项指控，其中之一就是中国著作权法不保护“禁止出版、传播的作品”，意味着尚未获准在中国出版或传播的作品不享有著作权和邻接权保护，中国采取的对进口外国作品事先审查的措施违背了中国基于《与贸易有关的知识产权协议》（TRIPS）有关条款所承担的义务。

此次被称为中美知识产权WTO第一案，各方经过反复多次谈判。我方代表捍卫了国家利益。谈判是艰苦的，有成效的。2009年3月，WTO争端机构会议（DSB）审议通过的专家组裁决报告驳回了美方大部分主张，该裁决也不影响中国对进口作品的审查权，但认定著作权法第四条第一款对未能通过审查的作品、通过审查的作品中被删除的部分不提供著作权保护同WTO规则不一致，需对著作权法相关规定进行修改。这是法律条文本身酿成的苦果，而非谈判者所能避免的。

我以为，解决这个问题的关键在于，要把著作权保护同国家是否允许一部作品出版区分开来。禁止一部作品出版，是因其内容不符合国家的相关规定，而不是否定其著作权。著作权是依法自动产生的。在著作权法里如此规定什么作品“不受本法保护”，是“门户不对”，也没有多少实际意义，还可能产生负面政治影响。在出版管理上，我和我的同事，在处理违法出版物时，从未考虑要援引这条特别规定，而主要是依据已有的相关法律和规章，如1955年全国人大常委会就做出了相当全面和行之有效的关于处理违法图书杂志的规定，还有刑法、治安管理处罚条例等有关规定，后来更有《出版管理条例》《音像制品管理条例》等。我不相信美国有关当局竟会不明了这一点。值得重视的是，“美国未能证明中国的作法不符合 TRIPS 协议”（语出专家组裁决报告），却指控中国法律的相关规定，所为何图？法理原则上的较劲，是为着利益的争夺。探究此案，专家组的裁决显然是基于国际公约“不准出版的作品或作品在审查中被删除部分仍有著作权仍要受到保护”，而美国则要依据这个“通行的著作权原则”冲破中国的审查制度，使美国作品不受阻碍地进入中国，以维护和扩张美国的政治、经济利益。由此可见，法理逻辑上的不严谨，或与国际准则不相符合，也能引发出利益与原则上的冲突。当我听说中美代表正在为这条“不保护”交锋不止终又以我方败诉告终时不禁发出感叹：这个“不保护”的实际意义极其有限，却招来很多麻烦！

恰当的归宿

怎样评价 2010 年 2 月 26 日全国人大常委会对著作权法第四条的修改呢？

我认为，此次的修改是必要的，是一次明智之举，并且是一举多得的。

这次修改表明我国接受 WTO 专家组的建议和入世承诺，从而消除了我国著作权法与国际相关公约著作权保护原则的不一致，也终止了美方的纠缠和就此再生事端。

这次修改消除了我国学术理论界长期以来对这一条款的争论，使学术理论与执法实践相统一，有利于实施著作权保护工作。

此次对著作权法第四条的修改，有点像当年修改第四十三条，国人强烈要求遭拒绝，世贸谈判做承诺才修改。政府向人大通报时我在场。我曾说，对主要来自外力推动感到不是滋味，但又实现了国人的多年愿望而欣慰。这次删除本来无写入必要又遭强烈质疑的“不保护”条款，主要来自美国施压并在WTO组织裁决下做出的。我虽远离职场，却仍有一些心理触动。我要说的是，删除“不保护”规定，是使那条政治性特别条款有了恰当的归宿。对外承诺或妥协，只要符合国家利益，就会得到理解和认同。

著作权是依法自动产生的民事权利。在著作权法中按政治标准规定不保护条款，是不必要也是不妥的。不同的法律有不同的管辖内容。在著作权法中不作此种政治性特别规定，政府主管部门仍然可以依据其他法律查禁违法作品。因此，无论说制订时我国尚无关于对作品出版传播进行监督管理的具体规定，或者说修改时我国对禁止出版传播的作品已有了明确的规定，也许各有其写入与删除所持的某种合理性，却难以说服反对这项特别政治性规定的法律界和其他学术界人士。在本文中，我以亲历的事实，介绍了这条政治性特别规定的由来、争论、遭遇及其恰当的归宿（“恰当的归宿”，即本来就不应有这项特别规定之谓也）。

此次对著作权法第四条的修改，只个别大报发了极简短消息，未见有任何评论。我首发此文，说法又有所不同。特在发表前送给我的老同事、著作权法起草小组组长刘杲帮我把关。他阅后于2010年10月4日认真地给我写了回信：“大作收到，当即拜读。你是当事人，又查阅了相关资料，所以情况真实可信。加以你的深入分析和清楚表达，使本文更具有说服力。没有第二人能写出这篇文章。这是一段宝贵史料，对于研究版权理论和版权历史都很有价值。”

此文以《依法禁止出版传播的作品不受著作权法保护的由来与归宿》为题，先在《中国新闻出版报》（2010年10月29日）发表；又蒙《中国版权》杂志厚爱，在2010年第6期（双月刊，即12月号）发表，用题《著作权法政治性不保护条款的由来与归宿》。

同政治上反动、内容淫秽的作品有无著作权，是否受著作权法保护问题相联系，在常委会审议时，还提出著作权法与出版法孰先孰后的问题。这是必须及时决断的重要而又紧迫的问题。为此，全国人大法律委员会经同国务院法制局、国家版权局研究后，在1990年8月21日提请常委会第十五次会议表决稿所作汇报的附件中，作了说明：不一定必须先制定出版法，再制定著作权法。常委会组成人员接受了法律委员会的意见，但同时强调要加快制定出版法进程，适时提交常委会审议（详见本书第九章，此处从简）。

这里还应讲到，为了保证著作权法顺利通过，协助乔石委员长主持日常工作的彭冲副委员长，在表决前还对部分委员作了疏通工作。

按照全国人大立法程序，常委会组成人员、有关专门委员会以及有关方面对著作权法的意见，都要集中到法律委员会进行综合和研究，提出建议，报请常委会审议。1990年6月23日、25日和8月21日，法律委员会连续召开会议，根据委员们的意见进行审议，对原修改稿提出修改意见。我和沈仁干列席会议，协助审议工作。这时，著作权法草案中的多数主要问题已在修改稿中得到妥善解决，但还有一些问题在常委会和法律委员会组成人员以及政府有关部门和文艺界知名人士中存在争议。主要是：法律是称著作权法还是版权法；广播电台、电视台“非营业性播放已经出版的录音制品”可否不经许可又不支付报酬；计算机软件和民间文学如何保护；职务作品的范围和权利的归属；著作权集体管理机构是否写入法律等。对这些问题，持不同意见的部门和个人各持己见，一时难以统一。这时，主持会议的全国人大法律委员会副主任委员宋汝棼给我写条子：“勿因小而失大，勿求全而拖延。”我明白他的意思：出于对外有承诺，对内有需要，应尽快颁布著作权法，这是大局，不可因某些具体问题的争论而影响大局，不可为达到尽善尽美的结果而拖延著作权法的出台。他希望我按照这个意思多做我可能影响的人的工作。我也这样做了。参加讨论的国家版权局的同志，会外与会内较有影响的人士，都采取了灵活的态度，在有争议的问题上或者得到了比较好的解决，或者放弃了各自认为应该坚持的意见。经过十多年的艰苦努力，30 余次易稿，新中国第一部著作权法的通过和颁发，虽然留下了若干问题有待今后解决，但仍然是我国版权制度建设取得的跨越历史阶段的重大进展。

四、一部基本符合国际公约又有中国特色的著作权法

七届全国人大常委会第十五次会议通过的著作权法是从中国国情出发的，又同伯尔尼公约、世界版权公约的原则基本相一致。主要表现在：

以保护作者因创作作品而产生的正当权益为立法的基本原则，作者是创造作品的人。法律规定：“创作作品的公民是作者”“著作权属于作者”。在这一点上，如果说与国际版权公约有什么区别的话，即是从中国国情出发，在确立著作权主体为自然人的

前提下，还规定符合规定条件的法人和非法人单位享有著作权。

同国际版权公约相一致，著作权法规定著作权所有者享有人身权（精神权）和财产权（经济权），包括发表权、署名权、修改权、保护作品完整权、作品使用权和获得报酬权。

著作权法对著作权主体和客体的规定同国际版权公约相符合。中国著作权法的适用范围，与世界上大多数国家基本相同，实行国籍原则、地域原则和互惠原则。中国公民、法人或非法人单位的作品，不论是否发表，均享有著作权；外国人的作品若系首次在中国境内发表，可以受到保护，若在其他国家首次发表，则根据其所属国与中国签订的协定或共同参加的国际公约享有保护。

著作权法所保护的作品，按传统的分类方法分为文字作品；口述作品；音乐、戏剧、曲艺和舞蹈作品；美术和摄影作品；电影、电视和录像作品；工程设计、产品设计图纸及其说明；地图、示意图等图形作品；计算机软件；法律、行政法规规定的其他作品等九类，是参考国际公约和外国同类法律，从中国的实际需要和可能做出的。对多类作品的保护规定符合国际惯例。对职务作品、合作作品的保护更多地考虑了中国的实际情况。计算机软件列入九类被保护作品之中，但由于遇到一些特殊问题，著作权法规定，由国务院另定实施细则。此外，民间文学艺术作品的版权保护办法也将另行规定。

对著作权保护期限的规定同《伯尔尼公约》和大多数国家完全一致。

关于权利的限制，在尊重精神权利的前提下，对合理使用和法定许可的规定，根据中国国情，有些规定对国际公约允许的范围有所超越。但随着中国经济、科技、教育、文化事业的发展，对作者权利的保护会逐渐加强，同国际公约的距离会不断缩小。

关于邻接权，也称与著作权有关的权利，包括图书报纸期刊的出版者，文学、艺术、科学作品的表演者，录音录像的制作和出版者，广播电视节目制作和播放者，因他们创造性劳动使作品得以更多和更广泛地传播开来，在履行对作者权利的同时，对他们应享有的权利，著作权法也分别作出了规定。

关于著作权的许可使用合同，著作权法规定，著作权人与作品使用者可以通过合同约定使用作品的付酬标准。这一规定突破了自1959年以来政府制定统一付酬标准的传统做法，与国际惯例接近，符合市场经济的社会环境，也有利于开展国际合作。

与许多国家不同，中国著作权法列举了比较常见又典型的侵权行为，以便为著作权人、作品使用者和公众所了解，也为缺乏审判知识产权案件实践经验的司法审判提供较为具体的判断标准。对侵权行为，国家司法机关和国家版权行政管理机关均可以依法进行查处，这种司法机关与行政机关执法的“双轨制”是从中国国情出发的，也是行之有效的。

我在1993年为纪念中国与世界知识产权组织合作二十年而出版的专刊上发表《中国版权制度的建设及其与世界知识产权组织的关系》一文中，对七届全国人大常委会通过的著作权法作了如下评论：我国著作权法在当前国力允许的情况下，既充分保障了作品创作者与传播者的权益，又适当兼顾了广大公众使用作品的需要；既充分考虑了我国经济发展水平、文化传统与价值观念等实际情况，又适当参照了国际著作权保护的原则与惯例，是我国执行改革开放政策、健全民主与法制的产物，是一部比较好的现代化的著作权法。它不仅是我国法学界、文学艺术界、新闻出版界和国家立法、执法、司法部门众多志士仁人的辛勤劳动的结果，也是我国版权界与国际版权界，特别是世界知识产权组织有效合作的成果。

五、适时加入三个主要国际版权公约

我国版权立法的基础是为了保护我国著作权人以及与著作权有关的权利人的权利，但也与正确处理涉外版权关系相联系。在制定版权法的过程中，我国版权法的起草者和决策者，十分注意研究国际版权公约的基本原则与主要条款，并努力使我国的法律与规定符合国际公约的要求，为加入国际公约减少法律障碍。除在专家层面上交换意见外，刘杲和我曾先后在日内瓦世界知识产权组织总部和北京钓鱼台国宾馆同鲍格胥总干事就版权法草案逐条地进行讨论。鲍格胥后来回忆说："在每次花许多小时进行的讨论中，都对条文草案从几个方面进行审查，特别是要确定：（1）条文草案是否与中国的文化、社会与经济目标相适应；（2）条文草案是否与当时知识产权的国际总趋势相适应，如不适应时，其差别是否由于中国本身的目标的原因而合乎道理；（3）条文草案是否与中国迟早可能参加的知识产权领域的多边国际条约的要求相适应；（4）条文草案的措辞是否足够清楚，以便相对地易于理解和在实践中应用。"（摘引自《中国与世界知识产权组织合作二十年》纪念册第32页）由于中国专家及其领导者在工作中重视使版权法律草案与国际版权公约的主要原则相衔接，又得到世界知识产权组织按鲍格胥所讲四条原则给予的帮助，就使得我国的版权法基本符合国际公约，又具有中国特色。

加入国际版权公约，要以完成国内立法为前提。七届全国人大常委会通过《中华人民共和国著作权法》，就标志着把涉外版权关系正常化提到议事日程。我应约在世界知识产权组织主办的

《版权月刊》1992年第2期发表的《中国版权立法的发展历程和现行法的主要特征》一文，按中央决定的精神，郑重地表示："随着版权保护在国际文化、经济、科技、贸易等领域的重要性日益显著，中国政府对同外国的版权关系也越来越重视。版权法的颁布便是为正确处理涉外版权关系迈出的重要一步。""中国政府一贯强调要坚定不移地执行对外开放的政策，在和平共处五项基本原则的基础上继续发展和扩大与外国的文化、科技、经济、贸易和教育交流，而这些领域均与版权密切相关。中国将积极采取措施，克服困难，在各方面创造条件，争取早日成为国际版权公约组织的成员，从而为国际版权的交流和合作作出自己的贡献。"

关于中国准备在时机成熟时参加的国际版权公约主要是三个：一是由联合国世界知识产权组织（总部设在日内瓦）管辖的《伯尔尼保护文学和艺术作品公约》（简称《伯尔尼公约》）；二是由联合国教科文组织（总部设在巴黎）管辖的《世界版权公约》；三是由联合国世界知识产权组织会同联合国教科文组织和国际劳工组织共同管辖的《保护唱片制作者，防止其唱片被擅自复制的公约》（简称《唱片公约》）。

为加入《伯尔尼公约》和《世界版权公约》做准备，1991年9月，经国务院批准，国家版权局副局长刘杲率中国版权代表团前往日内瓦和巴黎，分别同世界知识产权组织和联合国教科文组织举行会谈。刘杲与鲍格胥的会谈取得了积极的重要成果："中国可以在其1990年9月7日通过的版权法的基础上加入《伯尔尼公约》。因为这个法与《伯尔尼公约》的原则和最重要的条款是协调一致的。对版权法某些细节仍有可能带来的与公约的一些冲突，可以在兼顾公约反映的国际标准和中国具体国情的前提下，通过各种办法避免或消除。……实际上，全部现存的问题，都可以通过对版权法和实施条例作出适当解释来解决。”“执行中国版权法和《伯尔尼公约》，有许多可行方案，从而可以选出既符合中国社会、经济、文化具体情况，又符合外国版权所有者利益的方案。”双方达成的协议，就为我国参加国际保护水平最高、美国迟至 1989 年 3 月才加入的《伯尔尼公约》作了重要准备。中国版权代表团同联合国教科文组织会谈也是顺利的，对方表示：“中国以自己的版权法为基础加入《世界版权公约》没有问题；过渡期可以考虑采取变通的办法。”刘杲对此次日内瓦和巴黎之行所作回忆充满信心地说：“至此，中国加入两个国际公约的道路已经明朗，没有障碍，就看何时启动了。”

中国的对外版权关系主要是对美国的关系。因为中国使用外国有版权的作品主要来自美国。前已提到，中美在科技、经贸协定中多次涉及版权问题，但因中国尚未完成版权立法，这些协定所涉及的版权条款无法执行。中国完成版权立法后，如何保护美国作品，仍需通过双方谈判来解决。中国加入《伯尔尼公约》的启动时间，也直接同美国的谈判相关联。中方由经贸部牵头、吴仪任团长（刘杲任副团长，另一副团长为国家专利局局长高卢麟）的中美知识产权谈判，从 1991 年 2 月开始，1992 年 1 月 17 日在华盛顿举行第 8 轮谈判，双方签署《中国政府与美国政府关于知识产权的谅解备忘录》，中国政府承诺将尽最大努力使加入《伯尔尼公约》的议案尽快提交并获得全国人大常委会通过。刘杲参加中美知识产权谈判后向全国人大教科文卫委员会汇报时说：“中国代表团的活动是在党中央和国务院的直接领导下进行的。中方的承诺是中央权衡利弊、统筹全局作出的重大决策。”“参加国际著作权公约不仅有利于发展对外科技、文化和经济交流，在推动我国文化产品输出和防止对外国作品使用过滥方面也有积极意义。”“内部早已决定，同时加入《伯尔尼公约》和《世界版权公约》，着眼点并不限于中美著作权关系。这次提出的具体时间，既考虑给审议工作留有余地，也与国际组织商定的大致安排相一致。”①

国家版权局同世界知识产权组织、联合国教科文组织的谈判，特别是中美两国政府间知识产权的谈判，加快了中国加入《伯尔尼公约》《世界版权公约》和《唱片公约》的进程。

根据国家版权局的建议，国务院将加入《伯尔尼公约》和《世界版权公约》一并提请全国人大常委会审议。受国务院委托，我于 1992 年 6 月 23 日，向七届全国人大常委会第二十六次会议作提请审议说明。受国务院委托，刘杲于 1992 年 11 月 2 日向七届全国人大常委会第二十八次会议作建议加入《唱片公约》的说明。

《伯尔尼公约》，1886 年在瑞士首都伯尔尼签定。曾经两次增补和四次修订。中国加入的是 1971 年在巴黎修订的文本。基本原则包括：保护文学、科学和艺术领域内的一切作品；成员国根据各自法律提供不低于公约规定水平的保护；对外国作品的保护与对本国作品的保护一致；保护作者的经济权利和精神权利；保护期一般不短于作者有生之年加死后 50 年；权利的享有和行使无须履行注册；对权利的限制只适用于作出限制的国家；要求提供一定的追溯保护；允许发展中国家有条件地强制翻译和复制有著作权的作品等。公约成员国组成伯尔尼同盟。《伯尔尼公约》的保护水平高于《世界版权公约》，被普遍认为代表了目前国际版权保护的惯例。

---

① 以上均摘引自刘杲所写《我国加入国际版权公约的前前后后》。

《世界版权公约》1952年在瑞士日内瓦签定。主要目的是沟通《伯尔尼公约》成员国和美国等当时不准备参加《伯尔尼公约》的国家。现行文本为1971年巴黎修订本。与《伯尔尼公约》不同的主要是《世界版权公约》允许成员国为取得权利规定手续，没有关于精神权利的规定，保护期为最少25年，追溯保护要求低。

《唱片公约》于1971年10月在瑞士日内瓦签定，1973年4月生效。其宗旨是推动录音制品（包括唱片、录音带和唱盘等）的国际保护，防止非法录制录音制品活动的蔓延，在保护录音制作者利益的同时，保护与录音有关的作者和表演者的利益。1961年制定的《罗马公约》也保护录音制作者的权利，但是保护仅限于复制权，对加入国有资格上的限制。在录音技术和录音业有很大发展的情况下，为提高对录音制品的保护并使这一保护具有更大的国际广泛性，有必要制定一个新公约。这便是《唱片公约》。《唱片公约》的主要原则包括：禁止未经录音制作者许可制作其录音制品的复制品以及进口和公开销售此种复制品；对录制品保护的限制与文学和艺术作品相同；无追溯保护等。

我和刘杲对参加三个国际版权公约所作的说明，都讲了加入公约的必要性和我国已经具备加入的条件；我国是联合国承认的发展中国家，在提交批准书时，可以根据《伯尔尼公约》附件第一条和《世界版权公约》第五条之二，声明将在一定条件下享受强制翻译和复制外国作品的权利。

1992年7月1日，七届全国人大常委会第二十六次会议批准了我国加入《伯尔尼公约》和《世界版权公约》的议案。1992年7月10日和7月30日，我国常驻日内瓦联合国机构代表和常驻巴黎教科文组织代表，分别向世界知识产权组织总干事和教科文组织总干事，递交了我国加入《伯尔尼公约》和《世界版权公约》的申请书。1992 年 7 月 15 日，世界知识产权组织总干事鲍格胥致函我国外交部长钱其琛，告知《伯尔尼公约》将于 1992 年 10 月 15 日在中国生效；同意中国作为发展中国家，享有该《公约》附件第 2 条和第 3 条规定的权利。联合国教科文组织总部于 1992 年 10 月 9 日发出通知，宣布《世界版权公约》将于 1992 年 10 月 30 日在中国生效。

1992 年 11 月 7 日，七届全国人大常委会第二十八次会议审议批准了中国加入《唱片公约》的议案，1993 年 4 月 30 日《唱片公约》在中国生效。

为解决我国著作权法同国际版权公约不尽一致之处，国务院于 1992 年 9 月 30 日颁布了《实施国际著作权条约的规定》，使外国作品在中国的保护达到国际公约（主要是《伯尔尼公约》）的保护水平。这样，由于这个特别规定，使著作权法有关规定产生的对外版权关系问题得到了解决，却使外国人及其作品在中国的保护高于中国人及其作品的保护水平（如第四十三条之“广播电台、电视台非营业性播放已经出版的录音制品，可以不经著作权人、表演者、录音制作者许可，不向其支付报酬”，不适用于对外国录音制品的播放），造成被人们称之为外国人在中国得到“超国民待遇”。

我国版权立法的历程与我国改革开放的进程同步，版权法的颁布和加入国际版权公约，是执行改革开放政策的重要成果。我国于 1980 年开始起草版权法，1990 年颁布版权法，1992 年即参加了《伯尔尼公约》、《世界版权公约》和《唱片公约》三个主要国际版权公约，用十多年的时间走完了西方一些国家用几十年甚至百多年的时间走完的路程，受到国际版权公约组织和国际版权界的高度评价。

1992 年 9 月 14 日至 15 日，在中国颁布实施版权法并参加了国际版权公约的情况下，国家版权局在北京举办了“中国版权制度国际研讨会”。世界知识产权组织总干事鲍格胥博士，最高人民法院院长、中国知识产权研究会名誉理事长任建新到会致辞。世界知识产权组织和德国、美国、俄罗斯、瑞士、瑞典、芬兰以及香港地区的版权专家，同我国立法机构、执法部门、高等院校、研究单位的专家，就中国版权立法原则、版权法实施、版权集体管理、版权研究与教育等问题进行了讨论。我在会上作了以《中国版权保护制度和〈伯尔尼公约〉》为题的讲话。

鲍格胥为亲临庆祝中国参加《伯尔尼公约》而举行的《中国版权制度国际研讨会》而欣喜，他在致辞中高兴地说，由于《伯尔尼公约》1992 年 10 月 15 日在中国生效，伯尔尼联盟的“人口”从 25 亿增为 37 亿或 38 亿，“一夜之间增长了 50%，这在《伯尔尼公约》106 年的历史上还从来未有过”“这无疑是极为重要的历史事件”“这一历史性成就”“对于中国的文化、科学及社会发展，对于希望在全世界实现对文学艺术作品给予合理及有效保护的整个国际社会而言，都是一件好事”。

我对鲍格胥对中国加入《伯尔尼公约》具有里程碑意义的评价表示感谢。

中国知识产权界与世界知识产权组织有着长期的友好合作关系。鲍格胥总干事 1992 年 9 月 14 日—15 日出席在北京召开的中国版权制度国际研讨会时表示，拟出一专刊纪念该组织与中国的友好合作关系。我表示中国国家版权局可资助并承担出版工作。双方达成协议：《中国与世界知识产权组织合作二十年》（1973—1992）由世界知识产权组织和中国国家版权局联合编辑出版，在瑞士制版，由北京新华彩印厂和北京新华印刷厂印刷。1993 年 9 月出版的这本中英文对照大型纪念专刊，由任建新作序，主要内容有：阿伯德·鲍格胥撰写的《中国与世界知识产权组织第一个二十年的关系简史》（1973—1992），中国政府专利局、商标局和版权局的局长分别论述中国专利、商标、版权制度的建立和发展的专题文章；还有各种活动的大事记和照片。我为撰写本文重读时，更加感到这部纪念册的珍贵及其重要史料价值。

六、著作权法修改的艰辛历程和重大进展

著作权法从 1980 年起草到 1990 年颁发用了十年时间，而从颁发到完成修改也经历了十年。

（一）著作权法修改工作的顺利启动和第一次审议面对的难题

对著作权法修改的要求与推动主要来自三个方面：一是有关社会各界代表人士，集中反映在全国人大代表、全国政协委员在“两会”期间所提“议案”与“提案”中；二是政府主管部门如国家版权局和国家执法机关如最高人民法院，从执法实践中感受的难题和法律缺失而要求修改法律；三是国家立法机关的专门委员会如主管著作权法的全国人大教科文卫委员会，从执法检查中，从听取政府主管机关和国家司法机关的工作汇报中，认定修改法律的必要性和紧迫性。这三个方面对法律的修改是密切合作、相互促进的。特别是国家版权局与全国人大教科文卫委员会的互动极为重要。我从两届十年在全国人大工作经历中感受到，在对著作权法的修改和审议工作中，八届、九届全国人大教科文卫委员会与国家版权局决不仅仅是法定意义上的监督与指导的关系，而是建立在相互尊重、信任和沟通基础上越来越密切的合作

关系，有许多工作是共同进行的。国家版权局主动向教科文卫委员会汇报工作，接受指导；委员会对版权局的立法和执法工作以有力的指导和支持。

在全国人大教科文卫委员会的指导和支持下，国家版权局从1995 年开始对著作权法进行修改。1995 年前后，教科文卫委员会五次派出有国家版权局干部参加的检查组，对国务院有关部委及北京、云南、海南、黑龙江、广西、宁夏、内蒙古、青海等地的执法情况进行检查，推动版权保护工作，听取修改著作权法的意见；1993 年、1995 年、1997 年、1998 年四次听取国家版权局关于著作权法的实施和修订工作情况的汇报；又与国家版权局联合，1995 年 10 月在黄山、1996 年 6 月在武汉、1997 年 9 月在沈阳、1998 年 9 月在青岛连续四次召开有中央有关部委和社会团体、地方人大和政府、版权行政管理和审判机关、大学和科研院所等单位的领导干部和版权专家参加的专题研讨会，对著作权法修改原则和重点以及主要条款的修改提出了建设性的意见；沈阳和青岛的研讨会还逐章节、逐条文地讨论了国家版权局提出的著作权法修改稿。

1996 年 4 月，全国人大教科文卫委员会向全国人大常委会提出“尽快将修改现行著作权法列入立法规划，使其早日提上日程”的建议。

我在参加全国人大教科文卫委员会对著作权法修改工作的同时，也要履行全国人大代表的职责，推动著作权法的修改进程。

1998 年 3 月 10 日，九届全国人民代表大会辽宁代表团举行全体会议，我作为辽宁省选出的全国人大代表就著作权法修改问题在会上作了发言，会后联合范敬宜等 30 位全国人大代表，向九届全国人大一次会议提交了《建议尽快完成著作权法修改工作》的议案。

《议案》肯定，1990 年颁布的这部著作权法是一部好的法律，对国内著作权保护和对外开展科技文化经贸交流都起了积极作用，但也存在一些问题。主要有：

1. 对中外作者保护水平不平衡。立法时保护水平是按我国当时情况拟定的，与国际公约有差距。我国加入著作权国际保护公约后，以国务院规定的办法，提高了对外国人的保护水平，这就造成外国人高于中国人的不正常情况。我国加入世贸组织（WTO）后，香港、台湾迟早也将以单独关税区的资格成为世贸组织的成员，如果不及早修改著作权法，对港台作者的保护水平也要高于中国内地作者。这将造成更加不合理的状况，并将加速知识资源的外流。

2. 有些规定不合理，按现行著作权法，广播电台、电视台使用录音制品可以以“非经营性播放”为理由不向作者支付报酬。这在世界各国都是罕见的。

3. 近几年来新技术发展迅速，立法时对计算机软件、各种电子出版物、音像制品等的保护均未规定能够适应今天发展水平和状况的保护条款。这个问题，也迫切需要解决，通过法律来保护、支持出版领域新技术的开发、新的媒体的发展，最终也有利于推进我国信息产业的发展和国民经济信息化。

在九届全国人大第一次会议上，除了我联合辽宁代表团 30 名人大代表外，还有陕西马大谋（中国国民党革命委员会陕西省主任委员）等 30 名人大代表、山东谷建芬（全国人大常委、著名作曲家）等 32 名人大代表、浙江蒋福弟（中国民主建国会浙江省杭州市主任委员）等 31 名人大代表向大会提交了建议修改著作权法的议案。一次会上有 123 名全国人大代表联名提出同一议案，这表明修改著作权法已成为普遍性要求，修改的条件和时机业已成熟。

九届全国人大法律委员会对上述议案进行了审议，在其向全国人大常委会报送的审议结果报告中称："国务院已将该法修正案（草案）提请全国人大常委会审议"。

国务院关于《中华人民共和国著作权法修正案（草案）》（简称1998年修正案）是1998年12月23日提请九届全国人大常委会第六次会议审议的，常委会全体会议听取时任新闻出版署署长、国家版权局局长于友先受国务院委托对修正案所作的说明。从常委会分组审议、常委会大会发言和随后召开的专题研讨会、座谈会看，这次提请审议的修正案主要存在两大问题。一是：对各方面意见都很强烈的现行著作权法第四十三条广播电视组织播放已经出版的录音制品可以不经许可也不支付报酬的规定未作修改，要求做出修改；二是：对高新技术条件下的著作权保护重视不够，对发展迅速的数据库、互联网没有做出必要的法律规范，要求做出明确规定。这两个问题在常委会内外引起广泛关注和热烈讨论，形成两大热点。1998年12月28日举行常委会全体会议，听取大会发言，我和谷建芬先后就现行著作权法第四十三条应该修改在会上作了发言，引起与会者的高度关注。

（二）造成"超国民待遇"的第四十三条必须修改

我和谷建芬在大会上的发言，也反映了我们所在的专门委员会的意见。

1999年4月13日，全国人大教科文卫委员会，由朱开轩主任委员主持，在认真研究常委会委员和各方面意见的基础上对1998年修正案进行了审议，并向常委会送交审议报告。

《审议报告》指出：现行著作权法第四十三条对录音制品的

"合理使用"规定是不妥的。其一，著作权是公民的一项基本民事权，属于专有权，各国虽然根据本国的实际情况对此加以限制，但至少要保证著作权人的经济权利，如果在社会主义市场经济条件下仍坚持该条规定的"合理使用"，就会影响著作权人的创作积极性；其二，根据国务院颁布的《实施国际著作权条约的规定》，外国人的作品已不再适用于现行著作权法第四十三条的规定，而对中国人的作品依然要加以限制，这种双重保护制度将有损于我国著作权人的民族自尊心，也给我国的国际形象带来消极影响；其三，根据《伯尔尼保护文学和艺术作品公约》和《与贸易有关的知识产权协议》（TRIPS 协议）等有关著作权限制与例外的规定，现行著作权法第四十三条已超出了国际条约的规定，对我国履行已加入国际版权条约的义务、恢复在世界贸易组织中的合法席位也会产生负面影响；其四，在社会主义市场经济条件下，广播电台、电视台已不再是纯粹的"非营利性"单位，部门利益要服从国家利益，以利于在全社会形成保护知识产权的良好环境。因此，不改变现行著作权法第四十三条的规定是不适当的。

《审议报告》注意到我国作为社会主义制度国家广播电台、电视台的性质、任务以及在我国政治、经济和社会生活中的重要作用和长远发展需要，建议将现行著作权法第四十三条修改为"广播电台、电视台播放已经出版的录音制品，可以不经著作权人、表演者、录音制作者的许可，但应支付报酬"。

我的大会发言的主要观点被《审议报告》采纳。我在大会发言时，还特别针对"我国的广播电视组织是党的喉舌，是非营利性的，所以不能向作者付酬"，强调指出："这个理由是不成立的，因为不能把作为党的喉舌同保护知识产权对立起来。报纸、期刊等新闻媒介如《人民日报》、新华社都是党的喉舌，但是都向作者付酬。坚持第四十三条的人想没想过，既然作为党的喉舌，为什么使用广播设备、交通工具、房屋建筑、水电等都要付费，而唯独使用作品是免费的。著作权与机器设备、汽车等一样，同是财产，都应该受到法律保护。在人类进入知识经济的时代，使用知识成果要像使用物质成果一样付酬，甚至更要重视对智力成果的保护，并在全社会形成尊重和保护智力创作的良好风尚，以利于激发人们的发明创造，应该成为国家的一项重要政策。在涉及是否有利于智力创造这一国家发展根本利益的问题方面，作为党的喉舌倒是更应该带头执行党的政策：尊重知识，保护知识产权。”

我进而指出，坚持保留第四十三条的“真正的原因是部门利益驱使。将本部门局部利益的得失一概上升为国家利益的得失，并以此坚持己见”。同时，“观念未及时改变也是重要的原因。由于计划经济的影响，重物质财产、轻知识财产的思想多年来一直占主导地位，甚至影响到国家一些部门的领导。人们已经习惯于对物质财产的承认。为住房、用电、用水支付报酬，好像是天经地义的，还不习惯于对知识财产的承认，好像只有知识是可以免费利用的。如果这只是老百姓的想法，倒是情有可原。但是，如果国家的部门也持这种思想，并且以此来影响制定或修改保护作者权利的法律，则是值得重视的”。

我此次从理论上阐述尊重和保护知识产权的重要性，是从一次执法检查中所得。1995 年夏，我以全国人大代表的身份参加著作权执法检查。在文化部直属艺术院团负责人参加的一次座谈会上，一位团长申诉他们没有为著作权人付酬，是因为年度预算中没有列入这笔支出。我问他，剧场租金、服装购置、水电费……

是否列入了预算？他说那当然要列入预算。我明白了，一个演出单位为一台戏的演出，所有的物质消耗用款都有预算，而唯独使用作品——精神产品却可以不用列入预算，像广电组织那样，使用广播摄像器材必须付款，而使用词曲作品却可以不向著作权人支付报酬。对我从直感中之所得，时任国家版权局副司长、版权专家许超却说："很有创见性，在国内还是第一次有人这样说。"许超讲了上个世纪50年代联邦德国的一个判例："德教堂以演唱宗教音乐是为上帝服务、演唱者不取报酬、听众不付门票费为由，拒绝向著作权人付酬，被德音著协（GEMA）告上法庭。经审理，法院判决：如果教堂使用桌椅板凳、乐器设备是无偿取得的，使用音乐作品也可以不用付费，否则，使用音乐作品至少要向音乐家付酬，就像使用砖瓦桌椅一样。宋老的说法，同德国法院的判决不谋而合，异曲同工。"①

对德国法院的判例，我完全不知，而能做到"很有创见性"的"不谋而合"，只是从一次平常感受中得来，由此可见，只要用心思考，就可以从平常的生活和实践中感悟出有一定深度和高度的理论概括。

全国人大常委谷建芬在大会发言中说："我作为一名词曲作者并代表广大词曲作者强烈要求取消第四十三条！国内国外的法律界、文化艺术界，从未听说过有任何人赞成第四十三条的。第一次通过著作权法时，围绕此条曾引起过不小的波澜。十年过去了，我们以为不能仍然为迁就广播电视部门的局部利益而保留这条既不合情更不合理，不得人心的第四十三条。"

---

① 《八秩老局长谈30年版权人和事——〈中国版权〉记者采访记》，《中国版权》2009年第1期。

我这样想，一个第四十三条的修改问题，受到常委会组成人员和文化界人士如此高度地重视，也反映了国人对外国人由此而获得超国民待遇而产生的强烈不满，这是执政者和立法者不能不重视的。

（三）高新技术的著作权保护要有明确规定

全国人大教科文卫委员会 1999 年 4 月 13 日向常委会报送的《审议意见》指出，著作权法修正案（草案）关于高新技术对著作权法的影响体现得不够。作为一部与技术和经济密切相关的法律，要体现对高新技术的推动作用以及由此引起的著作权的保护，立法应有前瞻性。目前，数字化技术在著作权领域的应用越来越广泛，数据库等新的作品形式不断出现，在互联网络上使用作品发展迅猛，而与此相关的侵犯著作权和相关权利的案件越来越多。这些都要求尽快对其作出必要的法律规范，因此，著作权法的修改应给予充分重视。

《审议意见》根据世界知识产权组织《版权条约》和《表演和录音制品条约》的规定以及我国网络发展的实际情况，建议增加一项新的专有权利，即“信息网络传播权”。

《审议意见》还建议，考虑到计算机软件与传统作品之间存在着差别，在对著作权法进行修正的同时，宜保留计算机软件保护条例，并对与著作权法修正案不够协调的问题进行修改。

（四）国务院撤回议案与再次提出议案

全国人大教科文卫委员会 1999 年 4 月 13 日对《中华人民共和国著作权法修正案（草案）的审议意见》，受到常委会组成人员的重视，认为应在修正案中予以采纳。

全国人大法律委员会根据常委会组成人员的意见和教科文卫

委员会的意见，在准备报请常委会审议的修改稿（二审稿）中，对会议内外广泛关注的第四十三条和新技术著作权保护等热点问题作了适当的修改和补充规定。此时的常委会已形成一种态势，只要提请表决，这两大热点问题，就难以回避。

1999 年 6 月 13 日，在常委会即将对 1998 年修正案进行二审之前，国务院致函（〔1999〕50 号文）全国人大常委会，因在审议中“至今也还有一些重要的不同意见，虽几经商量，仍一时难以达成一致，需要进一步研究、论证”，依照全国人大常委会议事规则的有关规定，“要求撤回著作权法修正案（草案）的议案，拟根据全国人大常委会组成人员在审议中提出的意见，对修改著作权法作进一步研究，再适时提请全国人大常委会审议”。

说实话，我对撤回议案感到意外，但我相信修改著作权法是当务之急，不应久拖不决。2000 年 3 月 9 日，我作为议案领衔人联合其他 32 位全国人大代表，向九届全国人大三次会议提交了《关于重新启动修改著作权法的议案》。联署此议案的有范敬宜、张丁华、顾金池、聂大江、谢安山、朱相远、张毓茂、柳斌、高运甲、郑成思等。

《议案》说，去年 11 月，中美两国政府就中国加入世界贸易组织的问题达成了协议，我国有可能在年内加入世界贸易组织。保护成员国的知识产权是世界贸易组织的重要原则之一，著作权法是知识产权法律中的一部重要法律，现行的著作权法与世界贸易组织的《与贸易有关的知识产权协议》（TRIPS）无论在权利的内容还是在保护的措施方面，都有许多不一致的地方，特别是存在双重保护标准，也就是各国都采取国民待遇，对外国人的保护同于本国人，而我国却对外国人的保护高于本国人，进而对台港澳人的保护也高于他们的内地同胞。这些问题如果不尽快解决，不利于我国加入世界贸易组织，更会挫伤国内广大知识分子的创作积极性，影响新闻出版、文学艺术、广播影视、电子软件等事业的发展。在专利法、商标法即将修改的情况下，对著作权法的修改就更加紧迫。因此，我们请求国务院责成有关办事机构和主管部门对著作权法修改案抓紧研究、论证，按前述国务院函〔1999〕50 号文即“要求撤回著作权法修正案（草案）”时所作的承诺，“适时提请全国人大常委会审议”。

国务院法制办公室 2000 年 5 月 18 日就重新启动修改著作权法议案函复全国人大教科文卫委员会，在回顾了提请审议又撤回后表示：“目前，正在进行著作权法修改的研究工作，国家版权局将于近期就几个重大问题召开专题研讨会。国务院法制办公室将积极参加有关问题的研讨，并根据工作情况，适时向国务院提出修改著作权法的建议。”

经 2000 年 12 月 28 日第九届全国人大常委会第十九次会议通过的教科文卫方面代表议案审议结果的报告，对宋木文等代表提出的关于建议重新启动修改著作权法的议案（第 681 号）给予肯定和支持。《审议结果的报告》说：“1998 年 12 月，九届全国人大常委会第六次会议对国务院提请审议的著作权法修正案草案进行了初步审议，由于在一些问题上存在不同意见，国务院于 1999 年 6 月撤回了该项议案。现行著作权法颁布于 1990 年，十年来随着我国社会主义市场经济和科学技术的迅猛发展，我国现行的著作权保护工作已不能适应当前形势发展的需要，特别是在网络版权、著作权人待遇等方面存在着缺陷和问题。当前，我国即将加入世贸组织，对著作权法的修改工作更加迫切和必要。鉴于此，国务院已重新启动著作权法修改工作，并将于年内提请全国人大常委会审议。”

1999年9月12日《参考消息》发表作为东道主的新西兰政府公布的亚太经合组织一些成员国的单独行动计划要点，其中讲到中国承诺“修改它的版权、专利和商标法，以达到国际标准”。我当即把这个信息通报给教科文卫委员会有关负责同志。我想，这也许成为重新启动修改著作权法的契机。2000年10月27日，国务院法制办公室负责人专程来到全国人大教科文卫委员会，通报我国政府代表在与世贸组织谈判中关于修改著作权法的承诺，并带来近期拟就的著作权法修正案草稿听取意见。这个修改草稿，基本采纳了全国人大常委会初审1998年修正案时提出的意见，包括1999年4月教科文卫委员会审议报告的意见和1999年6月法律委员会向常委会提请二审的法律修改稿。时任教科文卫委员会文化室副主任朱兵在会前将国务院法制办修改稿送我时附函称，“此稿将我委上次审议意见基本纳入。”我赞成他的看法。如对原第四十三条广电组织使用录音制品不经许可也不付费的规定作了修改；增加了新技术条件下网络传播权和解决数据库版权的规定；加强了制止侵权、打击盗版的力度；将代行权利人行使权利的组织改称“著作权集体管理组织”，不再称含义不清的“社会组织”，并作了相关的规定等。我应邀参加了此次通报会，在会上讲了上述基本看法后还谈了一点感想：对这一次重新启动主要来自外力的推动感到多少有一点不是滋味，但毕竟实现了国内人士多年来的愿望，所以更感到欣慰。我本着讲出意见又不过于尖锐，又补了一句：“其实，对外承诺与采纳国人意见归根到底是一致的，都是为了国家利益。”

（五）著作权法第二次修正案的审议顺利完成

2000年11月29日，国务院再次向全国人大常委会正式提交了著作权法第二次修正案（草案）的议案（以下简称2000年修正案)。12 月 22 日，新任国家新闻出版署署长、国家版权局局长石宗源受国务院委托，向九届全国人大常委会第 19 次会议作此项议案的说明，指出：“原议案撤回后，国务院法制办、国家版权局对现行著作权法继续抓紧研究修改。目前，我国加入世界贸易组织的谈判已进入最后阶段。现行著作权法的一些规定与世界贸易组织规则主要是《与贸易有关的知识产权协议》（以下简称《知识产权协议》）还存在一些差距。我国已对外承诺我国在正式加入世界贸易组织时将全面实施《知识产权协议》。为了进一步完善我国的著作权保护制度，促进经济、科技和文化的发展繁荣，并适应我国加入世界贸易组织的进程，对现行著作权法作适当修改，是迫切需要的。”“这次修改，总的考虑：一是，以全国人大常委会在审议原议案过程中形成的修改稿为基础，充分吸收全国人大常委会组成人员对原议案的审议意见，意见已一致的，不再改动；二是，按照我国对外承诺，对现行著作权法中不符合世界贸易组织规则主要是《知识产权协议》的有关条款作相应修改；三是，根据信息技术迅猛发展的新情况，增加关于网络环境下著作权保护的规定。”

2001 年 3 月 21 日，全国人大教科文卫委员会向全国人大常委会报送的《中华人民共和国著作权法修正案（草案）的审议意见》表示：“在这次国务院重新提交的修正案草案中，本委员会前次审议意见中的绝大多数内容也得到了反映”，“总体上修改得比较好，修订的内容基本可行。”《审议意见》还建议将“互联网传播权”改为“信息网络传播权”，增加我国传统艺术“杂技”为著作权保护的客体等，均被采纳。

对国务院重新启动的著作权法修正案，经 2000 年 12 月召开的九届全国人大常委会第十九次会议初审后，又经过 2001 年 4

月第二十一次常委会、2001 年 10 月第二十四次常委会的二审和三审。每次审议都作了一些修改和调整，大部分问题达成了一致。但也有一些问题仍有分歧，一时难以统一。看来法律的完善也是逐步的，不可能一步两步即可尽善尽美。

这使我想起七届人大法律委员会副主任委员宋汝棼在 2000 年 9 月 13 日纪念著作权法颁布十周年座谈会上的发言或许能够帮助我们考虑这个问题。他说："我是十年前制定这部法律的参加者，是当时立法工作的一个老兵，老兵只能讲老话。回想十年前，当时制定著作权法的时候，讨论了四次，意见相当不少。我曾在一张纸上写了两行字给宋木文同志：'勿因小而失大，勿求全而拖延。'因为立法反映了各方面的意见和要求，不同的角度有不同的看法，这是非常正常的，而且永远如此。现在，形势发展得很快，经过实践，法律需要修改。我估计这次修改，分歧意见也少不了，我还是希望把那个老话重提，还是'勿因小而失大，勿求全而拖延'，也全不了。这次修改之后，也不能永远不变，形势发展这么快，能管上五年、十年，就不简单了，也不可能十全十美、尽善尽美。一些细节问题，完全一致也不可能。一些大问题，只要能做到既有前瞻性，又有可行性，就可以了。如果制定了法律又行不通，行不通又没辙，没辙就算了。法律的严肃性就没有了。"

这位"老兵"说得有理。对这部调整广泛利益关系的法律，一次制定、一次修改，就做到十全十美是不现实的。随着社会的进步，形势的发展，总是会使这部法律更加完善的。

七、完善我国版权保护制度的重要决策

2001 年 10 月 27 日九届全国人大常委会第二十四次会议以

127 票赞成，4 票弃权（无反对票）通过了《关于修改中华人民共和国著作权法的决定》。这个修正案的通过，使我国著作权法律进一步完善，标志着我国知识产权保护达到了新的水平，必将在国内外产生良好的反响。

李鹏委员长在此次常委会完成各项议程后发表讲话指出："会议通过了修改著作权法和商标法的决定，进一步加强了对著作权和商标专用权的管理和保护。加上去年已经修改的专利法，我们对知识产权的 3 部主要法律都已进行了修改，使之更加适应改革开放的需要。我国即将加入世界贸易组织，因此我们要继续清理、修订和完善相关法律，建立健全既符合我国实际，又与世贸组织规则相衔接的涉外法律体系。"李鹏委员长从大的背景上讲明了修改这部法律的必要性和紧迫性。

应当说，这次对著作权法的修改是比较全面的（由原 56 条增至 60 条，多数条款均有变动，其中涉及实际内容的增删改有 53 处），从保护的客体、权利的内容、权利的限制、权利的许可使用和转让、法律责任等方面都有较大的改动，对外解决了与世贸组织关于知识产权协议不相符合的问题，对内则提高了对我国著作权人的保护水平。

（一）完善权利内容和保证权利实施

修改后的著作权法，对著作权人的各项权利分别作出了规定，以完善权利的内容；与此相联系，又为权利人实现自己的权利，提供了必要的保障。

著作权包括人身权和财产权。可以说，著作权法的核心应该规定著作权人的权利内容，特别是财产权，然而原著作权法仅在第十条中规定了发表权、署名权、修改权和保护作品完整权四项人身权，而对财产权只是笼统地规定了使用权和获得报酬权，实际上是简单列举了使用作品或者许可他人使用作品的几种方式。著作权中的财产权是著作权人的重要民事权利，法律对此需要作出具体规定。《伯尔尼公约》在规定作者权利内容时，采取一个条款规定一项权利的方法，例如：第九条规定了复制权；第十一条规定了公开表演权；第十一条之二规定了广播权等。世界上许多国家的著作权法对权利的内容规定非常详细，有的国家的法律用几个条款规定一项权利。因此，借鉴国际上的通常做法，在修改后的著作权法第十条中将每项权利单独列为一款，分别列出16种权利，并对各项权利的内容作了界定，前四种为人身权，后12种为财产权，依次是：复制权、发行权、出租权、展览权、表演权、放映权、广播权、信息网络传播权、摄制权、改编权、翻译权、汇编权。为避免遗漏，又在第十七款列出“应当由著作权人享有的其他权利”。这样规定，使权利人比较清楚地了解自己都有哪些权利，便于行使和维护自己的权利；给行政机关行使管理和司法机关进行审判提供了较为清晰的法律依据；通过对这些权利的解释，确定了各项权利的准确内涵，对于在新情况下需要增加的权利或者需要明确的权利作出了补充规定，如增加信息网络传播权的规定，又如对表演权的解释解决了过去没有解决的机械表演权的问题等。可见，这比修改前的著作权法是一大进步。

在著作权法第十条规定的权利中，有些权利作者可以自己行使，比如复制权、发行权，也就是我们通常所说的出版权，作者自己可以决定是否将作品交给出版社出版，类似的权利还有改编权、翻译权、展览权、摄制权等。但有些权利作者自己无法或者很难控制，如表演权、广播权等，特别是音乐作品，作者很难知道谁在演唱自己的作品，在哪里演唱，或者哪个广播电台、电视台在播放。对此，有些发达国家提供了比较成熟的实践经验，即作者可以授权著作权集体管理组织实现自己的权利，由集体管理组织代表自己去发放许可，收取使用费，成为行之有效的管理自己权利的手段。因此，修改后的著作权法第八条增加了集体管理组织的规定："著作权人和与著作权有关的权利人可以授权著作权集体管理组织行使著作权或者与著作权有关的权利。集体管理组织被授权后，可以以自己的名义为著作权人和与著作权有关的权利人主张权利，并可以作为当事人进行涉及著作权或者与著作权有关的权利诉讼、仲裁活动。""著作权集体管理组织是非营利性组织，其设立方式、权利义务、著作权许可使用费的收取和分配，以及对其监督和管理等由国务院另行规定。"1990 年立法时就有专家提出将集体管理组织写进去，但当时许多人对这个组织不够了解，我国又缺少实践经验，因而未能写入，这次在修改中能够作出原则性规定在立法上是个进步，在实践上必将证明为权利人实现自己的权利提供了必要的法律保障。

这次修改还增加著作权的保护客体。例如，我国杂技造型具有独创性，在世界上享有很高声誉，在受著作权保护的作品中增加了杂技艺术作品；另外，按照《伯尔尼公约》的规定，将建筑作品也列入受保护的客体。

此外，审议中有些委员提出将这部法律的名称改为版权法，有些委员又认为以著作权法命名已十年了，不改为好，而改名的意见也有道理，故在第五十六条规定："本法所称著作权即版权。"

（二）同加入世贸组织的要求相符合

我国 1990 年颁布的著作权法同国际条约特别是同世贸组织的《与贸易有关的知识产权协议》（TRIPS）的差距在著作权保护的客体、权利的内容、作品的保护期和权利的限制等方面都有体现。前三个问题差距不大，意见分歧不大，修改相对简单。例如：在保护的客体上，TRIPS 规定由不受著作权保护的材料汇集成有独创性的汇编作品，特别是数据库，也是著作权的保护客体。而我国 1990 年的著作权法仅保护由作品或者作品的片段汇集成的作品，对不构成作品的数据或者材料汇集成的作品不保护，也就排除了对数据库的保护。新修改的著作权法第十四条规定："汇编若干作品、作品的片段或者不构成作品的数据或者其他材料，对其内容的选择或者编排体现独创性的作品，为汇编作品，其著作权由汇编人享有。"这样，部分数据库也成为著作权法保护的对象。在权利的内容上，《伯尔尼公约》规定的表演权包括通过演唱、演奏等方式的现场表演和通过录音机、录像机等设备公开传播音像制品的机械表演两种方式，而我国原著作权法仅规定了现场表演，没有规定机械表演。按修改后的第十条（九）规定，现场与机械两种表演都得到了保护。在保护期上，TRIPS 规定，计算机程序作为文字作品保护，保护期应为作者终生加死亡后五十年，我国法律规定的保护期略短些，这次修改已同 TRIPS 规定相一致。

修改中争议较多的是关于作者权利限制的问题。这种限制一般有两种，一种是合理使用，使用者在某些特殊情况下使用受著作权法保护的作品时，可以不经过著作权人的许可，不向其支付报酬；一种是法定许可，使用者在使用受著作权法保护的作品时，可以不经过著作权人的许可，但应当支付报酬。1990 年著作权法第二十二条规定了十二种合理使用的情况，其中的一些款项与国际公约的主要差距是合理使用的范围过宽，在这次修改中有些已经改了，如将原定的报刊电台电视台转载其他新闻媒体的社论、评论员文章列入合理使用范围，改为仅限于"已经发表的关于政治、经济、宗教问题的时事性文章"；有些可以在将来的实施条例中做一些限制，使之符合国际惯例。

对著作权法原第四十三条的“合理使用”的不同意见，成为几年来准备、提出著作权法修改稿和全国人大常委会审议著作权法修正案的热点问题。在此次修改中，由于著作权人的强烈要求和对著作人权益的尊重，也为兑现加入世贸组织所做的对外承诺，以及广电组织以国家大局为重，放弃了原来的主张，国务院向全国人大常委会第二次提出的著作权法修正案对这个第四十三条作了修改：“广播电台、电视台播放已经出版的录音制品，可以不经著作权人许可，但应当支付报酬。当事人另有约定的除外。具体办法由国务院规定。”这是一大突破，删去了“非营业性播放”，凡使用作品都要向著作权人付酬，解决了多年来争论不休的一大问题。值得一提的是，这里所说的由国务院规定的“具体办法”，已在著作权法修正案通过后的第八年（即 2009 年）由国务院颁发了，权利人觉得出台晚了，付酬标准也低了，但毕竟迈出了可喜的第一步。不过，也有人说，这种修改仅仅达到了国际公约的最低标准。《伯尔尼公约》允许各国在作者广播权上加以限制，可以根据本国的情况，规定广播权是专有权还是获酬权。事实上，有许多国家规定作者的广播权是专有权，使用作品不仅要付酬，还要经过允许；而且还规定广播电台、电视台在播放录音制品时，不仅要向著作权人支付报酬，还要向表演者、录音制品制作者支付报酬，而按这次修改，我国只向著作权人支付报酬。

关于法定许可问题。我国 1990 年著作权法规定的法定许可，凡与国际公约冲突的，这次大都作了修改。但增加了一条法定许可，即为实施九年制义务教育而出版教科书在符合规定范围内使用已经发表的作品，可以不经著作权人许可，但应当支付报酬，这当然是必要的。

对著作权法做出的上述修改，其直接的起因之一是为加入WTO对外作出修改知识产权法律的承诺，而其结果主要是提高了对我国著作人的保护水平，使外国人由原来经政府规定特殊享有的“超国民待遇”，改变为同我国公民一样享有的国民待遇，不难理解，这具有更实质性的意义，也是这次修改著作权法应该达到的目的。

（三）网络环境下的著作权保护有法可依

同网络业的迅速发展相比，我国这方面的立法，特别是著作权立法工作就显得滞后了。著作权法是1990年颁布的，当时在我国还没有出现计算机网络，因此法律中不可能规定作者的网络传播权，整部法律中也没有出现网络二字。由于缺乏必要的法律规定，或者规定不明确，网络传播在著作权方面基本是无序状态。上网的作品中有很多未经过权利人的许可，更谈不上向权利人付酬。从网上擅自下载作品，然后以出版发行方式营利的例子屡见不鲜。擅自将他人软件加密装置解密然后上网传播的情况也时有发生。最常见的是在自己的网页中擅自登载他人作品。作者及表演者、音像业、软件业对网络上的各种侵权行为非常关注。王蒙等六作家状告北京一家网站侵犯著作权的案件曾引起很大轰动。目前，法院受理的网络纠纷案件越来越多。网络著作权的空白，不仅给著作权人造成损害，同时也给司法审判带来了难度。法院在审理六作家案件中，由于在著作权法中找不到直接的法律依据，只好采取了变通的办法宣判王蒙等作家胜诉。因此，无论从保护权利人的角度出发，还是从考虑司法审判的法律依据出发，都需要在新修改的著作权法中增加网络传播权规定。

国际上对网络著作权的讨论始于20世纪80年代末90年代

初，当时讨论的热点问题主要是网络环境下是否还保护著作权人的权利；如何保护，是纳入传统权利中，还是规定新的权利。世界知识产权组织召集一百多个国家的专家学者，经过七八年的研究探讨，最终在1996年制定了两个新条约——《世界知识产权组织版权条约》（简称WCT）、《世界知识产权组织表演、录音制品条约》（简称WPPT）。这两个新条约确立了作者、表演者、录音制作者的“向公众传播权”，也就是说，将作者的作品、表演者固定下来的表演、录音制作者的录音制品放到网上传播，应该取得他们的许可。在修改我国著作权法的过程中，考虑到网络环境下的著作权保护毕竟是一个新课题，实施网络著作权的保护还处于探索阶段，各国在适用这两个新的国际条约时都采取了比较慎重的态度，所以修正案对网络著作权作了比较原则性的规定，主要内容包括权利规定和权利保障两个方面：

一方面，为权利人规定了权利。第十条（十二）规定：著作权人有“信息网络传播权，即以有线或者无线方式向公众提供作品，使公众可以在某个人选定的时间和地点获得作品的权利”。第三十七条（六）规定：表演者享有“许可他人通过信息网络向公众传播其表演，并获得报酬”。第四十一条规定：“录音录像制作者对其制作的录音录像制品，享有许可他人复制、发行、出租、通过信息网络向公众传播并获得报酬的权利。”表演者和录音录像制作者也享有网络传播权，这项规定是与WPPT相一致的。

另一方面，为权利人作出技术措施与权利管理信息的规定，以使权利得到安全保障。按著作权法修正案第四十七条（六）、（七）的规定：著作权人和与著作权有关的权利人（如取得合法授权的网站）在将作品上网时，为防止盗版、擅自下载等行为的发生，利用技术手段如设立密码或者在作品上加上表明自己权利的标志，如电子水印等，对此，任何人未经权利人许可，均不能以浏览、阅读、下载等方式使用权利人的作品。如果规避和破坏权利人为保护著作权而设置的技术措施和权利信息，就应当承担法律责任。世界知识产权组织的两个新条约除增加了向公众传播权外，还规定了制止规避技术措施的义务和删除权利管理信息的义务，因为这是信息网络传播权能够实施的技术保障。

这里需要指出，对如何实施网络传播权，法律授权国务院另行作出规定，以使保护这项权利的原则性与适应我国当前情况的灵活性（主要是是否对这项权利进行必要的和适当的限制）更好地统一起来。

关于权利的名称，有人曾主张采用与国际条约一致的用语，使用“向公众传播权”，但考虑到国际公约使用“向公众传播权”，是与几个公约的权利名称协调一致的，而我国著作权法与国际公约的权利划分不同，使用这一名称可能会造成混乱。国务院提请审议的修正案定为“传播权”，并注明“通过互联网”的传播产生的权利。全国人大常委会审议时改定为“信息网络传播权”，比“互联网”限定的范围更宽些，国内的产业界容易理解，同时与我国整个立法体系也不矛盾。

（四）加强打击侵权盗版行政执法和司法审判的“双轨制”威力

图书、音像电子制品、计算机软件等盗版活动猖獗，虽经多年整治，但仍没有从根本上遏制泛滥势头，亟需通过完善立法和严密执法，进一步加大打击力度。在我国现有法律体系当中，规定了侵权盗版行为不仅承担民事责任，损害社会公共利益的，还可以由著作权行政管理部门给予行政处罚，情节严重的，还要追究刑事责任。这次著作权法的修改，在保留原有法律规定的基础上，又从打击盗版的司法程序、行政和司法的执法范围及手段上，都增加了许多规定，加大了打击盗版的力度。主要有：（1）增加诉前的禁止令、财产保全和证据保全制度；（2）增加关于举证责任的规定；（3）增加法定赔偿数额的规定；（4）增加行政处罚范围和行政处罚种类。

从实践来看，在打击损害公共利益的侵权盗版活动中，实行司法机关和行政机关执法的“双轨制”是成功的，著作权行政管理部门及时有效的行政执法，在保护权利人的权利和打击盗版活动中显示了强大的生命力。因此，这次修改著作权法在加强人民法院司法审判权威的同时，也强化了行政执法的权威。

八、知识产权保护任重道远

著作权法修正案获得通过，从此我国有了一部比较完善的著作权法，实乃可喜可贺，然而，此时此刻，我更感到任重道远，需要各方面做的工作还很多很多！

这是由于包括版权在内的知识产权的特殊性质决定的。

知识产权也是一种民事权利，它也有与其相应的受保护的主体和客体。与其他民事权利不同，知识产权的内容，受保护客体的范围，随着经济、科技和文化的发展，总是以较快的速度发展着。这就需要对不断发展变化的权利内容和保护客体进行调整，法律的制定和修改更不会是一劳永逸的。

版权的涵盖面非常广泛，比同为知识产权的专利、商标涉及的领域、单位和个人更多更广，使版权保护面临着更为错综复杂的利益关系，不仅要调整作者与传播者、著作权人与各种使用者的利益关系，还要调整版权保护与广大公众的利益关系。这应当就是版权立法、修法、执法时，对众多条款总是各持己见、难以统一又不断提出新问题的一个重要原因。

知识产权与有形财产都是专有权，但知识产权的客体表现为一定的信息，不像有形财产那样占有相关客体即可得到保护；知识产权客体与专有权往往又是分离着的，对它们的保护要比对有形财产困难得多。在我国，重物质财产保护、轻知识财产保护的观念根深蒂固，绝不是短时期内所能彻底解决的，这无疑又给本来难度很大的知识产权保护带来更多困难。

常有人说，改革开放后的二十多年，我国在知识产权立法方面，走完了西方国家用几十年甚至一二百年才走完的立法路程。这是我们可以引为自豪，也为外国朋友所称道的。但也不必讳言，我国建立比较完备的近现代版权制度比西方晚了两个世纪，新中国成立后又长期实行计划经济，政治运动不断，版权保护常常受到冲击，甚至多年中断。版权保护制度建设的这种“先天不足，后天失调”的历史状况，使我国从完善立法、严格执法，以及相关组织、机制、制度的建设，特别是思想观念的转变和全民族知识产权保护意识的普及与提高等诸多方面都有相当长的路程要走。而不断完善立法、严格执法，是首先要做到的。我高兴地看到，国家版权局正根据国家立法规划，对著作权法进行新一轮的修改。我衷心祝愿此次著作权法修改成功，并带动整个版权事业取得更大发展。

第九章

新闻法和出版法的起草工作

1978年党的十一届三中全会以来，从国家出版局到新闻出版署承担着新闻法、出版法、版权法的起草工作，这都是反映历史特点、时代需要的繁重工作任务。三法的起草，几乎是同步进行，然而最终结局却是不同的。我们面对的主要问题，可以说都是当代新闻、出版和版权史上的大事，有些还带有意识形态的敏感性。我在这里主要是以亲历的事实，提供相关的历史资料。有回顾，也有反思。有些对往昔的回顾，现今已成为并且也只能视为历史的记录，而不是在今天继续进行是非的论争，这种着眼点的调整，也许更有助于人们的研究与评论。对新闻法、出版法的起草，社会上有各种传闻，我的这篇回顾，也许有助于澄清某些不实之言。

对三法的起草工作，我原先是分别叙述的，但为减少交叉和重叠，又将新闻法和出版法的回顾合为一篇，对版权法则以《中国版权立法修法二十年》另立一篇。

一、制定新闻法和出版法的决定是怎样做出的

1980年以来，在全国人大、全国政协会议上，都有代表、委员提出尽快制定新闻法、出版法的建议。著名法学家、新闻界老前辈张友渔就主张“需要立个新闻法”。1983年，全国人大、全国政协把这一年“两会”代表、委员关于起草新闻法、出版法的议案转送中宣部研究处理。

1984年1月3日，中宣部新闻局（局长钟沛璋）给中宣部常务副部长郁文并邓力群和胡乔木报送《关于着手制定新闻法的请示报告》，建议“由全国人大教科文卫委员会牵头，胡绩伟同志负责，并抽调新闻、法律等有关部门同志参加，组成起草小组，人大常委会法制（工作）委员会和中宣部新闻局积极参加协助。”胡乔木1984年1月16日批示“同意”。中宣部新闻局钟沛璋又于1984年1月17日将胡乔木批示“同意”的这个报告上报全国人大常委会委员长彭真。彭真批示：“同意。送汉斌同志。”1985年5月13日，由中宣部副部长廖井丹主持讨论起草出版法的会议。会上传达，日前乔木同志曾对郁文、廖井丹同志说，要赶快搞出版法，出版法要包括新闻法在内，不要再单独搞新闻法了。因此会议议定：“由于《新闻法》的起草工作已于一年多前开始，而且是经彭真、乔木同志批示同意的，目前仍在进行工作，因此，如何同起草《出版法》合并进行，待请示乔木同志后再研究。”会后，经请示，乔木同志通过秘书回答说，没有必要另外再搞新闻法。1985年5月19日，胡乔木索要有他和彭真同志批示同意的前述文件后，才打电话给郁文说：“新闻法已经搞了，继续搞，但只管新闻本身的问题。指导思想按照耀邦同志关于新闻工作的讲话。新闻法的范围不要扩大，规定不要太细，规定太细了就不好办了。不能以法限制党对新闻的领导。出版法和新闻法分开。出版法要讲出版本身问题，对出版报纸、刊物的批准，内容的审查，以及吊销登记、注册等作出规定”。

1987年1月，国家新闻出版署成立，国务院规定其职责有“起草关于新闻、出版的法律、法令和规章制度”的任务。据此，经中央领导同志批示同意，将新闻法的起草工作，由全国人大教科文卫委员会转移到新闻出版署。这即是将新闻法起草工作交“全国人大教科文卫委员会牵头，由胡绩伟负责”，是经彭真和胡乔木批准，以及其后又移交给新闻出版署的由来。[①]

出版法的起草工作，中央决定后，先是由中宣部直接负责的。1985 年 3 月 11 日，胡耀邦主持中央书记处会议，讨论中宣部《关于检查整顿小报情况的报告》，决定：“请中宣部牵头，立即着手起草制定《出版法》”。胡乔木 1985 年 1 月 23 日同中宣部新闻局同志的谈话中说：“中央的同志（另一资料说“胡耀邦同志”）三年前就提出搞出版法，现在看还得搞。”“一下子搞不出出版法，可以先搞个条例。”[②] 胡乔木 1985 年 5 月 8 日给习仲勋、胡启立的信中说：“启立同志说要制订出版法，现中宣部告早已起草，已有草案，我即告郁文、廖井丹同志速报书记处审议，以便修改，并会同有关方面研究；这里也有个出版前审批和出版后查处问题，看来前一关固须抓紧，后一关更为重要。”胡启立批示：“同意乔木意见。请郁文同志抓紧起草出版法及审查监督的办法。”[③]

中央书记处于 1987 年 3 月 9 日决定：“请胡乔木同志负责制定新闻法、出版法的工作”。由于有中央明确决定，胡乔木于 1987 年 3 月 17 日、3 月 19 日、3 月 31 日连续召开中宣部、新闻出版署负责人会议，讨论新闻出版工作和新闻法、出版法起草工作，并向中央作了

① 转引自中宣部出版局副局长、出版法起草小组副组长袁亮《〈出版法〉起草工作始末》。

② 《胡乔木谈新闻出版》第 376 页。

③ 《乔木、启立同志关于制定出版法的意见》，中宣部出版局资料，1985 年 5 月 16 日。

《关于出版法的情况》的报告。这个报告说："中央书记处 1985 年 3 月决定，由中宣部牵头起草出版法，到 1986 年 9 月写出第三稿。同年 11 月，中宣部将这个稿子正式移交当时的国家出版局。今年 3 月 19 日，我召开了新闻出版署的杜导正、宋木文、刘杲和中宣部出版局伍杰等同志参加的座谈会。大家认为，出版法三稿广泛吸收了全国有关部门的意见，三稿已实现了邓力群同志关于'要像个法律的'提示，比较成熟，只需要不多的修改"。报告还说明："将原定名称《中华人民共和国图书和期刊出版法》改为《中华人民共和国出版法》。""出版法范围不仅限于期刊和图书，可以扩大到报纸（也是一种出版物）和音像出版物。"①

1987 年 5 月 8 日以前，报送文件和法律草案均称《出版法》。在 1987 年 5 月 8 日新闻出版署党组给胡乔木、胡启立、邓力群、王忍之的请示报告上已说明："把报纸作为出版物的一种，列入本法，适当增加了报纸失实问题和对它的处理内容（如更正、登载答复意见等）；胡乔木于 5 月 14 日批示："仍以称为新闻出版法为好。"

1987 年 5 月 26 日报送的草案将名称改为《新闻出版法》，送审稿法律说明末段又提出问题："按胡乔木同志批示，出版法已改名《中华人民共和国新闻出版法》，并在一、二条加上"新闻出版事业"的词句。用此名后，存在两个问题：（1）此法涉及新闻的，仅仅是对报纸出版工作的管理，如办报的申请、审批办法、报纸报道活动的保护，报纸失实报道的处理等，新闻工作的大部分内容没有概括，易引起新闻界的意见；（2）今后恐怕还要制订一部完整的《中华人民共和国新闻法》，这就发生与此法

---

① 转引自《胡乔木谈新闻出版》第 577 页。但据袁亮考察，编者所注的"1988 年 3 月"似为 1987 年 3 月之误记，见袁亮《〈出版法〉起草工作始末》。

重名的问题，法律改名将费周折。此事建议国务院再酌。”

1987 年 9 月 28 日，胡启立批示：“考虑此事既有不同意见，似应由人大常委会立法部门研究后再定为妥。”

胡乔木在 1987 年 10 月党的十三大后改任中央顾问委员会常务委员，党的宣传思想工作由胡启立分管。

1987 年 12 月 12 日，国务院法制局将《新闻出版法》（送审稿）印发国务院五十多个部门征求意见，综合研究后提出：“新闻、出版应分别立法”。

1987 年 11 月 26 日，全国人大常委会秘书长王汉斌批示：“我们同意新闻、出版可以分别立法的意见，据了解，法、西德、意、丹、南、罗、捷、匈、波等国也都分别制定新闻法和出版法。”

至此，新闻与出版分别立法，成为定局。

为完成新闻法、出版法的起草工作，新闻出版署于 1988 年分别成立两个起草小组。

新闻法起草小组，由副署长王强华任组长，1990 年小组成员调整后仍继续担任组长。

出版法起草小组由副署长刘杲任组长，法学教授张尚鹜为特别顾问，副组长为袁亮（中宣部出版局）、谢宏（新闻出版署），1990 年增补刘国雄（中宣部出版局长）为副组长。

以下是两法起草及相关工作的回顾。

二、新闻行政管理要到位又不能越位

新闻出版署成立后，怎样管新闻，是个新问题，需要明确和解决。

1954 年撤销新闻总署以来，新闻工作主要是由中央和地方党委宣传部门管理。1987 年，在国家出版局基础上成立国家新闻出版署后，对新闻工作管理范围的规定，首见于中央书记处 1986 年 12 月 18 日会议决定事项的通知："负责对新闻、出版工作的管理、审批和检查。"1987 年 1 月 21 日国务院决定设立新闻出版署的通知中，其职责也主要是起草和制定新闻出版的法律、法令、规章制度、管理方针政策，以及新建出版单位审批等。与管理出版有所不同，新机构对新闻的管理缺少经验积累，而党直接管理新闻又是我们党的传统和优势，特别是几个重要新闻单位如《人民日报》、新华社、广播电视机构，都是独立设置的。因此，新设的这个政府管理新闻工作的机构如何管理新闻，按中央和国务院的原则性规定，就需要结合我国国情和现有相关新闻机构设置情况，在实践中进行探索和总结。在这样的情况下，对新机构如何管理新闻工作，出现不同的理解和意见是正常的甚至是难免的。

杜导正同志是抗战时期入党的老革命，一直从事新闻工作，熟悉新闻业务，有魄力，对新闻出版署管理新闻的调子也更高些。我们国家实行党管舆论的制度，对人民日报、新华社、广电等重要新闻机构，都由党中央及其宣传部直接领导。新组建的新闻出版署有其必要性和重要性，但不能视为我们国家的新闻总管机构。在本《自述》第五章，回顾我奉命提出组建方案和随后国务院常务会议审议时，对此都有所说明。从 1987 年 3 月出任署长半年多的言行看，他似乎把新闻出版署看作国家新闻总管机构，实际管理范围比已有文件规定要宽。对新闻改革的主张也更激进些。他在多次会议上强调，"要高举新闻自由的旗帜"。十三大后，对新闻法的起草和当前新闻工作，更强调要按照十三大报告提出的"重大情况让人民知道，重大问题经人民讨论"的要求进行新闻改革，还准备选点进行更大胆的试验。有时他也让我同他一道出席涉及新闻改革的会议，因我已有所思考，又不熟悉新闻业务，都未去出席。

1987 年 12 月，署党组拟起草两个文件：《新闻出版署一九八八年工作规划大纲》；《新闻出版署党组向中央宣传小组的汇报》。我看过初稿后觉得有些重要问题需要深思熟虑，建议提交党组会议审议。这次党组会开了两天。我在第二天会上发言，对两个文件初稿分别讲了意见。

《汇报提纲》由石峰起草，我在党组会上对文件内容和结构讲了比较具体的意见，经修改后顺利定稿。

《1988 年工作规划大纲》的起草，是老杜直接主持的，有些段落的具体内容和使用语言都是他的。我保存有我看过并作批注修改的第三稿。我初阅此稿时，对第一页作了修改，从第二页起，我觉得无法修改，而改作批注意见，有针对提法、用语不当的，有针对超越职责范围的，有针对难以操作的，也有针对具体问题如何表述的，无需在这里一一列出。现只选其中宣传贯彻十三大精神的。原稿有以下两段：

报刊在党、政府与人民对话中，要起到巨大的作用。十三大报告中说重大情况要让人民知道，重大问题要交人民讨论，是明年新闻改革的主要内容。

重大情况让人民知道，重大问题交人民讨论，要选择一个点，进行更大胆的试点，以取得经验。

我对这两段批注了意见：“能这样提出吗？我们能提出如此重大、全局性的问题吗？”“我们能做什么？怎样做到我们能够做又必须做的事情？不提我们不能做也做不到的事。”“谁选择（试点)？何谓‘更大胆’？”

我在想，这“两个重大”，关乎党和国家政治体制改革和社会主义民主政治建设的大问题、大任务、大目标，需要有步骤地实施、分层次地进行，既要有当前安排又要有长远规划，它同新闻改革关系密切，却不是我们这个行政性业务部门所能筹划与操办得了的，提得不当、搞得不好，还有可能造成对中央工作的干扰，所以我才发出了一连串的提问。

为起草前述两个文件而召开的党组会上，我主要针对《一九八八年工作计划大纲》关于新闻改革的内容，特别是那“两个重大”，讲了“两个想不到”，这里全按当时手稿引出：

我觉得，我们现在面临的问题，不是比过去少了，而是多了。对我来说，加上新闻，不熟悉，这问题又十分重大、敏感，中央授权有限，至今未有个很明确的说法，所以我说我是唱低调的。(今年)有些重大变化，也是自己想不到的，如反自由化，我没有想到；后来的“5·13”讲话，把重点摆在改革、开放，也没有想到。我再三想了这个问题。体会是把中央精神吃透，把实际情况弄准，严格从实际出发，争取做到在某些调整时不出现大的摆动。现在的情况不同了，开了十三大。但结合自己的工作，把思想、工作统一到十三大精神上来，也不是一件容易事。改革要坚定，但改革也会遇到不少困难。这要有足够的估计。

我在这里是指：1987年1月，胡耀邦受到批评辞职后，中共中央发出《关于当前反对资产阶级自由化若干问题的通知》(中发1987年4号文件)；随后的5月13日，赵紫阳发表讲话，宣布"政治思想领域发生了很大变化，资产阶级自由化思潮泛滥的情况已经扭转"。刚发出强调反对自由化文件不久，又宣布"已经扭转"。我对这两个变化都感到有些突然，也很重视，不知深情又要执行，由此谈体会，说要"严格从实际出发，争取在做出调整时不出现大的摆动"。回忆当年那种局面，我确实做不到"自主掌控局势"，但如果不赶浪头，按出版自身规律办事，在自己管辖的范围内，不出现大的摆动，则是有可能的。

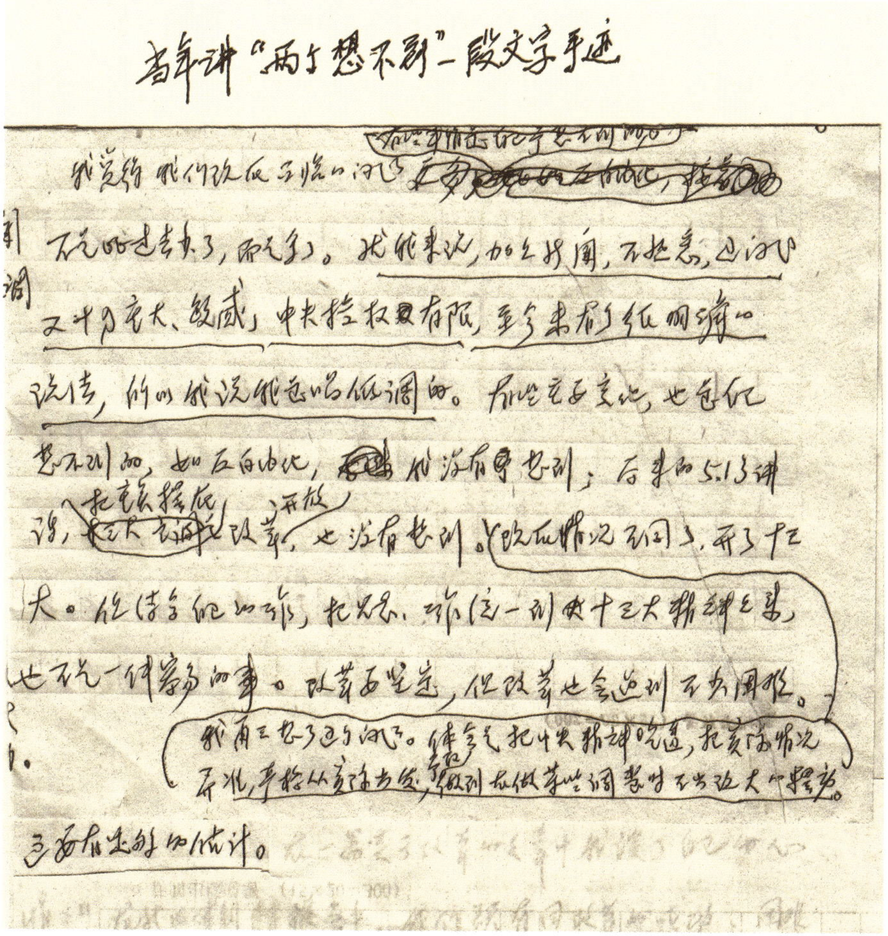

我感到老杜关于新闻改革的高调，对我们任职机关的职责和他署长的位置有明显超越，《工作大纲》又是上报下发的，我不能不当面对老杜和在内部会议上陈述我的看法。我注意到，经老杜审改的《工作大纲》第 4 稿（1987 年 12 月 30 日），关于新闻改革的内容已简化为："新闻改革。通过组织各种座谈会、研讨会，按十三大提出的要求，对新闻改革的各方面问题进行积极而稳妥的探讨，增加新闻工作在社会协商对话和舆论监督中的作用。"尽管如此，这样重大事项，由我们这样一个政府管理部门实际操作起来，也很难不引起争议和是非，更难取得实际的积极效果。我听到列席中央核心层会议的人民日报社社长钱李仁在中央宣传小组一次会议上说，以"重大情况让全国人民都知道"作为新闻改革主要内容，可我对许多重大情况却是不知道的。我觉得钱李仁的发言意味深长。

在这里，我讲一个重要情况。经中央政治局常委会议批准的《一九八八年宣传、思想工作的安排要点》指出："十三大的报道为新闻工作的改革提供了重要启示，应循着提高政务和党务的开放程度、注重社会对话、发挥舆论监督作用的方向，进一步扩大改革的成果，推进新闻改革。"从署拟《一九八八年工作规划大纲》稿关于十三大宣传和新闻改革的内容与文字看，老杜对前引"宣传、思想工作的安排要点"是看过也有所思考并要有所作为的。然而，由于事关重大，中央的这个"安排要点"又明确提出："有关新闻改革问题，拟请中央政治体制改革研究室会同中央几家大新闻单位，研究提出一个近期改革的实施方案。"按处理这类问题的组织原则，这个实施方案还需要经中央宣传小组同意并报中央政治局常委会批准才能组织实施。此时此事尤需审时度势，我们这个业务部门，何必如此匆忙地拟主张、搞规划、见行动呢?!

同新闻改革这个重大问题相联系，原稿多处内容和文字涉及署管新闻工作的职责问题，我在相关处批注意见：“就署管新闻职责问题，建议在向中央汇报中提出，加以明确。”我这样提出问题，是为了统一党组思想；更是要获得“尚方宝剑”，以防止引起争论。由石峰起草、经我和刘杲修改、老杜审阅的《新闻出版署党组向中央宣传小组的汇报》（修改稿）关于《进一步明确新闻出版署的职责》，是这样说的：

新闻出版署成立不久，是在摸索中工作的。十三大后，要实行党政分开和政府职能的转变。这对我们这个新机构来讲，有些问题更需要加以明确。

新闻出版署是在原国家出版局基础上扩建的，有关出版方面的职责和任务是比较明确的，而在新闻方面则有所不同。

国务院关于成立新闻出版署的通知中规定：“新闻出版署负责全国新闻、出版事业的管理工作。”在所列主要职责中还规定：“制定关于新闻、出版管理的方针、政策，进行新闻检查。”新闻包括广播、电视、通讯、报纸，而这些工作有的在国务院设有权威性的部委一级的政府机构负责领导，而通讯社、各级党委机关报都是十分重要的舆论阵地，分别由党中央和地方党委直接领导，中央和国务院各部门的报纸则由有关部委负责领导。这些新闻单位的工作，特别是有关新闻方针、政策和思想倾向问题不是我们这样一个机构所能管理的。我们觉得，新闻出版署在新闻工作方面应主要负责行政性的管理，如负责起草新闻法和有关规章制度、审批新办报刊和国务院文件规定的有关新闻事业发展规划等行政管理方面的工作，包括报刊违反国家法律、行政法规问题的查处，以及中央和国务院交办事项。对新闻方针和思想倾向问题的检查、监督，似应主要由各级党委负责。

1989年三四月，我为向中宣部主要领导汇报工作并为署内领导班子会议使用而保留下来的一份手稿也谈道：

国家出版局改建为新闻出版署，管理范围扩大了。但管新闻主要是管报纸，而管报纸实际上是报纸的出版或行政管理，这与对图书出版的管理不同。署不是新闻总管。报纸局实为报纸出版局。有关新闻全局性的问题，需有中央授权或交办。否则，从组织上讲就容易越位，从实际工作上讲就容易搞错（你没有那个条件）。新闻、报纸，主要由党委管，部门管。[①]

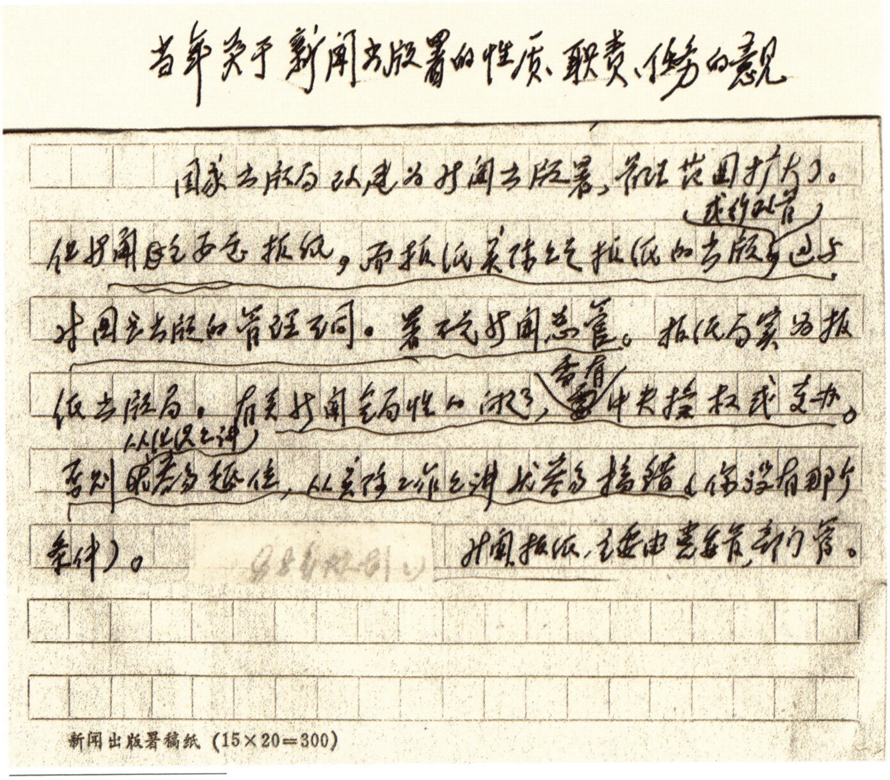
当年关于新闻出版署的性质、职责、任务的意见

国家出版局改建为新闻出版署，管理范围扩大了。但管新闻主要是管报纸，而报纸实际上是报纸的出版或行政管理，这与对图书出版的管理不同。署不是新闻总管。报纸局实为报纸出版局。有关新闻全局性的问题，需有中央授权或交办。否则从组织上讲就容易越位，从实际工作上讲就容易搞错（你没有那个条件）。新闻报纸，主要由党委管，部门管。

新闻出版署稿纸（15×20=300）

① 摘引自《一件涉及当年署领导班子工作情况的手稿》之一页。

我在任时，对署管新闻工作的职责，一直是按《汇报提纲》和前述手稿的口径执行的。出任署长后，我觉得有必要在全国性的会议上公开说出去。

1990 年 8 月，曾召开一次全国性报纸管理工作会议，我给这次会议定了一个名称，叫“全国新闻出版局报纸管理工作会议”，意在只讨论新闻出版署和省市新闻出版局管理范围内的报纸管理工作。我在此次会议上的讲话也强调：“按照现行体制，政府的新闻出版行政管理部门管新闻主要是管报纸。报纸也是出版物。我们主要是从管出版物的角度管理报纸的。”① 这一年，经中宣部批准，新闻出版署颁发了《报纸管理暂行规定》，也是从管出版物角度做出的。当时有同志提出管不管报纸的舆论导向？我说不能说不管，但强调做党委的助手（向党委提供情况和反映意见），从管理出版物的角度做行政性的管理和服务（如支持多种经营和自办发行等）。谈到新闻中的大事，特别是新闻改革，那可不是我们这个政府行政部门所能提出和驾驭的。所以，在 1992 年全国新闻出版局长会议讨论体制改革的目标和任务时，就有意只提出版未提新闻，但包括了报刊行政管理方面的内容。所以我在职时就把新闻出版署管理新闻工作的职责，按中央的授权，归纳为：新闻立法（具体负责起草工作）、新闻报刊管理和新闻记者监管（中央授权各新闻单位记者证由署统一颁发与管理）等项。

这里，讲一讲民办报刊和出版社问题。

前述 1987 年 12 月向中央宣传小组报送的《汇报提纲》，关于是否允许民办报刊和出版社问题，也提出了符合我国实际情况

① 宋木文：《宋木文出版文集》，中国书籍出版社 1996 年版，第 347—350 页。

的正确意见：

在起草《出版法》和酝酿《新闻法》时提出一个重大问题，即是否允许个人或集体（同人）办报办刊办出版社。这涉及对宪法规定的“出版自由”如何理解的问题。近来，在新闻改革的讨论中也有人提出应允许办非党报纸，甚至多次上书，言辞激烈，如不允许就违反了宪法规定的出版自由。这不是一个新问题。六七年前就出现过所谓“民办刊物”，有的还进行非法活动，进行蛊惑人心的宣传，并要求登记注册，以取得合法地位。中共中央和国务院于1981年2月为此专门发了文件，予以制止和疏导。但最近竟有人指责这个文件“是一个没有摆脱‘左’的框框的文件”。文化部党组于1984年向中央宣传部并中央书记处写过报告，不能允许民办出版社，并经中宣部批复同意。应当肯定，要求民办报刊和出版社的多数人是想进行新闻出版改革，不可同过去一度出现的那种“民办刊物”等同起来，但这个口子一开，就可能出现不好控制的局面。这种民办报刊和出版社，实际上是一个社团，有可能被别有用心的人所利用。报刊和图书出版单位是重要的舆论阵地，负有宣传教育和精神文明建设的重任，应当坚持由党所领导的机关、团体（包传拥护我党领导并同我党长期合作共事的民主党派）举办。但考虑到改革、开放的需要，可以适当发展自费出版（对个人）和协作出版（对机关、科研教学单位和企事业，书稿经出版社审定），以扩大学术著作和科技图书的出版容量，满足这部分作者和有关单位出书的要求。此外，在不改变国营性质、领导关系和出版方针的前提下，是否可以从两个方面再开个小口子：个别政治性不强的小型报刊和出版社，可允许筹集或吸收个人或集体资金，作为改善经营的一种补充；个别科技报刊和出版社可以吸收不超过1/2的外资股金，进行合营，编辑部由我方掌控。无论前种和后种，都需经省级政府和部级主管部门同意，并报新闻出版署审批。这个意见如可行，我们将作为起草和修订《出版法》《新闻法》和处理有关实际问题的依据。

这项政策性建议，经受了从当年直至今日二十余年出版管理实践的检验，且写入出版法、新闻法草案中。

三、新闻出版是否要实行“双轨制”改革

1987年12月起草的《新闻出版署向中央宣传小组的汇报》和《新闻出版署一九八八年工作规划大纲》，对新闻出版改革、创建民办报刊和出版社等重大问题大都形成符合我国实际的正确意见。这两个文件都是由杜导正签发后上报和下发的。1988年1月7日，赵紫阳总书记在中央政治局常委会关于宣传思想工作的讲话中提出：“文化工作恐怕也得按双轨制”“我主张今后搞两套演出团体”“比如芭蕾舞剧团，东方歌舞团”“代表国家水平”；“其他的文艺团体可以不搞国营的，自由组合”。文件下达时，杜导正正在主持起草新闻出版署党组向中央宣传小组报送《新闻法出版法草拟情况及几个政策问题汇报提纲》。他忽视新闻出版的实际情况和党组集体已形成的意见，竟将拟在艺术表演团体实行的“双轨制”与新闻自由、出版自由联系起来，作为起草新闻法、出版法的难点和热点问题，并加以阐述。

《汇报提纲》强调“在两法中应旗帜鲜明地提出新闻自由和出版自由”。“新闻自由包括办报自由、采访自由、报道自由、批

评自由，其中最核心的也即最敏感的是办报自由。这涉及新闻出版的体制问题。紫阳同志在最近谈到文艺体制改革问题时，提出国家只严格管理少数高级、重点文化艺术团体，其余的可由文艺工作者自行组合，我们只依法管理。我们以为这既是起草新闻、出版法遇到的一个基本的原则问题，又是目前新闻、出版改革中一个迫切需要解决的实际问题。”“可以先考虑对出版社逐步实行‘双轨制、三层次’的管理办法，即国家和省市只管少数几个有权威有影响的出版社，对图书对人员都要严格要求，代表国家水平，由国家出钱包下来；其余的出版社为企业单位，国家不再补贴，在选题审批等业务方面也相对管得松一些。出版社的所有制形式可以有国家办、集体办、私人办三个层次。”“新闻比出版更敏感一些，待出版按此精神先走一步后，再拟定新闻体制的改革方案。”

我在起草《汇报提纲》准备会上曾提出，新闻出版不能照搬文艺表演团体的“双轨制”，但未能引起重视。在中央宣传小组开会前两三天的一个上午，导正同志把准备好了的《汇报提纲》给我看，说下午即要送出。副署长王强华在场。面对此种情势，党组讨论已来不及，也很难从容修改。我只讲了几点容易处理的：一是说启立同志曾提到“双轨制”也“适用于其他文化宣传工作”，我提出无正式文件根据，不能按自己理解或所需引出，扩大到新闻出版领域，导正同志同意删掉；二是对新闻出版也要实行“双轨制”，未经党组讨论，不能以党组名义提出，经导正同志同意，我在原稿此处加了一句“有些同志建议”，意即不代表党组集体；三是照搬赵紫阳讲艺术表演团体的做法，对少量国办出版单位也由“国家出钱包下来”，我提出不符合出版单位实际情况，经导正同志同意，我将此句改为“国家在经济上给以支持”。后来中央宣传小组会议推迟下周举行。我觉得，《汇报提纲》涉及重大方针问题，在上报中央之前应经党组讨论，也有时间讨论，我便打电话给正在中宣部开会的导正同志建议召开党组会，导正同志不同意开党组会，说有意见可以在中央宣传小组开会时讲。[①] 看来，导正同志对《汇报提纲》各点的坚持已到了不愿意讨论的地步。面对重大方针原则的是非，我只能把我的意见写出来，准备在会上择机讲出。

1988 年 2 月 10 日，中央政治局常委胡启立主持中央宣传思想工作领导小组会议，导正同志照稿汇报时，未提未经党组讨论，我只好在他汇报之后作了发言。此举引起与会同志注意，一个部门向中央的汇报，竟出现了两种不同声音。

以下是我发言的主要内容（按当时手稿刊出）：

我对《汇报提纲》的几点意见

这个汇报提纲，署党组没有来得及讨论。提纲在讲出版体制实行“双轨制、三层次”之前，出现“有些同志建议”几个字，即是说明不是党组集体的意见。导正同志说，来不及讨论了，有意见可以在会上讲。送出后，我仔细看了这个提纲，觉得有两个重要问题需要进一步研究：一个是关于新闻自由、出版自由问题；一个是关于新闻出版体制改革实行“双轨制、三层次”问题。这既是起草新闻法、出版法工作中要妥善处理的重大方针问题，又是当前和今后新闻出版改革中要妥善处理的重大方针

① 出自 1990 年 1 月我在署党组扩大会议上所作反思发言提纲手稿。

问题。

一、关于新闻自由、出版自由问题

宪法讲了言论、出版自由，未单独提“新闻自由”。对是否单独提“新闻自由”，新闻界有不同的意见，有人主张言论出版自由可包括新闻自由，再单独提出新闻自由不好解释；另一种意见主张以“新闻自由”为基础来考虑新闻改革和新闻立法。这可以在内部继续进行讨论研究。我这里主要提出的问题是：提纲中不仅主张“应旗帜鲜明地提出新闻自由”，还把“新闻自由”分解为“办报自由、采访自由、报道自由、批评自由”，分别作了解释，并着重解释和发挥了其中“最核心最敏感”的“办报自由”。这里的分解和解释，主要讲的报纸，而新闻还包括通讯社、广播和电视台，如果以此类推，是否还要引出“办通讯社自由”“广播自由”“电视播放自由”？汇报提纲指出，资本主义国家、苏联和东欧社会主义国家都讲新闻出版自由，但是新闻法起草小组提供的资料表明，这些国家的新闻出版法都对新闻出版自由做了不少限制，有的国家的限制是很多的，而且大都没有那么明确地分解出那么多的“自由”。为消除我国过去长期“左”的错误造成的影响，为加强我国民主建设，为推进新闻出版改革，在新闻法、出版法中充分保障人民的民主权利和新闻出版单位的民主权利，充分发挥新闻出版单位的舆论监督作用，是很必要的；但对另一方面的问题，即可能发生的滥用权利和自由的问题，也要充分考虑。新闻是大众传播工具，政治性、敏感性很强。法的制订要考虑有利于安定团结的大局，不为持不同政见者同我们进行合法斗争所利用。我觉得对“新闻自由”分解得越细就越难讲得准确、稳妥和适度，还容易在敏感问题上增加热度。这不仅会给新闻法、出版法起草工作增加难度，而且还会给执法工作带来本来可以避免的困难。因此，我倾向不要对“新闻自由”分解出那么多的“自由”，而是根据紫阳同志在十三大报告中讲的“使宪法规定的公民权利和自由得到保障，同时依法制止滥用权利和自由的行为”，对必须涉及的问题作出规定。

二、关于新闻出版体制是否和如何实施“双轨制、三层次”问题

汇报提纲提出：“可先考虑在出版社逐步实行双轨制、三层次”管理体制。“新闻比出版更敏感些，待出版社按照此精神先走一步后，再拟订新闻体制的改革方案”。新闻体制改革也是按“双轨制、三层次”考虑的，只是新闻比出版晚走一步。

“双轨制、三层次”是什么意思呢？汇报提纲讲国家只管少数有权威、有影响、代表国家水平的出版社，出版社所有制形式可以有国家办、集体办、私人办三个层次。按前面讲的，国家只管少数代表国家水平的出版社，那么大量的出版社是否将是集体办、私人办呢？或者将来要按着这个方向走呢？

这是一个很值得认真研究的问题。我觉得，从逻辑上可能讲不通，从实践上可能走不通。

主要从两个方面谈谈我的看法：

（一）从出版社的性质和任务看：出版社不能仿照剧团的体制，国家只办少数的，其他自由结合，更不能多数由集体、私人来办。要特别重视各部委、各省市、各大学、各科研单位办出版社的必要性。比如上海，实际上是国家另一个出版中心，一向承担着全国的任务。近几年来，许多好书来自地方出版社。出版社

与剧团不同，出书都向全国发行，辐射全国。因此，国家和地方以及各全民所有制单位办出版社应成为出版事业的主体，集体、私人办出版社可考虑有条件有选择地进行试办，作为主体的辅助和补充（科研、教育单位经过批准出书，也是一种补充，而且是一种重要的补充），不能搞无主体或削弱主体的三层次的出版体制。目前不宜开大口子。主要考虑连锁反应，政策不配套。紫阳、李鹏同志批办"天则"出版社，也只是个别试办，不扩大。如果讲到新闻，包括报纸、广播、电视、通讯社，我觉得更是这样。

（二）从出版社经营状况看：全国现有460多家出版社，大多数（约300多家）实行企业管理，自负盈亏；属于事业单位，国家或部门给予补贴的占少数（不超过百家），主要是一些部委的专业出版社和一些大学出版社，以及少数民族地区的出版社，其中有些正在创造条件实行企业管理，逐步实现自负盈亏，有些做不到自负盈亏，需要国家、地方、部门继续给予补贴。这也同剧团不同。不论今后管理体制如何改革，绝大多数包括国家重点出版社都要继续实行企业管理，自负盈亏，而且要通过改革增强生机和活力，不能像国家办重点剧团那样为事业单位，经济上由国家包下来。（国家办重点剧院团也不能搞铁饭碗，吃大锅饭，也要改革，有活力。）对必须办又不能自负盈亏的出版社，国家、地区、部门要继续给予补贴，不能像自由组合的剧团那样"生死由之"，或"优胜劣汰"，以有利于出版事业健康发展，有利于精神文明、物质文明建设。如果讲到新闻，包括广播、电视、通讯社，我觉得，在原则上也应当如此。

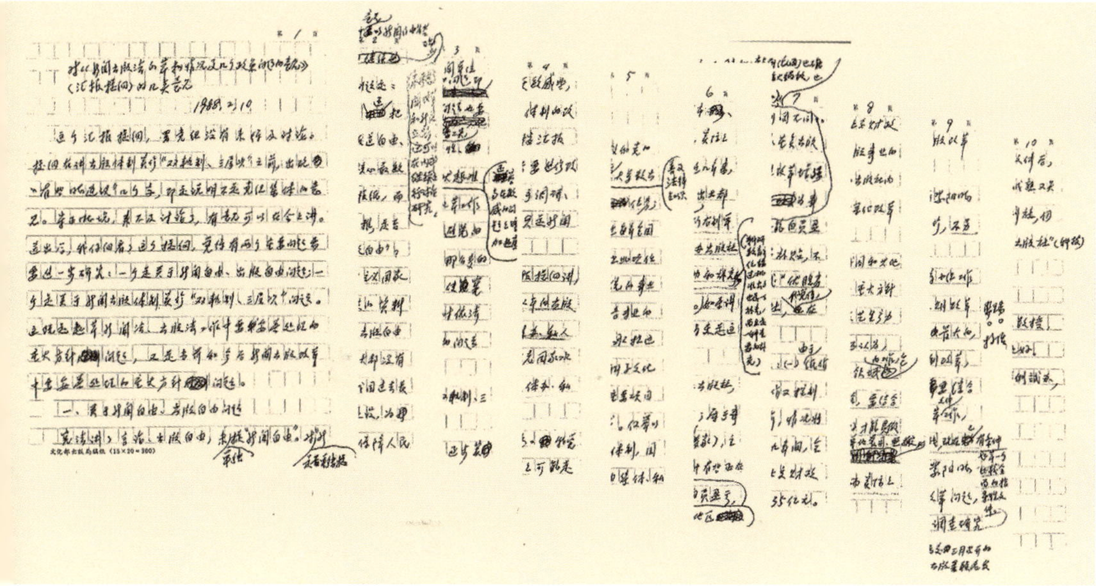

1988 年 2 月 10 日在中央宣传小组会上的发言手稿

（附注：1988 年，西北农业大学著名昆虫学家周尧教授申办天则出版社。赵紫阳批示：“是自然科学性质，又是知名教授，似可作特别批准，试一下也好。”李鹏批示：“请照紫阳同志批示，作为特例试办，目前不扩大。”1988 年 3 月 3 日，新闻出版署批复陕西省新闻出版局，同意以民办形式试办。1990 年 7 月 3 日，该社因严重违反出版管理规定，被撤销社号，停办。）

此次中央宣传小组的会议纪要，主要按胡启立、芮杏文在会上讲话精神，对草拟新闻法、出版法的必要性、立法原则做了全面阐述；其中还有针对性地指出：

会议认为，新闻、出版的改革，要从本部门的具体情况出发。新闻、出版事业和文化艺术事业有相同点，也有不同点。文艺演出团体的改革思路和作法要参考，但新闻、出版事业，直接传播党和国家的路线、方针、政策和内政、外交重要活动的信息，每天都同数亿人民群众直接见面，哪些应当放活，哪些应当管理，一定要按照自己的发展规律和自己的特点加以确定。新闻、出版体制的改革，只能与政治体制的改革，与民主政治建设的进程相适应，既不可落后，也不可超前，这样才能使新闻、出版事业的改革稳步发展。起草新闻、出版法的工作中，遇到一些政策性很强而又非常敏感的问题，大家的认识还不尽一致，可在深入调查研究的基础上，设想多种方案，对其利弊得失和可能发生的问题加以比较、论证，作出选择。小平同志谈政治体制改革问题时说过，决不能丢掉我们的优势、长处。我国的新闻、出版工作也有许多自己的特点和优势，如对重大问题的报道，集中统一，而不是各行其是，有力地保证了建设和改革的进行，就是我们的一大优势，当然不能丢掉。

很明显，这次中央宣传小组会议印发的会议纪要，实际上是否定了“汇报提纲”关于出版也要像文艺单位那样实行双轨制改革的意见。前引 1990 年 1 月署党组扩大会议我作反思发言提纲手稿中也谈到：稍后“在讨论新闻工作的另一个纪要更明确提出新闻出版不同剧团，双轨制问题不能照搬。这两个纪要，在 1988 年 11 月召开的全国新闻出版局长会议上作了传达。导正同志在此次局长会上的讲话中，把纪要讲的不能照搬‘双轨制’的一段话也写进去了。说明他还是按照中央的意见贯彻的，没有坚持原来的意见。这个问题实际上是私人、同人办出版的问题。”

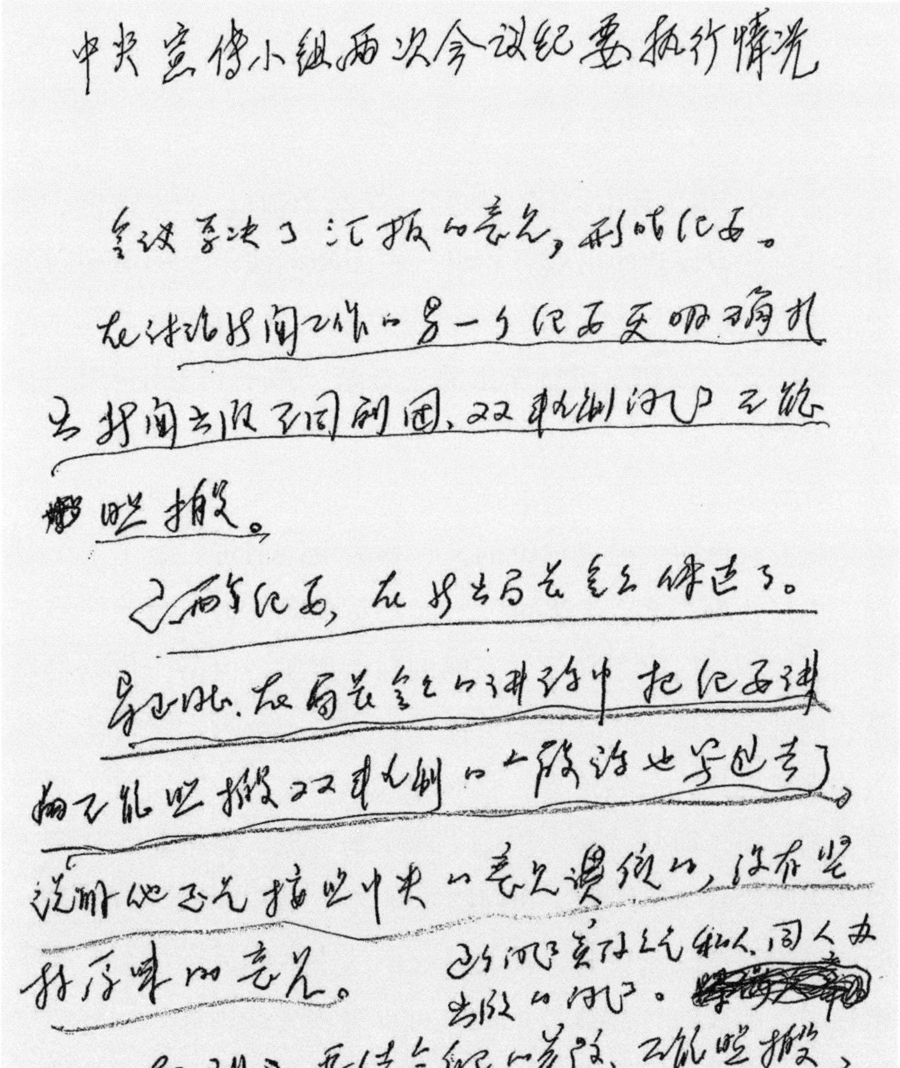

中央宣传小组两次会议纪要执行情况

《1990 年 1 月署党组扩大会议总结与反思发言提纲》手稿中，回顾中央宣传小组先后两次会议纪要的内容，以及老杜意见的调整

四、直言新闻改革与新闻立法

继1988年2月10日会议之后，7月16日，中央宣传小组再次开会，审议新闻出版署党组《关于新闻法涉及的原则问题的汇报》《关于〈中华人民共和国出版法（修订稿）〉的几点说明》和《中共新闻出版署党组关于查禁淫秽书刊工作的汇报》等三个文件。

对新闻法的起草，会议肯定新闻出版署做了大量工作，态度是积极认真的，提交讨论的文件稿为继续前进打下了一个基础。会议认为："起草新闻法，首先要明确我国新闻的性质和作用，在新的历史条件下，新闻的功能增多，但第一位的仍然是我们党引导舆论，宣传党的路线、方针、政策，宣传改革开放的重要工具，仍然是党、政府和人民的喉舌。新闻改革要坚持正确方向，即坚持一个中心、两个基本点，坚持党的社会主义初级阶段基本路线。一切问题要在这个大前提下来讨论解决。新闻法的起草是难度较大的工作，既要本着积极态度，又要审慎稳妥。涉及的'热点'问题，可以整理一些国内、国际的专题资料，供有关人员参考，也可以请专家学者撰写文章，展开讨论。要进行舆论引导，把起草新闻法的过程变成一个不断讨论、不断取得共识的动态过程。讨论可以分专题、分步骤进行，先易后难；也可以从实际出发，选择一些城市进行试点取得经验，有利于统一认识。鉴于目前的实际条件，可以在继续抓紧新闻法起草的同时，先搞一个新闻工作者或记者工作管理方面的暂行条例，请新闻出版署提出着手制订有关条例的意见。"

会议建议，将《中华人民共和国出版法（修订稿）》提请国务院有关部门讨论，待修改成熟，经法律程序批准公布实行。

会议指出，查禁淫秽书刊是项长期的工作，应当坚持不懈地抓。要采取法律的、行政的、经济的、舆论的多种措施，综合治理。建议国务院负责同志召开有关部门共同商议，抓紧落实查禁淫秽书刊的各项具体措施，并公开报道。

按照中央宣传小组 1988 年 7 月 16 日会议要求，新闻出版署党组要报送《关于新闻法起草情况和今后工作的报告》。与前述 1988 年 2 月 10 日审议的那个报告不同，每次上送报告都经党组集体讨论。1988 年 12 月 23 日报送的《关于新闻法起草情况和今后工作的报告》，便是老杜改进党组工作的一个实例。

请看老杜写给我的便函：

木文同志：

一、强华根据党组会意见，对“汇报”作了修改。请你先再改一遍给我。看能否在本周四（二十二日）上午给我。

二、逐步讨论新闻法（草稿）可能产生什么问题。估计得严重些好。这一部分望加强。

杜

1988 年 12 月 20 日下午

我用了一天时间，对汇报稿作了修改，12 月 22 日，我退稿时，在老杜给我的便函上写：“已遵嘱，对稿子做了修改。虽努力了，由于这方面积累较少，未必合适。对另一法的草案中要成立一监督新闻机构问题，我意不写入我们的报告。请导正同志审改、定稿。”

老杜接受 2 月 10 日中央宣传小组会上一个部门的党组书记

与副书记发出不同声音的教训，重视发扬党组集体的作用，我更应积极给予配合，在讨论强华草拟稿时作了较为系统的发言。仔细阅读强华的修改稿和我在修改稿上的修改，都可以看到同此前我在党组会上发言之间的联系。以下是对我的发言提纲的照录：

对报告稿的意见

开头，是否提一下启立同志谈话精神和要求？

“工作进展情况”部分：

是否谈一下7.16宣传小组讨论的意见。根据这些意见，讲我们的工作：法的起草，资料的准备，条例的起草。

“重大原则问题”部分：

是否仅从三个稿子对比说起？可否从各方面意见说起，同时也反映在三个稿子中。三个稿子“有两个严重分歧”的提法？

“是否允许私人办报”？

新闻法，不仅报纸，还包括其他新闻，如广、电、通讯，不能只讲报纸。这不同于谈新出署的工作范围。是否民办，也要从整个新闻的范围来谈。

党和政府办的，不能说不能代表“民意”。

党和人民的根本利益是一致的。不能把党的领导和民意对立起来。舆论引导，从根本上反映了人民的根本利益。离开了党的领导，从根本上也违反了民意。人民性与党性的统一。

把是否允许“民办”，作为新闻自由的试金石或重要尺度的看法，不妥。

民办问题，要从政治考虑，从我国现实国情出发。民办与多党制。在目前情况下，如何防止通过“民办”，成为持不同政见者的阵地或喉舌。

“民办”，有些可以，但如何防止连锁反应？

“新评会”可以立法技术性理由打掉（不写入）。

强华按党组集体讨论意见所作的修改稿，共三部分。一是工作进展情况。二是《新闻法》起草工作遇到的几个重大原则问题。这是重点，其中主要讲了两个问题：（1）新闻法要不要明文写上允许私人办报？（2）关于新闻自由。三是今后的打算。总体上体现了党组会讨论的精神，只是在一些问题上的高度与深度不够。这是起草文件时常会出现的一种情况。

我对强华稿的修改，主要集中在第二部分的是否允许私人办报和关于新闻自由的解释上。

1. 关于“是否允许私人办报”。

我的修改，主要是强化了私人办报可能产生的政治后果。原稿谈到有人把“现有的报纸都看成是‘官办’的，不能代表‘民意’，也不排除办持不同政见的报纸。”我在其中加上他们主张“是否允许私人办报是衡量一个国家有无新闻自由的试金石”；“要办能代表‘民意’的报纸”。意在强化私人办报同政治背景和政治目的之间的联系。在讲到私人办报的实质，是有可能出现持不同政见的政治报纸这一段，我加上“并以这种报纸为阵地形成和发展持不同政见者即政治反对派集团，从而危害党的领导和社会主义制度，危害国家安定团结的大局”。

关于在新闻法条文中“不明文规定允许私人办报，但也不明文规定不许私人办报”一段文字之前，我加了几句说明，以便于了解问题之所在：“私人办报纸问题，事关重大，又有一定的复杂性，首先要从我国国情出发，明确方针原则，同时在法的条文规定上要考虑易为大多数人所接受。”这是我比较坚持的一个意见。

针对有人主张我国现有报纸都是官办的不能代表民意，报告对此所作阐述的一段文字，我修改时强化了两点，其一：“在正确路线下，报纸对党和政府的路线、方针、政策的宣传是符合人民利益的。”其二：“应当明确，根据我国国情，由各级党委和政府、各民主党派、人民团体举办的报纸，是人民行使言论、出版自由（新闻自由）和民主权利的主要园地。”

鉴于新闻法要涵盖整个新闻媒体，报告稿只讲了报纸，我在讲完办报诸问题之后加了一段文字：“新闻包括通讯社、电台、电视台等政治性更强的单位，不能由私人举办。新闻法（征求意见稿）已写明，这些单位的创办条件和审批程序，另行规定。”

2. 关于新闻自由。

首先，我将这部分“新闻自由”之题改为“在新闻法中如何保障新闻自由，又防止滥用新闻自由。”

在讲我们对这个问题的意见之前，我加了一段话：“在新闻界，有的同志把新闻法概括为新闻自由保护法，只要谁提出也要防止滥用新闻自由，就被视为对新闻自由的限制，要制订一部限制新闻自由法。我们认为，制订新闻法要遵循十三大报告提出的原则：使宪法规定的公民权利和自由得到保障，同时依法制止滥用权利和自由的行为。”在这之后再讲我们对新闻自由的几条解释。

汇报稿根据宪法关于公民有言论、出版自由的规定，主张应该在新闻法中明确写上新闻自由，并且要“高举新闻自由的旗帜”。我将这句“高举”删去，改成“国家通过法律实行和保护新闻自由”。

考虑署机关内外对这个问题的议论，我在删去此句之旁加了一个注：“我觉得，不必使用‘高举’这种字眼，故改成上句‘实行’‘保护’这种更具实际意义的内容。在这个提法上我们的态度是明确的，不要老在这种问题上对我们说三道四。”

汇报稿讲“自由是一个多义词，它反映在法律上就是权利与义务的问题”，考虑到“对新闻自由的界定不一”，“在立法中不必过多地纠缠于新闻自由的概念，而着力于具体规定新闻的权利与义务”。强华所作此种概述比早先使用的“新闻自由包括办报自由、采访自由、报道自由、批评自由”更为科学和实际。所以我在“着力于具体规定新闻的权利与义务”之后加了如下文字：“因此，我们在新闻法中对新闻工作者在执行职业任务时，既规定了应有的权力，又规定了必须履行的义务；在有关条款中，既明确了‘新闻机构对新闻的发表独立负责’，‘新闻机构传播信息的职能应当得到保障’，又规定了应禁载的新闻内容，以维护国家和人民的根本利益。如果这些规定能够具体而又适当，（以下是汇报稿原有的）实际上也就解决了保护新闻自由和防止滥用新闻自由的问题了。”

汇报稿以一个专题讲了舆论监督的必要性和法律草案的相关规定。当时，对党政机关阻挠舆论监督与新闻单位滥用舆论监督，何者是主要的，看法不一，在新闻法中如何做出规定，受到关注。在引出法律草案两方面内容之前，我加了一段话：“在阻挠舆论监督与滥用舆论监督的问题上，情况比较复杂，何者为主，因时因地而异。新闻法作为基本法，具有稳定性，长期有效，不宜按某一种倾向为主来制订有关舆论监督的条文，就是说要把对一个时期的工作指导问题同长期有效的法律条文区别开来。现在送审的新闻法中对这两种倾向都加以反对和制止。”（接下来是汇报稿原有的）“一方面反对和制止党政机关阻挠舆论监督，进行打击报复；另一方面也反对和制止新闻单位超越舆论监督的职权，干扰司法审判和党政机关的正常工作。”在此之后我又加了一句：“我们认为，这样规定，比较符合‘法’的要求。”（这里附注一笔：我加写的这段文字也写入 1989 年 4 月 8 日上报的法律文本的说明。）

汇报稿在讲到“舆论监督本身要走上法律化和制度化，需经过一定的法律程序并遵守法律规定”时，我加了一句：“为了做到这一点，不仅要在‘法’的条文中做出有关规定，而且还要在‘法’的施行过程中加强这方面的建设。”

针对新闻界有人建议，并写入另一法律草案，新闻法应明确规定设立一个独立于党和政府以外的监督新闻的机构，汇报稿说明理由表示不赞成。我提出，对这种摆脱党和政府对新闻工作领导与管理的主张，因与我们送审法律草案无关，又避免引起此种争论，不必写入我们向中央的汇报。因此，在删去有关文字后旁注：“这个问题，建议不写，理由面陈。”在前引我看稿后致老杜便函上所写“对另一‘法’的草案中要成立一‘监督新闻机构’的问题，我意不写入我们的报告”，即指此事。汇报稿所说已写入另一法律草案的“设立一个独立于党、政府以外的监督新闻的机构”，当是前引我发言提纲提到的那个“新评会”（全称“新闻评议会”），似因有人要求写入我们的草案，我才明确讲出不予写入的意见。

三、关于今后打算。

我记住老杜给我便函中的嘱托："逐步讨论新闻法（草稿）可能产生什么问题？估计得严重些好。这一部分望加强。"新闻法的起草，已在国内外新闻界引起高度关注，再加上我们在一个时段的过度宣传，已形成内外媒体步步跟踪的一大热点。这实际上关系到我国政治改革的进程和走向。胡启立在2月10日听取署党组汇报的讲话中曾讲道："起草新闻法，意义很大，难度也很大。要十分谨慎，包括在较大的范围内讨论起草稿子，恐怕我们这里不好定，先要经政治局常委看看，由他们来定。"说实话，在一个时段对新闻法起草做高调并过度宣传的，主要是老杜。我想，老杜此时是想到了胡启立的告诫的。我对老杜对讨论可能产生什么问题要估计得严重些，是理解和重视的。我认为，强华起草稿在这一点上基本反映了党组集体讨论的意见。我对这部分的修改，主要是强调了如下三点：一是强调讨论在中央宣传小组直接领导下，"由中央宣传部出面主持"；二是"这次讨论是否对外公布视当时情况而定，如果对外公布，我们建议由新华社统一发稿"；三是今后对新闻立法的公开宣传"可否考虑在中央少数报纸上有领导地正面宣传我们的观点，并适当报道不同的观点，但目前不进行大规模的讨论。"这里附注一笔：以后有关此事向中央的建议，如1989年4月8日为送审新闻法、出版法草案给中央宣传小组的报告，均按此三条内容写出。

我把修改稿送给老杜，他"又斟酌了一番"，交王涛并石峰阅办：

王涛并石峰同志：

启立同志催办的署党组关于"新闻法"起草情况给中央宣传组书面报告，在强华起草的稿子上，木文做了修改，我又斟酌了

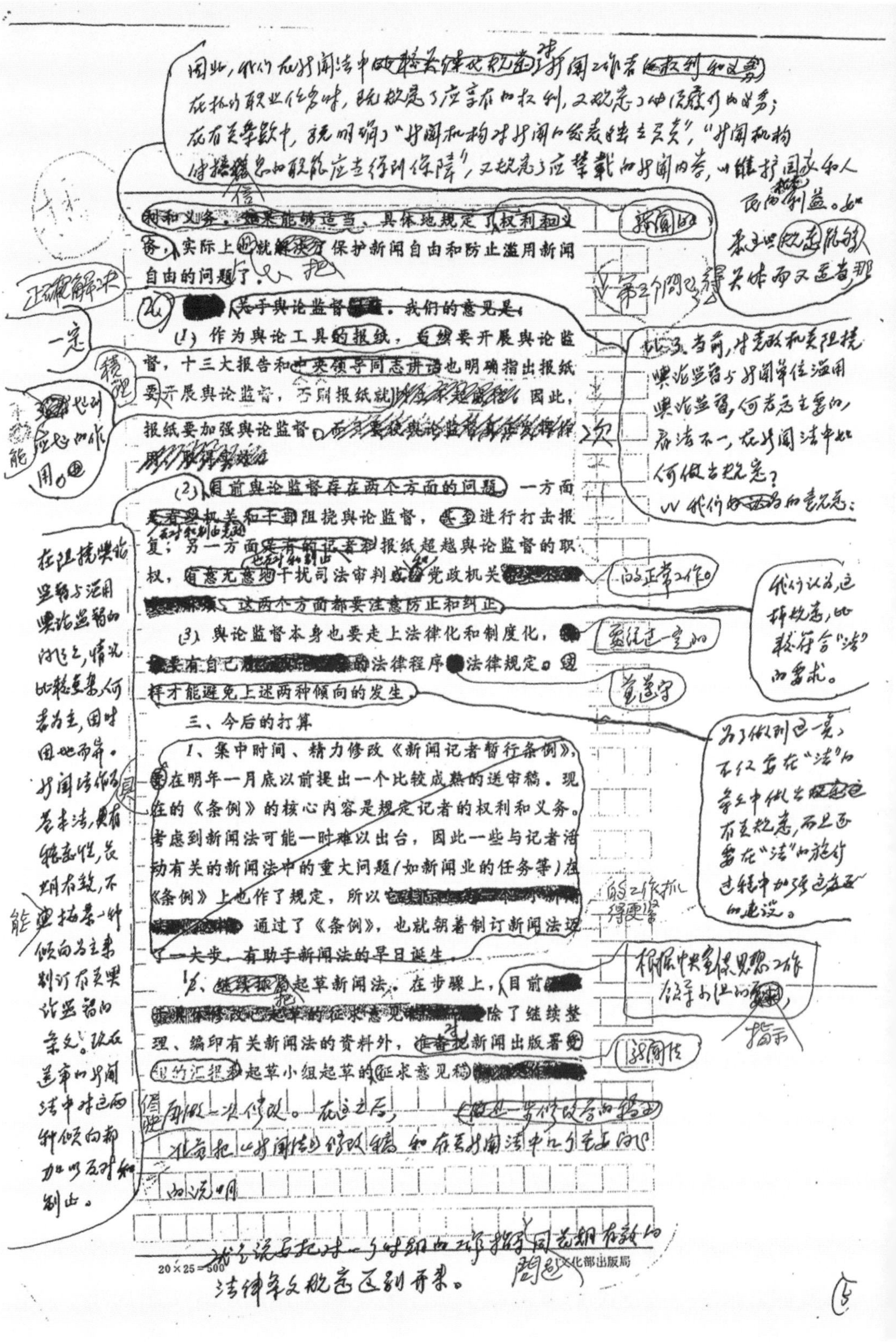

利和义务。如果能够适当、具体地规定了权利和义务，实际上也就解决了保护新闻自由和防止滥用新闻自由的问题了。

（2）[redacted]关于舆论监督[redacted]。我们的意见是：

（1）作为舆论工具的报纸，当然要开展舆论监督，十三大报告和中央领导同志讲话也明确指出报纸要开展舆论监督，否则报纸就[illegible]。因此，报纸要加强舆论监督。[illegible]

（2）目前舆论监督存在两个方面的问题。一方面是有些机关和干部阻挠舆论监督，甚至进行打击报复；另一方面是有的记者和报纸超越舆论监督的职权，有意无意地干扰司法审判或者党政机关[redacted]这两个方面都要注意防止和纠正。

（3）舆论监督本身也要走上法律化和制度化，[redacted]要有自己[redacted]的法律程序[redacted]法律规定。这样才能避免上述两种倾向的发生。

三、今后的打算

1、集中时间、精力修改《新闻记者暂行条例》，[redacted]在明年一月底以前提出一个比较成熟的送审稿。现在的《条例》的核心内容是规定记者的权利和义务。考虑到新闻法可能一时难以出台，因此一些与记者活动有关的新闻法中的重大问题（如新闻业的任务等）在《条例》上也作了规定，所以[redacted]通过了《条例》，也就朝着制订新闻法迈了一大步，有助于新闻法的早日诞生。

2、继续抓紧起草新闻法。在步骤上，目前[redacted]除了继续整理、编印有关新闻法的资料外，准备把新闻出版署党组的汇报和起草小组起草的征求意见稿[redacted]

20×25=500 文化部出版局

对新闻出版署党组1988年12月汇报稿的部分修改手迹

一番。党组已讨论过，原则问题与党组意见一致。启立特地嘱咐："此稿由导正同志签字发出给我。"那我就此定稿了。勿改动了。标点符号，我也仔细地看了一遍。稿子改得较花。请你俩细心校正。力争明日上午直送胡启立、芮杏文同志处。一式十份。信封上写"中南海，中共中央宣传、思想工作领导小组秘书组李昌鑑同志亲收。"限二十四日上午十二时前送到。拜托了。细心校对。

导正

十二月二十二日上午十一时

我在这里全文引出老杜致王涛并石峰的交办便函，一则可以从中看到他对处理此稿的重视和精细程度，一则可以看到他对党组讨论并在原则问题上取得意见一致的心情，这是当时我愿意看到的，而对我们现在正确理解当年发生的这件事也不是没有意义的。

1988 年 12 月 23 日，由杜导正签发的新闻出版署党组《关于新闻法起草情况和今后工作的报告》（〔88〕新出党字第 7 号）正式送出。老杜致石峰、王涛便函所说"又斟酌了一番"的，是几处文字性的修改，看来他是接受了我的修改意见。1989 年 2 月 18 日，胡启立，芮杏文主持中央宣传小组会议，审议并"原则同意《新闻出版署关于新闻法起草情况和今后工作的报告》。请新闻出版署根据讨论的意见做进一步修改，连同《新闻法》（草案）、《出版法》（草案）、《新闻记者暂行条例》（草案）一并提交中央宣传、思想工作领导小组讨论后，报请中央政治局常委会审议。"继 1987 年 12 月对以"两个重大"作为新闻改革的主要内容、1988 年 2 月 10 日对以"双轨制"作为新闻出版改革的迫切问题（如前所述），这次是我第三次针对老杜的主张直言新闻改革了。这也表明，只要出于公心，以诚相见，言之成理，这种直言还是能够取得积极效果的。

这以后，中央宣传小组又两次审议新闻出版署党组报送的有关新闻法、出版法的请示报告。

一次是1989年3月13日，讨论了新闻出版署党组1989年3月9日关于《新闻法》（送审稿）、《出版法》（草案）、《新闻记者暂行条例》（送审稿）以及关于这三个文件起草情况及重大原则问题的报告和说明。会议认为：根据我国目前和今后形势发展的需要，《新闻法》《出版法》应当尽快出台。经过前段的紧张工作，现在的稿子已具备一定的基础，制定这两个法的指导思想也更加明确了。下步应着重对那些重大争论的焦点问题表述清楚，例如公民如何行使宪法规定的言论、出版自由权利；出版自由、新闻自由的内涵和范围；创办报社、期刊社、出版社的资格、权利和义务等。两个法中均不开私人办报、办刊，办出版社的口子。要充分体现宪法的规定，严格按照法律用语行文。作为社会大变革时期制定的专门性大法，两个法均应简明，规定不必过于琐碎，要留有一定的解释余地。鉴于《新闻法》要尽快出台，原来确定起草的《新闻记者暂行条例》已无必要。《条例》中的部分内容则可以分别归入《新闻法》和中国记协正在起草的《新闻工作者职业道德准则》。此次会议之后，受中央宣传小组委托，由朱穆之同志牵头，钱李仁、穆青、艾知生、李彦同志把关，对新闻法、出版法草案进行了审核。新闻法、出版法两个起草小组对两个草案送审稿再次作了修改，新闻出版署党组于1989年4月8日以《关于新闻法、出版法草案的送审报告》报送中央宣传小组。此次报告还说明了“报纸、期刊，其新闻活动适用于新闻法；作为出版物，它们的创办、管理和其他出版物一样，由出版法加以规范；关于禁止刊载的内容，由于各类出版物和电视广播等基本相同；出版法覆盖面较大，在出版法中拟定，各种新闻均适用于出版法的禁载条款。”

一次是1989年5月17日，中央宣传小组会议决定，新闻法、出版法的制定要严格按照立法程序进行。对两个法的草案，中央宣传小组不再进行讨论。请新闻出版署按立法程序送请国务院审议后提交全国人大常委会审议。

在中央宣传小组审议新闻法、出版法草案前后，尚未由国务院报请全国人大常委会审议时，杜导正同志以“受命主持制定新闻法草案的中华人民共和国新闻出版署署长”的名义，于1989年2月，先后在《新闻出版报》《中国记者》发表谈话，公布新闻法出版法出台时间，称：“新闻法草案可望年底出台”，“出版法草案上半年（一说第二季度）可提交全国人大常委会审议”，引起内外广泛关注，形成社会热点。早在1988年2月11日的香港《文汇报》就在报道中称：“新闻出版署署长杜导正表示，中央最近连续在两次会议中研究和部署了在目前形势下宣传工作的方针，并强调新闻法和出版法应尽早出台。”这样就把杜导正同志关于新闻法、出版法的起草和出台时间等问题的谈话，同中央的两次会议联系起来。

现在看，对新闻法、出版法起草工作，在当时的情况下，也不是不能适当地进行一些引导性的宣传，但在向中央宣传小组请示报告尚未批准，更未报请国务院常务会议审议的情况下，就匆忙宣布新闻法出版法出台时间，并公开一些相关敏感问题，又造成那么大的声势，则是使我感到突然和不解的。

以上，我讲了我同杜导正同志在起草新闻法、出版法过程中发生不同意见和相互沟通以及如何解决的一些情况，我的主要着眼点不在逐个地争辩具体问题的是与非，而是存留历史资料，为今人和后人研究相关问题提供参考；若干问题还要经受时代的检验。对于前有分歧后又一致从而在新的基础上的团结向前，是同老杜作为一把手的宽容分不开的，这一点我是不会忘记的。

五、新闻法和出版法起草工作的新进展

因受1989年北京政治风波的影响，新闻法、出版法两个起草小组的工作，都曾一度停顿。党的十四届四中全会后，中共中央发出《关于加强宣传、思想工作的通知》（中发1989年第7号），使新闻法和出版法的起草工作有了更明确的指导思想，并且加快了工作步伐。中央通知指出："要通过立法，把公民在言论、出版等方面的权利与义务，把宣传、思想、文化工作的社会主义方向，把党对意识形态工作的领导和马克思主义的指导地位进一步加以确定和具体化。当前，要科学地总结多年来正反两方面的经验，特别是这次严重政治斗争的经验教训，抓紧新闻法、出版法等有关法律的制定工作。"中央宣传部《1990年宣传工作要点》指出："要加强法制建设。今年，应在科学地总结正反两个方面经验的基础上，抓紧出版法、新闻法的制定工作。"全国人大常委会和国务院1990年的立法计划都把新闻法、出版法列入其中。

据此，两个起草小组分别对出版法、新闻法草案作了多次修改，又多次征求各方面意见。

此时，我已出任新闻出版署党组书记和署长，深感重任在肩，对两法起草工作的关注也多了些。

新闻出版署党组于1991年3月7日，向中央宣传部并中央

宣传小组报送了《关于出版法（草案）的送审报告》。这是一次反映起草工作新进展和起草小组工作新成果的报告。1991 年 3 月 4 日，石峰请示刘杲："出版法草案和关于出版法的起草说明，根据在友谊宾馆讨论的意见修改了一遍，现送上，请审阅。""木文同志的意见，出版法争取 3 月 10 日前报出去一稿。"3 月 5 日，我在刘杲送我审阅件上批写："打印报送：送审报告一件；'说明'和'法'合装为一件，格式按著作权法送审稿。"

"送审报告"对法律草案涉及的重大问题作了简要说明：

1. 突出了坚持出版工作的社会主义方向，坚持党对意识形态工作的领导和马克思主义的指导地位。主要是增加了第三条："中华人民共和国的出版事业是中国共产党领导的社会主义事业的一个组成部分，必须在马克思主义指导下，坚持为人民服务，为社会主义服务，坚持以社会效益为最高准则，宣传马克思列宁主义、毛泽东思想，传播和积累科学技术和文化知识，丰富和提高人民的精神生活。"

2. 明确规定公民出版自由权利的界限。主要是在第二条，一方面规定了依法保障公民行使出版自由权利："中华人民共和国公民通过出版物自由表达自己的思想和意见的权利受法律保护。公民有权利在出版物上自由表达对管理国家事务、管理经济和文化事业、管理社会事务的意愿和见解。公民有权利在出版物上自由发表从事科学研究、文学艺术创作和其他文化活动的成果。任何组织或者个人，非依法律规定，不得阻止出版物的出版、印制和发行"；另一方面规定了依法制止滥用出版自由的权利："滥用出版自由，损害国家、社会、集体的利益，损害其他公民的自由和权利的，依照法律予以追究。"在第五条禁止刊载内容的六项规定中吸收了 1989 年 8 月以来整顿清理书刊和音像市场的有关规定。

3. 坚持了原稿中不许私人（同人）办出版单位的规定，充实了打击非法出版活动有关规定的内容，……确定了非法出版罪，这必将有利于对非法出版活动的打击。

很明显，上述几条，主要是贯彻了十三届四中全会后中央1989年7号文件的精神，又是建国以来特别是十一届三中全会以来出版管理实践的总结和概括，因而经受了此后长期管理实践的检验。关于报告的第3条，即私人（同人）办出版单位问题，早在1987年12月，署党组就曾向中央宣传小组有过专题报告，本文前面已经引出。

新闻法的起草工作，也在抓紧地进行。

为落实中央关于抓紧制定新闻法的指示，新闻出版署党组采取两项措施：(1)调整部分起草小组成员，仍由副署长王强华担任组长；(2)"以1989年4月17日修订稿为基础，从指导思想、框架结构到每一条款，特别是关键性条款，都认真进行检查，逐条论证修定。"

主持起草小组工作的王强华是一位优秀的新闻工作者，以责任编辑组织《实践是检验真理的唯一标准》一文，即是他新闻生涯突出业绩的集中体现。新闻法起草工作是在内外都有争议的情况下进行的，王强华要面对的困难也更多。首先，起草小组内部在重要问题上存在不同意见，有时甚至难以统一；同时，主持其事的老领导有时变化太大，也给他增加了困难，甚至影响他对一些重要问题的把握。起草小组1990年调整后，王强华对一些重大问题的态度是明朗的，工作更是勤奋的。

1990年4月29日，王强华将他和有关同志准备的意见送我审阅时，我于5月3日批了如下一段话："改成署党组向中宣部的报告。提出起草小组调整的具体名单。起草小组和组织专家、人士，对重要问题讨论和新闻工作经验教训的总结，尽可能结合现有的新闻法草稿，以便于下一步进行草案的修改工作。请将此报告修改后再送党组审议。”在强华签报相关部分我又批注：“此稿中的‘指导思想’和‘重点研讨的问题’仍保留，写入给中宣部的报告。”

经查阅1990年5月24日署党组给中宣部的报告，我所批注需保留的“明确指导思想”一段文字是：“在党的基本路线指导下，以党的十三届四中、五中、六中全会精神为指导，结合去年‘两乱’期间一些新闻媒介所犯的舆论导向的严重错误，科学地总结建国以来新闻事业正反两方面的经验，用法律条款把公民在言论、出版等方面的权利和义务，把新闻工作的社会主义方向、把党对新闻工作的领导和马克思主义的指导地位加以确定和具体化。”

关于“重点研讨的问题”，是指：“（1）社会主义新闻自由与资产阶级新闻自由的各自内涵及其区别；（2）社会主义新闻的基本任务；（3）在新闻工作中如何体现新闻的党性原则，如何加强党对新闻工作的领导；（4）新闻记者的社会责任、权利和义务。”这四个问题，并未写入给中宣部的报告。这是考虑到，为使起草工作的讨论、总结“尽可能结合现有的新闻法草稿，以便于下一步进行草案的修改工作”，而不是离开法律草案文本进行一般性务虚。

此后，王强华主持起草小组，对新闻法草案进行认真修改，体现了中央《关于加强宣传思想工作的通知》的要求，于1991年4月修改出《新闻法（送审稿）》，并报送中央宣传小组。这以后，尽管曾把新闻法列入全国人大1991年立法规划、1993年立法调研一档（下降了立法档次），但未见有实际的立法推进措施。

两个起草小组和新闻出版署党组（包括我离任后的新一届党组）对起草工作都是一以贯之、抓紧再抓紧，极力争取党中央、国务院和全国人大顺利通过，从而完成这一历史性的立法任务。

六、出版法的审议与撤回

先谈审议著作权法推动了出版法。

1989 年党的十三届四中全会以后，加快了出版法的起草工作。从根本上讲，这是当时政治形势和发展文化出版事业的需要。而让人们想不到的，这又是为顺利通过著作权法而对全国人大常委会组成人员一次承诺的落实。

1990 年 6 月，全国人大常委会审议著作权法草案时，发生了著作权法与出版法的关系的争论。这场争论又是因对政治上反动、内容淫秽的作品有无著作权，是否受著作权法保护的看法不同而引起的。协助乔石委员长处理日常工作的彭冲副委员长，还就这个问题同常委会部分组成人员作了沟通工作。

我在 2005 年曾著文对此事有过回顾：

全国人大教科文卫委员会 1990 年 6 月 6 日向全国人大常委会报送的关于《中华人民共和国著作权法（草案）》的审议意见认为："凡是法律禁止的作品，著作权法不应予以保护，而具体鉴定一部作品是否合法，应是出版法的任务。因此，从切实巩固社会主义制度，保持国家稳定的根本大局出发，出版法应抓紧制定，与著作权法同时施行。"在随后举行的常委会第十四次会议上，有的委员说："我不赞成在制定出版法之前，先制定著作权法。在社会主义的中国，应该先定出版法，把保护什么反对什么的是非界限划清，然后再定著作权法。至少应该是两个法同时出台。”有的委员说：“出版法还没有出台，如果这个著作权法先出台，在程序上有些颠倒。”有的委员进一步表示：“同意先制定出版法，后通过著作权法。宪法第三十五条规定公民有出版自由。所以出版法是大法，著作权法附属于出版法。”有的委员还举例对比说：“应先制定出版法，再制定著作权法。不要重复工业方面先定‘破产法’，后定‘企业法’的做法。”这里所引的具体表述未必全都准确，但先出版法后著作权法，或者两法同时出台，则成为1990年8月下旬常委会第十四次会议审议著作权法草案时相当强烈的意见。

制定著作权法，首先是适应加强我国著作权保护的需要，以利于我国科学技术和文化的发展；同时也是适应对外开放、加强中外科技文化交流的需要，并且又同对外经贸、科技谈判所作承诺相联系。因此，不宜久拖不决。关于著作权法与出版法孰先孰后或同时出台的问题，必须及时决断。为此，全国人大法律委员会经同国务院法制局、国家版权局研究后，在1990年8月21日提请常委会第十五次会议表决稿所作汇报的附件中，关于著作权法是否必须与出版法同时制定问题作了如下说明：

1. 我们赞成尽快制定出版法，新闻出版署正在抓紧拟订。

2. 在出版法没有制定前，对解决哪些作品是禁止出版传播的，还是有法可依的。全国人大常委会1955年通过的关于处理违法的图书杂志的决定（这个法律现仍有效）规定：反对人民民主专政的；破坏国内各民族团结的；宣扬盗窃、淫秽、凶杀、纵火及其他犯罪行为的；其他违反宪法、法律的图书、杂志都是违法的，按照违法情节，分别作停止发行、停止出卖、停止出租或者没收等处理。同时，根据刑法、治安管理处罚条例的有关规定，对反革命宣传和制作、贩卖、传播淫秽物品的违法犯罪行为，可以依法给予刑事处罚或治安管理处罚。

3. 著作权法是保护知识产权的民事法律，出版法是对出版书刊进行行政管理的法律，两个法律虽有联系，但是调整对象和适用范围不同，是各自独立的法律，同企业破产法和企业法的关系有所不同。因此，不一定必须先制定了出版法，再制定著作权法。

常委会组成人员接受了法律委员会的意见，但同时强调要加快制定出版法进程，适时提交常委会审议。①

再谈出版法从审议到撤回。

由于对制定出版法的必要性达成的共识，经中央批准（中发第20号文件），将出版法草案列入1991年10月—1993年3月的《全国人大常委会立法规划》。1991年3月，马大谋等32位全国人大代表提出“我国已经有了《著作权法》之后，出版法就更有必要尽早出台”的议案，随后全国人大教科文卫委员会、全国人大常委会先后通过这项议案。

1992年3月29日，我以全国人大代表、新闻出版署署长的身份，在《新闻出版报》发表《应当抓紧制定出版法》的谈话。1993年12月、1994年1月和11月，全国人大教科文卫委员会，先后在石家庄、厦门和海南文昌召开出版法征求意见座谈会，我以教科文卫委员会委员身份参与其事。

1993年5月4日，新闻出版署党组向中宣部并中央宣传小组报送《关于制定出版法的几个重要问题的请示》，并附送出版法

① 宋木文：《亲历出版30年——新时期出版纪事与思考》，商务印书馆2007年版，第438—439页。

草案和说明。

1993年7月20日，新闻出版署党组又向中宣部并中央宣传小组报送《关于及早审议出版法草案的请示》。刘杲于1993年7月17日向石峰交办此件时批曰："这是木文同志和我商定的写这样一份报告。"有此一举，是因为5月4日的请示报告尚未批复，而据人民日报报道，"全国人大常委会今明两年立法工作安排，将出版法列为1994年按期审议的法律草案"；全国人大教科文卫委员会"为推动出版法的制定工作，已安排今年11月听取新闻出版署的专题汇报"；"国务院法制局十分重视出版法的起草工作，经与我署商量安排，出版法草案和说明应于今年12月底之前报送国务院审议"。按此类工作的程序，在报送国务院之前，法律草案需经中宣部和中央宣传小组审议。因此，在5月4日的请示报告之后，又送上这一"及早审议"的请示。这算是我在署党组书记任上，为推动出版法出台所做的最后一次努力了。

我的新闻出版署署长职务，在1993年5月由于友先接替，这一年的10月又接替了我的党组书记职务，从此，我在全国人大教科文卫委员会参与出版法的审议工作。1994年1月15日，我写信给于友先署长，愿在审议工作中"沟通情况，配合工作"，"请署党组随时吩咐，必定照办。"

友先同志：

一月十五日上午，全国人大教科文卫委员会开会讨论了1994年工作安排。赵东宛同志在会上传达了中央政治局常委会在讨论全国人大立法工作时提出：《出版法》要在今年出台；《新闻法》要在本五年计划期内完成。

据此，"两法"都要抓紧起草工作。《新闻法》，人大将作为重点项目列入立法规划。《出版法》，原已订今年提请人大常委会审议，更需抓紧。建议如下：

一、署党组再次向上请示，请宣传小组、中宣部讨论《出版法》（草案），并对若干重大问题，如出版自由（主要是否允许私人办出版）、禁载内容、非法出版罪如何规定以及党的领导、马克思主义指导地位、党的基本路线在出版法中如何表述等，作出明确指示，以便由署按中央确定的口径向国务院报送《出版法》（草案）。

二、请刘杲同志主持召开《出版法》起草小组会议，根据全国人大教科文卫委员会石家庄、厦门座谈会和起草小组北京座谈会的意见，再次修改《出版法》（草案），争取以新修改稿送宣传小组、中宣部审议。（现草案有些明显问题需要修改，同时对有些较为重要的问题做出妥善处理。此事我已向刘杲同志提出建议）在送审前，建议署党组讨论一次修改稿。

三、《新闻法》的起草工作也要抓紧。

四、《出版法》《新闻法》的起草和审议难点多、程序复杂、工作量大，请党组加强领导。我和刘杲同志都已退出行政领导岗位，比在职的同志有条件多参加一些“两法”起草工作。党组已决定刘杲同志继续主持《出版法》起草工作，他责任在身，正在抓紧工作。聂大江同志要求我作为人大教科文卫委员会成员多做些“两法”的有关工作，同时我作为署里来的人也应该在起草、审议过程中同署里沟通情况，配合工作。我借此机会做上述表示，意在请党组随时吩咐，必定照办。

宋木文

1994年1月15日

1994年，出版法草案经中央宣传小组和中央政治局常委会先后审议，按程序报请国务院、全国人大常委会审议。1994年9月20日“李鹏主持召开国务院常务会议，讨论并原则通过了《中华人民共和国出版法（草案）》。会议确定，《出版法（草案）》经进一步修改后，将按照程序提请全国人大常委会审议。”[①] 1994年10月9日，李鹏总理将《出版法（草案）》报请全国人大常委会审议（全国人大常委会第十次会议文件）。1994年10月21日，“全国人大常委会八届第十次会议首次审议《中华人民共和国出版法（草案）》。受国务院委托，新闻出版署署长于友先对《出版法（草案）》作了说明。”[②]

全国人大常委会审议出版法草案时，对宪法规定的出版自由如何表述问题、对是否允许公民办出版问题，引起争论。我和列席会议的中宣部、新闻出版署有关负责同志都曾同全国人大有关专门委员会同志交换意见，均未能取得一致意见。在全国人大一次小会上，有的领导同志甚至提出，出版法不能出现违宪的内容。就这样，出版法草案因对出版自由的表述和公民办出版问题发生严重分歧，未经常委会表决而由国务院撤回，随后改成《出版管理条例》，由国务院颁发。从此，对新闻法的起草和审议之事，也不再提起而被搁置了。

七、出版自由条文如何表述的意见

关于宪法规定的出版自由的内涵及如何表述，关于是否允许公民办出版社的问题，在起草和审议的全过程，从起草小组、党政主管机关、出版界和法学界，直至国家立法机关，都存在不同

① 《新中国出版50年纪事》。
② 《新中国出版50年纪事》。

意见。简言之，一种意见主张，出版自由是宪法规定的公民的一项基本民主权利，必须明确地体现在出版法草案中，并且写明公民依法可以办出版；另一种意见则认为，从政治稳定大局出发，对公民办出版，目前不宜开口子，出版自由主要由现有新闻出版媒体来体现。出版法草案，对这个问题的表述，也几经变化。主要是：写明谁可以办，不开口子；写明“公民可以经营出版”，开个小口子；不明写谁可以办出版，授权国务院行政部门用创办条件进行调控。对此，起草小组副组长袁亮依据当时文件资料撰写的《〈出版法〉起草工作始末》一文，有详细记载，对我回忆此事很有帮助。

我的意见，基本属于前述第三种，是考虑当时社会情况，从政治稳定大局出发，目前不开口子，但要在条文表述上留有余地。这在本文之《新闻出版是否要实行“双轨制”改革》《直言新闻改革与新闻立法》两节中均有明确记载，也反映在我当时对法律条文的两点建议中。

一是在同出版法起草小组通读出版法草案全文时，我感到草案总则对公民行使出版自由权利的表述不够充分，一时又想不出具体表述文字，便请起草小组找出宪法，同大家一起商量，从宪法有关条文中移植，诸如“公民通过出版物自由表达自己的思想和意见的权利受法律保护”，“公民有权利在出版物上自由表达对管理国家事务、管理经济和文化事业、管理社会事务的意愿和见解”；“公民有权利在出版物上自由发表从事科学研究、文学艺术创作和其他文化活动的成果”；“任何组织或者个人、非依法律规定，不得阻止出版物的出版、印制和发行”等，有些就是这次通读时同大家商议增补进去的。因是边查边议边补，至今还留有印象。[①]此次草案的说明称：“这是宪法关于出版自由原则的具体化，是以法律条文的形式对出版自由所作的表述。”近日为撰写此稿查阅 1994 年国务院报送全国人大常委会审议稿，已将这几方面内容作了简化，并从总则中移至“出版物的出版”一章。1994 年 2 月 25 日，全国人大常委会法工委负责人乔晓阳向全国人大法律委主任薛驹、教科文卫委主任赵东宛报送“我们在教科文卫委员会修改稿的基础上，草拟一修改稿，送上请审阅”时，也批送“请宋木文同志审阅”。我作为有关同志阅读这一稿时发现，将简化了的对出版自由所作表述：“公民有权依照本法规定，通过出版，自由表达自己对国家事务、经济和文化事业、社会事务的见解和意愿，自由发表自己从事科学研究、文学艺术创作和其他文化活动的成果”，从第三章“出版物的出版”移至法律总则的第五条。我认为，作为法律，将原草案对出版自由的多项表述加以简化是必要的，而从“出版物的出版”专章前移和复位于法律总则更有必要，因为这是关于公民基本权利的规定，并不限于对“出版物的出版”。

二是对出版法起草小组另一项建议。起初法律草案都写明“国家机关、政党、社会团体、国营企业事业组织可以创办出版单位”，意即未入围的不能办，我经反复考虑觉得这样表述过于直露，而且也未能留有余地，一旦政策有所调整，又必须修改法律，建议不明确写出谁可以办出版，但应严格规定创办条件，主要是通过其中的“有符合国家出版行政管理机关规定的主管单位和主办单位”这一条来实行调控，一旦条件成熟可以开个什么口

---

① 引自 1993 年 3 月草案稿。

子，只需作出解释即可。此项建议，我还向新闻法起草小组提出（涉及办报刊问题），并在1988年12月修改强华所拟《关于新闻法起草情况和今后工作的报告》时有所阐述。

现在看来，这两项法律条文的建议，在实践上，存在强化与弱化公民出版自由权利的矛盾，但却是当时条件下我力求使矛盾得以统一的可行选择。

据袁亮回忆，新闻出版署党组于1989年2月16日开会讨论，是关乎“出版法起草工作思路的一次重要会议”。会议就中央有的领导同志对是否允许公民办出版社问题，前后出现不同意见，进行了讨论，以便起草小组有所遵循。党组成员和与会同志都表示了自己的意见。我讲了两次。一次说：“我看在三五年内不能允许私人办出版社，因为利少弊多。目前没有条件允许私人办出版社，这是我们的基本观点。”一次是被袁亮称之为“客观地公正地把大家的意见归纳为四条：（1）出版法适用的范围，应包括书、报、刊、音像出版物；（2）反对允许公民办出版社的，是从国家的长治久安上考虑的，主张允许公民办出版社的，是为了完善社会主义的民主自由，体现社会主义制度的优越性；（3）在条文上如何表述，一种是允许公民办出版社，一种是反对允许公民办出版社，一种是回避，不写明；（4）由于问题重大而且复杂，一时搞不了出版法，可以先搞管理条例。”① 此时我的主导思想仍是不开“民办口子”，但也重视提出民办意见的积极意义，并在文字表述上留有余地，以在需要时便于做出调整。

1989年2月18日，中央宣传小组开会，审议新闻法出版法草案，讨论涉及如何解决私人办出版社问题。会后，受中央宣传

① 转引自《〈出版法〉起草工作始末》。

小组委托，由朱穆之牵头，讨论新闻法、出版法草案稿时，也提出在法律条文表述中回避的意见。新闻出版署党组 1989 年 5 月 3 日向中央宣传小组报送《关于新闻法、出版法草案的送审报告》中谈道："关于许不许可私人办出版问题，在朱穆之主持的会议上，反复斟酌，对草案作了较大改动，删去了有关国家机关等组织可以申请创办出版单位的条款。不写明何种单位可以创办出版单位，不是改变当前不宜私人办社的精神，而且为了在法律条文上与宪法规定的'出版自由'相衔接，避免在私人办社这个尖锐问题上可能引起的不必要的争论。在实际操作上，出版行政管理部门根据出版法草案赋予的审批权限及办社条件中要有'主办单位'的规定，对私人办社可不予批准。"《报告》还说："出版法是个比较稳定的大法，在创办出版单位的资格（主体资格）上不作硬性规定，便于适应发展着的情况。在审批工作中我们主要掌握不在私人创办政治性报、刊、社上开口子。如果将来条件具备，也不排除批准个别集体或私人经营的自然科学类的报、刊、社。"[①] 应该说，这也是署党组集体经全面思考、反复斟酌而形成的正式意见。我记得，此后报送国务院和报送全国人大常委会审议的出版法草案，即是如此表述的。

2003 年，我在《出版单位主办主管制度的由来与调整的探索》一文中，曾对这个问题有过回顾：

《出版管理条例》源于《出版法》草案。这里涉及一个深层次的问题，即出版法如何体现宪法规定的出版自由和什么人可以办出版单位的问题。20 世纪 80 年代中后期和 90 年代初，在起草出版法时，经多方考虑，现阶段不开公民个人办出版社这个口

① 转引自袁亮《〈出版法〉起草工作始末》。

子。当初，在法律草案上就写明什么单位可以办，未列入其中的则不能办。后来又觉得这种列举的写法难以涵盖准确完善，就改为设立出版单位要“有符合国务院出版行政部门认定的主办单位及其必要的上级主管机关”。这个法律条文除了其表面意义外，还以“认定”这种授予行政管理机关自由裁量权的方式解决公民个人可不可以办出版社的问题。法律草案对公民行使出版自由的权利主要体现在“在出版物上自由表达自己对国家事务、经济和文化事业、社会事务的见解和意愿，自由发表自己从事科学研究、文学艺术创作和其他文化活动的成果”。1994 年底 1995 年初，全国人大常委会审议《出版法》（草案）时，有些委员提出，草案只体现了言论自由，未体现出版自由，出版法不是一般的行政法，而是直接涉及公民政治权利和义务的重要法律，应该在条文中对出版自由作出符合宪法的明确界定。当时，我还在审议时提出，办出版社要有符合国务院出版行政部门认定的主办主管单位，是个有弹性的规定，可进可退，现在可以起限制作用，将来公民个人办出版社的条件成熟了，也不必修改法律条文，而由国务院或国务院出版行政部门对主办主管单位做出必要的解释或调整就可以了。但这个意见没有被采纳。这样，国务院提请第八届全国人大常委会审议的《出版法》（草案），因在审议时意见分歧难以统一又事关重大而未在常委会付诸表决。随后，国务院将此草案作适当调整后以《出版管理条例》颁布。[①]

---

① 原载于 2003 年《出版科学》第 4 期、《中国出版》第 9 期，见《亲历出版 30 年》第 645—650 页。

八、我的几点体会

出版法从全国人大立法改由国务院颁发出版管理条例，由此使新闻法草案修改与审议之事不再提起而被搁置，对此种结局，我当时并未真正理解。事实上，因出版自由和公民办出版所发生的分歧，当年在全国人大常委会已形成“出版法草案与宪法相抵触，不做重大改变，便不予通过”的态势，而我却在幻想，如果能像解决著作权法审议分歧那样，也由全国人大领导同志出面做些工作，也许也会得到通过的。我现在想，改为出版管理条例实在是一种正确的选择。在立法中，党政宣传文化机关从现实管理实际需要出发，立法机关坚决维护宪法规定的言论出版自由理念，都是一种正常现象。这种不同立法思想的碰撞或统一，只能有待于今后的政治体制、文化体制改革的实践去解决了。

关于新闻法的制定，则有所不同。被搁置后此事似乎又回到了原点。新闻法起草该不该、能不能搞？张友渔老前辈说“需要立个新闻法”。中央书记处会议决定是要起草新闻法。参与此事的人们，从全国人大教科文卫委员会到新闻出版署，也都是保持着积极进取的状态。但人们可能并不了解，从一起步，就有不赞成甚至反对的声音，有的说条件不成熟，有的说搞不好会束缚党管新闻的手脚，这声音在党政领导机关里有，在新闻界也有。

王强华在《新闻法草案起草始末》一文中回顾说：胡乔木“在 1984 年时是批示同意制定单独的新闻法的，但在以后发生根本变化”，“不知什么原因”。我也多少了解一点相关情况。据我所知，胡乔木对制定出版法是一贯支持的，但对制定新闻法是有所保留的。1984 年，胡乔木曾对中宣部新闻局起草新闻法的报告表示赞成，但后来又建议将出版法定名为“新闻出版法”，而当决定新闻与出版分别立法后，他又讲："世界上有新闻法的国家不多，主要是出版法。因新闻本身很难写出多少条，执行起来问题更大，如关于新闻自由问题，中央原来没有考虑的问题，不能非要中央解决。这里有个时机是否成熟的问题，还有是否有必要的问题。"①；"新闻法的范围不要扩大，规定不要太细，规定太细了就不好办了。不能以法限制党对新闻的领导。"② 1987 年 11 月 17 日，胡乔木约见杜导正和我谈话时，主要讲新闻自由问题，也谈了新闻出版署工作问题，但对正在进行的新闻法起草工作，只是说"没有搞出来以前，先搞条例，如新闻工作者条例，适用于中国记者，也适用外国记者"。可见他对新闻法起草所持保留态度是一贯的。因此，我觉得，胡乔木对新闻法的起草并没有"发生根本变化"（变化是表象，不变是实质），原因也很明确，即如他所言："时机是否成熟"，"是否有必要"。

新闻界老领导朱穆之也说过："私人办报是个难题。要求私人办报的原因不一样，一种是要求保障舆论监督，一种要求搞自由化，还有一种是持不同政见者要求有发言论的场所。从长远来说，社会主义要超过资本主义，但现在搞私人办报，有一个承受能力问题。我们意见，推迟新闻法，先搞新闻工作条例。现在搞新闻法，有许多难处。允许私人办，容易引起被动；不允许私人办，又会引起国外批评，说我们不自由。"③

我不赞成那种"胡乔木主事不能立，胡启立主事才可立"的

① 1985 年 1 月 23 日同中宣部新闻局同志的谈话，见《胡乔木文集》第三卷，并编入《胡乔木谈新闻出版》，见第 376—377 页。

② 中宣部常务副部长郁文 1985 年 5 月 22 日传达胡乔木 5 月 19 日电话指示。

③ 1989 年 2 月 18 日在中央宣传小组会上的发言，转引自袁亮《出版法起草工作始末》。

说法，其实，新闻法被搁置并不是由于胡乔木的干预（只是被他言中了）；也不是因发生北京政治风波而被中断，事实上这风波一过，起草工作又紧锣密鼓地进行了。对新闻法制定工作的搁置，不宜在个人的意见（那怕是高层重要人物）或一时的政治风波事件中去寻找原因。这样，我们或许在被搁置后真的能够有所得、有所收获，从而有所前进了。

我的体会主要有三点：

1. 新闻法（包括出版法），不是一般的行政法，而是直接涉及公民政治权利和义务的重要法律，要保障公民依法行使言论出版自由的权利，使公民能够自由地表达自己对国家事务的见解和意愿，因而被国家最高立法机关全国人大划分在宪法及相关法类。这就决定了新闻法（出版法）的制定，必然要紧密地同国家的政治体制改革和民主政治建设的进程相联系，相适应，不可滞后，也不能超前（有别于前瞻性）。而法律条文又要求保持其相对的成熟性与稳定性。只要我们面对二十多年来围绕政治体制改革和民主政治建设所发生的争论（包括新闻工作），那么，由于出版法（草案）未付诸表决，就迫使新闻法的制定工作随之“自行搁置起来”（无权威指令），也就可以看作是一种必然了。在出版法审议的最后关头，我曾想过，如果高层领导也能像著作权法审议遭受困难时出面做些工作，也许能够挽回被撤回的结局，而面对新闻法的被搁置，我却毫无此念。但我想过，此种结局应该能够为今后此类事的重议以一种有益的启示。因为我认为，新闻出版立法是一个有争论的问题，这种争论必将长期存在下去；这又是一个关乎党和国家长治久安全局的重大问题，其意义和影响远远超出新闻与出版领域自身而受到关注；这就决定了新闻出版立法工作必须有顶层决策，实行顶层设计与起草部门紧密结合，才能准确把握时机与条件，把此类政治性很强、敏感度很高又有全局性影响的问题解决好。

2. 按照马克思主义观点，法律是统治阶级的阶级意志的体现。老牌西方民主国家也不例外。在当代中国，就是要体现中国共产党领导下的广大人民的意志。正是在这个意义上，我们能够做到党性与人民性的统一，党的纲领与人民利益的一致。因此，新闻法必须旗帜鲜明地体现以马克思主义为指导和党对新闻工作的领导，把党对新闻工作的重要方针和原则，以法律的形式加以确定和具体化。这里有两个实质性问题是必须明确的：其一是新闻法（或新闻工作规章）要对新闻机构对新闻的发表独立负责做出明确规定，但同时要确保党的领导和政府的监管。其二是要明确发挥新闻舆论监督的重要作用，既要反对和制止党政机关阻饶舆论监督，对新闻单位进行打击报复；又要反对和制止新闻单位超越职权，干扰司法审判和党政机关的正常工作，并在法律实施过程中加强建设，使之逐步完善。

3. 关于是否要提新闻自由，是存在不同意见的。宪法中有言论、出版自由的规定，未提新闻自由。胡乔木未明确反对提新闻自由，但他说党中央未讨论过。可见这个问题的分量。在征求意见时，有人建议不要独立地提新闻自由，而是把新闻自由作为言论、出版自由的延伸，称："新闻自由即是公民通过新闻媒体实现宪法规定的言论、出版自由"，或者说是"在新闻活动中的体现"。但主张提"新闻自由"的意见更为强烈，认为"新闻自由是公民通过新闻媒介了解国内外大事、获得和传播信息，发表意见，参与国家政治生活和社会生活的基本权利"，更主张把这个内容写入法律草案。实际上，这两种意见逐渐在缩小分歧。我更关注在新闻法中既保障自由的行使又要防止自由的滥用，对这两方面都做出明确的规定，使用新闻自由一词也未尝不可。现在，只要制定规范新闻活动的法律或规章，这个问题是难以回避的。

我以为，新闻法（出版法）起草过程中发生的那些重要问题，无论立法与不立法，都是客观存在的，都需要并可能在政治体制改革和社会主义民主政治建设的进程中，在相应的新闻出版改革中，予以适当解决。这是当前做好新闻出版工作的迫切需要，也是新闻出版法制长远建设所必需的。对此，新闻、出版界内外，似乎都有所期待。

（注：此稿于2013年10月写出第一稿，2014年5月全书定稿后又作某些修改。）

第十章

退居二线及离休之后

这一章集中写我“岗位离开了，而事业还牵挂着”的所思所为、所经历的一些事。

一、在中国出版协会的探索

中国出版工作者协会（简称中国版协）于1979年12月20日在湖南长沙成立。长沙会议出席者，受确立地方出版社出书立足本省、面向全国方针的鼓舞，带着欣喜和振奋的心情，以中国版协一次会议代表的身份，选举产生了以陈翰伯为主席的中国版协领导机构。第二届主席为王子野。我是1993年8月接任第三届主席。我曾任第一届秘书长，参与筹备及成立初期的工作，后因出版局公务缠身便辞去了秘书长一职。第二届我任副主席，但未参加实际工作。1993年接任主席后，我才开始了中国版协工作的探索。

（一）向行业协会过渡的体会

我在这里使用“探索”一词，是因中国版协自身的性质及其与政府主管部门的关系，尚有不明确之处，有些甚至尚未定型。按当时章程所确定的宗旨，中国版协基本属于一般性社会团体，领导成员也主要由党政主管机关现职领导干部兼任，但也常有人提出应办成行业协会。我当时想，按现行体制，对出版工作要加强党的领导与政府管理，按行业协会办出版协会是不现实的。所以我提出，在社会主义市场经济条件下如何做好出版协会的工作，是一个需要探索的问题。我在当选主席后的大会闭幕词中说："现在，协会的性质在一些重要方面还未定型，比如是否和如何向行业协会过渡？随着政府管理机关转变职能，协会工作如何作相应的调整？都需要继续进行探索，这也是建立新的出版体制必须解决的问题。" 1995 年 1 月 22 日—23 日，中国版协在京召开常务理事会议，中国版协秘书处为会议印发了《关于发挥行业协会作用问题的指示和参阅材料》，介绍党中央、国务院和中央领导同志关于发挥行业协会作用的指示以及国务院一些部门的做法。我为这个材料所写的按语中指出："如何发挥行业协会作用的问题，是体制改革中出现的新问题，需要通过积极而又稳妥的探索和实践，在不断深化改革的过程中逐步加以解决。出版协会与其他经济方面的行业协会既有共同点又有特殊性。出版工作是宣传思想工作，必须加强党的领导和政府管理，要在这个前提下加强行业自律，发挥行业协会作用，使其成为党和政府管理出版事业的助手，联系广大出版工作者的桥梁和纽带。" 1995 年 11 月 6 日至 8 日，中国版协版权保护工作委员会在上海召开版权工作经验交流会，我在会议开始时指出："中国版协在工作中要处理好两个关系，即处理好版协与党和政府出版主管部门之间的关系，版协与其团体会员（出版社）之间的关系。处理好前者关系的关键是摆好位置，版协要当好党和政府出版主管部门的助手，在党政出版主管部门和出版社之间起桥梁作用；处理好后者关系的关键是版协要努力为出版社服务好，而代表和维护出版社权益则是版协对出版社最重要的服务。版权问题是连结版协与出版社的行业关系的重要环节。"

从 1993 年 8 月开始接任到 2000 年 1 月卸任，我做中国版协主席 6 年。在 1 月 24 日卸任的大会上，我以新闻出版署前署长、中国版协前主席的身份，讲了六年探索的实际体会和加强改进出版协会工作的意见，作为离职赠言。

我的这次离职赠言是实话实说的：

我今天集中讲一点：要进一步重视中国版协（当然也包括出版界其他社会团体），把版协的工作作为整个出版管理体系中不可缺少的重要环节，使其在实行社会主义市场经济的新形势下发挥更大的作用。

由于没有现成经验可循，中国版协的二十年可以说是在探索中前进的二十年。从中国版协成立起，就在讨论中国版协的性质、地位和任务，章程上写了是党和政府与出版界联系的桥梁和纽带，领导同志讲话都讲版协的工作如何重要，但实际上或者说在实际工作中对这些根本性的问题并没有真正解决好。是不是不重视版协呢？这要说两句话：是重视的，否则也不会做了那么多的工作，取得那么大的成绩；但是也不必讳言，重视的程度还不够高，也不那么经常和一贯。比如我在国家出版局和新闻出版署任上时，不能说对版协的工作没有关心和支持，但却缺少主动考虑和帮助，更没有把版协工作列入党组必须审议的议题。到我当版协主席后又如何呢？我曾在第三次中国版协代表大会上表态"要努力工作，尽职尽责"，但回想起来，我的职是什么、我的责有几条，我也不甚清楚。我是想做些工作，面对版协工作条件比较差，我甚至立下雄心壮志说"要放下架子办事，厚着脸皮要钱"，要有所作为，但又提防自己不要越位，比较重要的工作都请示报告或者接受委托而后行。主持本届中国版协日常工作的卢玉忆、伍杰同志和我都是从党政一线岗位上退下来的，我们的工作被看成是老同志在发挥余热，但我又认为这种看法与说法不尽符合版协的性质与任务，那么回头过来，我对第二届版协王子野等几位老同志的工作（主持第一届版协工作的都由当时现职的同志兼任）又如何看待的呢？我非常敬重和尊重他们，但如前所说事实上我也没有把版协的工作摆在重要位置上。其实，这主要不是哪个部门、哪个负责人重视与不重视版协工作的问题，没有那么简单，而主要是主客观条件还没有成熟到那种程度，必须对版协这个社会团体在整个出版管理体系中处于什么地位、承担什么任务、负有什么责任作出明确的规定。不要说像党政机关都有个三定方案那样，就连个规范版协工作的比较权威性文件也没有。这样，版协工作做多做少如何做，在相当程度上是因人因事而异，有很大的随意性。

出版管理也是一门科学和完整的管理体系。1992、1993 年，我曾先后讲过：出版管理可以有几个层次：国家出版管理机关的“政府行为”，主管主办部门的“老板行为”，出版行业和出版单位的“自律行为”。这方面的工作做好了，出版行业协会的作用发挥了，可以避免政府主管机关时时处处都冲在前台，从而有利于加强宏观管理，办好大事。应当强调，出版工作具有很强的思想性和政治性，需要由党和政府加强领导和管理，但这决不是说行业协会和行业自律就不重要了，而恰恰是相反，如果这方面工作做好了，更有利于加强党和政府的领导和管理，甚至可以说是加强和改进党政机关的领导和管理之必需。把出版行业协会工作纳入整个出版管理体系，使之成为一个重要环节，从而更好地发挥其作用的问题，涉及整个政府体制改革这样一个历史性的任务，需要有个过程，但目前就应该不误时机地开始做起来。[1]

以上就是我六年探索的主要体会，也是我“离职赠言”的主

① 宋木文：《亲历出版 30 年——新时期出版纪事与思考》，商务印书馆 2007 年版，第 765—766 页。

要内容。于友先接任中国版协主席十多年，由于大体相同的原因，向行业协会过渡仍未见到明显进展。由柳斌杰同志任理事长的最新一届中国版协主持日常工作的两位副主席来我的住所谈到中国版协将加快加大向行业协会转变问题时，我强调说，版协有此进取之心很重要，很宝贵，但这取于新闻出版改革的总进程，取决于政府转变职能的实际步伐，而不取决于某个人，说到底，就是由现任总署署长兼任中国版协主席，一手抓总署，一手抓版协，如果政府改革和职能转变不到位，也仍然办不到。当然，人们会期盼出现新的机遇。

（二）努力做好基础性工作

我在中国版协任主席这6年，虽然向行业协会过渡问题未取得明显进展，但还是保持积极探索状态，以一、二届中国版协工作思路和经验为基础，努力做了一些基础性工作。主要有：（1）进行出版社队伍的教育培训工作，包括举办各种形式培训班、专题讲座等，提高出版队伍的素质和专业水平。（2）评选表彰和奖励先进出版工作者，继续评选中国韬奋出版奖，新设中国百家出版工作者奖、中国优秀中青年编辑奖、全国伯乐奖。（3）举办中国图书奖（全国性三大奖之一），以及其他图书奖和展览，以提高图书质量。（4）加强职业道德建设，促进行业自律，1995年制定以图书出版社为主要规范对象的“中国出版工作者职业道德准则”后，又在1997年1月进行修订，成为出版全行业的职业道德准则，并与新闻出版署联合召开全国电视电话会议予以公布。（5）维护出版社的合法权益，加强版权工作，是联结中国版协与其主要会员单位出版社行业关系的主要内容和主要环节。1995年针对引进版无序竞争状况，组织出版社联合签署《图书出版社版权引进规则》，对规范对外版权贸易、维护出版社的权益起了积极作用。（6）举办多种出版理论和专业的研讨活动，推动事业发展和提高学术水平。

这些都是出版协会基础性工作，无论是否办成行业协会，都必须认真做好的。

（三）积极开展对外和对台出版合作与交流。

中国版协成立以来，一直把开展对外合作出版与交流作为自己的一项重要工作。以中国版协名义，组织出版界参加法兰克福书展，组织指导出版界同国外出版商进行合作出版，委托外国出版单位如日本讲谈社培训中国研习生，对外国出版业进行考察等，都很有成效。我任主席的第三届中国版协在原有的基础上，也力求有所前进。比如作为发起国之一，筹备和参加亚太地区出版联合会（APPA）的工作。1994 年 1 月，经外交部批准，我以中国版协主席名义出席在东京举行宣告 APPA 成立的全体会议，通过章程，选举领导机构，从此中国版协作为副主席单位参加该组织的历次年会和评奖活动（中国参评图书获得多项金奖），在亚太地区（日、韩、印、泰、澳、新等）产生了积极影响。1994 年 10 月，由我任团长、中宣部副部长龚心瀚任顾问的中国出版代表团访美，对美国出版业进行了比较系统和深入的考察，回国后写出《对美国出版业的考察报告》，上报领导机关，并于 1995 年在《中国出版》第 3 期以专刊刊载。在《亲历出版三十年》（第 802—818 页）全文刊载的这个考察报告，分七个方面对美国出版业进行了评估，还“看别人，想自己”，围绕当前我国出版改革的一些问题，提出了建议，引起出版界的关注。

中国出版协会发挥民间团体的优势，积极开展了对台工作。第三届中国版协，同台湾图书出版事业协会、香港出版总会，经反复、充分协商，在两岸三地建立华文出版联谊会议，从 1995

年起，轮流在香港、台北和北京举行，对推动三地出版界的交流与合作起了重要作用。从 2001 年起，澳门出版界加入成为两岸四地出版联谊会议。由于各方面的重视与推动，此项联谊活动已走上常态化和制度性安排，成为两岸四地出版合作的重要协商渠道和交流平台。“华文出版联谊会议”的举行并一直坚持下来，是两岸大形势发生积极变化的产物，而相关人员也适时抓住了历史给予的机遇。经过充分协商，1994 年 9 月 4 日，由宋木文、武魁煜（台湾图书出版事业协会理事长）、陈万雄（香港出版总会会长）代表两岸三地签署的会议纪要称：“三地出版界同仁在洽谈中，一致认为，今后可以‘华文出版联谊会议’的形式，更有效地开展活动，加强相互间的合作与协调，在两岸三地出版业之间建立更为密切的关系”。纪要明确联谊活动的主要内容包括举办华文图书展览、召开研讨会、组织人员互访、协调有关著作权事宜等。我在 1995 年 5 月，以中国版协主席名义率团首访台湾，实际上也是对 1994 年会议纪要的落实。从北往南，再返回，一路上，从访问单位选定，接待规格、陪同人员安排，都体现台湾方面对原新闻出版署署长、现中国版协主席首访宝岛的重视，更让我有机会同台湾各主要出版单位负责人交流看法、洽商合作、增进友情。5 月 6 日我在台北举行的两岸出版合作研讨会上的讲话《加强两岸出版交流推进图书出版合作》，受到台湾出版界的欢迎。我特请我的老朋友中国书法家协会主席沈鹏挥毫书写唐诗王维的《送元二使安西》（亦名《渭城曲》）赠台北市出版商业同业公会、杨巨源的《城东春早》赠台湾图书出版事业协会，为这次访问增添了亮点，在两岸出版界传为佳话。我在欢迎晚宴上，向受礼人曾繁潜展开书赠王维诗条幅：“渭城朝雨浥轻尘，客舍青青柳色新，劝君更尽一杯酒，西出阳关无故人。”我面对众人释义说，今天，在场的台湾朋友大多是随前辈，从大陆各地来台湾的，我亦用反衬对比来解释和发挥书法家书写此诗的寓意：我从北京来到台北，比从咸阳来到阳关（即玉门关）更远，但仍有故人，可谓“南下台北有故人”，有乡亲。向武魁煜赠杨巨源诗条幅：“诗家清景在新春，绿柳才黄半未匀，若得上林花似锦，出门俱是看花人。”我也讲了一点寓意：《城东春早》描绘了一位文化人初春踏绿时的心理感受，海峡两岸出版人在文化方面交流沟通，也像这位诗人一样，较早地领略了春天的气息；引申一下，大家为春色奔走，为弘扬中华文化出力，必定会取得犹如繁花似锦的丰硕成果。我请沈鹏书写条幅赠送台湾朋友，反映了我对这次出访的重视，而书写唐诗的寓意也表明书法家同求书者的心是相通的。

2009 年 11 月，我应约第二次访问台湾，在台北两岸出版论坛发表的演讲，即以《南下台北多故人》为题，讲述了我赠沈鹏书写唐诗条幅的寓意和情景。我深情地回顾说：“现在，离我第一次访台已有 14 年了。两岸出版交流与合作，如果以 1988 年 10 月在上海福州路举行两岸书展为标志，至今已有 21 年了。当年接待我们的台湾出版协会和出版单位领导人，大都因年事已高退出一线岗位，两岸的交流与合作，也由他们的继任者继续向前推进着。作为当年台湾图书出版事业协会秘书长、现今理事长的陈恩泉先生则是一以贯之地坚持在两岸出版交流与合作的第一线，是我称之为“南下台北有故人”中受到人们称赞的一位。这次来台北，我的自我感觉是“南下台北多故人”！

（四）值得一谈的北京图书订货会

在中国版协举办的多项实事中，北京图书订货会，对举办者和全行业都有重要意义。1987 年开办的这项图书交易活动，解决了长期以来书店主要靠200字简介（订货目录）“一版订终身”的订货方式，变背靠背为面对面，变分散为集中，社店双方现场交流，使订货质量有了显著提高，数量有了大幅增加，社店关系更加密切。这也是订货会20年来持续发展的重要原因。事在人为。此项活动的创议者和热心参与者王久安、许邦、沈炳麟、施茂仙、黄国荣以及时任中国版协秘书长王业康等，都功不可没。中国书刊发行业协会1991年成立后也举办了全国性图书订货会。两会同时举办类似活动，必然产生一系列问题，甚至相互争吵，内外影响都不好。此时，我已从新闻出版署领导岗位退下来，改任中国版协主席。看到这类事，特别是看到公开发表在报刊上的争论，深感不快、不安和忧虑。我觉得唯一出路是两会合办一个订货会。我先在中国版协内部统一思想。版协领导班子意见一致，版协主持、主办其事的同志也给予理解和支持。我主动正式提出两会共同举办的意见后，得到时任书刊发行业协会会长刘杲的积极赞同，时任副署长杨牧之也很赞成。经新闻出版署批准，从1997年第10届开始，订货会由版协、发协联合主办，署发行司作为主管者也参与协调工作，并正式定名为北京图书订货会（此前叫图书交易会）。在各方面共同努力下，订货会越办越好，形成了出版发行两会协调共进的新局面，这也是版协、发协加强协作办大事的一个成功范例。

订货会是历史产物，如何往前走，要进行哪些改革，在举办了20年的2007年总结时，就被提出来了，业内有识之士还提出“希望更好地发挥这个有固定时间和地点的图书订货会的优势，使之不但成为业内的图书交易会，也成为读者购书的盛宴，成为编辑、作者、销售商、读者互动的狂欢节”。我当时曾撰文呼应，祝愿“在未来岁月办得更好！”

（五）适应“大出版”新形势，建立“大版协”新体制

中国版协从1979年12月成立，一直是代表整个出版界的全国性全行业组织。从1993年第三届起，由于发行、期刊、音像和编辑等相继成立各自独立的专业性协会、学会，中国版协章程对会员的规定除中央级出版社和地方版协外，还包括“印刷、发行、期刊业的代表”，仍具有出版全行业的性质，并受中宣部、新闻出版署的委托，组织实施出版界的职业道德准则、评选韬奋出版奖、百佳出版奖、中国图书奖等，但在章程中未明确与其他协会的关系，各协会在工作中出现一些交叉与重叠，有时甚至引起一些矛盾和纠纷。这个时期由我担任中国版协主席，在实际工作中深感需要明确中国版协与其他相关相近协会的关系，以使出版界各行业组织既形成合力又发挥各自的优势。1997年9月9日，新闻出版署人教司根据《国务院办公厅转发民政部关于清理整顿社会团体意见的通知》（国办发〔1997〕11号）中“对宗旨、业务范围相同相似的社会团体予以合并”的精神，提出将书刊发行、音像、期刊、编辑等8家协会、学会并入中国版协，有的作为中国版协专业委员会，有的保留牌子以便于开展对外交流活动。中国版协对署人教司方案原则上表示赞成，但考虑历史形成的实际情况，提出全行业重大活动由中国版协统一组织；书刊发行协会、音像协会、期刊协会仍予保留，“自主地开展业务活动”。对中国印刷技术协会，中国版协建议，“业务上受国家科委指导”不变，但应同时参加中国版协，以利于编辑出版印刷发行业的统一协调。

由于有关协会的意见分歧，署人教司方案未能及时落实。为换届作准备，第三届中国版协的主席办公会议、常务理事会议多次作为专题，讨论版协体制问题。我也多次从顺应“大出版”的角度讲过建立“大版协”的必要。我强调指出，随着高新技术进

入出版业，传统的以纸介质为主的单一出版业已发展为纸、声、光、电、磁全面发展的立体型出版产业，形成多种媒体互相促进、共同发展的新局面，成为“大出版”的新格局。目前出版界社团分立的状况与“大出版”的新格局不相适应，与党和政府加强领导和更好发挥社团作用不相适应。建立由中国版协代表出版全行业的“大版协”体制（有时又称“在新的形势下重建‘大版协’体制”），如同新闻界有一个统一的代表性的全国记协一样，有利于增强“大出版”的凝聚力，有利于党政主管部门加强对整个出版业的宏观调控和协调发展。中国版协经过内部酝酿并与有关社团磋商，于1998年11月27日向新闻出版署党组报送《关于中国版协换届的请示》，明确提出：“将换届后的中国版协进一步明确为代表出版界全行业的全国性的社会团体。出版界其他专业协会、学会加入中国版协为团体会员，各自独立的法人社团地位和名称不变；各专业社团的主要领导人在中国版协担任副主席职务，并在中国版协理事会、常务理事会中适当安排各专业协会、学会的名额；涉及出版全行业性质的对内、对外的主要活动由中国版协统一规划和协调，各专业出版社团根据各自的任务自主开展活动。”在此报告送出前，时任中国书刊发行业协会会长、中国编辑学会会长刘杲在前引报告此段旁批注：“我个人赞成这个办法”。至此，中国版协与出版界各有关协会、学会的协商达成一致。后又得到新闻出版署党组的批准，以及社团主管部门民政部的认可。1999年5月27日，应我的请求，刘云山同志（并代表丁关根同志）听取我关于中国版协换届的汇报，对适应“大出版”建立“大版协”体制表示支持。2000年1月24日—25日，中国版协举行第四次会员代表大会，按“大版协”体制产生以于友先为主席的新一届领导集体。丁关根会见版协新老领导成员时，肯定了中国版协的新体制。新闻出版报在报道此次会议成果时突出“换届选举建立新版协体制”：“为了适应出版业的发展，更好地发挥行业管理和行业自律的作用，中国版协已确定为代表出版全行业的主干社团的牵头单位，出版各专业协会都作为团体会员加入中国版协，这些社团的法人代表都进入版协的领导班子。这样，图书、期刊、音像、印刷、发行等社团联成一个有机的整体，展示大出版的格局，从而确立了中国版协在全行业的代表性和权威性的地位，又使各专业协会、学会的独特作用继续得到发挥。按照民政部关于社团整顿的要求和建立新的版协体制，大会一致通过了新一届版协章程。”

至此，为适应“大出版”新形势而建立起“大版协”新体制。

据《中国新闻出版报》报道，2011 年 5 月换届后的中国出版协会，按其章程和对章程的说明，似乎改变了与出版界其他协会、学会的关系，从而改变了原来代表出版界全行业的“大版协”体制。为此，我于 2012 年 1 月 27 日写信给柳斌杰同志，就当年建立“大版协”新体制问题作了说明，并附送有关资料。详见《八十后出版文存》第 123—138 页之《顺应“大出版”新格局建立“大版协”新体制的由来》一文。

（六）加强中国版协自身发展建设

第三届中国版协还为加强自身建设做出努力。在新闻出版署有关主管部门支持下，按原定基建规划，将为三联书店新建办公楼的第三层划拨给中国版协，用于筹建出版之家，也适当改善办公条件。筹备和主办了作为直属出版社的线装书局，出版了线装本《毛泽东评点二十四史》，以及《邓小平文选》《毛泽东选集》《毛泽东诗词手迹》等多种体现传统特色的线装书籍，在社会上产生了重要影响。加强和改进了《出版年鉴》的编辑出版工作，提高了质量，解决了多年拖期的难题，做到了年年适时出版。还在2000年1月换届前，为新一届中国版协申办了一个期刊，以增强版协的影响力。

二、为文化传承张罗几套大书

我文化不多，对文化的研究不够深入、透彻和系统，但历史给我以机会、机缘，搞了几十年出版工作。所谓出版主要是出书，和书打交道。我1993年从行政岗位退下来，到了全国人大，在教科文卫委员会工作了十年，还有时间做些别的事。做些什么呢？如果有机会，还是作一点书吧。我作书不是书商那个做法，主要是组织与策划，不具体操办经营业务。

（一）《毛泽东评点二十四史》（线装本）的出版

由线装书局出版的线装本《毛泽东评点二十四史》，是1993年我卸下国家出版管理重担后，在中国出版协会主席任上为文化传承张罗几套大书的第一套。

《毛泽东评点二十四史》（16开本影印仿真线装本），是根据中央档案馆提供的毛泽东生前反复阅读并作了评点的清乾隆武英本殿本影印出版的，从内容到形式都堪称我国线装图书的精品。这套作为国家重点文化工程的大书的出版（首印200套），在当时曾得到高度评价和广泛影响，并将为文化传承长久地发挥不可替代的重要作用。

从中国出版协会的角度来说，能办成这件大事，首先要讲到时任线装书局经理兼总编辑谢云同志。早在他担任广西壮族自治区出版局长期间的1986年，在南宁召开的全国出版局（社）长会议的会务工作，就是由他带领一个班子承担的。我至今仍留有印象，他是一位有文化修养和文人作风又有进取精神的省一级“出版官”。1990 年，他奉命来到北京，任当代中国出版社社长，并担任中国书法家协会秘书长和分党组书记，主持中国书协日常工作。1993 年，我的老领导时任中国出版协会主席王子野要为中国版协办一家出版社，我表示愿意促成。王子野采纳谢云意见定名为线装书店（后改为线装书局）出版线装书，随后又决定谢云出任总经理、总编辑。我接任中国版协主席后，筹备线装书局之事主要由王子野和谢云共商。出二十四史线装本，也是谢云与王子野谋划后同中央档案馆和中国档案出版社争取和商定的。对原书的校核和影印胶片的制作，是由档案馆组织专家进行的，但采取传统独特出版文化形式的编辑构思、装帧设计、影印出版（选点与用纸）等工作则是谢云操办的。他是线装本二十四史名副其实的策划人与践行者。

在此期间，我直接参与不多，主要是两项：一是确定编辑出版委员会名单，经谢云与中央档案馆、中国档案出版社商量，委员会由档案、文献与出版方面相关负责人担任，设双主任，由时任中央办公厅副主任兼中央档案馆馆长、国家档案局局长王刚和时任中国出版协会主席宋木文担任。我还被挂上线装书局总顾问，我提出我并没有此种头衔，谢云一再坚持，并写在《出版说明》公布的名单中。在确定委员会副主任时，我建议将出版方面实际操办此事的谢云排名在前；时任新闻出版署办公室主任石峰列入副主任名单，是因他对此项工程一直给予积极支持，并在报送审批列入重点出版工程等诸事上起着承上启下的作用。二是审定线装书局与一家民营公司在经营上进行合作的协议，我特别关注出版社要牢牢掌握编审权，保证出书质量。

作为《毛泽东评点二十四史》精装本和线装本整理出版的主

要领导者、十七届中央政治局委员王刚，为纪念毛泽东诞辰120周年，于2013年12月24日，在《人民日报》发表《宝贵的精神财富　伟大的领袖风范——回忆毛泽东同志藏书和文稿整理保管工作》一文，对这套大书的出版做了回顾与评论：

为了便于世人了解和学习毛泽东同志评点《二十四史》，我们以馆藏原书为底本，影印出版了《毛泽东评点二十四史》。这套书有13万页，编辑出版的工作量非常大。为了确保出版质量，我们邀请了中央文献研究室和中央档案馆的几十位专家学者及技术人员来做这项工作。这些同志靠着长期积累的知识功底和刻苦钻研的精神，找来各种工具书和各种版本的《二十四史》作参照，发现并纠正了原书160余处印装方面的错误，逐页逐字、全面准确地校核了毛泽东同志评点的所有内容。最后用数码技术拍照制版，制成可供影印的胶片。经过一年多时间的努力，1996年5月，《毛泽东评点二十四史》精装本由中国档案出版社正式出版；同年9月，线装书由线装书局正式出版。《毛泽东评点二十四史》具有重要的文献价值、思想价值和学术价值，特别是它对于学习研究毛泽东思想、弘扬中华民族优秀传统文化等都具有重要意义。该书一问世，就受到了广泛关注和欢迎。

我为能协助王刚在线装本出版上做一些事感到荣幸。如果说我在编辑出版环节上所做甚少，就应该也有责任在评论与宣传上多做一些事。我也曾请王刚出面主持，但他此时已出任中央办公厅主任，都以实际行动表达关心与支持而婉拒出头露面，这样我就更应有所承担了。

在《毛泽东评点二十四史》（线装本）评论与宣传上的一次重要活动，就是为纪念毛泽东诞辰104周年，为推动学术理论工作者和广大干部更好地研究中国历史和现状，以史为鉴，促进我国现代化建设事业，中国出版协会和光明日报社于 1997 年 12 月 1 日在人民大会堂举行毛泽东与二十四史学术研讨会。

会前，我向中央政治局常委、全国政协主席李瑞环汇报了这套书的出版情况，请他出席研讨会并讲话。瑞环同志全都应允。随后，按规定，由新闻出版署向中央办公厅送去拟请李瑞环出席毛泽东与二十四史学术研讨会的请示报告。邀请出席研讨会的专家学者也事先作了安排。

研讨会在人民大会堂新疆厅召开。

李瑞环到会后，先同专家学者、各方面负责人合影留念。我向王晨同志（时任光明日报社总编辑）提议，请专家学者位居前排，他和我作为主办单位负责人位居二排两侧，他欣然同意。

我作为会议的主持人，首先代表这次学术研讨会的主办单位中国出版协会和光明日报社对李瑞环出席今天的会议并发表重要讲话表示衷心的感谢，向出席会议的各位专家学者和各位领导同志表示热烈的欢迎和感谢。

我说，毛泽东生前酷爱历史，读了大量史书，并且通读了二十四史这部历史长卷，有些史册和篇章还阅读多遍。根据中央档案馆提供的毛泽东生前阅读并作大量评点的清乾隆武英殿本二十四史，由线装书局影印出版了《毛泽东评点二十四史》线装本，使人们得以完整、准确地了解毛泽东评点二十四史的全貌，为研究毛泽东与二十四史、毛泽东的历史观和他如何借鉴历史指导现实斗争提供了极为珍贵的历史资料。我们今天召开这个研讨会，就是为了学习历史、以史为鉴，推动学术理论工作者和广大干部更好地研究中国历史和现状，以利于我国现代化建设事业。

研讨会上，中国社会科学院研究员刘大年、北京图书馆馆长任继愈、北京大学教授张岱年、中央文献研究室主任逄先知、北京师范大学教授瞿林东、中国人民大学教授芦荻、线装书局总编辑谢云等先后发言。

李瑞环在讲话中首先向为《毛泽东评点二十四史》的整理和出版作出贡献的专家学者及有关部门表示崇高的敬意和衷心的感谢。

李瑞环说，毛泽东读史，不拘泥于前人已经作出的结论，能在浩繁的史料中，去伪存真，去芜取精，得出独到、精辟的见解。毛泽东读史，不是为史而史，而是结合实际，解决面临的各种问题，推动中国历史更好、更快的前进。

李瑞环指出：毛泽东一生酷爱读书。战争年代，条件极其艰苦时，他坚持读书。和平时期，国事十分繁忙时，他坚持读书。即便病魔缠身、行动困难时，他仍然坚持读书。读书成了毛泽东生命的有机组成部分。当我们钦佩毛泽东知识渊博、才能杰出、功绩卓著时，同样也钦佩他那种“生命不息、读书不止”的崇高品格。现在我们的工作确实比较忙，但无论如何忙不到毛泽东那样的程度。我们要借《毛泽东评点二十四史》出版的时机，学习毛泽东读史用史、爱书读书的精神，使勤读书、多读书成为习惯成为风气。

出席研讨会的专家学者还有季羡林、周振甫、阴法鲁、李文海、林甘泉、宁可等。中宣部、中央文献研究室、新闻出版署等有关部门负责人出席了研讨会。

12 月 2 日，《光明日报》在头版显著位置对这次研讨会作了报道，全文发表了李瑞环的讲话。《人民日报》等中央和地方报纸均作了报道。中央电视台在 12 月 1 日晚 7 时的新闻联播中对这次研讨会也作了突出报道。

1997 年 12 月 26 日是毛泽东诞辰 104 年的日子。这一天的《光明日报》用一个整版，以《学习毛泽东的读史精神　弘扬祖国优秀传统文化——“毛泽东与二十四史研讨会”纪要》为题，发表了 13 位专家学者在研讨会上的发言和书面发言（含未到会而准备了发言的），他们是：张岱年（北京大学教授）、刘大年（中国社会科学院近代史所名誉所长、研究员）、任继愈（北京图书馆馆长、研究员）、逄先知（中央文献研究室主任、研究员）、周振甫（中华书局编审）、阴法鲁（北京大学教授）、李文海（中国人民大学校长、教授）、林甘泉（中国社会科学院历史所研究员）、宁可（首都师范大学教授）、彭明（中国人民大学教授）、瞿东林（北京师范大学教授）、芦荻（中国人民大学教授，曾在毛泽东身边工作）和谢云（线装书局总编辑、编审）。

从这个专版的组织和安排，所请专家学者的阵容及其发言的广度和深度，都可以看出这次学术研讨会的重要性及其可能产生的重要影响。

为纪念毛泽东诞辰 104 周年，扬州电视台和中央电视台联合制作了电视专题片《毛泽东评点二十四史》。这部近一个小时的专题片在 1997 年 12 月 26 日晚中央电视台第一频道黄金时段（新闻联播之后）播出，让广大观众全面系统而又生动地了解了毛泽东阅读武英殿本二十四史，以及这部线装书制作和出版的情况。此专题片后来荣获中宣部“精神文明建设五个一工程”奖。

1997 年 12 月，从《毛泽东评点二十四史》线装本出版座谈会的举行，各个新闻媒体对座谈会的报道，到电视专题片《毛泽东评点二十四史》的播出，在首都北京知识界谈史读史成为热门话题，有助于形成李瑞环所倡导的那种局面：“我们要借《毛泽东评点二十四史》出版的时机，学习毛泽东读史用史、爱书读书的精神，使勤读书、多读书成为习惯成为风气。”

2000年5月，由中央档案馆、扬州市广播电视局编辑，中国档案出版社出版了《毛泽东与二十四史》。这套上下两册的线装书，在毛泽东评点“二十四史”手迹精选之后，还收入了《毛泽东与二十四史学术研讨会》上的发言、电视专题片《毛泽东评点二十四史》解说词等。在这部书筹划过程中，中国档案出版社社长周留树给我写信说，逢先知建议拟将李瑞环在毛泽东与二十四史学术研讨会上的讲话作为代序，请我帮忙联系，我为此事又给李瑞环主席办公室主任李昌鉴写信请示，获得同意。稍后，我看到有李瑞环讲话为代序的这套印装精美的两卷本线装书也出版了。

我受到这套大书成功出版的鼓舞，也写了一篇祝贺《毛泽东与二十四史》出版的文章，1997年8月5日在《人民日报》（海外版）、8月8日在《人民日报》、8月1日在《中国教育报》和第8期《中国出版》发表，并收入档案出版社出版的《毛泽东与二十四史》（上下两册线装）一书中。

以我的感受，在诸多让人难以忘怀之事中，我与时任线装书局总经理王大路，在毛主席纪念堂举行的《毛泽东评点二十四史》（线装本）收藏仪式（由线装书局赠书），以及随后瞻仰毛主席遗容，具有特殊意义。近日学习习近平总书记在纪念毛泽东诞辰120周年座谈会上的重要讲话，使我牢记着毛泽东领导的“新民主义革命的胜利，社会主义基本制度的确立，为当代中国一切发展奠定了根本政治前提和制度基础”“要以勿忘昨天的苦难辉煌，无愧今天的使命担当，不负明天的伟大梦想”来激励自己。

（二）《续修四库全书》的编纂出版

《续修四库全书》是我退居二线后统筹和协调的一套大书。也是我花费时间比较长、克服困难比较多、取得成效比较大的一个重要项目。

《续修四库全书》是我国历史上最大型丛书《四库全书》的续编，共收书5213种，比《四库全书》（3462种）增加了51%。从1994年开始启动到完成编纂出版历时8年。这里所回顾的，即是这“八年成旷典”的历程。

我们是在完成一项历史遗留任务

当我回顾往事，重读有关资料时，我觉得首先应当明确地说，我们在二十年前决定做的是在完成一项本该完成的历史遗留任务。

清乾隆编修的《四库全书》，基本上涵括了乾隆以前各学科领域、各学术流派的重要典籍，成为了解和研究先秦至清前期二千多年中国学术、思想、文化的重要大型百科性丛书。这是乾隆帝及其编修班子对我国思想学术文化积累和发展作出的巨大贡献。但由于清廷下令编纂《四库全书》时寓禁于征，抽毁、全毁、删改了不少图书，加上编纂者的学术偏见，不少应该选录的优秀著作没有入选，造成这部大书的历史遗憾。《四库全书》编成以来，数代专家学者和有识之士曾多次倡议续修。清嘉庆初年，时任浙江巡抚的阮元利用职务之便，在江南陆续采购《四库》未收书170多种，向朝廷进呈，并撰写《四库未收书提要》。这可以说是乾隆以后对《四库全书》拟加补修的开端。光绪十五年（1889），翰林院编修王懿荣上书提议“重新开馆，续纂前书”；此后，章梫、喻长霖、孙同康等也都有续修之议。1919年，叶恭绰等赴欧洲考察回国，动议影印《四库全书》，金梁复以为“书不易续，目则易修”，建议将“二百年来新出书籍”，“始存其目，以待后来”。二者皆因乱世未果。1924 年，上海商务印书馆计划影印文渊阁《四库全书》，以销售赢余“请海内通人，选择四库存目及未收书，刊为续编”。1928 年，东方文化事业总委员会下属的北平人文科学研究所，拟利用日本退还的庚子赔款将续修《四库》之事列为课题，并开始购求古书。同年 12 月 15 日，当时兼任东北大学校长的张学良将军，也曾提出“拟垫私财”对《四库全书》进行影印、增补、续修的倡议。但其后因日军侵略我国东北、华北，时局动荡，续修之事也逐渐停息，只有北平的一些中国学者为续修撰写了相当一部分乾隆以后著述的提要，总算为近百年来未能实现的各种动议、各种筹划留下来一些实绩、一点见证。

续修《四库全书》之所以必要，还因为随着时代的发展，从乾隆中期以后至辛亥革命（1911 年）以前，中国学术又积聚了大量重要的成果。清中期的“乾嘉之学”是清代学术中最具特色的，其代表人物如纪晓岚、戴震等均参与编纂《四库全书》，受编纂体制的限制，他们的著作不可能收入《四库全书》。清后期，尤其在鸦片战争（1840）以后，文化学术因受国势陵替的刺激和西方思想的冲击而另辟新境，新思潮层出不穷，形成从魏源到章太炎为代表的“新学”；加上散失海外的古籍善本回归本土，考古发掘使竹简帛书重见天日，秘藏民间和以稿本形式流传的优秀著作不断面世。以上这些数量可观的古籍，都还来不及进行系统整理。通过编纂、出版《续修四库全书》，既可为《四库全书》匡谬补缺，又能继往开来，对清代乾嘉至辛亥革命以前的学术文化发展进行新的归纳总结。

我出面组织编纂出版《续修四库全书》是一次偶然出现的

机遇。

1993年年底，中国版协常务理事、新华出版社原社长许邦同深圳市南山区委书记虞德海达成共识，由南山区政府投资，支持中国版协同在京一个单位合作出版《四库全书存目丛书》，几经商谈，未能成功，却引出深一层的思考，那就是要不要把为《四库全书》补修、增修、续修的工作提到议事日程。

做出续修四库全书的决定，时在1994年春天。参与酝酿和决策的，主要有傅璇琮（中华书局总编辑、国家古籍整理出版规划小组秘书长）、李致忠（北京图书馆业务处长、原善本部主任）、许逸民（古籍整理出版规划小组办公室主任、中华书局编审），以及从深圳南山筹款的许邦、中国版协秘书长范振江和文化部图书馆司司长杜克等。初步议定分两步实施：先出《四库全书补编》，主要选用“四库”未收书；再出《四库全书三编》，主要收录乾隆中期至辛亥革命之前（1795—1911）的著述。稍后，又将原拟编纂出版“补编”“三编”的方案作了调整，在统一体例下合编为《续修四库全书》。

出版方案基本确定后，需要解决巨额投资、组建编选班子、确定出版单位三大问题。6月底，我去深圳（同行的还有许邦和范振江），同南山区委书记虞德海进行商谈，他在发展经济的同时重视文化建设，同意同中国版协合作，并签订了由南山区政府投资《续修四库全书》的协议。当时预计，完成这套大书需要投资八千万元。这个协议的签署对启动这项出版工程有决定性的意义。关于编选工作班子，以前面提到的几位参与决策的智囊人士如傅璇琮、李致忠、许逸民等为主，又吸收了全国几家大图书馆的版本目录专家参加。傅璇琮等在国家古籍整理出版规划小组的任职，使之同全国学术界和图书馆界联系密切，且有某种权威性的优势。这是一个有专业知识又实干的工作班子。出版单位的选择十分重要。上海古籍出版社是一家老社，领导班子团结务实，编辑力量强，有经营管理经验，在得知中国版协主持编纂《续修四库全书》，资金和编纂班子均已落实后，很愿意承担出版任务。我了解这家出版社，便亲自打电话给该社社长李国章表示欢迎。这样，中国版协作为策划者和组织者，深圳南山区人民政府作为主要投资者、上海古籍出版社作为出版者和部分投资者，签署合作协议，将通力合作共同完成这一划时代的文化出版工程。

1994 年 7 月 4 日—5 日，在北京龙泉宾馆召开了《续修四库全书》编纂出版工作会议，中国出版协会、国家古籍整理出版规划小组办公室、文化部图书馆司、中共深圳市南山区委、上海古籍出版社都由主要负责人出席，还邀请北京图书馆等五家大型图书馆古籍版本专家参加。会议讨论了全书编纂的必要性、学术价值及其整体面貌与框架、收书范围与编选原则，确定了全书的编纂出版方案。会议认为全书应当包括：（1）《四库全书》未收的乾隆以前有价值的著述；（2）《四库存目》及《四库》禁毁书中学术价值较高的部分；（3）乾隆以后各学科、流派的代表性著作等。所收各书要尽可能选择善本。各门类的比例大致参照《四库》，但后来得到发展的学科，如清儒所擅长的文字学，近代考古学前驱金石学，可以多收；后衰落了的学科则可少收。选目在注重学术性的同时，还要注重那些珍稀罕见的孤本、稿本，以使《续修四库全书》具有多方面的功能。会议提出，《续修》也要像《四库》一样撰写《提要》，初步议定《提要》与选目同时进行，后考虑多种因素，改为分步实施。全书共收书 5000 种上下，计 1800 册，从 1994 年开始五年内出齐。会议决定成立工作委员会和编纂委员会，宋木文任工作委员会主任，虞德海、伍杰、徐福生、杜克任副主任；编纂委员会由工委会聘任。主编请在学术界德高望重的版本目录学家顾廷龙先生担任，副主编由傅璇琮、李致忠担任。会议确定了全书的投资方案。会议还决定由上古社提出征订工作方案，积极开展《续修四库全书》的宣传征订工作。

7 月 9 日—11 日，《人民日报》《光明日报》《新闻出版报》《文汇报》《解放日报》《新民晚报》等多家报纸，刊登了《续修四库全书》开始编纂的消息。说《续修四库全书》是“荟萃中国古籍精华的划时代工程”，将在“本世纪末中国文化建设史上矗立起一座丰碑”。报道了续修四库全书工作委员会、编纂委员会成立，续修《四库全书》全面起动。

京沪以及其他地区多家媒体对启动《续修四库全书》工程的集中报道，在学术和出版界引起高度关注和热烈反响。很多人表示赞成、支持并愿以某种方式尽自己一臂之力以促其成功。但我不赞成把话说得太满，特别是不赞成在初始之时就预示能够在文化建设史上树立起一座丰碑。我有成功启动的喜悦，更感到越来越大的压力，这种心情使我时刻关注来自学术界的疑虑、提醒与建议。宣传思想战线老领导王元化通过《文汇读书周报》发出寄语：《续修四库全书》规模超过四库，内容更为广泛，编辑难度也更大，一定要做好充分准备，严密论证，谨慎操作，切忌草率行事。著名学者任继愈对以版本目录学者为主组成的编纂班子能否有高水平成果出来表示忧虑。也有人将海外攻击“续修”是一种“不伦不类的文化闹剧”的言论，编印简报，向全国各大图书馆散发。对此种以低劣行径进行的干扰，我确信是不会得逞的，而对任继愈、王元化的意见，则极为重视。我同常务副主席伍杰（曾任中宣部出版局局长、干部局局长，时任中国出版协会副主席）前去任老寓所郑重表示，工委、编委一致决定，选目工作实行版本目录专家与各学科专家紧密结合，以确保高水平、高质量，并请他对今后工作多予指导，任老表示理解与赞赏。我请李国章社长就近向王元化表示感谢，并在阅读“寄语”之后，给续修四库全书工委、编委写信，在引出王元化寄语之后表示：“这个意见值得重视。续修四库工程启动之后更要注意听取各方面意见，包括同我们不同的意见。我们有信心编好、出好、销好续修四库，但也要高度重视编纂、出版、发行工作的难度，从选目、定本到撰写提要，都要严密论证，谨慎操作，保证质量，把各项工作做扎实，才能立于不败之地。

经工委会同编委会、上古社商量，续修四库事关重大，学术界反映也不尽一致，甚至还有强烈反对之人，一定要开个好头，用我们的工作成果逐步形成比较好的社会氛围。所以决定集中力量做好第一批书目的编选和出版工作，以经部易类40册作为第一批，以积累经验，也便于开展宣传征订工作。编选工作实行版本目录专家和学科专家紧密结合，编委会提出初选书目和稿本，征求相关学科专家意见后送出版社复审（包括去图书馆查书），经部易类选目八易其稿，才确定下来。上古社抽调十多位编辑组成专门班子，并随着工作量的增大而加强编辑力量，其他相关部门全力配合。但第一批印制的经部易类有些书书脊过大，装订太松，墨粉片和电化铝易脱落，工委和出版社决定报废重做，对已发出的前十册也主动发函收回重装，受到客户的好评。保持图书的高质量是做好出版工作的生命线，也是对读者负责的集中体现。工委要求要以此次事故为教训，完善制度，把好质量关。由于资金自筹，宣传、征订、发行工作的好坏也直接关系全书的成败，要及早抓紧抓好。除上海古籍出版社通过新华书店系统征订发行外，工委还直接组织专门的发行队伍，分片到全国各地向客户直销。发行对象主要是各省市图书馆和大专院校。在第一批经部易类出书之前，就已签订直销购书合同45套，并开始收取预定金。这样抓发行，贯穿编纂出版全过程，效果甚好。

1995年8月24日，《续修四库全书》首批经部·易类40册面世，在人民大会堂举行出版座谈会。全国人大常委会副委员长雷洁琼，中宣部和新闻出版署等有关部门负责人，著名学者启功等60余人出席。全书主编顾廷龙介绍了编纂工作情况，他感谢各界的广泛支持，并希望今后各方面更多的专家和学者参与到这一工程中来，共襄盛举，期于必成。全国人大常委会副委员长吴阶平、中宣部副部长徐光春、国家语委主任许嘉璐在讲话中高度评价了这套书出版的重大意义。著名学者邓广铭、张政烺、周绍良、阴法鲁在会上发言，因事未能到会的张岱年、戴逸还送来了书面发言，他们从学术文化的继承与发展上充分肯定了对四库续修的重要意义。同日晚的中央电视台新闻联播，次日出版的《人民日报》《光明日报》等中央一级报纸，都在报道中强调，与会者“赞誉这套大书的出版具有重大学术价值，是百年大计，千秋大业”。

此次出版座谈会的次日（8月25日），我写信给时任国家古籍整理出版规划小组组长匡亚明前辈，向他报告：“《续修四库全书》在您的支持下进展顺利，昨天在人民大会堂开了经部·易类出版座谈会，算是迈开了第一步，恳请您多予关照，指导。”我更想起，在《续修》开创初期，匡老于1995年1月22日曾致信顾廷龙主编：“惠函及所附上海古籍出版社、报载《续修四库全书》报道等文件材料，敬悉。此一出版界宏伟工程，能在五年内陆续问世，其速度之快，将远非清王朝以三代皇帝、历时数十年、方克藏臧事之《四库全书》可比拟。现代学术科技飞速发展，无论在出版速度、质量以至内容丰实上，均提供有利条件，并有宋木文、顾老诸先生及大批专家学者主持或参予其事，深信在党中央、国务院关怀支持下，此宏伟工程，定能圆满完成。”“凡工作上鄙人能服务者，定当尽力为之。关于《续修四库全书》在规划小组立项事，已电告傅璇琮秘书长就近在京办理。顾老高龄，时在隆冬，万请顾老勿劳耒宁。”匡老来信，对正在起步并面临诸多困难的编纂工作班子诸人是个有力支持与鼓舞，而两次向古籍整理规划小组立项之事也都得到及时妥善解决。匡老是我所敬重的老一辈革命家和著名学者。1992 年出任国家古籍整理出版规划小组组长后，我曾多次当面请教如何配合工作；他主编的《中国思想家评传丛书》（共 200 部）前 50 部出版，1996 年 5 月 15 日在京举行新闻发布会，我曾奉上祝辞；他 1996 年 12 月 16 日逝世，我发去唁电，表示哀悼。

各学科专家紧密结合协调共进

经部·易类 40 册完成编纂出版并隆重举行出版座谈会，开了个好头，积累了编纂出版工作经验，为后续工作做了重要准备，从此，《续修四库全书》编纂出版全面展开。完成编纂出版的时间依次是：1997 年经部 260 册，1999 年 1 月史部 670 册，2000 年初子部 370 册，2002 年 3 月集部 500 册。至此，历时 8 年，收书 5213 种，全套 1800 册，全部出齐。可谓旷世巨典，八年完成。

做好选目和定本工作，是保证这套大书的学术质量乃至成败的关键。“续修”的编纂班子以版本目录学家为多，又有全国各主要图书馆的参与和支持，他们熟悉全书主要来源的馆藏情况，这对确定选目和取舍版本很为有利。德高望重的古籍版本目录学家顾廷龙先生一生致力于古籍整理，中国传统文化底蕴深厚，九十高龄欣然担任全书主编，为了这项“过去想也不敢想的文化工程”倾注了极大的心血，并为全书题写了书名。李致忠在接受《人民日报》记者采访时说过，在中国五千年的历史长河中，每朝每代都会有一批人自觉地承担起“为往圣继绝学，为来哲存真籍”的责任。我同傅璇琮、李致忠主持的编纂班子共事中感受到，他们以其广博的学识和认真负责的精神，紧密依靠各学科专家学者，共同尽到了这崇高的历史责任。他们深知，要使所选图书更具有那个时代的最高水平或学科代表性，并做到版本价值与学术价值的统一，以各种方式吸收各学科专家的积极参与，形成版本目录学家和各学科专家紧密结合的编纂群体，是十分必要的。古籍整理出版是个系统工程。编选者与出版者的有效合作是出版质量的重要保证。我们主持工委工作的几个人，古籍文献知识有限，但长期从事出版工作的经验使我们对诚邀各学科专家共襄盛举，促进各有关方面协同作战，是特别关注的。从续修四库启动之日起，我们就决定诚聘海内外著名学者为全书的学术顾问，他们是：王世襄、王钟翰、王振鹄、史念海、田余庆、任继愈、刘乃和、刘起釪、汤志钧、杨明照、李学勤、启功、张岱年、张政烺、周绍良、柳存仁、胡道静、侯仁之、饶宗颐、钱存训、钱仲联、徐苹芳、宿白、程千帆、傅熹年、楼宇烈、蔡美彪、戴逸等。另外，根据经史子集四部选目学术要求的不同，还为每一部类聘请了当代公认的著名学者为特邀编委。这些学术顾问和特邀编委，不徒虚名，而是实际地参加编纂工作，对保证学术质量和版本质量起了重要作用。在京和在内地的，虽年高而健康状况又允许的，参与编纂工作（包括参与专题论证会）就多些；身居海外的，也程度不同地参与了编纂工作。担任全书学术顾问的台湾师范大学教授（原任台“中央”图书馆馆长）王振鹄先生热心四库续修事业，两次给编委会来信表示支持，除在台湾宣传续修外，还购买了极有参考价值的资料寄给编委会。王先生在给我的信中说：“续修四库为海峡两岸学界人士之心愿，今在先生领导下竣事（按指选目完成），实为文化盛事。”我为王先生的热情支持深受感动，1999 年 8 月 18 日复信表示感谢和敬意。担任全书学术顾问的美国芝加哥大学名誉教授钱存训给编委会来信，称编纂续修四库全书“不仅百年来梦想即将实现，且质量均超越前书，规模宏伟，令人钦佩”。

八年来，整个编纂工作就是沿着版本目录学家与学科专家紧密合作这条路子而进行的。

1995 年 11 月 14 日—17 日在天津召开的编委会，认真总结了经部选目的经验，提出编纂工作的基本原则，要做到：编委会与学术界紧密结合、编委会与图书馆界紧密结合，编委会与出版社紧密结合，选书的学术价值与版本价值紧密结合。我和伍杰出席了这次编委会，对这次会议所确定的四个结合的编选工作原则完全赞同和充分肯定，并在会上宣布：傅璇琮同顾老一起担任主编，主持编委会日常工作，待到史部出版时在书上署名；李致忠仍为常务副主编。

在顾廷龙、傅璇琮的主持下，根据当前目录学研究的新进展和学术界关于学科划分的共同认识，经编委会和各学科专家反复讨论修改，分别制订了经、史、子、集各类选目。“续修”作为“四库”的续书，主要是从学术传统上发挥承上启下的作用，对各部类选录的书首先要做到在学术发展史上均占有一席之地，同时在目录版本学范畴内也多能跻身于善本之列。这就为实现全书的出版计划和保证图书的质量打下了良好基础。

编委会与出版社的紧密结合至关重要。上海古籍出版社在编委会有一位副主编、两位编委，事实上也直接参加了编选工作，但出版社仍然是一个重要的独立的环节，因为编委会提出选目和版本方案后的各项工作都要由出版社来完成。包括核查藏书单位，核对选目和选定底本，借书与还原复制，以及社内编辑各个环节的工作，工作量及其难度之大，为一般人难以想像。八年中，前后两任社长李国章和王兴康团结和依靠全社同仁，出色地完成了出版任务。

怎么理解乾隆官修《四库全书》，以帝王之尊，倾举国之力，而《续修四库全书》的规模超过《四库全书》，又是民间操作，难度也更大呢？这个问题的提出，反映了对“续修”难度的估计，能否成功的疑虑，而我们参与其事的人也面临着巨大的压力。

其实，这两部书的编纂既有可比性，又不可做简单对比。因为所处的时代环境和编纂条件都极大地不同了。在总结《续修四库全书》编纂工作时，我曾说过“我们没有乾隆皇帝下诏征书那种令行禁止的权力，却有着比封建王朝优越得多的社会制度所给予的各种有利条件”。这是一句实话。清乾隆编纂四库时，历史典籍大都散存于民间，需在全国诏令征集，执行者尽管有皇权之威严，也是有难度和需要时日的。“四库”成书后，清中后期和民国时期的地方官府、文化组织又对我国古籍有所征集和整理。新中国成立后，特别是1981年9月，党中央作出“关于整理我国古籍”的指示，国务院随后又决定恢复古籍整理出版规划小组。此后，对全国各图书馆存世古籍进行普查，并在周总理指示下，编纂了《中国古籍善本书目》。我们查书选本不必面向全社会，而是有针对性地选择各主要图书馆作为重点普查对象，并参照已完成的《中国古籍善本书目》和正在编纂中的《中国古籍总目》，就能大致掌握各部类现存古籍的品种及其版本。参加续修普查和编纂的多为曾经参与编纂前述两个总目的专家，可谓熟门熟路。在此基础上，又有编委会、各学科专家和出版社的紧密合作，环环相扣，以求选目和底本的高质量。至于“四库”与“续修”的出版技术条件，前者人工缮写，后者采用现代化制版和印装技术，更是不可同日而语了。可见，衡量续修这套书的难易和成败，主要不在于有无“帝王之尊，举国之力”，而在于编纂出版工作的主持者是否充分把握了盛世修典的有利条件，是否在编纂中真正做到了版本目录学家与各学科专家的紧密结合，是否做到了编委会与出版社上下两个环节的紧密结合，是否做到了各个参与单位（包括投资单位）的协调共进！

出版座谈会的精心筹备与隆重举行

编纂出版《续修四库全书》是一件大事，参与各方都主张召开出版座谈会进行回顾和总结，向世人宣告这套大书的胜利完成及其意义。2002 年伊始，我们就着手做召开出版座谈会和总结工作的准备，特别是邀请中央领导同志出席之事更要及早进行。

2002 年 1 月 11 日，我首先给中共中央政治局常委、全国政协主席李瑞环同志写信，报告编纂经过与成书规模，请求出席出版座谈会并讲话，使我感到非常高兴的是，1 月 14 日，李主席办公室主任李昌鉴同志即给我打电话说，瑞环同志已批示同意出席《续修四库全书》出版座谈会，有关事项春节后商定。

随后，我们即开始了各项准备工作。

2 月 3 日—5 日，我和伍杰同志去上海古籍出版社，向出版社和印刷厂表达慰问之情，检查最后一批书的印制情况。此行商定开座谈会时在会场陈列“续修”1800 册，并陈列相关图片资料供与会者阅览，请上古社做好准备，及时把书及展出资料运抵北京。

3 月 22 日—23 日，在伍杰同志主持下，在深圳南山区召开《续修四库全书》工委工作会议。这是“续修四库”出版工程胜利完成的总结会。工委、编委、上古社、南山区各参与单位均由主要负责同志出席并讲话。会议还就在京隆重召开出版座谈会以及抓紧启动《续修提要》编写工作作出了决定。

我在会上作了总结性讲话。此次工委会的《会议纪要》刊发了我的讲话。

我在回顾曾经面临并克服各种困难与压力后指出：《续修四库全书》这一工程是在错综复杂的矛盾中起步的，参加合作各方也是逐步形成的，是个比较理想的搭配。八年来，各主要协作方相互依存、相互理解、相互尊重、协调共进的精神贯彻始终，这是完成这项重大工程的关键。尽管工程进行中碰到各种压力和困难，但事实证明，由于相互依存、协调共进，许多难题和困难一个一个地解决了。出书比原定的时间延长了一年多一点，但总体上说是圆满的。

我还讲到，这个项目的成功，还有一个重要原因，就是在抓紧编纂出版的同时，高度重视和加强了发行工作。既抓内销，又抓外销，采取滚动式经营，以减少投资风险。到 2001 年年底，全书整套发行 225 套，另经部销售 60 部，还会继续配套。至今全书共投资 1050 万元，已经不需要再投资了。总体上讲，这件事办成了，大局已定。当然这套书也还会有不足，甚至留有遗憾，要准备听取各种意见。

对于怎样评价全书出版的意义，我还强调：中华文化的继承和延续，主要依靠文字和文献的记载。把分散的文献资料汇集出版，这种对文明成果的整理与积累，其重大的成果往往成为中华民族历史发展的一个标志，也是中华民族对世界文明史的独特贡献。如果没有“四书五经”“二十四史”，没有《资治通鉴》《永乐大典》《古今图书集成》和《四库全书》等一大批图书，中华民族在世界文明史上就难有今天这样的独特地位。建设有中国特色的社会主义先进文化，需要继承和弘扬中华民族优秀的传统文化。今天，世界经济正在走向一体化，但不可能也不应该使各种文化都走向趋同。当今世界发展的趋势必将是：经济高度发达，社会全面进步，文化异彩纷呈。因此，以各种载体继承弘扬中华优秀文化仍有其现实和深远的重要意义。

2001 年 3 月 29 日，我面见新闻出版总署署长石宗源，他同意以总署名义给中央办公厅写报告请中央领导同志出席出版座谈，他同意主持出版座谈会，还表示可由总署办公厅和续修工委办事机构共同做好会务工作。在办理向上请示和协调有关方面诸事上，也得到副署长杨牧之的支持。

4 月 16 日，总署给中办的请示报告送出；同日，我又给中办主任王刚写信，报告出版座谈会筹备情况，并“送上给中办报告副本及有关材料，敬请给予关注、支持”。

4 月 26 日，李昌鉴通知我，瑞环同志近日有重要安排，中旬又将出国访问，出版座谈会可安排在出国前的 5 月 9 日上午召开。我当即将此电话内容告诉王刚主任的秘书，以便及时启动审批程序和安排有关工作。

4 月 29 日下午三时，中办主任王刚秘书唐克电话通知我，请用总署名义补办请李瑞环同志出席 5 月 9 日出版座谈会的专题报告，下午即送中办秘书局。总署机关办公厅作为特殊紧急事项办理，在署长、副署长均不在机关的情况下，仅凭我做的说明和查阅前送报告，即于当日下午5点半，将“关于请李瑞环出席《续修四库全书》出版座谈会的请示”送到中办秘书局。

4月30日，即送出请示报告的次日，中央办公厅王刚主任将中办秘书局建议同意新闻出版总署的《请示》拟就的出版座谈会安排方案报请瑞环、庆红同志批示。方案提出：会议由新闻出版总署署长石宗源同志主持，《续修四库全书》工作委员会主任宋木文同志汇报编辑出版情况，四位专家学者发言，最后请李瑞环同志讲话；届时请新华社、《人民日报》、中央电视台、中央人民广播电台派记者现场采访报道，由新华社发通稿。

5月8日（五一节长假后第一天）上午，中央办公厅秘书局、人民大会堂管理局在大会堂安徽厅召开《续修四库全书》出版座谈会的协调会，新闻出版总署办公厅主任孙寿山、续修工委副主任伍杰参加。

同日下午，《续修四库全书》整套1800册书由上海古籍出版社社长王兴康带队运抵北京人民大会堂甘肃厅布展。

5月9日，《续修四库全书》出版座谈会在人民大会堂安徽厅举行。中共中央政治局常委、全国政协主席李瑞环出席并讲话。全国人大常委会副委员长许嘉璐，著名学者任继愈、戴逸、楼宇烈、徐苹芳、傅熹年、杨义、冯其庸、廖名春、吴书荫、倪其心、曹道衡、陈祖武、杨成凯、余瀛鳌、王尧、邓绍基、戴文葆，中宣部、新闻出版总署、中国出版协会、上海市委宣传部、深圳市等有关负责人，以及《续修四库全书》工委会和编委会组成人员，约二百人出席座谈会。

李瑞环先与参加座谈会的全体同志合影留念，后到甘肃厅参观样书，再到安徽厅参加座谈会。

座谈会由新闻出版总署署长石宗源主持。他说：今天我们怀着十分高兴的心情在这里开会。《续修四库全书》1800 册，经过八年努力，已全部编纂完毕公开出版发行。这是新中国出版史上的一桩盛事。对文化界、学术界来说，也是一件具有里程碑性质的重要事情。《续修四库全书》前人想编没有编成，今天我们圆了 100 多年来中华学子的梦。盛世修典，这部鸿篇巨制的出版，体现了社会主义出版事业欣欣向荣，也反映了当代中国的学术水平。这将对弘扬中华民族传统文化、推动学术研究，促进社会主义物质文明和精神文明建设发挥出重要作用。我们应该庆贺。所以，今天也可以说是一个庆功大会。特别使我们高兴的是，中共中央政治局常委、全国政协主席李瑞环同志亲自出席我们的会议，并作重要讲话。这充分体现了党中央对出版事业，对《续修四库全书》出版的高度重视和亲切关怀，也是对我们新闻出版界的鼓励和鞭策。全国人大常委会副委员长许嘉璐同志今天也出席了会议，他一贯关心支持出版工作，我们表示热烈欢迎和感谢。石宗源还对出席今天会议的著名的专家和学者，为这套书的出版提供大力支持的上海市、深圳市的领导同志、各部门负责同志，以及新闻出版界的朋友们，表示欢迎和感谢。

我以工委会主任的名义，代表各参与单位在会上就编纂出版情况和工作体会作了汇报发言。我说，回顾 8 年工作历程，就是这样一句话：盛世修典，协调共进，使这套大书得以胜利完成。当然，由于多种原因，书中还会有一些不足，甚至可能留有遗憾，欢迎来自各方面的批评指正。此时此刻，我想起已经离世的对本书倾注极大心血的本书主编顾廷龙先生，对本书给予有力支持的匡亚明先生，参与或支持本书编选工作的著名学者程千帆先生和邓广铭先生，对他们不能同我们一道出席被今天会议主持人石宗源署长称作的“庆功大会”，使我们更加怀念和尊敬他们；

此时此刻，我还要说：能编纂出版这部巨型丛书，是我们的光荣；能生活在有条件出版这部巨型丛书的安宁昌盛的时代，则是我们的幸运！

接下来，著名学者任继愈、侯仁之（徐苹芳代为宣读）、戴逸和杨义在会上发言，都充分肯定编纂出版《续修四库全书》是一件大事，对我国人文社会科学的发展，对保存、研究和弘扬中华民族的传统文化，必将产生重大的影响。

国家图书馆馆长任继愈说，《续修四库全书》，避免了《四库全书》的损失，短期完成这项宏大事业，很了不起，它将载入中国出版史册。现今社会存在沉不下心来读书的浮躁风气，有些人不读书而喜欢写书。最能体现一个国家和民族的品格的是哲学和社会科学，它关系到民族和国家的命脉。自然科学落后要挨打，早已引起人们的关注，哲学社会科学落后也要挨打，甚至亡国，似乎还未引起更多人的关注。《续修四库全书》中绝大多数典籍属于哲学、社会科学领域的资料。我希望这部大书得到充分利用，发挥其社会效益。这是一个老教师发自内心的祝愿。

中科院院士、北京大学教授侯仁之说，《续修四库全书》是在二十世纪末对我国古籍的一次科学的总结性的大整理，必将对我国人文社会科学的发展作出贡献。

中国人民大学戴逸教授称赞“《续修四库全书》是一部高水平的学术精品”：第一，收书范围广，原来《四库全书》不收小说、戏曲，而《续修》的一个优点，补收了大批优秀的戏曲小说，补足了这个重要空白；原来《四库》收书只限国内，但今天《续修》收集了保存在海外的国内失传的书或好的底本。如《历代地理指掌图》用的是保存在日本的南宋刻本，再如《东海渔歌》用的是日本内藤家所藏的抄本，是个保存最完整的底本，还有后来出土的大批古文献，这些都超过了当年的《四库全书》，包罗了更多中华民族文化精萃。第二，选书慎重，精益求精。选录一种书往往要用许多家藏本对勘，确定哪一种本子最好，碰到残本还要用几家藏书配齐。如清朱筠的《笥河诗集文钞》一共找了九家图书馆藏书才补配齐，可以说是集腋成裘，才能编成这样的精品。第三，编这部大书需要做大量的研究考证工作。每部书从书名、写作时间、作者、分类、版本、卷数都会有分歧或差错，要一一加以考订纠正。如周春《西夏书》，《中国古籍善本书目》著录的卷数有失误，《续修》收入时进行了改正。因此《续修》是较靠得住的本子，失误比较少。

中国社会科学院文学研究所所长杨义研究员说："这套大书在世纪开端出版，不仅是我国图书整理出版史上的重大事件，而且是现代中国文化事业全面振兴的标志性事件之一，是它的元气和活力的体现。""盛世修典，修成书的宏大规模；反过来，书修盛世，修成了现代文化的深厚底气。我们可以从《续修四库全书》中领会到传统与现代文化的辩证法，本着这种精神启示，我们应当、而且能够创造出无愧前贤、嘉惠于人类的中国新世纪的文化辉煌来。"

李瑞环在听完大家发言后发表了重要讲话。他首先对《续修四库全书》的出版表示热烈祝贺。

瑞环同志从《四库全书》的成书谈到《续修四库全书》的编纂出版。他说，从 90 年代中期开始，我国学术界、出版界集中精锐力量，历时八年，终于完成了《续修四库全书》这件前人多年来想做而做不成的盛事。该书既收录了《四库全书》遗漏、禁毁而确有价值的图书，又收录了乾隆中期至辛亥革命以前我国在学术方面的代表性著作，共 5213 种。它与《四库全书》相配套，构筑起一座中华传统文化的大型书库，1911 年以前的重要典籍，可以大致齐备。这是一项了不起的工程，对保存、研究和弘扬中华民族的传统文化，必将产生重大的影响。这不仅是文化出版界的大事，也是社会科学界的大事。借此机会，要对参与这项工作的专家、学者和统筹这套书的工委会、上海古籍出版社以及投资单位深圳市南山区政府表示衷心的感谢。

瑞环同志进而谈到弘扬中华文化的重大意义。他说，中华民族传统文化源远流长，博大精深，对于中华民族的形成、繁衍、统一及其自立于世界民族之林，起到了不可估量的作用，对于人类文明的进步和发展，也产生了极其深远的影响。作为华夏子孙，我们既感到骄傲自豪，也感到责任重大，我们必须把祖先留下的这一极其丰厚、极其宝贵的文化遗产保护好、整理好、继承好，并在此基础上有所创造、有所前进。按照马克思主义的观点，文化具有继承性和借鉴性，它的许多内容并不是为某一个阶级、某一个时代所特有，也不只是为某一个阶级、某一个时代所专用。中华民族传统文化所包含的政治、经济、文艺、军事、哲学、道德等方面的理论和思想，在许多方面都反映了事物的客观规律，具有超越时空的意义，可以为我们所借鉴、利用。特别是其中关于改造自然、经邦济世、修身养性、成就事业等方面的警句格言，一旦赋予新意，便可以为现实服务。比如"实事求是"一词，最早出自近两千年前的《汉书·河间献王传》，原意是真诚地依据事实，探求古书真义。毛泽东同志加以新的阐发，把"实事"作为客观存在的事物，把"是"看作客观事物的规律，把"求"当作研究、探索。新解后的"实事求是"，已经成为马克思主义认识论最中国化的概括，也是毛泽东思想和邓小平理论的精髓。又比如"天人合一"一词，我们过去只是片面地把它当成为一种唯心的、主观的东西加以理解，相当时间里都认为应该消灭洪水猛兽、战胜大自然，现在才发现所有东西都有它存在的理由，人在改造大自然的同时又必须与之亲契合一，与万事万物和谐共存。科学阐释“天人合一”的内涵，就有助人们提高保护自然环境的意识，自觉坚持走可持续发展之路。诸如此类的例子还可以举很多。

瑞环同志深刻地指出，历史是过去的现实，现实是历史的延续。实践证明，要准确地把握现实，科学地预见未来，就必须深入地了解历史、研究历史。我们常讲“鉴古知今”“鉴往知来”，就是这个道理。

瑞环同志联系当前学术、出版界的现实，要求我们认真作好古籍整理和出版工作，树立良好的学风。他说，我国古代文献几经沧桑，多有散佚，随着时间的推移，更多新的著作肯定还会被发现和搜集；探究其精核、毕发其奥旨，更是任重道远。我希望大家认真总结抢救保护文化遗产的经验，认真总结续修《四库全书》工作的经验，并加以发扬，带动和影响其他类似的工作。比如坚持求真务实的作风，就拿全国政协的文史资料来说，建国后担任政协委员中的一些老人，包括前清的遗老、国民党元老和军阀时期的人物，留下了3亿字的回忆录、文章，其中一部分陆陆续续发了上百期的《文史资料》。我当全国政协主席后，心想凭着若干年前“左”的思想观念和认识水平，可能会犯乾隆修《四库全书》同样的毛病，于是让全国政协文史资料委员会组织力量，对《文史资料》所有已发文章的底稿和其他资料进行清查整理，结果发现有些稿子是经过删改过的，有些稿子压下来了没有发表，其中不少是真正具有价值的历史事实。文史委以“对历史负责、对后人负责的态度”抓紧时间进行补正，今年七八月份将正式出版这些资料。比如克服急功近利的思想，刚才任继愈同志谈到了这个问题，我也是深有同感。我在今年两会期间看望全国政协文艺界委员时说过，各行各业、上上下下，都是想来快的、捡便宜的，说中国现在存在的通病，浮躁感算是一个。中华民族要振兴，要走到世界前列，要享有和我们这个大国相称的位置，真是要提倡潜下心来、扎扎实实研究一点问题的风气。总之，我希望大家再接再厉、继续努力，为保护、挖掘、整理文化遗产，为弘扬优秀传统文化作出更大的贡献。

从召开出版座谈会当日晚到第二天，中央电视台、中央人民广播电台、《人民日报》、《光明日报》、新华每日电讯、《文汇报》、《解放日报》、《新闻出版报》，以及香港《文汇报》、《大公报》等中央和地方新闻媒体，都突出地报道了《续修四库全书》1800册出齐、举行出版座谈会的情况，摘发了李瑞环讲话的主要内容。《人民日报》在第二版发表了该报记者杨雪梅采写的长篇专稿《当代伟业，旷世盛举——〈续修四库全书〉编纂出版纪实》，《光明日报》在第四版刊登了该报记者庄建写的长篇采访记《四部精华汇为册府，传承文明功在千秋——访宋木文、傅璇琮、李国章》，《解放日报》在第一版刊登该报记者姜小玲的专稿《巍巍壮观的中国文化‘长城’——〈续修四库全书〉编纂纪实》。《新闻出版报》还刊登了我写的《论续修四库全书》一文。从前一天晚上到第二天早晨这样集中发表的这些新闻报道和专稿，对《续修四库全书》八年编纂的艰辛历程及其出版的重大意义，都是讲得相当充分和有力的。

5月9日晚上，乘势在人民大会堂召开的工委会会议上，评估了上午出版座谈会的意见和影响，讨论了后续工作，特别提出要采取措施抓紧《提要》的编写。我在会上强调：《续修四库全书》完成了编纂出版工作，学术和出版质量也被当今学术界、出版界所肯定，但对这样的特大型汇集古籍文献的出版物，还要经受历史的检验，我们是真诚地期待着当代学人的批评和指正。

对于《提要》的撰写，当初我们就曾向世人宣告，要同《续修》配套出版，工委会会议做过决议，我与伍杰和傅璇琮主编也多次讲过。《提要》与《续修》只是分步实施，而作为配套的整体，在工作与组织上都是不可分割的。

2002年5月9日，为《续修》完成出版在人民大会堂举行出版座谈会后，工委会即开会决定，把为《续修》编写《提要》作为今后的主要任务。会议决定："《提要》与《续修》是配套的，应该编写出版，要求上海古籍出版社就《提要》编写出版，拿出一个方案和计划，以便研究决定。"

2004年11月9日，工委会在深圳市南山区召开会议，主要讨论《续修提要》编写问题，以及其他后续工作。会议由伍杰主持。上古社和南山区代表出席。我在会上强调，《提要》是全书的重要组成部分，反映当今学术水平。从某种意义上讲，写好《提要》比编纂《续修》还难，但我们不能因此而放弃，从而留下遗憾。要抓紧时间，积极准备上马。《提要》要把《续修》所收每种书的历史背景、作者状况、版本价值、学术价值和学术地位写清楚，一定要保证质量，不能降格以求。要选好撰稿人，做好审稿和统稿工作。稿费适当从优。会议决定，由上古社抓紧准备，提出方案，争取2005年启动，所需资金从《续修》利润中支付。会议决定调整工委会组成，时称"小工委"，主任、副主任仍由宋木文、伍杰担任，其成员既保持连续性又更为精干，以继续做好包括《提要》撰写的《续修》后续工作。

为推动《提要》启动工作，工委会2006年7月在上海召开专门会议，我和伍杰、傅璇琮以及上古社负责人出席，对《提要》启动的相关事项做出了决定。当《提要》编写工作取得阶段性成果后，工委会于2012年4月又在上海召开《续修四库全书总目提要》编纂出版工作会议，对《提要》的质量和进度等进一步明确了要求，对2006年确定的工委会组成做了微调，增补刘石为副主编。对《提要》的质量与体例，此次会议根据赵昌平总编辑的意见达成两项共识：其一是总体上能够反映各个相关学科的当代学术水平；其二是各个条目力求成为以版本目录学为纲的学术著作。对这两项共识，傅璇琮主编表示赞成。我在会上强调："为《续修》写《提要》，虽然同撰写独立的学术著作有所不同，但仍有其学术价值和历史意义，因为像《四库提要》那样，《续修提要》也要同《续修》共存长存于史册的。在这里，应当追求的是经得起历史检验，而不是急功近利。"我还说，2002年《续修》北京庆功会后，我曾以"大功告成"来形容，现在要以完成《提要》来使这一宏伟工程"尽善尽美"。此后，我一直注视着《提要》的编写工作。

经编委会与出版社共同努力，《续修四库全书总目提要》的史部、集部两大册现已出版，并根据人员变化，调整了工委会和编委会的组成。我们对上古社历届领导，从李国章、王兴康到高克勤都十分尊重，在交往中只做支持上古社做好《续修》及其《提要》的工作，并注意维护其权益。我在这方面也有信心接受历史的检验。

要继续经受历史的检验

在"续修"编纂期间和完成之后，我曾写过几篇文章在报刊发表，主要是：《关于续修四库全书的编纂出版》（1995年1月7日同主编顾廷龙先生一道答人民日报记者问）；《从四库全书到续修四库全书》(《中国图书评论》2002 年第 6 期);《论续修四库全书》(《中国新闻出版报》2002 年 5 月 10 日,《中华读书报》2002 年 5 月 15 日);《盛世修典　协调共进》(《出版科学》2002 年第 3 期)。2003 年 6 月,我又写了一篇综合性文章《八年成旷典——〈续修四库全书〉编纂出版纪实》,回顾这部大书编纂过程,总结取得成功的经验,论述从“四库”到“续修”的历史渊源及其重大现实意义和深远影响。此外,我还写了《努力写好〈四库全书总目提要〉》一文,在上海《编辑学刊》(2012 年 5 月号)发表,并收入拙著《八十后出版文存》。

对《续修》的意义与影响,十多年后,我竟有一个意外收获,这是指 2012 年 4 月 27 日,在上海召开《续修四库全书总目提要》编纂工作会议之后,部分撰稿者和出版人前往苏州工业园区金鸡湖参观。途中得知湖区有一李公堤,然对李公者何人,其说不一。中午,行至午餐处附近,偶见今人所立一长方形石碑。碑文所刻,竟是清代俞樾所著《李公堤记》,详载着光绪年间元和知县李超琼目睹金鸡湖水势浩淼,波涛险恶,渔民往返,每蹈不测,恻然悯之,遂“谘访疾苦,以兴锄力”,经筹款兴建,成就金鸡湖中唯一长堤,尔后风有所蔽而波不兴,途无所危而行旅皆便,获变害为利、改善民生、美化环境之效。为纪念这位李知县的“美哉斯举”,爰临安苏公堤例,“名之曰李公堤”。岁月悠悠,原堤今已无存,经修葺重建,现已成为融人文历史与自然景观为一体的现代商业水街。经查,对李公堤之李公其人,坊间和网上均有不同说辞。管理当局以刻制此碑追忆历史,提示今人,或许兼有纠误匡正之意。令我惊叹的是,刻制者在碑文之后特别附注:“本文见于《续修四库全书》。据清光绪二十五年刻《春在堂全书》影印之《春在堂杂文》五编卷一。张嘉巽校点”。有朋友告知《续修四库全书》在高校和研究院所日益受到重视，成为大型经典文献汇集《中华大典》编选学者使用率很高的常备用书；但我从未想到，竟能在一旅游景区被用作历史遗迹的权威证言。这一意外发现，使我兴奋不已，并以此行之重要新闻在午餐时发布。餐后，同行者亦前往观看、留影，各个喜出望外。在此记下，愿与共襄《续修》盛举诸君共勉。

《续修四库全书》的编纂出版是成功的，印制之书所存无几，实际投资共1050万元（深圳南山区700万元，上海古籍社350万元），由于发行工作抓得好抓得早，采取“滚动式”经营，边出版边收益，所投资金比原先预计的8000万少得多，且早已收回，上海古籍出版社因出版这套大书取得了良好的社会效益与经济效益。在八年运行中，由于自筹资金，搭班合作，是有一定风险的。可以这样说，为文化传承，我和伍杰、傅璇琮等一班人全力以赴，投资者和出版者也尽职尽责。统筹方与投资方、出版方签有合作协议，各项工作都按章办事，阳光运行。对经费的收支，工委会只管监督协调，不直接经办。深圳南山区的资金，直接向上海古籍社划拨。上海古籍社对《续修》资金专项管理。工委会、编委会的经费，由出版社按预算直接划拨，分别向出版社结算。从起始到结束，所有重要活动，都留有档案，编有长编《出版纪事》，并于2002年下半年将全部档案移交上海古籍出版社归档备查。我这样想，像《续修》编纂质量一样，在出版运作上，也要经得起历史的检验。

（三）《中国图书大词典》的编纂出版

《中国图书大辞典》（1949年10月—1992年12月），是我和刘杲共同为出版界主编的一部“关于书的书”，共21卷，由湖北人民出版社于1998年出版。

编选《中国图书大辞典》是1992年全国新闻出版局长会议决定的。1992年12月23日，由我主持，各省（区、市）局长参加，开了一个“会中之会”。刘杲在会上作了专题讲话，说：“在经过相当时间的酝酿之后，形成了这么一个意见，就是出版界自己编一部关于书的书。把建国以来图书出版的主要成果，用类似《四库全书总目提要》的形式把它集中展现出来，作为一种资料来收集，作为一种工具向使用者提供。”局长们全都赞成。

局长会议之后，各省、自治区、直辖市新闻出版局都指定专人或专门班子负责这项工作。全国500多家出版社动员了3000多名编辑和工作人员参与选目、写稿和审定。许多出版社的社长、总编辑亲自抓、亲自撰写辞条，编排条目、制作目录索引，作了大量繁杂而有成效的工作。成书后，出版社曾向我表示仍有不能令人满意之处，例如有些好书评价不够充分，没有写出特点和价值，分类上也有不尽如人意之处。但我认为《中国图书大辞典》的编纂出版仍然是成功的，实现了“出版界自己编一部关于书的书”的心愿。主要成就有如下两个方面：

1. 用书目大辞典的形式完成了对建国四十多年来出版图书的清理和总结。《中国图书大辞典》共收辞条10万种，规模大，具有广泛性，系统地展示了我国的图书体系构成，比较客观地反映了四十多年来科学文化领域各个学科的实际进展。应该说达到了编纂这部辞书预期的目的。

2. 为科研部门和其他有实际需要的单位提供一部有价值、上规模的工具书。《中国图书大辞典》基本收入了建国以来直至1992年所出版的各类有影响的图书，对每一部图书都详细介绍其著者、出版者、出版时间、篇幅、主要内容、主要观点、特色等信息，并从学术研究的角度进行具体分析，给予评价。无论哪一个学科的读者，只要按照其学科分类查找，就可以对该学科在建国以来的主要著作，及其基本观点，有所了解。作为一部大型书目辞典，必然有其倾向性。清乾隆编纂《四库全书》时设“存目”，将不少书籍打入另册不收，我们不这样做。对于有一定学术价值但被认为有错误倾向的著作，在介绍其学术观点和价值的同时，也客观地予以指出；对图书作学术评价时，则努力做到客观，不虚美，不隐恶，评介结合，以介为主，寓评于介，实事求是。这样一来，在汇集建国以来各类图书的同时，也就初步对图书作了一次比较全面的评价，而这种评价也是一家之言。此外，也有的图书，与今天的政治标尺相悖，但那是特定条件下的产物，并且产生过重大社会影响（包括负面的），也酌予选收，以供今人和后人了解与研究。

对这套书，许多实际工作都由刘杲承担，我所作甚少。编选工作基本完成后，我按编辑部的安排，分三批审读了有关文艺方面的词条。1996 年 10 月 4 日我给湖北人民出版社社长卢福咸写信，讲了我审稿时关注的问题：“对有些词条算是一字一句地看过了，也有修改或注了意见，均供编辑部研究参考。针对有些条目，随意写了几句，是作为交流思想的，不是讲什么意见。比较重要一点的，是我昨天上午在电话中讲的，也在有关词条中注了意见的。考虑出版的多样功能，对在历史进程中发生过重大影响的图书，如批判胡风时发表的三批材料，反右时被归结为‘一场大辩论’,[①] 文革中最具代表性的图书，有特定意义和重要影响的‘内部书’等，不以现在的是非标尺论取舍，而是向人们提供研究历史的必要资料（这事件本身也是历史），应注意选收，并精

① 指周扬总结文艺界反右派斗争的一长篇文章，曾出书。

心写好词条。此点，也是作为问题提出，由于情况非常复杂，人们的看法也不尽一致（从已撰写的有的词条的细微处也可看出），如何处理，还需请编辑部的同志（必要时同有关出版社的同志）认真商讨，妥善处理为好。”

我还讲过或在有关文稿上批注：对公开出版的政治、理论以及有关文献，如20世纪60年代中苏论战出版物，包括《关于国际共产主义运动总路线的建议》、九评苏共中央公开信，以及“文革”中批判“三家村”、批判“海瑞罢官”等也要注意选收，并写好词条。不要因为有争议或已成为反面材料而一律不收。

对我所提的意见，编辑部都努力地去做了。

当时商定，《中国图书大辞典》完成后，与“大辞典”完成年代相衔接，每年由湖北人民出版社出版一部《中国图书年鉴》。据报载，到2005年，从1993年起每年一部的《中国图书年鉴》，已出版12卷，成为全面和准确反映年度图书出版状况的权威性工具书。

21卷本《中国图书大辞典》胜利完成了！我为我们靠出版界共同努力完成了这样一项有意义的工作感到高兴。我们实现了前人的遗愿（早年曾有此计划，但未能实施），对于后来者，也做出了负责的交代。

（四）影印文津阁本《四库全书》

商务印书馆（由北京同道文化公司卢仁龙操作）同国家图书馆合作，影印出版文津阁本《四库全书》，请任继愈任主编、宋木文任出版委员会主任。我原来想推辞不做。卢仁龙却说，《续修四库全书》都做了，影印文津阁本《四库全书》更是顺理成章之事，也不用做多少具体工作，这样我也就没有理由推辞了。不过，我所能做的，也主要是凭借“老面孔”在行政性审批等环节进行一些协调工作，使之顺利过关。

《四库全书》抄写七部，分别藏于北京皇宫的文渊阁、北京圆明园的文源阁、承德避暑山庄的文津阁、沈阳故宫的文朔阁，统称北方四阁；后又建南方三阁，分藏于扬州的文汇阁、镇江的文宗阁、杭州的文澜阁。北京圆明园的文源阁被英法联军焚毁。南方三阁的文宗阁，毁于英军炮击镇江和太平军攻打镇江；文汇阁在太平军攻陷扬州后被“付之一炬”；文澜阁亦因太平军攻陷杭州而“楝宇半圮，阁书星散”，后经抄补，现存于浙江省图书馆。保存完好的三阁，文渊阁现存台北，文朔阁由沈阳迁至兰州，文津阁则由避暑山庄迁至故宫文华殿后又入藏京师图书馆，现存于国家图书馆。

文津阁本《四库全书》是七部《四库全书》中至今仍是原架、原函、原书一体存放保管完整的唯一的一部。我有幸同任继愈馆长一起走进国家国书馆文津阁《四库全书》书库，凝视乾隆御笔《题旧五代史八韵》，近观 6144 个书函整齐有序地摆放在 128 个高大的书架上；如果取出经、史、子、集四函书，每册首页，绿、红、蓝、灰四色如旧，夹板、丝带、铜环，一如当年。翻开书册，《文津阁宝》的钤印呈现眼前。文津阁本是北方四阁本最后一部抄成的，距第一部文渊阁本成书有三年之久，成书后曾做过三次全面覆查，都由总纂官纪昀（晓岚）亲自主持。《纪昀覆勘》的黄笺，雪白的开化纸，端正的馆阁体楷书，使人感受到其深厚的文化品位。由于保存完好，二十世纪前期，其他三阁本曾分别据文津阁本加以抄补。可见文津阁本在历史上对其他几阁起了相当大的文献补辑作用。台湾商务印书馆影印出版文渊阁《四库全书》后，对《四库全书》的研究工作提供了很大的便利。1991 年底开始，国家图书馆组织专家开展文渊阁与文津阁原书核对录异工作，发现两阁书差异颇巨，可以互为补正。文津阁本的全部印出，必将再次推动四库学的研究。

《文津阁四库全书》是国家图书馆镇馆之宝。此次影印，得到国家图书馆的支持，并报请新闻出版总署的批准，列入国家重点出版工程。影印中采取一系列安全措施，以保护国宝文物。影印采用精密数码照相制版，形同再造，既为研究者提供方便，又有利于对原书的珍藏保护。

2005 年 12 月 14 日，为影印文津阁本《四库全书》举行出版座谈会，我以工委会主任名义讲话，向与会者汇报这套大书影印出版的有关情况及其重要意义。

这里值得一提的是，北京同道文化公司卢仁龙与扬州报业集团王根宝合作经营扬州国书文化传播公司，以传播宏扬国书为宗旨，按文津阁本原大原色原样影印出版《四库全书》获得成功。此举得到中国出版集团、商务印书馆和扬州党政机关的支持。鉴于《四库全书》江南三阁之一建在扬州，操办者王根宝和卢仁龙等在扬州党政机关的支持下，欲以原样印制的《四库全书》在扬州陈列。我应邀出席了 2012 年 9 月的专家评审会并讲话，又于 2015 年 5 月专程赴扬州察看。这套原样印制的辉煌巨制现已完成第五套，其中首套陈列在扬州市天宁寺，一年来超过 20 万人次前来观看，成为再造扬州历史文化和现代文明交相辉映的新亮点。扬州媒体称："此次出版，堪称中国最大古籍复制工程，与原书几无区别。一排排书架，一只只木画，屹立在弘大的场馆内，使《四库全书》第一次走出高阁，让普通市民领略这部传世经典的文化魅力。"

（五）佛学经典《嘉兴藏》的重辑出版

由民族出版社与北京慈航经典《嘉兴藏》编辑顾问中心合作，在中央统战、民族、宗教部门和中国佛教协会支持下，经过八年的艰苦工作，迄今中国最大的一部佛教汉文大藏经《嘉兴藏》，全部完成重辑工作，于2010年出版发行。这是我应约担任整理出版委员会主任进行统筹协调的另一部大书。被新闻出版总署批准作为国家重点出版工程的重辑《嘉兴藏》，分正藏、续藏、又续藏、补遗，全藏总计378函，2246种，2605册，收录经书12000多卷。其正藏部分基本囊括了汉译印度原典的各种经卷；续藏、又续藏、补遗等收录了此前历部中国大藏经没有收录的中国佛教著述，包括经疏、戒律、史传、语录等。

中国佛学大师赵朴初曾指出："佛教传入中国已有两千多年，对中国文化的发展产生了深广的影响。""中国佛学"历史上的高僧大德译经著述，创宗立派，传经受业，留下了卷帙浩瀚的佛教文学、艺术、历史、哲学的宝贵资料，形成中国佛教大藏经。《嘉兴藏》于明代万历十七年（1589），初刻于五台山紫霞谷妙德庵，后移至浙江余杭之径山寂照庵等处继续雕刻，直至清代嘉庆年间才终止刊刻，历经二百余年，是中国历史上刻经时间最长，也是完成最晚的一部木刻本大藏经。在长达二百余年的刊刻史上，嘉兴始终与这部大藏经有着极其密切的关系，嘉兴的楞严寺先是这部大藏经唯一的流通中心，后又百余年成为这部大藏经从刻藏、印制到流通的全部担当者。因而被称名为《嘉兴藏》。曾用名有：以其雕版存藏于浙江径山寂照庵亦名《径山藏》；由于它的版本呈书本册装又称《方册藏》；以正藏的刊刻年代称作《万历藏》；依主其事者称《密藏本》。该藏传至日本，该国佛教界称它为《支那藏》或《明藏》。该藏别名之多，为诸藏之冠。称其为《嘉兴藏》，则是目前学术界与佛教界一致认可的。

《嘉兴藏》的刊刻历时二百余年，不断补刻，随刻随出，世间未见从始刻到止刻的全藏，更没有一部名副其实的总目录。此次重辑，经反复发掘，力求“穷尽现存底本”，达到足本全书。在多个收藏单位中，北京故宫博物院藏本较全，且保存原貌，故以故宫藏本来编排正藏、续藏、又续藏的函序和书序，并以故宫藏本为基础辅以其他版本进行影印复刻。对于收入其他藏本而故宫藏本未见者，则以增设《补遗》补之。此次又重新编辑《嘉兴藏》总目录和索引，为研究者提供了较为完整的全藏书目信息的检索手段。

这里值得一提的是，北京故宫博物院所属紫禁城出版社原也拟出版《嘉兴藏》，并已开始宣传征订。此前，民族出版社的《嘉兴藏》，已按照出版管理规定，经国家民委、国务院宗教局审核报请新闻出版总署批准，并由图书管理司下达准予出版文件；且此项出版工程耗资巨大，也不宜重复出版。我因担任《嘉兴藏》整理出版委员会主任，便应民族出版社高建中和北京慈航经典《嘉兴藏》编辑顾问中心姜锡慈的要求，于 2003 年 10 月 27 日写信给总署分管副署长阎晓宏并署长柳斌杰，请求给予关注。经总署两位领导同志的批示关注，并由图书管理司出面协调，紫禁城社放弃原定出版计划，又经两社友好协商，达成合作协议，故宫博物院同意将其已制成的全套正、续、又续藏光盘资料提供给民族出版社使用，这样就使一对竞争对手转而成为合作伙伴，为这套佛学经典顺利出版发行创造了重要条件。

重辑《嘉兴藏》主体出版工程完成后，2008 年 9 月 21 日上午，在初刻地五台山殊像寺举行有宗教界和学术界人士参加的祭告仪式，由重辑《嘉兴藏》总编辑宣读《祭告辞》，殊像寺僧人举行法会；下午在五台山圆缘宾馆举行有重辑《嘉兴藏》总编辑、主编和专家学者参加的出版评议会。2008 年 11 月 9 日至 11 日，在嘉兴隆重举行《嘉兴藏》三百年重归故里庆典仪式暨圆成法会，以及《嘉兴藏》重辑出版学术高层论坛，当地党政部门负责人、宗教界人士以及北京等地的专家学者、编纂出版人员和新闻记者出席。

我作为《嘉兴藏》整理出版委员会主任先后出席在五台山和嘉兴举行的活动并讲话。

2013 年 5 月 24 日，王荣泰社长代表中国剪报社向常州清凉寺捐赠全套《嘉兴藏》，我出席捐赠仪式，赞扬报社善举，祈祷古寺常兴，祝愿出席者吉祥如意。

三、以个人名义编著几本小书

迄今为止，以我个人名义，编著出版文集共五种：

《宋木文出版文集》（十卷本《中国出版论丛》之一，中国书籍出版社 1996 年版）；

《中国的出版改革》（日文版，《宋木文出版文集》简编，竹内实翻译，日本桐原书店 1998 年版）；

《亲历出版 30 年——新时期出版纪事与思考》（上下卷，商务印书馆 2007 年版）；

《八十后出版文存》（商务印书馆 2013 年 6 月版）；

《思念与思考》（“小精装书系列”之一，海豚出版社 2014 年 11 月版）。

五本小书都讲了什么？

《宋木文出版文集》，1995 年开始编选，那时我已离开国家新闻出版管理机关，因仍在全国人大教科文卫委员会任职而未办理离休手续，时称退居二线。这本文集，是我奉《中国出版论丛》编者之命编选我在职时期产生的文稿的自选集。

《中国的出版改革》（日文版），是《宋木文出版文集》简编本。此书能够在日本出版，是友好合作的结晶。

中日文版两个出版文集虽繁简不同，但都是以反映 1978 年党的十一届三中全会之后的出版工作为主要内容的。这是中国在邓小平建设有中国特色社会主义理论指引下进行改革开放和现代化建设的新的历史时期。改革和发展，是这一历史时期的主要特征。出版部门随着全国总的步伐，在拨乱反正之后，也进行了深刻变革，取得了巨大发展。1978 年全国出版图书仅有 1.5 万种，而最近几年每年出版图书都达到 10 万种以上，这个简单数字就足以说明这一时期出版事业的繁荣和发展了。由于这一时期我都在出版领导机关工作，这些文稿又都有着现实的针对性，又基本上按时间先后编排的，因而文集的内容也就在一定程度上反映着新时期出版战线所走过的拨乱反正、改革开放和繁荣发展的历程。

中日文两个文集都以《论出版》[①] 为首篇文章，可见我对此文所持观点的重视。

中国出版在人类文明史上的独特作用[②]

出版是人类在文明发展进程中最伟大的发明之一。出版，简而言之，就是人类用一定的物质材料记载和传播信息的一种手段。这种手段一经人类所掌握，文明即刻被赋予了一种崭新的性质。自此，人类不再主要凭借心记口诵的方式来积累和传播知识。人们都熟知，知识就是力量，然而人类正是通过出版才真正把握了这种力量。千百年来，出版物不仅极大地拓展了文明发展的深度和广度，而且其自身还成为文明发展的重要标志。公元 1543 年，人类对宇宙的认识和对人体结构的认识，都有飞跃的发展，其中一个重要标志，就在于这一年出版了哥白尼《天体运行

---

① 为 1993 年 8 月出版的“当代中国丛书”之《当代中国的出版事业》一书所写的序言。

② 宋木文：《宋木文出版文集》，中国书籍出版社 1996 年版，第 3—6 页。

论》和维萨里的《人体的构造》。1848 年《共产党宣言》的问世，标志着马克思主义理论的确立和国际工人运动进入了崭新的历史阶段。仰视群星璀璨的人类文明史中那许多的星座，其本身就是为一部部出版物所烘托、所辉映。没有出版物的文明史，该是何等的贫困，何等的苍白！英国哲学家波普在他的《客观知识》一书中，曾作过两个很能扩展人们思路的“思想实验”。在第一个思想实验中，波普假设在一次灾难中，人类所有的创造手段和主观知识全部毁于一旦，然而图书馆和人类的学习能力尚且存在。那么，他的结论是：世界将很快从废墟中重新站立起来。在第二个思想实验中，波普假设，人类在遭到毁灭性灾难的时候，图书馆也一道化为灰烬，只剩下学习能力。他的结论是：人类将一蹶不振，复兴之时宛如漫漫长夜。这两个“思想实验”的结论是能够为广大有识之士所认同的。的确，出版物已成为现代人类须臾不可离开的生活必备品。一个没有出版物的世界，就如一个没有绿洲的大沙漠。很难设想，在没有出版物的社会，人们将怎样生存，更不要说发展了。

中国是纸张和印刷术的发祥地，对世界出版业的发展曾作过无与伦比的贡献。中国又是出版事业发展最早的国家之一。令世界为之惊叹和羡慕不已的中国文化精髓，大都是以出版物的形式才得以保存至今的。前不久，我和中国新闻出版代表团的同事们访问了四大文明古国之一的埃及。气势雄浑的金字塔、闪烁着哲理之光的斯芬克斯像，以及贮存了无数远古人类信息的木乃伊和那位于尼罗河岸的卡纳克神庙，都深深地拨动了每一个古埃及文明敬慕者的心弦。但与此同时，人们又每每为古埃及文化典籍未能通过出版保留下来而生出一丝憾意。每当遗憾萌生之际，我便从心底向那些为中华民族出版事业做出过贡献的先辈们，油然生起一种感激之情。没有蔡伦、毕昇，没有“六经”，没有“二十五史”，没有《资治通鉴》，没有《永乐大典》，没有《古今图书集成》，没有《四库全书》，中国在世界文明史上，就难有今天这样的独特地位。

中华人民共和国的成立，为中华民族的出版事业开辟了新的发展时期。40多年来，特别是中共十一届三中全会以来的10多年间，社会主义现代化建设的新形势，把出版工作推到中国历史上前所未有的重要地位。以图书、期刊、音像制品的出版和书刊印制、书刊发行所构成的新中国的出版事业，有了飞跃性的发展。这是中国共产党和人民政府重视出版事业的力证。乱世焚书，盛世编书，这是中国古代史的一个重要文化现象。《宋史·艺文志》有这样一段话：“历代之书籍，莫厄于秦，莫富于隋、唐。隋嘉则殿书三十七万卷。而唐之藏书，开元最盛，为卷八万有奇。”当代中国的出版物较之隋、唐这些封建社会的鼎盛时期，无论从数量上，还是从质量上看，都已不可同日而语。中国现在年出书达9万多种，在世界上名列前茅。这就从一个侧面生动地反映出，中国迎来了亘古未曾有过的太平盛世。国运兴，则出版兴。

《亲历出版30年——新时期出版纪事与思考》（上下卷），是我对新时期出版工作重大事件和重要问题的回顾。从2003年起，我开始考虑把亲历的我国新时期出版工作中重大事件和重要问题写出来，便对大量有关资料进行查阅整理，反复思考，坚持不懈，按年代先后，陆续写出：《出版领域的拨乱反正》《1983年〈关于加强出版工作的决定〉是怎样做出的》《二十世纪八十年代出版工作若干大事实录》《从党的十三届四中全会到十四大的出版工作》以及《建立和完善中国版权制度二十年》等长篇文稿约三十余万字，构成这部《亲历出版30年》的主要部分。这也是本书以《新时期出版纪事与思考》为副题的缘由。本书还选收了《宋木文出版文集》出版后所发表的文章，有出版管理、出版改革的历史回顾与现实思考，以及国家重点出版工程参与实录等。

《亲历出版30年》涉及中央书记处会议和中央领导同志关于宣传思想文化出版工作的指示、决策等重要情况，曾报请中央党史研究室审阅，该室以专家审读意见批复：

该书以专题的形式，重点记述了20世纪80年代对我国出版事业产生过重要影响的若干大事的基本情况；具体描述了我国出版业在极其困难的条件下不断前进的艰辛步履；客观、真实地记录了党中央、国务院对出版工作高度重视的感人细节；深情地讴歌了我国出版工作干部强烈的事业心和责任感，以及他们为发展我国出版事业所做出的艰苦努力和取得的巨大成就。由于作者为我国当时出版机构的主要负责人，是其中许多事情的亲身经历者，同时又注重引用原始的文件和资料，从而使该书的内容具有无可怀疑的真实性和权威性。全书以事实说话，又注重思想性；分析问题全面，评论人物公允；文字表述简洁明晰。该书的篇幅虽然不是很大，但史料翔实，写的又都是重要的史实，应该视为深入了解我国新时期出版工作的一本重要读物。

在这里我必须说明，前引审读意见，主要是肯定本书较为真实、准确地反映了党中央、国务院对出版工作的高度重视和深切关怀，肯定广大出版工作者为发展新时期出版事业所做出的努力和贡献。因此，在《亲历出版30年》作者后记中表示："我愿以此书献给从新时期开始直至当前为发展出版事业而辛勤劳动的人们。"

编写《亲历出版30年》这部长篇，是我遵循老出版家的教诲，把出版当作我为之献身一生的事业，努力把个人追求与职业担当结合起来。我在本书的自序中说：

对我国新闻和出版事业都有过重要贡献的我的老领导陈翰伯，生前谈选拔干部时曾说过，宋木文没搞过出版，但让他管出版，对出版有好处。为什么说让我这样的人管出版，对出版有好处呢？我理解，这是一种信任，更是一种期待。这种信任和期待应该是得之于我对老出版家的尊崇和谦诚，得之于我对党和国家重大政治决策和思想理论的学习和领会，得之于我对出版事业的热爱和忠诚。我是陈翰伯等老出版家的接班者。反省三十多年做出版工作的历程，只能说是无大错。是否给出版带来好处？自知有也不多。但有一点可以向出版界同仁敞开心扉：我做出版，是把它当作为之献身的一项事业，并逐渐地把个人追求与职责承担结合起来。这反映在面对一些历史关头和重要问题，我对上对下对人对己的言行里。这也是我年逾古稀之时，还在反思历史面对现实，撰文编稿的原因吧！

《亲历出版30年》的大多数文稿都写于我离开新闻出版署领导岗位之后，因在全国人大专门委员会任职，而未办理离休手续，在把出版视为我一生事业的心境下，对过去的工作进行了系统回顾，力求历史回顾与现实思考结合起来，对一些重要问题从理论与实践的结合上做出反应，而把学习党的十五大报告与研究出版产业发展战略结合起来，先后两次著文论述《当代信息技术的新发展与出版业的新变革》，即是一例，也使我有所收获。

当代信息技术的新发展与出版产业的新变革[①]

党的十五大报告第一次提出：“中国特色社会主义文化，是凝

① 宋木文：《亲历出版30年——新时期出版纪事与思考》，商务印书馆2007年版，第660—661页。

聚和激励各民族人民的重要力量，是综合国力的重要标志。”这一科学论断完全符合时代特征和历史发展，反映了当代马克思主义的新水平，具有开创性的意义和重要的启迪作用。人类社会从工业社会进入信息社会已经是一个不争的事实。今天在发达国家，第三产业无论在深度与广度上讲都已超过第一第二产业。社会主义文化产业属性总体上讲，应归于第三产业，出版业尤其如此。随着生产技术的发展，当代出版业已从纸介质形式发展为声、光、电、磁多种介质，形成立体的信息产业，对国民经济的发展，对人们的思想、文化乃至全民族素质的影响越来越大。是否可以这样说，高度发达的社会主义文化建设与社会主义经济建设之间不再仅仅是马克思主义传统意义上的上层建筑与经济基础之间作用与反作用的关系，文化生产力已越来越直接地融入了社会生产力之中，不仅产生使用价值，同样产生价值，创造社会财富。

我们要深刻理解社会发展特别是信息技术的发展，对出版内涵所带来的重大而又深刻的革命性变化，高度重视声、光、电、磁及多媒体出版物的舆论宣传、信息传播、思想感染、丰富生活的巨大力量及其强大的生命力和良好的发展前景。我不是说，对每个出版单位都需要多种媒体“全副武装”，而是必须从总体上了解当今的这种发展趋势。对一个单位来说，可以只开发一种媒体，而对于有志于组建一个大型出版集团或地区来说，则应有多种媒体的综合开发，或一种媒体为主兼顾几种其他媒体的开发，总揽出版全局的部门对出版事业的战略思考更要高度重视这个问题。

党的十五大报告第一次提出文化是综合国力重要标志的科学论断。我在此文中从现时代文化产业重要地位谈了对文化是综合国力重要标志的体会，并从文化建设重要地位及其对经济建设的重大影响出发，谈及两者不再仅仅是马克思主义传统意义上的上层建筑与经济基础的作用与反作用的关系，文化生产力（这里所指是广义的文化生产力）越来越直接融入社会生产力之中。这是我的一点学习体会，而不是对相关理论问题的科学论述。我也没有这个水平。随后，我看到刘杲1998年1月16日在《中国图书商报》发表《出版与综合国力》一文指出："文化之所以成为'综合国力的重要标志'，不会仅仅因为它是一项产业"，而在于对经济和政治的影响和作用是伟大的文化力量。我赞同他的看法，并同时认为，现代文化产业所产生的经济力和文化力是相辅相成的，这种文化产业（包括出版产业）越先进、越发达、越普及，它所产生的文化力量、思想力量也越大。关于本文中涉及的上层建筑与经济基础关系的议论，也只是我的一点初步认识，意在理解文化是综合国力重要标志的重要意义，其表述是否科学和准确（自感力所不及），还有待理论界的深入探讨，更需要社会发展进程的检验。十五大报告中的文化建设是广义的文化，不仅包括文学艺术、新闻出版、广播电视，还包括科学和教育，是这个意义上的文化总体构成综合国力的重要标志。邓小平创造性地提出，科学技术是第一生产力。我觉得，这一对马列主义理论有重要发展的科学论断，更是我们探讨综合国力重要标志、上层建筑与经济基础关系理论不能不高度重视的。我在学习中关注这两个问题，都是有感于文化的力量（物质的和精神的）在现时代对社会经济和政治发展的作用比过去更加突出，而且如我在学习体会中所说又融入到社会生产力之中。党的十六大报告指出："当今世界，文化与经济和政治相互交融，在综合国力竞争中的地位和作用越来越突出。"我想，这是对十五大关于文化是综合国力重要标志的进一步阐述，有很重要的理论和实践的意义。[1]

对《亲历出版30年》，我的老朋友范敬宜看过样稿后写贺诗四首，我将敬宜毛笔楷书以插页置于作者后记之前，成为此书出版座谈会上多人议论的话题。敬宜病逝一周年时，我著文《“两个老头儿”的交往与心声》，将他亲笔书写的贺诗、注释、赠书信收入这篇悼文，以及其后出版的《八十后出版文存》，时被出版界朋友吟诵。

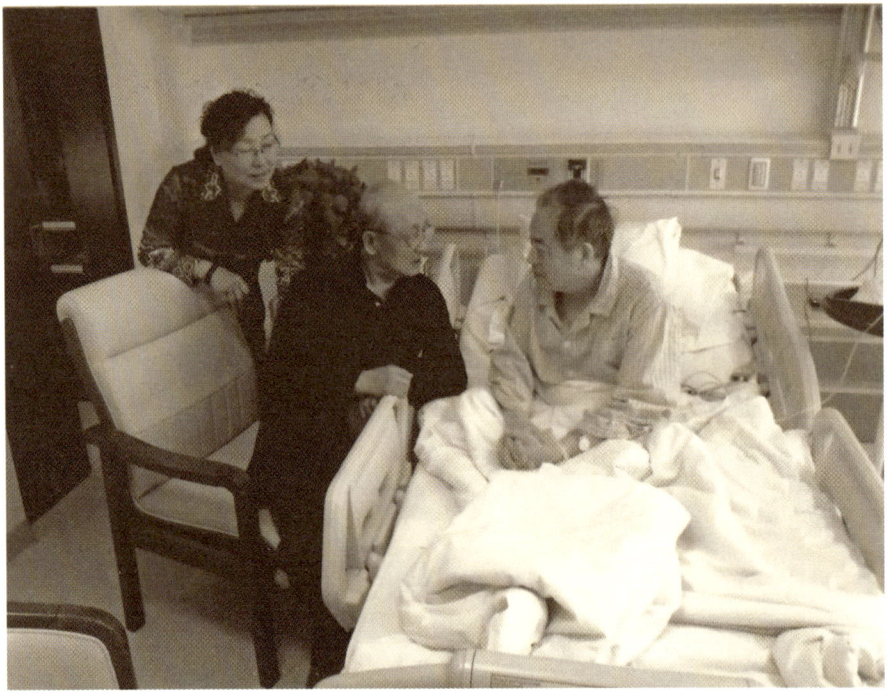

2010年11月10日，范敬宜逝世前3天，我同翟丽凤去北京医院探视时，张守忠用手机留下的思念

① 宋木文：《亲历出版30年——新时期出版纪事与思考》，商务印书馆2007年版，第657—658页。

近日重阅旧稿时，找出老同事、老朋友袁亮“读范敬宜同志贺木文同志新著四首七绝，敬步其韵，共得五首，以表祝贺”，理应在这里发表出来（贺诗与注释），以表谢忱。

贺诗五首

（一）

挥毫论史不寻常，灯下窗前费酌量。
文献丛中探妙谛，赋闲情愿又重忙。

（二）

心牵故里碧莽莽，耳畔弦歌仍绕梁。
浇灌艺苑十四载，几多新秀露锋芒。

（三）

步入书林岁月长，迎来时雨郁苍苍。
两鬓飞雪无暇顾，惟欲人间翰墨香。

（四）

一腔肝胆促沧桑，作嫁高风不自伤。
三十韶光留锦躅，誉闻四海读书郎。

（五）

融融春染九州桑，尘世和谐释感伤。
珍摄择方求老健，天真浪漫胜儿郎。

注释五条：

第一首，赞佩你研究历史，出版新著。谛，原系佛教用语。泛指真理、正确的道理。

第二首，赞佩你的家乡美好、受过良好教育和从事艺术教育的业绩。弦歌，语出《论语》，原意指礼乐教化。后人也以弦歌指教育。

第三首，赞佩你在出版领域的贡献。翰墨，古人指文章、文辞、书法、绘画、笔墨等，此处借指图书、报纸、刊物。

第四首，肝胆，语出《后汉书》，指真心诚意。沧桑，原指沧海桑田，与世事变迁。毛泽东诗云："人间正道是沧桑"，他认为，世事变迁，社会发展，是正常规律。此处是指出版事业的改革发展。作嫁，语出唐诗《贫女》，诗云："蓬门未识绮罗香，拟托良媒益自伤……苦恨年年压金线，为他人作嫁衣裳。"后用"为人作嫁"，比喻空为人辛苦忙碌。此处反用其意，赞誉你甘愿为人作嫁的精神。锦躅，指华美的足迹。

第五首，讲现在春光融融，社会向和谐发展（让人感伤的事逐步减少），祝你多多保重。老健，为宋欧阳修语。他说："春寒，秋热，老健，为此三者，终是不久长之物也。"他认为，老年而又健康，不能久长。我认为，现在生活条件和医疗条件远远超过古人，老年而又健康，完全可能比古人做到更久长。

对老友范敬宜和袁亮的赠诗，我都是一个心情："诗作不能等同于人物评价，我所感受的是老友情深。"

《八十后出版文存》，所收文稿主要写于2008年以后，是我迈进八十门槛之后写出，故以《八十后出版文存》命名；又因多数文稿出自拙著《亲历出版30年——新时期出版纪事与思考》之后，内容也多有衔接，故可视为2007年出版的以论述新时期出版变革为主要内容的那部上下两卷集的续编。例如，为针对胡乔木的所谓"两条重要史料"，我同吴江在《文汇读书周报》展开的那场争论，实际上反映了党中央在新时期开端的几年，从"以阶级斗争为纲"向以经济建设为中心转变的某些决策情况；

为纪念胡乔木百年诞辰所写的《胡乔木对新时期出版工作的历史性贡献》一文，则反映了20世纪八九十年代党中央对出版事业的恢复与发展所做的决策与指导。《文存》还收入了我从1959年至2013年3月所写文稿约320篇目录，内含文题、发表时间和刊载报刊，有些条目还点出背景或主题，从中可以约略看出我的思想历程，为研究一段出版历史提供一点查询线索。在八十高龄之后，还能写出这套四十余万字的文稿，也反映着我把出版当作为之献身的一项事业，岗位早已离开而事业还牵挂着的心境。书中有对重大历史事件的评论和对不同时段历史人物的缅怀，在一定程度上反映了我的情理观。

《思念与思考》，是我在俞晓群社长盛情之下于马年春节前后编选的。我对我能成为海豚出版社“小精装书系列”的一名作者而深感荣幸。这本十余万字的小书，是我联系历史变革对20位老领导、老同事和老朋友的思念，读起来有一种回归历史、尊老敬贤而倾心交谈的感觉；同时还选收了我历来对出版的思考和现今的看法，供研究参考。

对前四本文集（不含《思念与思考》）的每一篇文稿我都写了题解或题记，说明该文产生的背景，以及相关比较重要的情况，以帮助读者阅读和了解。

四、耄耋之年的学习笔记——谈胡乔木对调整阶级斗争理论的重要贡献

我有生以来，一直比较努力学习，使读书成为我生活之必需。我应《文汇读书周报》现任主编徐坚忠之约，在2014年首期（1月3日）发表《我们需要读书》，其中说：

我的读书习惯，在青年时代养成。几十年来，我读书以马克

思主义理论和文史著作为主，也翻阅一些杂书、闲书，对我坚定理想信念、提高理论水平、增强判断复杂事物能力，都有很大帮助。在我为出版站岗护业的年代，阅读还面临一种“倒逼”的态势，我同专家学者打交道时，深感自己的知识不足影响我同他们的思想交流，逼迫我多挤出时间读一点书。我现在早已离休在家赋闲。早年所读之书的具体内容已所记不多，却仍对我现今的理性思维和方法论的运用颇为有益。我还有一点新的体会，读书看报，能够开阔视野、丰富生活、增进健康。

喜欢读书看报，乐于思考，使我在翻阅《文汇读书周报》时，卷入了由吴江引起的“两个重要史料”的争论，并且通过专题学习与研究，参与了这场关于社会主义社会阶级斗争问题的讨论。

2010 年 5 月，我看到《文汇读书周报》发表资深理论家吴江《留下一份重要的史料》一文，对其中所讲的 1980 年胡耀邦对胡乔木以波兰事件为殷鉴给中央的建议信“未予理睬”，我感到与事实不符，因为我记得当年我曾看到经胡耀邦批准，中央办公厅正式印发的供中央和国务院有关部门领导同志阅研的这封信，还曾代笔为国家出版局党组书记陈翰伯起草一篇《如何保障宪法规定的出版自由》，按规定及时上报中央。又经我查阅有关历史文件资料，证明我的记忆无误。这样，我便写了一篇《为吴江同志“重要的史料”做一点补正》，在 2010 年 7 月 23 日《文汇读书周报》发表。从此，吴江又数次发表争辩文章，还引来《胡乔木传》编写组的黎虹、朱元石发表澄清相关事实真相的文章，形成我未曾想到的一场论争。黎、朱二位因工作需要可以查阅当年的中央相关档案，为吴江的不实之言和胡乔木的历史贡献提供了确凿的证据。

吴江《留下一份重要的史料》文所讲另一条“重要史料”，是指1979年1月3日，在中宣部的一次例会上的讲话中，胡乔木说当时的“局势比1957年资产阶级右派猖狂还严重”，被胡耀邦指出“不正确”，“不合适”，再加上对胡乔木以波兰事件为殷鉴的“上书”未予理睬，被吴江认为，胡耀邦的“这种态度，实际上是阻止了又一次反‘右派’运动的发生”。经我查阅相关资料，吴江所指胡乔木1月3日的讲话，并不是出于历史文件，而是从韩洪洪著《胡耀邦在历史转折关头》（人民出版社出版）一书中未经查实、有待考证的转述，并不是什么重要的历史资料；而更为重要的是，胡乔木这次在中宣部例会的讲话，当年以《关于社会主义时期阶级斗争的一些提法问题》印发，其主旨是否定“以阶级斗争为纲”，否定“文革”中兴起的“无产阶级专政下的继续革命”，以“防止把阶级斗争扩大化、绝对化”，防止“随心所欲地进行这样或那样的政治运动、阶级斗争”。胡耀邦对胡乔木的这次讲话不是认为“不正确”“不合适”，而正是由这位新上任的中宣部长亲自邀请来做的，又是由这位新部长亲自批准印发在他上任后首次召开的全国宣传部长会议和稍后召开的理论务虚会，更是这位新部长亲自加重语气地说胡乔木的讲话“是个带理论性的问题”“需要我们用马克思主义学说弄清一下”“今年要解决一批理论问题，这是其中之一”。胡耀邦还在总结会议成果时说：“我的两个讲话，乔木同志一次讲话，你们都可以带回去。”由此可见，胡乔木1月3日的讲话，是对调整阶级斗争理论、实行以经济建设为中心的大转折的一个重要贡献，而不是欲搞一次新的“反右派运动”。我想这也是胡耀邦对胡乔木这次讲话高度重视的根本原因。这就促使我进一步阅读相关著作和历史资料，为这场争论写出第二篇文章：《胡乔木在大转折年代对调整阶级斗争理论的重要贡献——学习笔记：从吴江同志的“两条重要的史料”说起”》长文，在《文汇读书周报》（2010年12月10日）发表。

对我发表文章，参与这场争论，出版界内外，同我有接触的同事和朋友，都以不同方式表示了赞同和支持。这是我未曾想到的。特别是出席胡乔木一百周年诞辰座谈会的理论界、史学界的资深学者，如逄先知、金冲及等，都对我表示肯定和支持。

中共中央党史研究室第一副主任龙新民看过后来信说：“我虽没有去考证当年的史料，但您的观点我是完全赞同的，而且按照乔木同志在大转折时期的政治态度和思想理论工作方面所处的极端重要地位，您对乔木同志在大转折年代的理论贡献做出实事求是的评价，是一件很有意义的事情，应该感谢您。”

朱佳木（时任中国社会科学院副院长兼当代中国研究所所长）来信，称我有“共产党人的战斗精神和为革命同志主持公道的侠肝义胆”“您以高龄路见不平，拔剑而起，捍卫真理和原则”“文章观点鲜明，论据充分，笔锋犀利，很有价值”。朱佳木还把我的两篇文章转给《胡乔木传》编写组，以示重视。其实在朱佳木此举之前，《胡乔木传》编写组已看到我发表的文章，高度关注这场论争，著文纠正吴江不实之言的黎虹、朱元石，即是《胡乔木传》编写组的成员。黎、朱文章发表前我不知情，但确也表明，我的“心有不平”之举，并不是“侠肝义胆”式的“独往独来”。

2013年，我那本《八十后出版文存》出版后，看过此书的人们，都很注意收入其中的我与吴江论争的两篇文章。为我撰写第二篇文章提供重要历史文件和资料的袁亮同志，给我写了一封长信，表示他的支持。稍后，老袁又将给我的信稍作处理，作为书评，在《新闻出版报》发表。

人离休了，思想不离休。“闲居非吾志，甘心赴国忧”“身在江海上，云连京国深”。虽然不在其位，依旧关心其政。这里说的“政”，就是指工作中的大事，包括出版方面的和其他方面的，也包括当前的和历史上的。这里说的“关心”，不仅是高度的关注，而且发挥自己的智慧，积极进行研究，不断撰写文章，表述自己有分量的见解和意见。

这其中，与吴江同志进行论辩的一组文章是木文同志敢于坚持实事求是的原则，果断采取的一次不寻常行动。针对某些不顾事实，混淆是非，掩盖历史真相的言论，通过摆事实，讲道理，进行反驳，使混淆的是非得到澄清，使历史的本来面貌得到恢复，取得明显成效，获得广泛好评。开展这场有一定规模和深度的论辩，是要有相当的勇气的。因为论辩的对象不是一般人士，而是在理论界有一定影响和知名度，且在真理标准讨论中起过积极作用的学者。同时，在当前思想舆论界有一种不正常的现象，谁发表正面论述，批驳那些歪曲事实的言论时，谁就会受到围攻。面对这种情况，木文同志依然不沉默，不退避三舍，而是毅然出招，决然发声。这种义无反顾、勇于向前的精神，值得我们认真学习。应当看到，这场有声有色的并取得成效的论辩，是当前思想舆论战线上，批驳和纠正错误言论的一个成功范例，或者叫一次成功战役，具有不可低估的现实的历史的意义。

唐朝杜甫有诗云：“白头虽老赤心存。”唐朝胡皓有诗云：“丹心终不改，白发为谁新。”古人的诗句，可以成为木文同志老有所为、熠熠生辉的人生写照。白发添新，丹心依旧，为了党和人民的利益，仍在坚持不懈地贡献自己的忠诚和智慧。

《光明日报》资深记者庄建，用季言在《博览群书》（2014年第10期）发表《白头虽老赤心存》评介《八十后出版文存》，几乎全部引出了袁亮信的内容。

对袁亮的评论，我实难承受，但却不敢违背老朋友的心愿，恣意进行删除。

我把同吴江论争的两篇文章收进《八十后出版文存》时，为说明相关情况，写了长篇题记：

第一篇以我亲历的事实集中说他文中的一条史料（胡耀邦对胡乔木以波兰事件为殷鉴给中央的建议信“未予理睬”）严重失实，完全属于“补正”性质。第二篇对他文中另一条史料（胡乔木1979年1月3日在中宣部例会的讲话）作出“补正”的同时，着重阐述了胡乔木在大转折年代对调整阶级斗争理论的重要贡献。这是查阅较多相关历史资料后得出的看法，故在副题中注明属于“学习笔记”性质。此后，我又觉得此文对胡乔木在大转折年代调整阶级斗争理论的梳理不够清晰，不够突出，便写出《胡乔木在大转折年代的理论贡献》一文，以“他指出”的表达方式，分五条对其理论贡献作了叙述，并将《文汇读书周报》先后发表的两篇文章合为一篇，在2010年12月的《出版发行研究》杂志发表，以便于该刊联系的出版界同仁了解。需要说明的是，由于这里未收在《出版发行研究》发表的那篇“二合一”文章，故将此文中胡乔木调整阶级斗争理论的五点内容和《关于建国以来党的若干历史问题的决议》中关于社会主义社会阶级斗争问题的表述，补入在《文汇读书周报》发表的那篇属于“学习笔记”性质的文章，以取代原来综合在一起的那段内容相同、表述简略的文字。

在这里，不能不提到在《文汇读书周报》发表的另外两篇相关文章。一篇是黎虹同志（曾担任胡乔木秘书，现为《胡乔木传》编写组成员）《关于胡乔木致吴江信的真相——回答吴江的质疑》（2011年2月25日）。另一篇是《胡乔木书信集》主编之一和《胡乔木传》编写组成员朱元石同志撰写的《也为宋木文与吴江同志的辩论提供一点史料》（2011年5月20日）。因涉及此次争辩的重要内容和中央的决策，经征得作者同意，均附录于拙作相关文章之后，以供了解。

吴江同志除在《文汇读书周报》首次发表《留下一份重要的史料》外，又在该报先后发表《对于我所提供的两条史料的补充说明》（2010年8月6日）、《又读宋木文的补正文》（2010年12月17日）、《我的歉意和简单说明》（2011年2月25日）和《关于路线问题再说几句话》（2011年3月11日）等答辩文章，在这些文章中，按照他的观点，对胡乔木的功过是非和大转折年代的一些大事作了评论。其中有："我在这里郑重声明：我对宋木文同志的'补正'意见是尊重的"。对此，我表示欢迎和感谢。

《文汇读书周报》2010年8月6日发表吴江同志《补充说明》时，还刊发了我随《为吴江同志"重要的史料"做一点补正》文送给编辑部了解的两个已经公开出版的复印件，即胡乔木关于以波兰事件为殷鉴致胡耀邦信（载人民出版社2002年版《胡乔木书信集》）和陈翰伯《如何保障宪法规定的出版自由》（载商务印书馆2000年版《陈翰伯文集》）。报社编辑部此举有助于读者了解相关事件的真相。

胡乔木长期在毛泽东身边工作，在极其错综复杂的党内外斗争中，也表现出某些不足与失误。但有些媒体以偏盖全，把他渲染成"'左'上加左的极'左'派代表人物"，我觉得失实、不公，心有不平。这是我撰文补正吴江同志不实史料的思想动因。从补正史料到进一步阐述重要理论贡献，不是我撰文时的初衷，但后来形成的这一学习研究成果，确也有助于匡正人们心目中的胡乔木形象。由被说成欲发动一场新的反右派运动搞阶级斗争扩大化，到提议废除“以阶级斗争为纲”从而对调整阶级斗争理论做出重要贡献，该是多大的变化！我注意到，吴江同志也认同“这无疑是一项重要贡献。如果有人为胡乔木立传的话，这当然是不可忽视的一件事。”（见《又读宋木文的补正文》）。不过吴江同志又说，“无产阶级专政下继续革命的理论或提法，到了1980年起草《历史决议》时，已成为众矢之的，混不下去了”，这时胡乔木才正式向中央提出应当废止“无产阶级专政下继续革命”这个提法，以闯过起草《历史决议》这一关，则有些不够实事求是。事实上，胡乔木1979年1月3日在中宣部作《社会主义时期阶级斗争的一些提法》的讲话中，就明确地讲到：“无产阶级专政下继续革命”这个口号“制造了一整套向无产阶级全面夺权的理论”，“在现实生活中仍然可能成为不安定因素。讲清楚这个问题，对党的理论和实践，对中国革命和国际共产主义运动，都有重要意义。”由此可见，胡乔木对待“无产阶级专政下继续革命”这个提法，早就有了比较充分的认识，决不是像吴江同志所形容的那样被动地提出，以“闯过一关”。既然肯定是可以立传的“一项重要贡献”，又何必如此刻意地加以贬损呢?!

我更希望看到一部符合历史有益今人的胡乔木传。所以在此前提到在《出版发行研究》发表的那篇文章的结尾曾经提出：“胡乔木作为中国革命和建设时期的历史人物，其经历、贡献和贡献形式及其历史局限性，都有其特点和特殊意义，希望有学者和机构能写出一部《胡乔木评传》。这对总结历史经验，加强和改进执政党建设和思想理论的工作，发展文学艺术、新闻出版、广播影视事业，都是有益的。”

对《文汇读书周报》在“特稿”栏展开这个专题讨论，我认为，更应该给予肯定和赞扬。一来争论双方都与人为善，相互尊重，对有争论的问题力求言之有据，论之成理，符合历史事实，倡导一种实事求是的好学风；二来对大转折年代中央一些决策内情的披露，有助于在重大理论问题上明辨是非，还历史以本来面貌。这恐怕是参与这场论争的人所始料不及的。我就是如此，更是受益良多。

我还要说明一点，我在第二篇文章中提到“近来看到当年的一些内部文件、工作笔记”，也就是此文附录列出的5种“历史文件”，都是我的老朋友、1980年代中宣部出版局副局长袁亮同志提供的，这对我了解胡乔木在大转折年代的理论贡献和撰写文稿都帮助很大，特在此致以谢意。

此组文稿编好后，又看到中央编译出版社2012年1月出版的《吴江别集》。初读近年写出的《慎言“民主的普世价值”》《试解“中国之谜”》《成也农民问题，败也农民问题》（《政治沧桑60年》结束语）等篇之后，感到吴江同志有着深厚的马克思主义理论功底，更为他阐述相关重大理论与实践问题的说服力所吸引。这部著作，还以《关于胡乔木的两条史料及因此引发的讨论》为题，收入了他与我和黎虹同志在《文汇读书周报》发表的专题讨论文章。吴江同志的坦荡胸怀使我深为敬佩。看得出，吴江同志此举主要在于让读者了解他在“路线问题”等问题上的观点，我无意也无力就这些问题表示意见，仅对论争相关事例提出一点存疑和一点补正。一点存疑是指，吴江同志在引发此次论争的首文《两条重要的史料》中删去了胡耀邦对胡乔木的来信“未予理睬”，并相应地增删了相关文字，如将胡耀邦阻止了胡乔木欲发动“又一次反右派运动”改成“……反右运动”，虽一字之改，却涵义有所不同。这两处删改，也使我为之首发的《为吴江同志的“重要史料”做一点补正》，失去了论争的依据和前提。我尊重吴江同志对自己文章所做的修改，但如能对这两处删改做出必要的文字说明就更周全了。一点补正是指，在《吴江别集》所收《对于我所提供的两条史料的补充说明》一文之后又加写了《吴江评说》，其中谈到“胡耀邦只将胡乔木写给他的信批给书记处有关同志参阅”，并指责胡乔木擅自决定印发中央27个部门（未注明材料来源，见《吴江别集》第98—100页），而事实上“印成书记处文件”乃是胡耀邦亲笔批示，并且亲自“主持书记处和国务院联席会议，专门讨论波兰事件”，这在朱元石同志依据历史档案所写并在《文汇读书周报》发表的《也为宋木文与吴江同志的辩论提供一点史料》（2011年5月20日）一文中讲得十分清楚，而此点却被吴江同志忽略了。尽管如此，我对吴江同志在自己的文集中收了我和黎虹同志的论争文章，仍然心怀敬佩与感谢之情。

对我来说，一个迟到的消息传来，吴江同志已于2012年11月13日与世长辞了。我为我未有机会同他谋面深感遗憾，更祝愿他一路走好，也使我想了很多。我曾在1962年读过他的《关于历史剧的创作方法》一文，在李希凡与吴晗这场多回合关于历史剧的论争中，吴江此文立论严谨，极具说服力，我至今还留有记忆。十一届三中全会前后，读他主持的《理论动态》以及他积极参与撰写的真理标准大讨论文章，对我跟上急速发展的大转折形势起了很重要的作用。我同他在《文汇读书周报》的争论只涉及一个具体问题的正与误，然而却开阔了我的视野，取得了始料不及的在重大理论问题上的明辨是非。也同这次争论有关，我阅读了《吴江文存》（三卷本的部分篇章）和《吴江别集》，以及其他一些文章（对在香港出版的那本书想读而未能如愿），使我得出这样的看法：吴江是一位马克思主义理论功底扎实、文史修养深厚、勤于善于思考、关心党和国家大事的理论家。他的著作，他的治学之路和曲折人生，具有启迪意义，是值得给予重视和研究的。

2014年12月，《文汇读书周报》创办时任主编的褚钰泉给我寄来他主持的一套《悦读》（二十一世纪出版社版），在第27期（2012年5月）刊有虞非子《关于胡乔木致胡耀邦的一封信》一文，我读后得知，作者对《文汇读书周报》那场争论很熟悉，又对《吴江别集》（中央编译出版社2012年版）收入的“关于胡乔木的两条史料及因此引发的讨论”一组文章作了深入研究后，写出这篇评论的。

应当说，虞非子经广泛阅读、认真思考写出的这篇评论，有些问题是言之有据、论之成理，我读后受到启发，促使我对这次争论所涉及的问题做了进一步思考。现在就作为读后感讲出来。

首先要澄清一点。我的第一篇文章主要是指出吴江认为胡耀邦对胡乔木信“未予理睬”严重失实，对信的实质性内容只是提到而未解读；我的第二篇文章着重论证了胡乔木对调整阶级斗争理论的重要贡献。对这两条，吴江都表示认同。因而我不是虞文所称“与吴江先生持相反观点的人士”，而是对他以不实史料得出不实结论的补正者。这也使我想到，对吴江著文所用一些未见历史文件根据的“重要史料”，要慎重对待，不可一概全收。取得这两项共识，我觉得我撰文的初衷和目的就达到了，而对进一步涉及的一些问题，我不认为是我那两篇文章必须深入探讨的，不存在有意回避（虞文称“大可不必回避”）的问题。说实话，关于社会主义时期阶级斗争的有些重要提法，至今还存在不同的意见，甚至会有针锋相对的争论，非我不为，是我学识不够，力所不及。

对有的问题，我想到了，但只作了简要说明。

比如对理论务虚会，关乎对当时形势的判断以及所应采取的方针，在引出吴江“草草收场说”使他发出“惜哉”的叹息后，我又讲有人会说“由于邓小平发表了《坚持四项基本原则的重要讲话》，使我们党的理论工作更加明确了前进方向和运行轨道，幸哉！”这等于表明了我的倾向。

对以波兰事件为殷鉴，我回忆了陈翰伯对宪法规定“出版自由”的理解与建议后，又表示“肯定会有不同的意见”。我讲此例，主要为了证明胡耀邦对胡乔木信并非“未予理睬”；又表示“肯定会有不同意见”，是考虑当时并未采纳这项建议。1996 年我回顾陈翰伯此项建议时曾说过：“此建议中的观点和主张，是像陈翰伯同志这样一位久经考验的老共产党员，或许还可以加上我这个比他年轻许多又不够成熟的共产党员，站在自身的岗位上，出于维护几代革命前辈为之奋斗在中国业已建立的社会主义制度的思考，不能说这思考都是正确的，但可以说态度是严肃的，那颗心是忠诚的。”① 这些话，是我认真思考、审时度势后讲出的。

对社会主义时期阶级斗争问题的提法与理解，这是一个更为重要又带有根本性的问题，当年撰文时有个认识过程，今天仍在不断学习与加深认识的过程之中。

---

① 宋木文：《宋木文出版文集》，中国书籍出版社 1996 年版，第 61 页。

我的第一篇文章，引出了胡乔木致胡耀邦信中的相关文字，而没有直接阐明我的观点，更不是我有意回避，而是讲不明白，不如以点到为止，来集中说我这篇补正文必须说的话。

我的第二篇文章，在标题注有“学习笔记”，而在完稿后，又有新的学习体会，觉得对胡乔木调整阶级斗争理论的梳理不够清楚，不够突出，便根据相关历史文件资料，在《出版发行研究》发表的那篇“二合一”文章中，以“他指出”的方式，分五条作了梳理，并将胡乔木负责起草的《关于建国以来党的若干历史问题的决议》中关于社会主义社会阶级斗争问题的表述，抄录其后。

那么，他到底主要讲了什么？

据当时的资料，在多篇文章中，他主要是对“左”的阶级斗争理论及其表现，从理论上的谬误到实践中的危害作了深入的剖析。

他指出，生产的规律，决定人类历史发展的根本规律。阶级斗争只是人类生产发展、生产力发展、生产关系发展中间的一个特定阶段的现象。决不能把阶级斗争看作是比生产力的发展更为根本的动力。

他指出，社会主义社会初期存在阶级、阶级斗争，这是资本主义的一种遗留，经林彪“四人帮”篡改而成为“社会主义社会始终存在阶级、阶级斗争”，在思想理论方面造成极大混乱，“是他们破坏社会主义经济建设而制造的所谓理论根据”。

他指出，“文革”中兴起的“无产阶级专政下继续革命”“制造了一整套向无产阶级全面夺权的理论”，“在现实生活中仍然可能成为不安定的因素”。

他指出，“以阶级斗争为纲”“理论上已讲不通，实践上也不免与三中全会的决策相违背，并必然导致阶级斗争的新的扩大化”；“过去的经验证明，这种全国性的政治运动经常成为妨碍社会主义经济建设的一个重要的原因”。“要保持必要的社会政治安定，就要防止把阶级斗争扩大化、绝对化”，“不能随心所欲地……进行这样或那样的政治运动、阶级斗争”。

他指出，若干年来都说党内斗争“都是阶级斗争的反映，都是路线斗争”，并加以从一次到十次的次数排列，这是“把党内一切复杂的斗争都简单化成为一定的刻板模式，我们今后有没有必要继续这样做?”“党的历史决不能简单化为路线斗争史”。建议今后不用路线斗争”的提法。

1981 年 6 月 27 日，中共十一届六中全会通过的《关于建国以来党的若干历史问题的决议》指出：“在剥削阶级作为阶级消灭以后，阶级斗争已经不是主要矛盾。由于国内的因素和国际的影响，阶级斗争还将在一定范围内长期存在，在某种条件下还有可能激化。”又指出：“必须正确认识我国社会内部大量存在的不属于阶级斗争范围的各种社会矛盾，采取不同于阶级斗争的方法来正确地加以解决，否则也会危害社会的安定团结。”这是拨乱反正之后，胡乔木主持《历史决议》起草小组提出建议，党中央关于社会主义时期阶级斗争理论的新的和完整的表述。胡乔木关于社会主义时期阶级斗争和党内斗争的理论集中发表在全党实行以经济建设为中心的大转折开头之年，是对党的一系列“左”的指导思想的拨乱反正，是把新时期的长期而又广泛的社会政治矛盾同阶级斗争区别开来，是同任何阶级斗争扩大化、绝对化的观点完全对立的。这是胡乔木在大转折年代的重要的理论贡献。

以上几段文字，是我在学习中对胡乔木关于调整阶级斗争理论主要论点的综述，在《八十后出版文存》第197—198页均可查阅。

我在前面提到，虞非子在《悦读》发表的文章，有些问题是言之有据、论之成理，使我受到启发和加深认识的，主要是指他对胡乔木关于调整阶级斗争理论的思考有创见的肯定与阐述，不仅有“废”，而且还有“立”的评论。

我同时认为，虞非子所论胡乔木为波兰事件致胡耀邦信同他后来几封处理非法组织、非法刊物等信件与实践活动的内在联系，确实是存在的，而且这可能是虞非子解读吴江与胡乔木发生分歧的关键所在，因而才在长篇引文后又精心作出评论。这里涉及的范围比较广，我无力全都涉及，而只就我当年工作讲一件事。这就是1981年2月20日，中共中央、国务院联合发出《关于处理非法刊物非法组织和有关问题的指示》。胡乔木对此事有建议，但这是党中央和国务院决定要办的事，是包括邓小平、陈云、胡耀邦等中央核心层集体的决策，包括理论上的概括和具体措施的采取，都不是某一个人的。对中央这样一个重要决定，我所在的机关和我个人都是拥护并坚决执行的，这是我的职责和认识使然，我从不回避或讳言。

胡乔木对中国社会主义时期阶级斗争的调整，是他对十年“文革”形成的理论与实践的反思，也有对“反右派运动”的反思和评估。在这里顺便指出，有人对胡乔木1990年编选个人文集时，把他反右派运动中发表在人民日报的六篇社论悉数收入其中，就据此认为他仍然在维护1957年的反右派运动。这是不能成立的。我认为，对胡乔木此举唯一的解释，应是表示他尊重历史，把“反右派”运动过程中所写已被历史证明是错误了的文章公之于众，任人评说，引以为戒。在胡乔木主持小组起草的《历史决议》里就明确指出："反右派斗争被严重地扩大化了，把一些知识分子、爱国人士和党内干部错划为'右派分子'，造成了不幸的后果。"这也应是胡乔木个人的看法。在审阅《中国共产党七十年》时，胡乔木在认同"反右派斗争被严重地扩大化"的同时，更指出："文革不能称为阶级斗争扩大化，因为这种斗争本身是捏造出来的。"① 1978 年4 月5 日，中共中央决定全部摘掉右派分子帽子后，似乎也未对"严重扩大化"的结论做出调整，成为人们关注的一个问题。对此我讲不了什么具体看法，但我从胡乔木对过去的反思中感受到，胡乔木以波兰事件为殷鉴的"上书"以及其后的那些书信都是认为，有无右派同是否要发动一场政治运动要严格区别开来，因而反对以政治运动的形式来处理和解决新时期各种社会矛盾的问题。在这一关键点上达成共识，似乎不应存在很大的困难。

关于社会主义时期的阶级斗争问题，我近日重读了胡乔木的相关论述和他起草的相关重要文献后，又重新学习了我国根本大法《中华人民共和国宪法》，使我感受到这些重要文献之间的内在联系。《宪法》的序言说："在我国，剥削阶级作为阶级已经消灭，但是阶级斗争还将在一定范围内长期存在。中国人民对敌视和破坏我国社会主义制度的国内外的敌对势力和敌对分子，必须进行斗争。"很明显，阶级斗争的存在，是指同国内外敌对势力和敌对分子的斗争，在提法与内涵上都与拨乱反正之前不同，但又不可任意扩大或漠视其存在。对这样一个根本性的问题如何理解，在社会实践中如何正确对待与解决，我将继续进行学习。

胡乔木是一位思想理论学者大家，又与社科领域一些学者大

① 据胡绳《胡乔木与党史工作》，当代中国版《回忆胡乔木》第 77—78 页。

家有所不同，几十年都生活与工作在中央核心层，是毛泽东思想和中国革命事业的书写者，在毛泽东之后又为邓小平辛勤写作，在大转折年代和新时期又创造性地为阐明党的思想理论路线而无怨无悔地奉献着，被誉为“党内第一只笔”。他的功过，有他个人的因素，又不完全是他个人的。在他的晚年，也是在党的社会主义事业面临新的巨大考验的年代，他所发表的《中国在五十年代怎样选择了社会主义?》《中国为什么犯二十年的“左”倾错误?》《对中国社会主义的新认识》《中国共产党怎样发展了马克思主义》等独具特色的高水平文章，是留给他一生忠诚奉献的党和中国社会主义事业的宝贵的政治和理论遗产。近些年来，对他的成就往往被忽视，而对他的错误却被人为地扩大了，有时甚至无中生有。而我认为，他对党的事业成就的书写，理论的贡献，道路的探索，错误的剖析，都是独一无二的。他的成功源于他的忠诚、学识和才气，而他的过失也同他的忠诚、学识和才气相联系。所以在把《胡乔木在大转折年代的理论贡献》一文收进《八十后出版文存》的相关题记中，强调此前讲过的一个看法：“胡乔木作为中国革命和建设时期的历史人物，其经历、贡献和贡献形式以及历史局限性，都有其特点和特殊意义。”很值得今人和后人研究。

这就是我的学习心得，就是我在耄耋之年专题学习胡乔木在大转折年代对调整阶级斗争理论贡献的一点主要收获，并作为学习笔记存留下来。

（附：2015 年 2 月底，我将《耄耋之年的学习笔记》一文，送请理论功底深厚又长于写作的老同事谢宏审阅，不仅得到他的认同，还对胡乔木作了精深评论，特在此引出，愿与读者共享。

“理论贡献”一文，公正，历练，那种形势下，敢为乔公一辩，很见人格，文格。我以为，在中国政治坐标中，胡乔木是一个举足轻重的人物。他经历了新中国意识形态的缔造和再造，后又成为这个领域的主帅和领军。毛泽东邓小平之后，不管谁主持中国政治，他都是这个领域的主心骨，只要他在，他不是一般的智者和学者，更是一个身系国家安危的政治家。改革开放中，他要坚守这个意识形态，不坚守就会解体，又要改造这个意识形态，不改造就会僵死；既要遵循政治的游戏规则，不遵循就不能存活，又要恪守理论和学术的原则立场，不恪守就会丧失理论支持。因其长期供职于“理论思维”和文字写作，少有行政历练，这使他在扮演自己的角色中，出现了种种错综复杂的情况。

这里我想补充说明，我对胡乔木的敬重、敬佩、敬仰之心，早在20世纪50年代读他的《中国共产党的三十年》以及其他文章就开始了。70年代从事出版工作后，我有幸多次聆听他的教诲，他对出版工作的关怀、支持与指导，更使我终生难忘。胡乔木1992年9月28日逝世前，我曾到医院探视。我写过多篇文章思念他的关怀与贡献。2012年6月1日，胡乔木百年诞辰时，中央有关部门决定再版《我所知道的胡乔木》一书，我应邀写了《胡乔木对新时期出版工作的历史性贡献》长篇文章，按十个方面综述了胡乔木无可替代的重要贡献。《胡乔木传》2015年1月正式出版前，我应命阅读送审本，较为全面地了解了胡乔木的一生，从他的思想品格、理论贡献和独特业绩中深得教益。）

1987 年 5 月，胡乔木同宋木文亲切交谈

1992 年 9 月 17 日，在 305 医院探视胡乔木前，听取乔木夫人谷雨介绍病情，左 1 为梅益

五、向我的任职机关致敬——忆新闻出版管理机构的变迁

建国后，国家新闻出版管理机构几经变动。1949 年建国后，在中央人民政府设有新闻总署和出版总署，分别管理新闻和出版工作。1952 年撤销新闻总署，将其承担的工作分别划为中宣部和出版总署。1954 年，撤销出版总署，在文化部设出版局。文化大革命爆发后，中宣部和文化部均被撤销（时称“砸烂”），为保证毛主席著作出版，成立毛主席著作办公室，后又改为国务院出版口，并在 1973 年改建为国家出版局，负责管理全国出版工作。1982 年机构改革，又将国家出版局划归文化部，以一个部属局承担全国出版管理工作。1986 年 10 月，恢复国家出版局为国务院直属机构建制。1987 年 3 月，国务院决定组建新闻出版署，2002 年 4 月升格为总署，称新闻出版总署，直至 2013 年 3 月被合并后的新闻出版广电总局所取代。

从 1972 年起，我长期在国家出版管理机关工作，如果按截止于我离休的 2004 年，前后约 30 余年。我经历了此间机构设置的几次重要变化，更体会到这变化所带来的重大影响，所以对此一直牵挂于心。1981 年前后，我曾为国家出版局保持国务院直属机构建制起草多个文件。1983 年 6 月，“五合一”后，中央机构改革领导小组曾派调查小组听取对机构改革的意见。在 6 月 2 日和 6 月 3 日的座谈会上，出版局的同志从出版工作的重要性需要加强领导和管理，要求恢复国务院直属机构的建制。我在 6 月 3 日的会议上说：“除了出版工作的重要性以外，还要从出版事业的性质来考虑出版的管理体制。出版涉及各个行业，没有那一个领域没有出版，出版管理跨行业，综合性很强。出版业除了出书出刊，还有工业

(印刷)、商业（图书期刊销售发行）的管理，哪个部门的业务也难以包括整个出版工作。文化部主要业务是文化艺术，这个方面的出版工作是和它对口的，而哲学社会科学和科学技术方面的出版（这方面的出版社占很大比重）就不同它对口。出版工作的性质决定，即需要按不同专业门类由不同的部门分管（各管各自直属的出版单位），又需要由一个单独设立的部门，对共同性的问题(这类问题很重要，既有政治性、思想性很强很敏感的问题，又有区别于其他方面的行业管理问题）进行统管，或称综合管理，归口管理。大家怀念出版总署，就是因为那时出版是一个独立的机构，所以有人说它是出版事业的'黄金时代'"。[1]

1986 年冬，我从文化部副部长改任国家出版局局长后，又因中央决定以这个机构为基础成立国家新闻出版局，我奉命负责新机构的组建工作。

1986 年 12 月上旬，我接到中央任命我为国家出版局党组书记、局长并免去文化部副部长职务后，即赶赴南宁主持原已定好的全国出版局（社）长会议，而想不到竟在会议结束前即接到北京的电话，说中央决定撤销国家出版局，重新组建国家新闻出版局。国家出版局刚刚恢复国务院直属局建制尚未组成领导班子(只任命局长一人）就完结了。因不甚明了缘由，会上没有宣布这突然发生的变化。回京后，我看到国务院办公厅 12 月 19 日的电话通知，提到新闻管理很乱，出版问题也不少，12 月 18 日下午中央书记处会议决定撤销国家出版局组建国家新闻出版局，统管新闻出版工作，要我提出新机构的组建方案和国务院决定的代拟稿。我还看到中办秘书局发出的 18 日中央书记处会议决定事

---

① 宋木文:《宋木文出版文集》，中国书籍出版社 1996 年版，第 792—793 页。

项的通知，说组建新闻出版局负责对新闻出版工作的管理、审批和检查。我求见中宣部部长朱厚泽，他说，中央书记处讨论当前形势和学潮问题时，提出政府要加强对新闻工作的管理，为不增加新的机构，决定把国家出版局扩建为国家新闻出版局，主要负责对新闻出版的管理、审批和检查。这时，我虽已成为“悬空”（局已撤销）的“空头”（只任命我一人）局长，但要接受委托进行新机构的组建工作。我抓紧组织草拟组建方案，按建国初期新闻与出版各有“总署”的模式，新机构称“署”而不称“局”，并加了一个“总”字，即“新闻出版总署”。刘杲、石峰参与了组建方案的许多具体工作，给我以有力的支持和帮助。12月31日，中央政治局常委胡启立约我谈话，向我说明在当前形势下将国家出版局改建为国家新闻出版局以加强对新闻与出版管理的现实必要性。我将我从南宁回来后按国办秘书局通知精神草拟的新闻出版管理机构的方案面交胡启立，请他审阅。我说，考虑到建国初期在中央人民政府设有新闻总署管理新闻工作、设有出版总署管理出版工作，我们建议按这个名称和模式建立新闻出版总署，完成中央和国务院委托的新闻出版管理工作。他让我找国务院秘书长陈俊生商量。我呈送胡启立的新闻出版总署组建方案，已按国办秘书局通知，于12月23日报送陈俊生。呈送组建方案的报告说：“关于成立新闻出版总署问题，在国务院秘书局传达中央书记处的决定后，我们征求了中央宣传部新闻局的意见，并进行了初步酝酿。按秘书局通知，现将《关于成立新闻出版总署的通知》（代拟稿）和《关于新闻出版总署职责和机构的设想》（草稿）报上。请予审批。同时附上《建国初期我国新闻出版事业管理机构概况》，供参考。”

1987年1月5日，陈俊生主持有关部门负责同志参加的会议，讨论新闻出版管理机构组建方案。我对方案作说明时说，提交会议讨论的组建方案实际上是把建国初期分管新闻与出版的两个总署合二为一，称“总署”不称“总局”，体现了机构设置的连续性。新闻界出版界的同志都很怀念建国初期新闻与出版管理机构的设置，这次拟采用新闻出版总署名称也顺应了这些同志的心愿。地方的新闻出版管理任务很重，在各省、自治区、直辖市也应建立新闻出版局。出席会议的滕藤（中宣部副部长）、刘国雄（中宣部新闻局副局长）表示：这个机构很重要，管理工作任务也很重，建议明确为部委级机构，人员编制也要适当增加。国家编委的同志提出不要加“总”字，称“署”不称“总署”。编制可增加 100 人。陈俊生最后讲：中央书记处的决定是设置国务院直属机构，考虑你们提出的历史渊源，可以按称“署”不称“局”的方案报上去，改变机构级别在方案上不好写，国务院讨论时你们可以提出来；“署”前不加“总”字，国家工商局也无“总”字，有“总”字的如“海关总署”“民航总局”，都是中央对地方垂直领导的，新闻出版不属于这种体制，人员编制可增 100 人，达到 300 人；各省市建立新闻出版局可以写入方案。所拟方案在本周内提交国务院常务会议审议，除方案印发会议外，还要准备一个口头说明，在会上讲。

1987 年 1 月 9 日上午，赵紫阳总理主持召开国务院常务会议审议建署方案，我做说明，经讨论后批准了建署方案，同时决定国家版权局与新闻出版署是一个机构两块牌子，局与署同一级别，用同一规格的图章，以各自名义行使职权。

1987 年 3 月 9 日，中共中央发出通知，任命杜导正为新闻出版署党组书记、署长，宋木文为党组副书记、副署长。至此，仿照建国初期，新闻与出版两署合一模式组建的新闻出版署宣告成立。两年后，即 1989 年 6 月，由我接任署党组书记和署长职务。

从 1991—1992 年，中央国家机关又面临新的机构改革。此时，又有将新闻出版署再次同文化部合并之风刮起。我多次以书面和口头的形式向中央领导同志和有关部门提出建议，希望重视建国以来新闻出版管理机构几经变动的历史经验和教训；在当前实行市场经济和对外开放的条件下，新闻出版管理机构更需要加强，而不能削弱。也曾向有的试点省和有变动迹象的省的党委和政府领导同志提出建议，不要削弱或裁并新闻出版管理机构。这次是“涉险过关”。1992 年 12 月全国新闻出版局长会议上，我们将丁关根、李铁映关于“新闻出版管理机构要保留和加强”的谈话稿在会上印发，起到了稳定人心、鼓舞士气的作用。我给丁关根写信表示，由于中央的正确决策，我这个行将退下之人幸免当了“末代署长”。

面对这次机构改革，我两次上书中央。一次是 1991 年 10 月，就加强现有新闻出版署和各省市新闻出版局的建制提出建议，这是要全力争取达到的目标；此件除送中央有关领导同志外，同时分别送各省市新闻出版局主要负责人，作为他们在本地区向党和政府汇报之用。一次是 1992 年 4 月 8 日，致信中央领导同志并中央编制委员会负责同志，提出成立国家新闻出版部的建议。此件是我向曾庆红同志面报后写出的。主要内容是：在加强党对宣传工作领导的前提下，按政企、政事分开的原则，由政府的新闻出版部对包括广播、电视、报纸、期刊、图书、音像等整个新闻出版事业实行统一的行政管理工作；与此同时，将广播、电视、报刊、出版各大宣传单位单独建制（有的早已如此，有的独立出来，有的适当组合），成为独立的、集团式的宣传单位。我首先和主要是为了避免重蹈历史覆辙，将新闻出版部门从上到下与文化部门合并，如果某种合并是不可避免的，我认为将广播电视与新闻出版行政管理部门合二为一可能比曾经有过并被实践证明不成功的那种合并更顺当些，更好些。因为这样做既能够形成完整的新闻（广电也是新闻）出版统一管理，使现体制存在的某些脱节和不协调得到解决，又有利于各个大的宣传实体都能取得应有的政治地位和更好的发展条件，而不会损害任何一个方面。

我在建议信中说：

我认为，国家对包括广播、电视、报纸、期刊、图书和音像在内的整个新闻出版事业，经过适当调整，应当由一个部门实行统一管理，即将广播电影电视部改建为新闻出版部，将新闻出版署并入其中，统一管理全国的新闻出版事业。各省及以下也建立统一的新闻出版管理机构。

我在此项建议中列举的主要理由如下：

1. 广播、电视与书、报、刊、音像制品同属大众传播工具（或舆论宣传工具），共同点多，如政治性、时效性、综合性强，覆盖面、辐射力广，影响力大。新闻与出版内在联系密切，互为依托。广播、电视是新闻的一种形式。有些重要的新闻品种又以报刊为载体，使其成为出版物。正在制定的出版法就包括报纸、期刊、图书、音像各类出版物。人们历来习惯于把新闻与出版并称。也可以说新闻与出版是一大家。按同类归一，把广播、电视、报纸、期刊、图书、音像制品的管理放在一个部门，更有利于党和政府对整个新闻出版事业实行统一、有效的领导和管理。

2. 近几年来国家对新闻出版管理机构的设置比过去有了改进，但仍有待进一步完善。主要是广播、电视与报刊的管理分设两个部门，不利于新闻事业的统一管理。如能将新闻出版署对报纸、期刊、图书、音像的行政管理职能同广播电影电视部对广播电台、电视台的行政管理职能结合起来，就使政府管理新闻事业的职能完整和统一了。

3. 广播、电视都是非常重要的新闻单位。这一点举世公认。特别是随着现代科学技术的发展，广播、电视的政治宣传、传播信息和影响人们精神世界的作用越来越大了。但是按我国现行广播、电视机构的设置，在中央台之上有广电部，在省台之上有广电厅，中央台是局级单位，省台是副局级单位（个别还有处级台）；同时，部与台，厅与台，又设在一起，部长、厅长在一定意义上成了电台电视台的总编辑，政企、政事不分。为理顺体制，加强电台、电视台的建设，建议提高中央电台、电视台的级别，加强领导力量，使其成为直属中央或国务院建制的国家广播、电视机构，为事业单位，不承担政府管理职能，像新华社、人民日报社那样。省级台也按此建制，取得省委机关报那样的地位。因此，建立新闻出版部，既能做到统一管理新闻出版事业，又有利于加强电台、电视台这一重要新闻单位的建设。

设立新闻出版部的方案，实际上是把建国初期设置的新闻总署和出版总署这两个直属中央人民政府的管理机构的职能合二而一，并按今天的情况作了必要调整。新闻出版事业是很重要、影响广泛的事业，对加强思想政治工作、保持社会稳定、促进经济发展有着重要作用，在国务院设一个部来管理这项事业是完全必要的。

因涉及新闻出版署的建制问题，我提出前，曾分别同班子成员交换了意见。主要内容是：因有历史渊源，同文化部合并之风太强，且有两次由部级内设多个专业机构降为局级单一专业机构带来诸多后果的教训，要力争现行设置保持不变；同时要寻求比较合适的预备方案，以避开走回头路；同广电合一，同属舆论宣传部门，在业务性质和管理思路上共同点比较多，新闻出版已成为公认的一个界别，如在全国政协和全国人大立法；广电现在是部级设置，改建为新闻出版部后，“将新闻出版署并入其中”，此种提法是从大局出发的；合建之后，新闻出版署原有各个专业管理机构只会加强不会削弱，这同与文化部合并成为一个部属局是有很大不同的；对广电是扩展管理，增强权威，对三台（电台、电视台、国际台）是加强与提高；按政企分开、简政放权要求，对新闻（含广电）、出版各主要单位进行集团式组建与改革，增强自主权与实力，符合今后发展方向。

此项建议报送后，曾有中央领导同志关注的积极反应和实施意见，但因意见不一终未落实。在将建议信收入《宋木文出版文集》时，特在该文“题解”中注明：“回想起来，这也许是‘多此一举’，提了一个不该提的建议。现在我在这里只是‘立此存照’，表示我曾经做过这样一件事。”

2011 年初，又有传闻，中国将进行新一轮政府机构改革，对若干个政府部门进行调整裁并，文化、广电、新闻出版三部门合并又成为“两会”和相关部门之间广为传播的“热门话题”。此间，在互联网刊出民进中央专职副主席、全国人大常委朱永新同志《关于改革文化体制管理格局、成立文化大部委问题的建议（征求意见稿）》。他认为，文化、广播影视、新闻出版三部门的职能交叉重叠，导致政出多门、重复管理和管理缺位，“已成为阻碍文化产业发展的体制性障碍”，需要将三部门合并，“建立一个大文化部，统一管理文化、广电和新闻出版工作”。

这是一项重大的改革建议，过去有人多次提出现在又引起热议，值得认真加以研讨和论证。我觉得我应该以 1992 年报送的建议为基础讲出我的意见，以避免过去两次出现并不成功现在又要把广电包括其中的那种大合并。我的初衷主要是，以广播电视与新闻出版的重要性来论证保留这两个部门独立建制的必要性；其次是，如果具备必要的条件，也可考虑将广电与新闻出版“二合一”，以防止重蹈历史覆辙将新闻出版总署再加上广电总局并入文化部。

我在建议信的开头就表名身份和意图：“请允许我——一个在文化部、新闻出版署和国家版权局都曾担任领导职务，并在相关机构变迁中有所感悟，早无职位牵挂，只因全离而未全休，讲一点个人的体会。”

我强调：“广播电视、新闻出版这两个政府机构，是管理大众传媒和思想舆论阵地的重要部门，对加强党的宣传思想工作和国家的长治久安都有重要意义，只能加强，不能削弱。建国以来相关管理机构变迁的历史经验已经证明，将广播电视、新闻出版与文化部划开，分别设置独立的管理机构，是完全必要的，是有利于思想文化事业发展的。人们记忆犹新，1982 年的‘五合一’，将出版、文物、外文出版、对外文委并入文化部后，又因不利于事业发展而大都相继独立出来的历史教训（有人说是一次折腾）。人们更会看到，1986 年以来的二十多年新闻出版事业的大发展和在近几年文化体制改革中一直走在前面，是同有一个独立的并不断加强了的管理机构分不开的。关于广播电视，建国以来，更是从未同文化部混编过。广播电视与新闻出版作为舆论宣传的重要载体，在当今国际风云激荡和国内以稳定保发展的大形势下，其管理机构更应加强，又有历史教训可鉴，三部门合并之举，难免各个削弱，当需慎之又慎！”在讲了三部门现存职能交叉重叠只是局部又不难解决以后进一步强调：“党和国家需要有强有力的广播电视和新闻出版管理，以保证思想舆论宣传事业持续发展与强大，切不可因小而失大，因局部而损害全局。”

接着我用了较大篇幅回顾了1982年的合并对出版造成的损失应引以为鉴，然后说："为了宣传思想文化事业的大发展大繁荣，还是断了那个大文化部的念想，使新闻出版、广播影视与文化部分设的体制稳定下来为好。"

最后，我才提出："如需要对"二合一"或"三合一"做出选择又条件具备时，可考虑将新闻出版总署与广播影视总局合并，成立政府新闻出版部，作为国务院组成部门，统一管理新闻出版工作。"

我列举的主要理由是：

1. 对新闻事业实行统一管理。将广电总局主管的新闻工作（广播电视等）与新闻出版总署主管的新闻工作（新闻立法、新闻报刊、新闻记者监管等）合并于一个部门，实行统一管理。

2. 广播、电视、新闻报刊、出版（传统纸介质书报刊出版与音像、电子、网络、动漫等新兴出版），同属思想舆论宣传和大众传媒，性质接近，共同点多，实行统一管理，更有利于新闻出版事业的发展。

3. "二合一"比"三合一"好。新闻（含广电）出版与文化艺术（就文化部管辖范围而言），由于业务性质和传播方式有明显差别，在实行领导与管理上，一向有所不同，不宜强求由一个部门实行大一统式管理。过去又有两次出版并入文化部管理的不成功教训，如再将广电总局和业已增加了新闻管理职能的新闻出版总署并入文化部，业务性质不同，管理方式迥异，任务过于繁重，就更难管好。

4. 鉴于"二合一"后新闻出版部的重要性，理应同文化部一样，成为国务院组成部门。

在这封建议信中，我还对广播电视与新闻出版两部门如何把机构改革与体制改革结合起来进行，作为实行某种合并的必要条件提出来。主要是如下三点：第一，同加强和改善党对宣传思想工作的领导相联系。第二，同政府主管部门简政放权和转变职能相联系。第三，同一批重要的公益性事业和经营性企业实体的改革、建设、发展相联系。这必将经历一个改革和建设的过程（十年上下算是快的），又都是彼此关联，相互作用，成为对管理体制和管理机构作重大改革应该具备的必要条件。在这些基本条件尚不具备的时候做出像三部门合并这样的大动作，不可能达到预期的目标。因此我强调，不论实行与不实行某种机构合并，都要把着眼点和立足点放在改革上，在改革的全过程，都要切实改善党的领导，切实转变政府职能，切实增强重要文化实体单位的自主权和实力以及抵御风险的能力。这些条件基本成熟了，也许某种大部制改革也就水到渠成了。在当时，我不认为实行“二合一”的条件已经具备，而我建议合并后的名称为部而不是总局。

与 1992 年提出前述组建新闻出版部建议时不同，此时我早已离开新闻出版领导岗位，尽管是旧议重提，帮忙而非添乱，也不应贸然从事，便在 2011 年 3 月 20 日，将此项建议首先送请柳斌杰、蒋建国同志审阅，并写信说明：“以我现在远离职场和年迈离休的境况，对此类事讲点意见，似有方便之处。事关二位主持的部门，理应通气，并请审视有无不妥。”稍后，我收到新闻出版总署办公厅打印送来的批示件。蒋建国同志 3 月 22 日先做批示：“宋老意见很好。”柳斌杰同志 3 月 23 日后做批示：“我赞成，木文同志反映有经验有见地的意见。新闻出版和大众文艺的管理是根本不同性质的工作。”我想，柳、蒋二位的主要着眼点也是在不同文化部合并，保持总署独立建制上，而我对此也说得比较透彻。这样，我便在3月28日将建议书分别报送李长春、刘云山、刘延东同志以及中编办，并在手书的信中说明："我历来认为此种大合并不妥。就把意见写了出来。事关重大，不报不妥。1992年政府机构改革时，我曾向中央领导同志和中编办报过一个意见，同这次建议的内容相衔接，故以附件一并报上。"

2013年2月8日，在人民大会堂举行迎接蛇年春节团拜会上，得知中央决定新闻出版总署与广播电影电视总局合并的信息。2013年3月14日，十二届全国人大一次会议通过决定，合并后新机构的正式名称为：国家新闻出版广电总局。我在媒体上看到，对中央和全国人大的决定，新闻出版与广电两部门的党组均表示坚决拥护，但也听到某种不同的议论。这也是难免和正常的。从国务院出版口、国家出版局到新闻出版署（总署），我长期在这里工作，并曾为其生存和发展做过力所能及的工作，可以说是同这个机构共命运的。当看到现今出现的改变，又听到一些不同的议论后，我曾想过，该不该提出那个"二合一"的建议？我不认为此项决定同我的建议有偏多的联系，因为我建议中的"二合一"是有若干前提条件的，又是组建一个部而非总局，但毕竟先后两次提出类似的建议，也不可文过饰非。这样，我就应当勇于面对现实，将2011年建议同1992年建议，一并收入正在编选的《八十后出版文存》，以取得人们的了解与接受历史的检验。正是在这种心境下，我为《关于新闻出版与广电管理机构设置的意见》一文所写的长篇"题记"中，在作了一些必要的说明后，写了如下一段话：

2013年3月14日，十二届全国人大一次会议决定，将新闻出版总署与广播电影电视总局合并，组建国家新闻出版广电总局，以促进新闻出版广电事业繁荣发展。从此，我奉命提出组建方案，同几位参与者商量后，建议设置的新闻出版署（建国初期新闻与出版两署合一称之），以及其后的总署，历经26年（1987年3月—2013年3月）便结束了历史使命。我不了解，此次新闻出版与广电的“二合一”，同我的建议有无联系。此时此刻，我更想从积极方面估量这次合并与整合的意义：将新闻（含广电及其他新闻媒体）与出版（含传统及新兴出版）等媒体（有人称之为“电媒、纸媒和网媒”）实行统一管理，从法制建设到监管实践进行多方面整合，逐步建立和完善更符合中国国情的大传媒监管体系，推动各种媒体在新的条件下自主互动协调发展，这对我们这个发展中大国的长治久安，不能不有着重要的意义和深远的影响。从合并（主要是机构）到整合（机构与事业，现定的机构名称更着眼于“合并”，如此相加，似乎广电不属新闻，为何不定为“国家传媒总局”呢?），是个系统工程，要经历内外调整、重新组合和融合的过程。合并已在上头开始，整合更需要全方位推进。但依其主客观条件，前景定会看好。

如果说，我的2011年建议以及重提1992年建议的重点，都是对文化、广电和新闻出版“三合一”表示不同意见，而在“二合一”成为现实后所写的这段“题记”，则是为建立统一的纸媒、电媒、网媒大媒体监管体系的期盼。

随着新闻出版广电总局的建立，我同与我一道共事者以及其后的担当者共命运26个年头的原国家新闻出版管理机关也完成了它的历史使命。应当说，我们一路走过来，是不断前进，越走越好的。原机构不存在了，而事业还在发展着，仍在新机构新岗位任职者必将迎来更为繁重的历史性任务。请允许我，以一个老新闻出版人的身份，向我们曾经任职和共命运的这个机关，以及所有为之辛勤工作的人们，表示最真诚的感谢与敬意。

六、两次殊荣的鞭策——写在获得出版与版权两个重要奖项之后

2010年的“新中国60年百名优秀出版人物”评选，2013年的“中国出版事业终生成就者”奖评选，我都有幸名列其中。这是我一生中深感有差距又深受激励的两次殊荣。我不能不在本《自述》中记载下来。

新中国60年百名优秀出版人物奖

据光明日报、新闻出版报2009年12月2日报道，在纪念中华人民共和国成立60周年之际，受新闻出版总署委托，中国出版工作者协会和韬奋基金会，联合中国出版科学研究所、中国出版集团、中国印刷技术协会、光明日报社、中国新闻出版报社、中国图书商报社、中华读书报社、《人物》杂志社、新浪网等单位，共同举办了“新中国60年百名优秀出版人物”评选活动。这一活动得到了社会各界的关心和支持。候选人名单和简要事迹在媒体公布后，各地各界热情关注，投票踊跃。经公众和专家投票，报经活动组委会和新闻出版总署审定，评选出胡愈之、周建人、胡绳、叶圣陶等22位“新中国60年杰出出版家”

和“新中国60年百名优秀出版人物”。

我高兴地看到，此次评选出的22位“新中国60年杰出出版家”，都是我们敬重的出版元老大家。

“新中国60年百名优秀出版人物”名单公布后，我听到一些不同的议论，而当我仔细看过全部名单和事迹后，就感受到，新中国60年老一辈出版名家和改革开放以来历经考验的新一代出版开拓者大都榜上有名，所以此次评选是具有权威性和代表性的。

对“新中国60年百名优秀出版人物”中出现我的名字，我既感到高兴，又面露愧色，那就权且视之对我几十年出版人经历的一种认可吧！

我注意阅读《光明日报》《新闻出版报》《中国图书商报》《中华读书报》等报刊对此次评选活动的报道，关于我的事迹，前后出现两则，一则比较简明，先后出现在候选人和当选人事迹公告上：

宋木文（1929— ）吉林榆树人。曾任文化部分管出版工作的副部长，国家出版局局长，新闻出版署署长，国家版权局局长，中国版协主席（现任名誉主席），第八、九届全国人大代表。1948年加入中国共产党。1972年起从事出版工作。在调整以阶级斗争为纲的出版方针、落实知识分子政策、策划重大出版项目、争取设立出版和版权机构等重要关头和重大事情上都发挥了特殊作用，是许多重要事件的直接领导者和重要参与者。他参加并推动了“文革”后出版领域拨乱反正的许多重要工作。在1980年代积极推进出版发行体制改革，提出将图书生产与流通结合起来而不是分割地进行改革。在1990年压缩整顿中，提出要以多出好书为永恒主题，以保证出版事业持续发展繁荣。在1992年提出建立适应社会主义市场经济的出版体制的改革目标和相应要求，随后又提出出版社转企改制的意见。直接组织领导了《著作权法》等重要法规的制定和修订工作。参与党和国家管理出版工作多个文件的起草工作。著有《宋木文出版文集》《中国的出版改革》（日文版）、《亲历出版30年》等著作。主持编纂《毛泽东评点二十四史》（线装本）、《续修四库全书》和《中国图书大辞典》等国家重点图书。

一则内容有所充实，出现在2010年1月13日，中国新闻出版报为向“三个一百”优秀出版人致敬的特刊上。这期特刊以《出版家列传》冠名，分“讲述”“对话”和“特写”三部分，分别评价了300名中的48名获奖者。在“讲述”中收了我对王匡坚决批判“两个估计”的评论。有关我的介绍是由新闻出版报记者孙卫卫采写，发表在“特写”部分：

宋木文 曾任新闻出版署署长，入选新中国60年百名优秀出版人物。

宋木文称自己搞出版是“半路出家”。他做出版工作，始于1972年，时年43岁。从此，他的一生就和出版联系在一起了。从国家出版局研究室副主任、办公室主任，到新闻出版署署长、党组书记，他一直在为出版和版权工作鼓与呼。正如他所说：“我做出版，是把它当作为之献身的一项事业，并逐渐地把个人追求与职责承担结合起来。”

1986年10月，国务院决定国家出版局为国务院直属机构之后不久，中央决定在国家出版局基础上扩充成立国家新闻出版局，以增加对新闻管理的职能。宋木文当时任新独立的国家出版局局长，中央指定他来筹备。他考虑把历史上的新闻总署和出版总署的工作合一，不叫新闻出版局，而叫“新闻出版总署”。这个意见被采纳，但是没有同意加“总”字，就成为“新闻出版署”。2001年，中央决定新闻出版署升格为新闻出版总署。

中国新闻出版报

“出版是我为之献身的事业，岗位离开了，而事业还牵挂着。”

★宋木文

一生倾心出版

人物名片 Renwu Mingpian

宋木文 曾任新闻出版署署长，入选新中国60年百名优秀出版人物。

宋木文称自己搞出版是“半路出家”。他做出版工作，始于1972年，时年43岁。从此，他的一生就和出版联系在了一起。从国家出版局研究室副主任、办公室主任，到新闻出版署署长、党组书记，他一直在为出版和版权工作鼓与呼。正如他所说：“我做出版，是把它当做为之献身的一项事业，并逐渐地把个人追求与职责承担结合起来。”

1986年10月，国务院决定国家出版局为国务院直属机构之后不久，中央决定在国家出版局基础上

一，不叫新闻出版局，而叫“新闻出版总署”。这个意见被采纳，但是没有同意加“总”字，就成为“新闻出版署”。2001年，中央决定新闻出版署升格为新闻出版总署。

关于版权管理机构，也是他和同事一次次争取后，国务院决定设立与国家出版局为一个机构、两块牌子的国家版权局。1987年国务院审议新闻出版署建署方案时，有人不同意再设国家版权局。宋木文据理力争，主要领导表态，国家版权局才保留下来。

1989年，宋木文任新闻出版署署长，他坚定而全面地执行中央指示，提出出版部门要以多出好书为中心任务和永恒主题，并领导拟定了抓好出版繁荣的10项措施，使出版事业呈现出持续发展的良好势头。

版者，又是图书的经营者”，明确出版社总发行的地位。

1993年10月，宋木文离开新闻出版署领导岗位，这之后，他把主要精力投入到了《续修四库全书》出版工程上来，担任编纂工作委员会主任。

但他更多关心的还是出版发行改革。在1992年年底召开的全国新闻出版局长会上，他提出了出版是一种文化产业，要建立适应社会主义市场经济体制的新的出版体制，有条件的出版社要转为企业，随后又提出大部分出版社应该转为企业，并论述其必要性和重要意义。

宋木文不认为自己是出版家，只称是一个出版人。他说：“出版是我为之献身的事业，岗位离开了，而事业还牵挂着。”“作为已离休的出版

关于版权管理机构，也是他和同事一次次争取后，国务院决定设立与国家出版局为一个机构、两块牌子的国家版权局。1987年国务院审议新闻出版署建署方案时，有人不同意再设国家版权局。宋木文据理力争，主要领导表态，国家版权局才保留下来。

1989年，宋木文任新闻出版署署长，他坚定而全面地执行中央指示，提出出版部门要以多出好书为中心任务和永恒主题，领导拟定了抓好出版繁荣的10项措施，使出版事业呈现出持续发展的良好势头。

改革也是他一直关心和推动的事业。早在1988年讨论出版社改革文件时，宋木文便提出必须把发行体制改革与出版社改革结合起来，要求“出版社既

是图书的出版者，又是图书的经营者”，明确出版社总发行的地位。

1993 年 10 月，宋木文离开新闻出版署领导岗位，这之后，他把主要精力投入到了《续修四库全书》出版工程上来，担任编纂工作委员会主任。

但他更多关心的还是出版发行改革。在 1992 年年底召开的全国新闻出版局长会上，他提出了出版是一种文化产业，要建立适应社会主义市场经济体制的新的出版体制，有条件的出版社要转为企业，并论述其必要性和重要意义。

宋木文不认为自己是出版家，只称是一个出版人。他说：“出版是我为之献身的事业，岗位离开了，而事业还牵挂着。”“作为已离休的出版人，我虽然不再参与出版管理的具体工作，却一直在祝愿出版体制改革的成功，出版事业更加繁荣，出版产业更加壮大。

柳斌杰说：木文同志奉献给我们的不只是一部书和历史，而是出版人的责任和智慧。

本报记者　孙卫卫

这期特刊还以《群英汇》，刊出新中国 60 年杰出出版家、百名优秀出版人物、百名优秀出版企业家和百名有突出贡献的新闻出版专业技术人员名单和事迹。

这一期印制彩色套封特刊，赠我的封套上刊着我的照片，标明送我“特别收藏”。报社的深情厚意在此可见。

2010 年 1 月 13 日在北京隆重举行表彰大会，中共中央政治局常委李长春作出批示，中共中央政治局委员、中央书记处书记、中宣部长刘云山致信祝贺，中共中央政治局委员、国务委员刘延东出席讲话。

中国版权事业终生成就者奖

以阎晓宏为理事长的中国版权协会，在公平、公正、公开的原则下，首次评选出“中国版权事业终生成就者”奖，在2013年11月30日举行的颁奖式上宣布：宋木文、郭寿康、刘杲、谷建芬获此殊荣。出自第六届中国版权年会会员大会暨评选颁奖大会专刊的报道还说：“首次评选并颁出的‘中国版权事业终生成就者’奖最为引人瞩目，该奖项的入选原则是：对中国版权事业的开拓、创新、发展、版权产业的国际化运作起到奠基石的作用；对中国版权制度、法律法规的建立、发展起到关键作用；并得到版权界及社会广泛关注、高度认同，具有典型性和代表性。”首批“中国版权事业终生成就者”奖评选并颁奖“成为本届年会的一大亮点”，并在“当晚中央电视台的新闻联播中播出。”

“中国版权事业终生成就者奖”获得者合影（从左至右）：宋木文、郭寿康、刘杲、谷建芬

颁奖大会由中央电视台著名主持人陈铎分别宣读对四位获奖者的颁奖词。陈铎说：

宋木文：原国家版权局局长，新时期中国著作权法律制度的创建者、亲历者和领导者。著有《宋木文出版文集》《亲历出版30年》和《八十后出版文存》等。在上述著述中，木文老以亲身经历讲述了中国版权事业不平凡的历程。在退出领导岗位以后，以更大的精力与热情指导参与了多项与版权相关的重大活动，为中国版权制度建设作出了重大贡献。

大会让我发表“获奖感言”，我只能实事求是地说：

我实际上做版权工作并不很多，今天能够获得如此殊荣，我理解主要是由于中国版权协会、这件事情的组织者和参与者肯定《版权法》从起草到修订这二十年的历史，更是重视我们版权事业现在取得的进展和过去二十年的联系，因此也更激发了我对现实的关注。如果今后有什么要让我做的事，请吩咐，我一定会尽我力所能及做下去，把它做好，以报答同志们给我的荣誉，给我的深情厚谊。谢谢！

2014年11月18日，中国版权协会又决定我与刘杲为该协会的终身顾问，希望我们继续关心协会工作，出席重大活动，对协会规划、重要部署及相关工作提出建议和意见。阎晓宏还抽出时间，同刘杲和我亲切交谈。

七、感谢党中央的亲切关怀——记刘云山同志羊年春节前亲临我家看望

2015年2月9日上午，中共中央政治局常委、中央书记处书记刘云山同志，在中共中央政治局委员、中宣部部长刘奇葆同志陪同下，亲临我家。

按安排，我和丽凤在家门内恭候。

由中央办公厅工作人员引领在客厅沙发就座后，看到翟丽凤欲坐

在靠近我这一侧藤椅上，云山同志马上请她同我一起在沙发上就座。

云山同志首先说，我代表习近平总书记，在春节前看望文化界几位知名人士。已看过人民大学教授陈先达、书法家沈鹏、舞蹈家白淑湘，现在来看你，接着还要去看蒙古族作家玛拉沁夫。我赶快表示，感谢习近平总书记，感谢云山同志，你看的几位都是著名学者和专家，而我只是出版管理人员。云山同志马上表示，你在出版上也是专家。

谈话像是“拉家常”，但离不开出版，更离不开对我的关心。

云山同志问我，新兴网络对传统出版有很大冲击，你怎么看？我稍加思索表示，这是当前出版面临的一个大问题。冲击很大，而且还会继续，迫使传统出版要跟上形势，深化改革，但以纸介质为特征的传统出版，还会长期存在，不会消亡。网络等新兴出版，发展快速，但深入阅读思考研究，还是要读纸介质出版物——书报刊。年纪大的人如此，年轻一代专家学者，为了深入研究，恐怕也是如此。云山同志表示同意，说他主要是靠书报刊阅读。我接着说，要重视数字网络出版，这种出版业态方便快捷，受众面广，社会影响很大，但也要以思想文化制品即出版物之一种来加强引导，如此定位很重要，似乎已为越来越多的人们所认同，并有相应管理措施跟着做了。传统出版与新兴出版融合创新，已成为上上下下普遍议论的话题，并有某些创新尝试。

云山同志对几年来出版改革如何评价表示关心，想了解我的看法。我表示，对几年来的出版改革应当肯定，但也有值得注意的问题。我说，我的看法已写入《出版业科学发展之探索》一文，并曾送给云山同志审阅，云山同志还批给新闻出版广电总局党组领导同志阅研。我提到我在此文中表示的：“出版改革既要敢于同经济体制改革‘趋同’，又要善于坚持文化体制改革特色”那个基本看法。

云山同志问我对当前出版形势的看法。我表示，对当前出版形势是看好的。我提到奇葆同志去年提出“出版要从以规模数量为主向以质量效益为主转变”，总局党组正在集中抓出版物的质量，已见成效。奇葆同志马上表示，这是云山同志的指示。我还讲了几句重视和狠抓出版质量的必要性。

云山同志问我有什么意见提出？我表示，从中宣部到新闻出版广电总局党组对我都很关心，我个人也没有什么问题提出。从当前总局工作上说，我想到一个问题，即为加强版权管理，国家版权局专职副局长配备问题。我当即按事先准备的意见讲了出来：

国家版权局专职副局长阎晓宏今年退休。总局班子职数因“二合一”，现已超编。这涉及如何配备专职副局长问题。

国家版权局1985年成立后，一直与国家出版局、新闻出版署（总署）为一个机构两个牌子，并逐步形成“一正五副”配备，其中所增一人即是国家版权局专职副局长。此项配备体制，我是初期经办人。1987年3月，经胡乔木、胡启立、邓力群同意，我写报告请示中组部，获得同意，确定“一正五副”。1993年又经我请示罗干（国务院秘书长，主持编办工作），后又得到中组部张全景部长的支持，再一次明确“一正五副”配备，决定由沈仁干任专职副局长。此后的三定方案，均为“一正五副”，至今。

版权工作越来越繁重，而局长又由身负更为繁重任务的总局长兼任，我建议在目前“过渡期”班子职数超编的情况下，仍应新增一位政治好又熟悉业务的专职副局长。“一正五副”配备，理应形成一项体制性安排。

从对我发言时的插话和讲后表态中，云山同志对我的这个建议都是赞同的。我把已印好的发言稿《一个情况与建议》，面呈云山同志，他当即交给坐在右侧身旁的奇葆同志了。

云山同志又关心我离退休后都做了什么？我说我离开新闻出版署领导岗位后，主要是张罗了几套传承中华文化的大书和编选出版了自己的几本小书（这里是指：《宋木文出版文集》、日文版《中国的出版改革》、《亲历出版30年——新时期出版纪事与思考》上下卷和《八十后出版文存》，交谈中未具体讲）。我提到我和云山同志座位后书柜摆放的《毛泽东评点二十四史》（线装本），是我协助王刚同志共同做的。云山同志表示，他当时担任中央档案馆馆长。此时，奇葆同志插话说，木文同志还主持了一套大书《续修四库全书》。我接着用几句话介绍了这套书用八年时间编纂出版的情况。云山同志询问《续修》收文截止的时间，我说是到辛亥革命，即1911年。他表示这以后的还有待于今后续修。

我接着拿出摆在沙发前茶几下层的一函《文津阁四库全书》选刊线装本，翻开后，对云山同志说，我还同任继愈等一起筹划了《文津阁四库全书》影印工程。

我按事前准备的对《文津阁四库全书》影印工程的说明，介绍说：

文津阁本《四库全书》，现珍藏国家图书馆。是七部《四库全书》中唯一完整保存的一部。原书经、史、子、集四部，分别以绿、红、蓝、灰四色印制。

经国家图书馆同意，新闻出版总署批准，由商务印书馆于2005年影印出版。

全书由任继愈任主编，宋木文、杨牧之任出版委员会主任。

此文津阁四库全书仿制本，按经史子集四部原色各选印两册，共八册，装成一函。

今天，趁此次见面机会，送给云山同志留作纪念，也作为我的汇报。

云山同志在翻阅后，又提到“南三阁”，还说“北四阁”中的文溯阁四库全书原藏于沈阳故宫、后因战备需要，移存于甘肃，我说辽宁省想要“文物还家”，看来是无望了。云山同志说，甘肃还建了文溯阁藏书馆。

我接着取出新近由海豚出版社出版的一本小书《思念与思考》，表示要送给云山同志审阅。云山同志细心地翻阅了目录，逐条做出表示，他对我所思念的二十位名家大都知道。当他翻阅到所收最后那篇《出版业科学发展之探索》，我说这即是我曾送你和奇葆同志审阅，二位都有批示的那一篇。我还谈道，应中国新闻出版研究院之约，将我从事出版工作的经历，作为“口述出版史”的一部分，以访谈和自述的形式写了出来，这应是我 86 岁之年的封笔之作。

云山同志告别前站起望着客厅悬挂启功书写渔羊诗话记高念东七言绝句诗条幅，对我说，你这里很有文化氛围，引起几位陪访领导同志的关注。会见后，我和丽凤送云山同志一行离开，在我居住的楼层电梯前告别。

云山同志上午 9 时 15 分到，9 时 50 分离开，对我的亲切关怀，使我深受感动与激励。我于次日作如上回顾，我自己说的，均按即席之言；对云山同志说的，因无录音，为避免误传，未逐句写出。

陪同云山同志前来的还有中宣部常务副部长黄坤明、新闻出版广电总局党组副书记、副局长聂辰席（党组书记、局长蔡赴朝同志因出席李克强总理上午举行的重要会议而未能陪同前来，并亲自打来电话向我说明）和副局长孙寿山等同志。

2 月 10 日晚，中央电视台在新闻联播中播发了刘云山同志春节前看望文化界几位知名人士的新闻。2 月 11 日，人民日报、光明日报，以及《中国新闻出版报》等中央媒体，均按新华社通稿，在一版刊发了《刘云山看望文化界知名人士》的新闻。

附：新华社新闻稿

刘云山看望文化界知名人士

代表习近平总书记和党中央向文化工作者致以诚挚问候和新春祝福

新华社北京2月10日电（记者隋笑飞） 中共中央政治局常委、中央书记处书记刘云山2月8日和9日，代表习近平总书记和党中央看望文化界知名人士，向他们致以诚挚问候，向广大文化工作者致以新春祝福。

刘云山首先来到中国人民大学教授、著名马克思主义哲学专家陈先达家中，关切询问陈先达的生活和工作情况，对他为党的思想理论建设作出的贡献给予肯定，陈先达就深化马克思主义理论研究、加强哲学社会科学教材教学工作提出建议。在中国文联荣誉委员、著名书法家沈鹏家中，刘云山悉心了解书法艺术传承发展情况，希望老一辈书法家继续发挥传帮带作用、为弘扬中华优秀传统文化贡献力量。在看望中国舞协名誉主席、著名芭蕾舞表演艺术家白淑湘时，刘云山赞赏她为芭蕾舞民族化进行的探索，白淑湘建议加强青年艺术人才培养、加大对代表国家水准的艺术门类扶持力度。在看望原新闻出版署署长、著名出版家宋木文时，刘云山与他就出版业现状和前景进行交流，认真听取他关于提高出版质量、加强版权保护、重视社会效益等建议。在中国作协名誉委员、著名少数民族作家玛拉沁夫家中，刘云山赞扬玛拉沁夫为民族文学发展做出的成绩，并与他就加强少数民族文艺创作、繁荣中华民族文艺园地进行探讨。

文化界知名人士对习近平总书记和党中央的亲切关怀表示感谢，对党的十八大以来党治国理政的新举措新局面高度赞誉，对党和政府重视弘扬优秀传统文化、提升国家文化软实力等部署深表赞同，一致认为文化工作者赶上了好时代，文化发展展示出更加美好的前景。刘云山指出，国运兴、文运兴，文化是民族生存和发展的重要力量，实现中华民族伟大复兴的中国梦需要文化的繁荣兴盛。推进“四个全面”战略布局，赋予当代文化工作者重要责任和使命。希望广大文化工作者深入学习贯彻习近平总书记在文艺工作座谈会上的重要讲话精神，增强文化自信，坚守文化追求，树立正确创作导向，用更多更好的文化作品讲好中国故事、反映时代进步。要强化精品意识，学习老一辈文化工作者的优良传统，努力在扎根生活、扎根群众中丰富生活积淀，在深化艺术实践、积极探索创新中提高文艺表现力，为推动文化繁荣发展、建设社会主义文化强国作出积极贡献。各级党委、政府和有关部门要重视文化建设、关心文化人才，加强扶持引导、多办实事好事，为文化工作者施展才华创造良好的条件。

中共中央政治局委员、中宣部部长刘奇葆陪同看望。中宣部、教育部、文化部、新闻出版广电总局、中国文联、中国作协有关负责同志参加看望活动。

对刘云山同志来我家看望，许多同事和朋友同我通话、来函，作出评论，有人还联想到我曾得到“新中国60年百名优秀出版人物”称号和“中国版权事业终生成就者”奖。我怎么看待这些殊荣？我想到，这决不表明我有什么相应的突出成就和业绩，而主要是我在新时期的变革与发展中有幸处于出版和版权主管机关领导岗位做了一些事，并在离开后还在深情牵挂着，不断书写着，竟陆续出版五六本书，业界与领导容易在评定选择中想到我的名字。我的这部《自述》，曾多次谈到一个党的干部要正确处理个人与组织的关系，个人与群众的关系，个人成长与时代机遇的关系。从我的经历看，我有我个人的勤奋，但决定性地还是靠党的信任、群众的支持与时代的机遇。我今年86岁了，我已明确地表示过，在完成这部《自述》之后就封笔了，但我仍将关注党和国家大事，不忘学习，注意健身，在大好时代过好晚年的时光。

八、尾　声

人的一生像是一部活剧演出。我现在已经演到耄耋之年。老矣！在晚年，我也很幸运。首先是得到党和政府的信赖和业界的支持；在家中又有翟丽凤的照料、陪伴和协助，这也是晚年的幸事。翟丽凤在《心甘情愿为宋木文写作打杂》① 一文中说：

我同宋木文相识于1979年，同在一个机关工作30多年，彼此比较了解。2009年8月，我俩结婚后，相互了解也更深了。他每天要看十多种报刊，对感兴趣的书籍也细心阅读，有时还要写点读后感。他的勤奋学习、善于思考、笔耕不辍的精神，深深地感动着我。他从原新闻出版署署长岗位退下已经20年，在八十高龄之后，还心系国家新闻出版事业，为反思历史和面对现实而用心撰稿。他的文章都自己书写，内容平实而深刻，简约而丰富，没有空话套话，以自己的语言分析和探讨问题，凸显其为人做事的风格和特点。

2010年3月，宋木文和我商量，想把2007年4月以后发表的文稿整理编选出来（即《亲历出版30年——新时期出版纪事

① 此文为《勤奋·聪慧·忠诚》之一题，原载《中国出版》2013年12月，随后《中国剪报》（中老年文摘刊）、《老干部园地》（新闻出版广电总局主办）相继转载。

与思考》未收文稿)，以便于考虑是否可以送出去出版。我当即表示赞成和支持。那时他写的文稿，都由我打字，以电子版发给报刊社。我就表示，你整理文稿，我帮你打字吧！

当时我还在新闻出版总署版权管理司巡视员岗位上，主要利用午休和业余时间，为他的文稿打字、校对、查阅资料。有时还请司里年轻同志帮忙。这部约40余万字的书稿，除了节假日家里儿孙齐上阵外，可以毫不夸张地说，打印编排大都是由我完成的。平时的周六、周日也不得休息，有时要干到晚上九十点钟，真有些头昏脑涨。宋木文对新写文稿和新增题记，常有增补，反复修改，我不免心烦，可看到他整天坐着写腰疼了，要上医院理疗；有时早晨4点钟就起床，提笔记下脑海中浮现的灵感和词句，我终于心甘情愿地干起来，甚至还感受到生活的充实和幸福。

2011年10月，我们将分类编排的全部文稿，以电子版和纸质打印稿，送商务印书馆。样稿排印出来后，我帮他校对了两遍，他又请老朋友吴道弘（人民出版社资深编审）通读校正了大部分文稿。2013年2—3月，我们在海南岛三亚、海口期间，还在责编郑殿华寄来的三校稿上作了认真的校订，用特快专递寄回北京。2013年6月底付印前，宋木文又阅读了部分文稿（主要是新增文稿及照片安排和说明），并感谢责编和有关同志严格把关。

今天看到这部内容丰富、装帧厚重的《八十后出版文存》，我感到，这是宋木文继《亲历出版30年》之后，又一部有历史研究价值和现实意义的力作，我为我能为这本书“打杂”而油然欣喜。

我在这里只是举个例子。其实，翟丽凤对我的这本《自述》所做之事还更多些。

2015 年 7 月 14 日，我因病住进北京协和医院。经过在重症监护室（ICU）四天四夜的抢救，情况有所好转，已回到普通病房继续治疗。

在此期间，刘云山同志、刘奇葆同志的办公室分别打来电话表示慰问，祝愿早日康复。新闻出版广电总局多位领导同志和我长期共事的老朋友也来探视。

我感谢党中央领导同志的亲切关怀，感谢新闻出版广电总局领导和老朋友们的关心。

我相信，在医疗团队的帮助下，一定能够渡过这一难关。我有信心，还能按照老朋友范敬宜所嘱托的“做一个快乐、健康、有所作为的‘老头儿’了”。

采访手记

宋木文先生是我做“口述出版史”的第一个受访人。美国学者唐纳德·里奇（Donald A. Ritchie）在《大家来做口述历史》中也提到，口述访谈应优先“从你所探讨的事件或社区里年纪最大和最具关键性的受访者开始谈起”。此处所谓“最具关键性”者，也常被口述史学者称之为“守门人”（Gatekeeper）。没有这些“守门人”的鼎力支持，口述史很难有所作为。我想，宋老无疑就是最好的“守门人”：1989 年至 1993 年间，宋老担任国家新闻出版署署长，是维护意识形态一个方面军新闻出版安全秩序的“守门人”；现如今，在我们的“口述出版史”项目中，他同样是学术意义上的“守门人”。有了宋老的支持，我们的口述史项目才能得以顺利开展。

对宋老的预备采访，开始于 2012 年 8 月 9 日。当时是院领导魏玉山亲自带队。有了中国新闻出版研究院的平台优势，有了院领导的亲自出面，有了丘淙同志的热情沟通，有了对口述史项目的理解，宋老爽快地答应了我们的邀请。2012 年 10 月 16 日，项目组正式启动对宋老的口述史访谈。访谈工作主要由我承担，录音摄像工作主要由尚烨同志承担。先后访谈 10 余次，每次约 3 小时。在访谈结束之后，为了访谈形成文字，也为了出版这部《自述》，我又多次就相关问题及文稿整理，向宋老请教。宋老把这一部分工作看作是“访谈合作的继续”。2015 年 1 月 26 日，我终于将《自述》书稿交至中国书籍出版社，这部《自述》正式进入编辑出版流程。需要说明的是，这部《自述》的第一、二、五、六、七章系我与宋老的访谈稿，其中绝大部分脚注均由我提供，以便于读者了解历史情况与采访细节。

采访宋老，当然需要提前认真地做好各种功课。通过资料的搜集和研读，宋老的形象渐渐浮现在我的脑海之中。但是，真正要开始访谈，我又惴惴不安。实事求是地讲，我是不具备与宋老对话的资格的，这并不是忌惮于宋老过去的职位以及现今在业界的影响力，而是在相对了解之后对这样一位政治过硬、作风正派、领导经验丰富、驾驭全局和处理复杂问题的能力高超、马克思主义理论素养相当扎实的党内老同志的尊重与敬畏。然而，那一丝惴惴，在第一次见到宋老后，旋即消逝得无影无踪了。当宋老得知我毕业于中央党校，学的是马克思主义哲学专业，就问我有没有读过列宁的《怎么办》。面对后学晚辈，一个信手拈来的话题，一下子拉近了谈话的距离，宋老的平易近人、和蔼可亲，着实让我感动不已。

口述史同行经验告诉我们，对于年迈的受访人而言，越是久远的记忆，反而往往越是清晰，越是深刻。在访谈中，宋老回顾了名字的来历，表达了父亲对自己“学文化、有出息”的期许，展示了母亲拿用剩的布块拼缝而成的椅垫。当宋老的双手轻轻抚过那均匀而又密密的针脚，流露出宋老对亲情无限的眷恋。

专业史是口述史的一个重要维度。作为访谈人，我尤其关注宋老与书、与出版结缘的经历。从童年时期的《三字经》《千字文》等“蒙学”，到青年时期做《东北戏曲新报》的行政负责人，到上个世纪 50 年代利用业余时间自学《干部必读》丛书等理论著作，再到 70 年代从干校返京参与出版管理工作，更有之后为出版工作站岗护业、谋篇布局，妥善处理热点问题，我想，宋老的记忆和讲述，已然潜藏着自己所独有的文化背景、品性习惯、思维模式和生活态度，而正是建筑于其上的基本信念和人生品格，在驱使、创造和改变着他的人生，进而在某种程度上决定了他在当代中国出版事业中所取得的成就。

“口述+细节”让历史变得有血有肉，不再干涩，这是口述史独有的价值。宋老是当代中国新闻出版事业的亲历者和见证者。他对于重大问题决策、热点事件处理的回忆和讲述，可以为当代出版史增添某些不为人知的珍贵史料。在谈到上个世纪80年代有关《查泰莱夫人的情人》一书的出版往事时，宋老以现今已成为历史资料的当年档案、文件、相关史料为依据，传达了这样一个观点：当年对《查泰莱夫人的情人》一书的认识是有个过程、有所调整的。对违纪出版问题的处理是坚决而又谨慎的，是把违纪出版与对外国文学名著的政策严格区分开来的。在谈到上个世纪80年代末“压缩整顿出版队伍”时，宋老的回顾，表明在特殊的历史条件下如何积极而稳妥地搞好压缩整顿，确保搞压缩不伤元气，抓整顿促进繁荣，确实考验着出版管理高层的政治智慧和勇气。在有关版权立法修法、新闻法出版法起草始末的回顾中，宋老披露了不少鲜为人知的历史细节，具有非常宝贵的史料价值。

访谈中，宋老经常是妙语连珠。宋老曾说，“草鞋没样，越打越像”，要取得好的结果，达到好的境界，就要勇于实践，坚持不懈。草鞋成不成样儿，第一要靠“打”，第二还要看你怎么去“打”。宋老还说，“偶然性决定你的命运走向，必然性决定你的成就”。人的一生有很多偶然性，常常是这种偶然性会决定你一生的走向，但是在偶然性发生后，你能不能适应这个环境、工作、业务，在陌生的环境里仍然能有所作为，这里面就有必然性的东西在起作用。

访谈中，宋老的勤奋好学，给了我一次又一次心灵的震撼。宋老说他幼年生活在日本占领的东北地区，文史基础薄弱，在参加工作后注重自学，在干中学，学中干，积极过“文史关”，也因此养成了勤于思考、善于总结的习惯。即使是在“文革”时期，宋老“小事不计较、大事不糊涂”，我想，这和他的谦虚好学、善于反思是有关系的。即使是在当下，宋老以耄耋之年，仍然认真学习习近平总书记在文艺工作座谈会上重要讲话精神，并将相关论述归纳为“一提醒”“二指出”“三要求”，又紧密结合总局工作实际，巧借“及时雨”“大风歌”“艳阳天”等比喻，形象地流露出一位老共产党人的道路自信、理论自信、制度自信！

然而，最让我感动的是宋老那种对党和国家发展命运的关注。宋代范仲淹在《岳阳楼记》中说，居庙堂之高则忧其民，处江湖之远则忧其君。居庙堂之高，宋老之“忧”，见之于“站岗护业、谋篇布局”诸篇文字；处江湖之远，宋老之“忧”，感之于访谈中宋老对“建设新闻出版强国”“新闻出版与广电管理机构设置”等相关议题的建议书。宋老大概就是范氏所言的那种“先天下之忧而忧，后天下之乐而乐”的人吧！

中国自古就有“当代人不修当代史”的传统，而我们所做的口述史，也可以说是当代人在写当代史，其难度可想而知。但是，我有幸参与口述史项目，倾听过去的声音，留下往事的回忆。而在我看来，这些沧桑往事，不时闪耀出人性与智慧的光芒。口述史项目固然捕捉了不少通向历史真相的线索，但它同时也记录了许多宝贵的人生感悟。当一卷卷生命的画轴在记忆的维度中徐徐展开，口语、表情，甚至交谈中片刻的停顿，都蕴藏着难以估价的精神财富。

冯建辉